P. de Kock

Le Barbier de Paris,

LE
BARBIER DE PARIS,

PAR

CH. PAUL DE KOCK.

ÉDITION ILLUSTRÉE DE 31 VIGNETTES PAR BERTALL.

PRIX : **1** FRANC **10** CENTIMES.

PARIS,

PUBLIÉ PAR GUSTAVE BARBA, LIBRAIRE-ÉDITEUR,

RUE DE SEINE, 31.

1850

ROMANS POPULAIRES ILLUSTRÉS

BARBIER DE PARIS

PAR

PAUL DE KOCK

CHAPITRE I.

La Maison du Barbier.

Dans une soirée du mois de décembre de l'année mil six cent trente-deux, un homme, âgé de quarante ans environ, d'une taille haute, ayant une figure assez belle, mais sombre et farouche, et donnant quelquefois à ses yeux noirs l'expression de l'ironie, quoique le sourire ne fît qu'effleurer ses lèvres minces et pâles, suivait à grands pas la rue Saint-Honoré, et se dirigeait vers celle des Bourdonnais, s'entortillant dans un manteau brun qui ne descendait que fort peu au-dessous du genou, et enfonçant sur ses yeux un chapeau à larges bords qui n'était orné d'aucune plume, mais qui garantissait son visage de la pluie qui commençait à tomber avec force.

Dans ce temps-là Paris était bien différent de ce qu'il est aujourd'hui, et la situation de cette belle capitale était alors déplorable : des rues non pavées, ou qui ne l'étaient qu'à moitié; des amas de gravois, d'immondices, étaient çà et là devant les maisons ou encombraient le passage, obstruaient le cours des eaux, et bouchaient l'ouverture des

Le chevalier de Chaudoreille.

égouts. Ces eaux, sans écoulement, refluaient de tous côtés et formaient des mares, des cloaques, d'où s'exhalaient des miasmes fétides. C'était alors que l'on aurait pu dire avec vérité :

Paris, ville de bruit, de boue et de fumée.

Les rues n'étaient pas éclairées; on portait, il est vrai, des lanternes; mais tout le monde n'en avait pas, et ces lanternes n'imposaient point aux voleurs, qui étaient en très grand nombre et commettaient mille excès, mille désordres, même en plein jour, n'étant que trop autorisés au crime par l'exemple des pages et laquais, qui chaque nuit se faisaient un jeu d'insulter les passants, d'enlever les filles, de se moquer du guet, de battre les sergents, d'enfoncer les portes des boutiques, et de vexer de mille manières les paisibles habitants : excès contre lesquels le parlement rendait en vain des ordonnances qui étaient sans cesse renouvelées et sans cesse violées avec impunité.

Dérober les bourses, voler les manteaux était alors une chose si commune, que les témoins du vol se contentaient de rire aux dépens de la dupe, sans jamais

Paris. — Imprimerie Schneider, rue d'Erfurth, 1.

courir après le voleur. Des assassinats se commettaient en plein jour sur les places, dans les marchés; les criminels s'éloignaient en insultant encore à leurs victimes.

On distinguait deux espèces de voleurs : les coupe-bourses et les tire-laines. Les premiers coupaient lestement les cordons de la bourse, que l'on avait l'habitude de porter pendue à sa ceinture; les seconds arrachaient brusquement le manteau de dessus les épaules des passants.

En vain, de temps à autre, on exécutait quelques criminels : ces exemples semblaient redoubler l'audace des vagabonds, l'insolence des pages et des laquais. La justice devenait sans force depuis que l'usage était de se la faire soi-même. Les duels étaient presque aussi communs que les vols : on tenait à grand honneur de pouvoir se vanter d'avoir envoyé beaucoup de gens dans l'autre monde.

Sans doute, ce n'était point alors l'âge d'or; ce ne pouvait être non plus ce *bon vieux temps* si vanté par quelques poëtes, si regretté par ces esprits moroses admirateurs des paniers et des vertugadins.

Nous n'avons pas la prétention d'écrire l'histoire; mais nous avons pensé qu'il était nécessaire de rappeler au lecteur ce qu'était Paris à l'époque où notre barbier existait. Sans doute, sur le titre seul, on avait deviné que l'action n'était point de notre temps; car maintenant nous avons à Paris des artistes en cheveux, des coiffeurs et des perruquiers, mais nous n'avons plus de barbiers.

L'individu dont nous avons esquissé le portrait, étant arrivé au coin de la rue des Bourdonnais, s'arrêta devant une maison assez jolie, sur laquelle était écrit en grosses lettres : *Touquet, barbier-baigneur-étuviste.* Alors on ne connaissait pas le luxe des enseignes, et les rues de Paris n'offraient point aux regards des badauds un trait de l'histoire grecque ou romaine au-dessus de la boutique d'un épicier ou d'une lingère; le portrait de Marie Stuart ne vous invitait pas à acheter une aune de calicot, et Absalon pendu par la nuque n'était pas là pour vous indiquer le salon d'un coiffeur. Nous avons fait de grands progrès en tout.

L'homme qui s'était arrêté devant la maison du barbier aurait eu sans doute beaucoup de peine à lire ce qui était écrit au-dessus de la boutique, qui était fermée, car la nuit était noire, et, comme nous l'avons déjà dit, aucun réverbère ne venait au secours de ceux qui s'aventuraient le soir dans la capitale. Mais celui qui venait de saisir le marteau de la porte bâtarde qui servait d'entrée frappa deux coups de suite sans hésiter, et comme quelqu'un qui ne craint point de se tromper. En effet, c'était le barbier lui-même.

Au bout de quelques instants, des pas lourds se firent entendre, une lumière brilla à travers le grillage qui était au-dessus de la porte; bientôt elle s'ouvrit, et une vieille femme se montra, tenant un flambeau à la main. Elle s'inclina en disant :

— Bon Dieu, mon cher maître, vous avez eu un horrible temps !... Vous devez être bien mouillé... J'avais prié ma patronne pour qu'il ne vous arrivât rien. Ah ! si l'on avait un secret pour se préserver de la pluie ! Oh ! je suis bien sûre qu'il y a des gens qui commandent aux éléments.

Le barbier ne répondit rien; il s'avança vers un corridor qui conduisait à une salle basse, dans laquelle on avait fait un grand feu. Arrivé là, il commença par se débarrasser de son manteau, de son chapeau, d'où s'échappèrent une forêt de cheveux noirs tombant en boucles sur sa collerette; il ôta un grand poignard de sa ceinture : c'était l'usage de ne point sortir dans sans être armé. Touquet pendit le poignard au-dessus de la cheminée, puis se jeta dans un fauteuil de paille, et se plaça devant le feu.

Pendant que son maître se reposait, la vieille servante allait et venait dans la chambre; elle approchait une table du fauteuil sur lequel était le barbier, elle tirait d'un buffet un gobelet d'étain, des assiettes, un couvert; elle plaçait sur la table plusieurs pots contenant du vin ou de l'eau-de-vie, et quelques plats de viandes apprêtées pour le souper.

— Est-il venu du monde pendant mon absence ? dit le barbier au bout d'un moment.

— Oui, monsieur : d'abord des pages, pour savoir les nouvelles, les aventures du quartier; pour médire de chacun, se moquer des pauvres femmes qui ont la faiblesse de les écouter. Ah ! que les jeunes gens sont méchants aujourd'hui ! comme ils se vantent de leurs prouesses !... Quelques bacheliers sont venus pour se faire raser, puis ce petit maître qui est enchanté de porter de la poudre, et qui prétend que bientôt tout le monde en portera : peut-on se fariner ainsi les cheveux ! encore si cela préservait de quelques maux !... Ah ! j'oubliais, et ce grand escogriffe si bruyant, si insolent, qui, parce qu'il a un pourpoint de satin, un manteau de velours, le chapeau ombragé d'un beau panache et de belles aiguillettes d'argent, se croit le droit de faire le maître partout.

— Ah ! tu veux parler de Monbart ? — Oui, c'est cela même : il a beaucoup crié en ne vous trouvant pas, il dit depuis que monsieur est riche, il néglige ses pratiques. — De quoi se mêle-t-il ! — C'est ce que j'ai pensé, monsieur. M. le chevalier Chaudoreille est aussi venu ; il s'est battu en duel hier dans le petit Pré-aux-Clercs ; il a tué son adversaire : il avait encore un duel pour ce soir. Bonne sainte Vierge ! les hommes devraient-ils se tuer comme cela ! souvent pour des misères, des bagatelles ! — Qu'il se batte tant que cela lui plaira, peu m'importe : ce ne sont point mes affaires. Il n'est pas venu d'au-

tres personnes ? — Ah ! ce monsieur qui est si drôle, qui me fait tant rire, et que j'ai vu quelquefois jouer ses farces qui font courir tout le monde à son théâtre de l'hôtel de Bourgogne... M. Henry Legrand. — Dis donc Turlupin. — Turlupin, soit; puisque c'est le nom qu'on lui donne au théâtre, et par lequel on le désigne encore à la ville. Celui-là n'engendre pas la mélancolie. Il est venu avec cet autre qui joue avec lui, et fait, dit-on, les vieillards, puis débite les prologues qui précèdent les pièces. — C'est Gautier-Garguille. — Oui, monsieur : c'est bien ainsi qu'il l'a nommé. Ils voulaient se faire raser, baigner, coiffer. Ne vous trouvant pas, l'un d'eux a fait le barbier et a rasé son camarade ; ensuite l'autre a pris le peigne et la savonnette et lui a rendu le même service. J'ai voulu d'abord m'y opposer ; mais ils ne m'ont pas écoutée. Ils faisaient mille folies. Est-ce qu'ils ne m'ont pas fait asseoir dans la boutique, et barbouillée d'essence et de savon ! Quelques personnes, reconnaissant en passant Turlupin et son camarade, s'arrêtèrent devant la maison. Bientôt la foule augmenta ; et, quand ils voulurent sortir, il n'y avait pas moyen de se faire un passage; mais votre Turlupin, qui n'est jamais embarrassé, après avoir inutilement prié les curieux de lui livrer passage, a lui et à son camarade, est allé prendre un seau plein d'eau dans l'arrière-boutique, puis l'a vidé entièrement sur la foule. Alors vous jugez, monsieur, du train, des cris de tout le monde. Turlupin et Gautier-Garguille ont profité du trouble pour s'éloigner.

— Et Blanche ? dit le barbier, qui paraissait avec impatience le récit de la vieille Marguerite, j'espère qu'elle n'était point en bas lorsque ces baladins ont rassemblé tant de monde devant chez moi ?

— Non, monsieur, non ; vous savez bien que mademoiselle Blanche ne descend que fort rarement à la boutique, et jamais lorsqu'il y a du monde. Aujourd'hui, comme vous étiez absent, elle n'a point quitté sa chambre, ainsi que vous le lui aviez recommandé. — C'est bien, c'est très-bien, dit le barbier. Puis il se rapprocha du feu, appuya un de ses coudes sur la table, et parut se livrer de nouveau à ses réflexions sans écouter le bavardage de sa servante, qui continua comme si son maître lui eût prêté la plus grande attention.

— C'est une charmante fille que mademoiselle Blanche ; oh ! oui, c'est une aimable enfant ; jolie, très-jolie ! Je défie les dames de la cour d'avoir des yeux plus beaux, une bouche plus fraîche, des dents plus blanches !... des beaux cheveux !... noirs comme le jais, et tombant plus bas que ses genoux ; avec cela si douce, si franche ! pas une idée de coquetterie !... Ah ! c'est la candeur, l'innocence même. Il est vrai qu'elle n'a pas encore seize ans ; mais il y en a tant qui, à cet âge, écoutent déjà les galants ! Quel dommage, si ce joli trésor tombait dans les griffes du démon !... Mais nous le conserverons... oui, oui, j'en ai la certitude. J'ai fait ce qu'il fallait pour cela ; car il ne suffit pas de veiller sur une jeune fille ; le diable est si malin ! et tous ces bacheliers, ces pages, ces étudiants sont si entreprenants !... Sans compter les jeunes seigneurs, qui ne se font aucun scrupule d'enlever les filles, les femmes, et pour tout dédommagement donnent un coup d'épée ou font rosser par leurs laquais ceux qui trouvent cela mauvais... Bonne sainte Marguerite! dans quel temps vivons-nous!... il faut se laisser outrager, offenser... voler même ! Oui, voler !... car vous aurez beau prendre votre homme sur le fait, si vous demandez justice, on vous demandera si vous vous portez partie? si vous dites non, on délivrera le coupable; si vous dites oui, on s'informera si vous avez de quoi payer les frais de la procédure : dans ce cas, vous aurez le plaisir de voir le coquin flagellé devant votre porte... et cela vous coûtera gros !... Mais si c'est quelqu'un de puissant, quelqu'un de titré qui vous a offensé, il faut vous taire... sous peine d'aller finir vos jours à la Bastille ou au Châtelet.

Marguerite se tut quelques minutes, attendant une réponse de son maître : n'en recevant point, elle présuma qu'il se contentait d'approuver tacitement ce qu'elle disait, et reprit son discours.

— Enfin on prétend que cela a toujours été ainsi : on pend les petits, les gros se sauvent, et les grands se moquent de tous. Qui s'aviserait de plaider maintenant que les avocats et les procureurs font traîner les procès pendant des cinq ou six ans, recevant de toutes mains, afin de fournir au luxe de leurs femmes et de leurs filles, et se faisant un jeu de ruiner les pauvres plaideurs !... Quant aux sergents, oh ! ceux-là courent partout pour trouver des criminels ; mais s'ils arrêtent des voleurs, ils les relâchent bien vite, pour peu que ceux-ci leur donnent la pièce. Pauvre ville !... Chaque nuit n'entendons-nous pas un tapage effroyable ?... et cependant nous sommes dans le beau quartier. Cela n'empêche qu'il ne s'y commette des meurtres, des vols, des assassinats !... Ce sont des cris... des cliquetis d'armes !... A quoi bon tant de prévôts, d'huissiers, de sergents, d'archers, si la police se fait si mal? ce ne sont point les marchands que je plains, ils se donneraient au diable pour un sou !... Ils vendent leur marchandise quatre fois plus qu'elle ne vaut ; pour attirer les chalands, ils permettent aux passants d'entrer dans leur boutique, leur laissent le loisir de causer avec leurs femmes, de leur prendre le menton, de leur conter fleurette à leur barbe !... tout cela pour vendre un collet, du fard, une douzaine d'aiguillettes ! .. Fi !... c'est honteux de voir tout ce qui se passe chez eux ! Si je vais aux halles faire mes provisions, je suis entourée de coquins qui s'amusent à piller les acheteurs et les vendeurs ; à fouiller dans les hottes, dans les paniers ; puis on chantera à mes oreilles des chansons remplies d'indécences , de saletés !... Bonne sainte Marguerite !... où en sommes-nous ?... Les écoliers , plus débauchés que jamais , insultant , paillardant , faisant mille méchancetés ; les jeunes gens de famille qui hantent les tripots , les cabarets , et toujours armés de poignards ou d'épées... Ah ! mon cher maître , Satan s'est emparé de notre pauvre ville , il veut en faire sa proie.

Marguerite s'arrêta de nouveau , et elle écouta. Le barbier gardait toujours le plus profond silence , mais il ne dormait pas ; car plusieurs fois il avait passé sa main droite sur son front et rejeté en arrière les boucles de ses cheveux. Pour quelqu'un qui aime à parler , c'est beaucoup d'être écouté ou de croire l'être ; la vieille servante était en train , et ne trouvait pas souvent d'aussi belles occasions ; elle reprit donc après une courte pause :

— Grâce au ciel ! je suis dans une bonne maison , et je puis dire avec fierté que , depuis huit ans que je suis chez monsieur , il ne s'y est rien passé contre la décence et les mœurs. Je me rappelle fort bien que , lorsqu'on me dit il y a huit ans : Marguerite , M. Touquet , le barbier-étuviste de la rue des Bourbonnais , cherche une servante pour sa maison , j'y ai regardé à deux fois... Je vous demande pardon , monsieur ; c'est que ces maisons de baigneurs , de logeurs , ne flairent point comme baume ; mais on me dit : M. Touquet est à son aise maintenant ; il ne loge plus ; il se contente d'exercer son état le matin , et du reste ne reçoit presque personne chez lui , où il élève avec soin une petite fille qu'il a adoptée. Ma foi , cela me décida , et je n'ai pas eu à me repentir. S'il vient le matin dans la boutique une foule de gens de toutes professions , il n'en est aucun qui pénètre dans l'intérieur de la maison. Monsieur fait son état avec honneur , je m'en vante ; et ce que j'admire surtout , c'est l'intérêt qu'il porte à l'orpheline dont il prend soin... car je crois me rappeler que monsieur m'a dit que c'était une orpheline !... Oui , monsieur me l'a dit. Il est certain qu'elle mérite tout ce que l'on fait pour elle , cette chère Blanche ! Eh mais , je crois que je n'ai pas bien raison pour avoir parlé de la préserve des piéges que l'on tend à l'innocence. Oh ! c'est un secret , c'est merveilleux !... Mais je puis bien le confier à monsieur. La voisine d'en face , la marchande de soie , m'a dit comment cela se faisait. C'est une petie peau de vélin , sur laquelle on dit des paroles ; puis on fait des signes , et cela devient un talisman qui préserve de tous les malheurs. La reine Catherine de Médicis en avait un semblable qu'elle portait toujours sur son sein. Ecoutez donc , monsieur , nous ne devons point douter qu'il y ait des sorciers , des magiciens , puisque le diable en a étranglé deux dans cette ville il y a quelques années , sans compter ceux qui ont été condamnés par la chambre ardente. Il n'y a donc point de mal à se mettre en garde contre eux ; et le talisman que j'ai donné à mademoiselle Blanche , bien loin d'attirer les méchants esprits , doit la faire fuir d'une lieue et empêcher l'effet de tous les sortiléges que l'on pourrait employer pour triompher de sa vertu !... Oh ! le précieux talisman , monsieur ! hélas ! je l'avais eu à vingt ans !... Mais vous ne soupez pas , monsieur ; est-ce que vous n'avez point d'appétit ?...

Touquet se leva brusquement et alla regarder une horloge de bois qui était dans le fond de la salle.

— Neuf heures ! dit le barbier avec impatience. Neuf heures !... et il n'arrive pas !

— Comment ! est-ce que monsieur attend quelqu'un ce soir ? dit la vieille servante avec surprise. — Oui , j'attends un ami... mettez un gobelet de plus sur cette table ; il soupera avec moi. — Je doute fort qu'il vienne , dit Marguerite en exécutant les ordres de son maître ; il est tard , et il fait un temps affreux ; il faut être bien hardi pour se risquer à cette heure , seul , dans les rues !...

Dans ce moment on frappa un coup violent à la porte de l'allée , et le barbier , laissant échapper un sourire imperceptible , s'écria :

— C'est lui !

CHAPITRE II.

Le grand Seigneur et le Barbier.

La vieille Marguerite fit un mouvement d'effroi en entendant frapper , et regarda son maître en balbutiant :

— Faut-il ouvrir , monsieur ? — Sans doute... ne vous ai-je point dit que j'attendais un ami ? répondit le barbier en remettant du bois dans le feu. Allez , Marguerite... allez donc.

La vieille servante était fort peureuse , elle semblait hésiter encore ; un regard de son maître acheva de la décider : elle prit une lampe , et se dirigea vers le corridor qui donnait dans l'allée de la maison. Marguerite avait soixante-huit ans ; le travail et les jeûnes avaient depuis longtemps courbé son corps : elle ne marchait que lentement , et les hauts talons de ses larges pantoufles jetaient un bruit uniforme dont la vieille fille ne pouvait déguiser pour en presser la mesure.

Comme elle était au milieu de l'allée , un second coup , plus fort que le premier , retentit sur la porte et ébranla toutes les vitres de la maison.

— Ah ! mon Dieu ! dit Marguerite , on est bien pressé !... Quel est donc l'ami de monsieur qui se permet de frapper de la sorte ?... Il y aura quelques carreaux de cassés , j'en suis sûre. Serait-ce Chaudoreille ? oh ! non ! il ne frappe que de petits coups bien doux , bien légers. Turlupin ? bah ! je l'entendrais chanter dans la rue ! D'ailleurs , ce n'est point un ami de mon maître ! Ah ! je suis bien curieuse de savoir qui ce peut être.

Malgré sa curiosité , Marguerite n'avançait pas plus vite : elle arriva cependant contre la porte , et , après s'être recommandée mentalement à sa chère patronne , se décida à ouvrir.

Un homme , enveloppé dans un large manteau , qu'il tenait contre sa figure , et la tête couverte d'un chapeau dont les bords étaient ornés de plumes blanches , et tellement avancé sur ses yeux qu'on ne pouvait les apercevoir , parut à l'entrée de l'allée , et demanda d'une voix forte s'il était bien chez le barbier Touquet.

— Oui , monsieur , dit Marguerite en essayant , mais en vain , d'apercevoir les traits de la personne qui était devant elle ; oui , c'est bien ici... et c'est vous , sans doute , que mon maître attend ?

— En ce cas , conduisez-moi près de lui , dit l'étranger.

Marguerite referme la porte et prie l'inconnu de la suivre. Tout en le guidant dans l'allée et le long corridor qu'ils ont à parcourir , elle se retourne souvent , et approche d'un chapeau les bords étaient ornés de l'éclairer , mais en effet pour tâcher d'apercevoir quelque chose qui puisse lui faire connaître le personnage qu'elle a introduit dans la maison. Tous ses efforts sont vains : l'étranger marche la tête baissée et tient toujours son manteau contre son visage. Marguerite en est réduite à examiner ses bottines , qui sont blanches , à entonnoir , et garnies d'éperons. Cela semblait annoncer une mise recherchée , mais beaucoup d'hommes en portaient alors de semblables , et cette partie de l'habillement ne pouvait donc diriger Marguerite dans ses conjectures.

On arrive dans la salle basse , et l'étranger entre d'un pas leste , tandis que la domestique dit à son maître :

— Monsieur , voilà la personne qui frappait ; je ne sais pas si c'est l'ami que vous attendiez ?... Je n'ai pas pu voir...

Le barbier ne laisse pas à Marguerite le temps d'achever sa phrase ; il court au-devant de l'étranger , et le fait approcher du feu en lui disant : — Te voilà donc arrivé , enfin ! je craignais que la nuit... que le mauvais temps... mais place-toi là , nous souperons ensemble.

— Bon , se dit la servante ; pour souper , il faudra nécessairement qu'il se débarrasse de son manteau , et je pourrai enfin voir son visage. Je ne sais pourquoi j'ai la plus grande envie de connaître cet homme-là... Si c'est un ami de mon maître , il faut qu'il ne vienne ici que bien rarement ; je n'ai pas reconnu sa voix ; sa taille est ordinaire... il est plutôt grand que petit ; il doit être jeune... oui... Ce n'est pas un écolier , cependant je gage qu'il est joli garçon... A sa démarche , je jugerais aussi que c'est un militaire... Nous allons voir si je me suis trompée.

Et la vieille fille n'ôtait pas ses yeux de dessus l'étranger , qui s'était jeté sur une chaise , et ne faisait point un mouvement qui indiquât qu'il voulût se débarrasser de son manteau et de son chapeau , quoique l'un et l'autre fussent trempés par la pluie.

— Si monsieur voulait... dit Marguerite en s'approchant de la chaise sur laquelle était l'étranger ; je pourrais le débarrasser de son manteau , qui est tout mouillé... je le ferai sécher pendant qu'il soupera.

— C'est inutile , Marguerite , dit le barbier en se mettant précipitamment entre la vieille et l'étranger , qui n'avait pas bougé. On a nul besoin de vos services. Retirez-vous , et allez vous livrer au repos ; je fermerai moi-même la porte de la rue , lorsque mon ami s'en ira.

Marguerite semble pétrifiée en recevant cet ordre. Elle regarde son maître et va se permettre quelques observations ; mais le barbier fixe les yeux sur elle , et les yeux de maître Touquet sont parfois une expression qui force à l'obéissance. — Sortez , dit-il de nouveau à sa servante , et surtout ne redescendez pas.

Marguerite se tait ; elle prend sa lampe , s'incline devant son maître , et se dispose à quitter la salle , en jetant un dernier regard sur l'homme au manteau , qui est toujours immobile devant le feu , et dont elle n'a pu voir les traits. Il faut se coucher sans pouvoir assoir ses conjectures sur quelques faits , sans savoir si l'on a deviné juste l'âge , l'état , la figure de l'inconnu ; quel supplice pour une vieille fille !... mais son maître lui indique du doigt la porte de la salle , et Marguerite sort enfin.

Dès que la vieille servante est éloignée , et que le bruit de ses pas ne se fait plus entendre , l'étranger laisse échapper quelques éclats de rire , et jette loin de lui son chapeau et son manteau. Alors on aperçoit un homme de trente-six ans à peu près ; dont les traits sont fins , nobles et spirituels. Des moustaches brunes se dessinent légèrement au-dessus de sa bouche , qui laisse , en souriant , voir de fort belles dents ; ses yeux vifs , tour à tour tendres , fiers et passionnés , dénotent une grande habitude d'exprimer tous ces sentiments ; mais le dégoût , l'ennui qui se peignent sur les traits pâles et fatigués de l'étranger semblent annoncer qu'après s'être trop livré à ses passions , ce n'est plus qu'avec effort qu'il parvient à en éprouver encore.

Son costume est riche et galant; la couleur de son pourpoint est d'un bleu tendre, l'argent et la soie s'y marient au velours qui en forme le fond; de superbes dentelles bordent le col qui retombe sur ses épaules, une large ceinture blanche entoure sa taille, et une épée ornée de pierres précieuses brille à son côté.

Depuis que sa servante est éloignée, le barbier a changé de ton avec l'étranger; le respect, l'humilité ont remplacé la familiarité que Touquet avait affectée en présence de Marguerite.

— Daignez m'excuser, monsieur le marquis, dit-il en saluant profondément son hôte, si je me suis permis de vous tutoyer... mais ce n'était que d'après vos ordres, pour mieux tromper ma servante, et lui dire tout soupçon sur votre rang.

— C'est bien!... c'est fort bien, mon cher Touquet, dit le marquis en s'étalant devant le feu; pour moi, je t'assure que j'avais la plus grande peine à garder mon sérieux devant la pauvre femme, qui ne savait quelle ruse imaginer pour apercevoir ma figure, ce qui, au surplus, ne l'eût pas avancée à grand'chose, car il n'est pas présumable qu'elle me connaisse.

— Non, monsieur, elle ne vous connaît pas... Je le pense du moins, car M. le marquis de Villebelle a tant fait parler de lui par ses galanteries, ses prouesses, ses faits d'armes; son nom est devenu tellement fameux, ses aventures ont fait tant de bruit que les dernières classes de la société les connaissent: effroi des pères, des tuteurs, des maris, des amants mêmes... car monseigneur ne connaît point de rivaux, votre nom n'est prononcé qu'avec terreur par les hommes, et fait soupirer toutes les femmes, les unes d'espérance, les autres de souvenir. D'ailleurs, comme monsieur le marquis a cherché le plaisir partout où il a rencontré la beauté, comme il est parfois descendu jusqu'à la modeste bourgeoise, et qu'il a daigné honorer de ses regards la petite marchande et la simple villageoise, il ne serait pas impossible que ma vieille Marguerite n'eût servi dans quelque maison où monsieur le marquis aurait laissé des souvenirs. Il vaut donc mieux qu'il n'ait point vu monseigneur, puisqu'il vient chez moi incognito.

— Oui certes, je veux rester inconnu. Maintenant il faut que je mette plus de mystère dans mes galantes aventures. Assieds-toi, Touquet: j'ai bien des choses à te conter — Monseigneur... — Assieds-toi, je le veux. Ici je dépouille mon rang et ma grandeur; je vois en toi le premier confident de mes amours, l'adroit serviteur de mes passions, l'audacieux coquin dont l'or échauffait l'imagination, et qui ne connaissait point d'obstacles quand une bourse remplie de pistoles était la récompense de ses services. Tu es toujours le même, j'en suis certain.

— Ah! monseigneur, l'âge nous rend raisonnables. Il y a dix-sept ans que j'eus l'honneur de vous servir pour la première fois; mais depuis ce temps ma tête s'est calmée: j'ai appris à réfléchir. — Est-ce que tu serais devenu honnête homme? Mais il n'y a pas plus de dix ans que je me suis encore servi de toi. Tu étais toujours un fripon alors. Ta conversion date-t-elle de cette époque? — Monsieur le marquis plaisante sans cesse; il appelle friponneries les services que je lui ai rendus, parce que je lui étais fort utile.

— Appelle-les comme tu voudras, peu m'importe: ce n'est pas avec moi, maître Touquet, qu'il faut jouer l'hypocrite et le scrupuleux. Au fait, es-tu toujours disposé à m'être utile? Ton génie est-il éteint, et l'or ne saurait-il plus le ranimer!

— Pour vous servir, monsieur le marquis, je serai toujours le même; vous ne devez point douter de mon zèle et de mon dévouement. — A la bonne heure: voilà tout ce que je te demande. Sois un saint avec les autres si cela te fait plaisir, pourvu que je te retrouve toujours pour moi ce que tu étais autrefois.

Touquet ne répond rien; mais il détourne la tête et ses traits semblent se rembrunir. Cependant il se remet bientôt, se retourne en souriant vers son hôte, qui frappe de ses pieds les parois de la cheminée, et demeure quelque temps silencieux comme s'il ne pensait plus être chez le barbier. Celui-ci attendait avec impatience que le marquis reprît la parole. Au bout de cinq minutes le noble seigneur rompit le silence.

— Mon cher Touquet, quand je repasse dans ma mémoire les événements de ma vie, vraiment je suis étonné d'être encore de ce monde. Combien de fois n'ai-je pas vu levé sur ma tête le poignard d'un jaloux, d'un mari, d'un père! Combien de gens ont juré ma perte! Et les femmes!... Si toutes celles que j'ai trahies, abandonnées, avaient exécuté leurs projets de vengeance... Grâce au ciel, nous ne sommes ni en Italie ni en Espagne, et, quoiqu'il y ait parmi les Françaises quelques esprits vindicatifs qui conservent de la rancune contre un perfide, au total la légèreté, l'inconstance ne sont point des crimes irrémissibles près de ces dames, qui daignent quelquefois se mettre à notre place, et se disent qu'elles en auraient fait autant que nous.

— Il est certain, monseigneur, que votre vie, du moins tant que j'ai eu l'honneur de vous être attaché, était une série continuelle d'aventures fort piquantes et quelquefois fort dangereuses: enlèvements, séductions, duels, attaques à force ouverte, rien ne vous arrêtait quand vous aviez résolu quelque chose. Pouviez-vous trouver des obstacles? riche, noble, puissant, bien fait, galant, généreux à l'excès, la fortune et la nature ont tout fait pour vous, monsieur le marquis; vous en avez profité, vous avez joui de la vie: bien des hommes en France ont envié votre bonheur.

— Mon bonheur!... Crois-tu vraiment que j'aie été heureux? — Et qui aurait pu vous empêcher de l'être, monseigneur? — Rien, et c'est peut-être pour cela que souvent l'ennui, le dégoût sont venus me trouver au milieu des plaisirs, des voluptés que je goûtais. Quelquefois sans doute j'ai connu le bonheur; mais il a été si court, il a fui si rapidement!... L'aspect de la beauté enflamme mes sens, fait palpiter mon cœur. Ce sexe charmant, que j'idolâtre, a toujours exercé sur moi un empire absolu. A la vue d'une jolie femme, j'aime, ou du moins je crois aimer; mais à peine mes désirs sont-ils satisfaits que mon amour s'éteint, et je suis obligé de chercher un nouvel objet pour ranimer mes sens engourdis.

— Heureusement cette capitale renferme une grande quantité de jolis minois. La ville et la cour vous offrent de quoi varier vos plaisirs.... — Tout s'use, le sentiment comme la mémoire. Je crains qu'à force d'avoir pris feu, mon pauvre cœur ne devienne comme ces mauvaises pierres à fusil sur lesquelles le chien frappe inutilement. Je suis les intrigues de cour!... Celles-là sont encore plus faciles que les autres!... Que veux-tu qu'on y trouve de piquant? Tout se fait avec étiquette, et puis on y est si poli!... Nous savons trop bien vivre pour nous fâcher de la moindre infidélité; on se quitte comme on se prend, en se faisant de profondes révérences; c'est à mourir d'ennui. Les courtisanes n'ont plus rien de neuf pour moi. Qu'irais-je faire aux cercles de Marion de Lorme? j'y vois toujours les mêmes figures. Quoique le cardinal l'ait mise en vogue, je ne trouve pas cette femme aussi spirituelle qu'on a voulu la faire. Quelle différence avec cette jeune et belle Ninon!... celle-là fera longtemps parler d'elle!... Elle ira loin! mais elle a trop d'esprit et trop peu d'amour pour moi; mon cœur, froid avant le temps, a besoin de se réchauffer contre un cœur passionné. A la ville on ne vaut guère mieux que ces dames: les petites bourgeoises deviennent d'une coquetterie!... encore si elles savaient être cruelles! Mais un nom, de la tournure, un riche manteau leur ont bientôt tourné la tête! Les marchandes nous saisissent à la volée, les grisettes nous agacent!... et au milieu de tout cela les maris deviennent d'une bonté, d'une complaisance!... ils nous craignent comme le feu!... notre titre les rend muets; d'honneur, c'est désespérant!... Si cela continue, il faudra faire l'amour à la turque, nous n'aurons plus qu'à jeter le mouchoir.

— Alors, monsieur le marquis, on aura toujours la ressource d'être sage, et depuis dix ans que je ne t'ai eu l'honneur de vous servir, c'est sans doute ce que vous avez fait? — Ma foi, oui... car il ne faut pas parler d'aventures communes qui ne valent pas la peine d'être citées: je suis allé à l'armée, je me suis battu... cela m'a beaucoup plu; j'y serais volontiers demeuré plus longtemps, mais la paix s'est faite. Je suis revenu, j'ai visité mes terres, j'ai vu quelques petites paysannes assez gentilles... mais si gauches!... si niaises!... A propos, j'oubliais de te dire: je me suis marié.

— Marié!... Quoi, monsieur, vous!... — Sans doute, il a bien fallu; mon rang, mes charges à la cour... Et puis j'étais criblé de dettes; cela ne m'inquiétait pas; mais on avait arrangé ce mariage: le cardinal, la reine elle-même le désiraient. J'ai épousé la fille du comte de Laroche... Ma femme était très-bien... un caractère fort doux... ne s'occupant jamais de mes intrigues; c'était ce qu'il me fallait. Je l'aimais... fort honnêtement, comme on peut aimer sa femme; mais elle est morte il y a deux ans et ne m'a point laissé d'héritiers. C'est fort désagréable... J'ai dans l'idée que j'aimerais beaucoup les enfants. — Ainsi vous êtes veuf, monseigneur! — Oui, et je me trouve de nouveau possesseur d'une fortune considérable, de plus très-bien en cour, en faveur près du cardinal, à même d'obtenir, quand je le voudrai, les emplois les plus importants. — Je conçois alors que monsieur le marquis mette plus de mystère dans ses intrigues. — Ah! mon pauvre Touquet, je ne crois pas que l'ambition me gagne jamais!... Mais on ne sait pas, et il y a bien quelques convenances qu'il ne faut pas braver!... L'intérêt, le mystère donne aux actions les plus simples!... Mais, toi-même, ne te serais-tu pas enrôlé sous les drapeaux de l'hymen?... je te trouve moins gai, moins leste, moins vif qu'autrefois. — Non, monsieur le marquis, je suis toujours garçon. — Eh bien! c'est, je crois, ce que tu pouvais faire de mieux. Dans ton état, une femme te gênerait, toi qui conduis si bien, si discrètement une intrigue: les femmes sont curieuses, elle voudrait savoir tout, cela te ferait du tort; d'ailleurs, tu n'es jamais été fort galant, tu ne connais que l'or! C'était là ton dieu, ton idole!... Une bourse garnie de pistoles te rendait inventif, capable d'opérer des prodiges... Il est vrai que tu la jouais en un quart d'heure après, et que les dés ou les cartes t'enlevaient bientôt le fruit des efforts de ton génie. — Ah! monseigneur!... — Oui, tu étais aussi joueur qu'un fripon!... Je me le rappelle fort bien. Peut-être depuis dix ans es-tu devenu plus sage, je le croirais presque, car tu parais à ton aise, et cette maison n'annonce pas l'indigence; cette domestique, et souper servi pour toi... pardieu, il faut que je goûte ton vin. — Ah! monseigneur, il est indigne de vous être offert. — J'aime toujours ce que l'on ne m'offre pas.

En disant ces mots, le marquis remplit un des gobelets de vin et l'avala d'un trait.

— Pas trop mauvais, vraiment... — Ah! monseigneur, s'il était sur votre table... — Alors je le trouverais détestable! Mais que veux-tu?... la variété!... Et tu es donc devenu riche? — Non pas riche, mais assez à mon aise pour acheter cette maison...: — Comment! la maison est à toi? — Oui, monsieur le marquis. — Peste! maître Touquet!... il faut que vous ayez fait de beaux coups de filet pour devenir propriétaire!

La figure du barbier se contracta, ses sourcils noirs se froncèrent en se rapprochant l'un de l'autre; il roula lentement ses yeux autour de lui, et balbutia avec effort:

— Monsieur le marquis... je vous jure... — Eh! bon Dieu! je ne te demande pas de serment, mon pauvre Touquet, dit le marquis en riant. Te voilà tout troublé comme si tu étais devant le lieutenant criminel!... Penses-tu que je sois venu ici pour m'enquérir de la manière dont tu as fait fortune?... Mais de par tous les diables si je pense que c'est en faisant des barbes que tu as gagné cette maison!... — Monseigneur... je vous certifie que mes économies... — Oui!... oui!... c'est très-bien!... Laissons cela, et parlons du sujet qui m'amène; car enfin je suis venu chez toi pour quelque chose... et je veux être damné si je ne l'avais pas oublié!...

Le barbier semble respirer plus librement, ses traits reprennent leur expression habituelle, et il lève les yeux sur le marquis, qui paraît sortir un peu de son indolence pour expliquer le but de sa visite nocturne.

— Quand je t'ai aperçu ce matin sur le Pont-Neuf, je poursuivais une jeune fille à joli minois... Sans être une beauté parfaite, elle a de la grâce, du piquant dans la tournure, des yeux vifs et fort éveillés. Je ne crois pas que nous ayons beaucoup de peine à la subjuguer..... Cependant elle doublait le pas, et ne répondait rien à mes galanteries. Je me couvrais avec soin de mon manteau, ne voulant pas être reconnu par nos aimables roués, qui m'auraient raillé en me voyant courir après une grisette. La petite s'arrêta pour écouter un moment les chansons de *Tabarin*. C'est pendant qu'elle était devant le charlatan que je t'ai aperçu sur-le-champ; tu as une de ces figures qu'on n'oublie pas... — J'avais aussi reconnu monsieur le marquis, malgré le manteau dont il s'enveloppait, car dix années n'ont point changé vos traits, monseigneur, et l'on ne peut guère se méprendre à cette noble tournure qui captive toutes les belles... — Tu me flattes, coquin!... c'est me dire que je vieillis; mais revenons. Dès que tu m'eus donné ton adresse, je retournai près de la petite... — Si monsieur le marquis m'avait ce matin expliqué ce qui l'occupait, je lui aurais épargné la peine de suivre lui-même cette jeune fille. — Non, j'étais bien aise de l'examiner encore; d'ailleurs je n'avais rien de mieux à faire. Elle prit le chemin de la Cité, elle entra dans la rue de la Calandre; je lui parlais toujours, elle se contentait de sourire sans me répondre, mais son air ne paraissait nullement sévère; enfin elle s'arrêta devant la boutique d'une marchande de parfumeries. Je voulus y entrer avec elle, mais elle s'y opposa en me disant d'un ton fort singulier:

— Monsieur le marquis de Villebelle est trop connu pour que j'entre avec lui quelque part; je serais perdue de réputation, et je supplie monsieur le marquis de ne point me compromettre.

— Eh bien! mon cher Touquet, conçois-tu cette grisette, qui prétend que je la perdrais de réputation? Quant à moi, je t'avoue que je fus si surpris d'être connu par cette jeune fille, et de l'entendre parler ainsi, que je restai comme un sot au milieu de la rue; et pendant ce temps ma belle conquête prit et disparut par le fond du magasin.

— Quand je vous disais, monseigneur, que vous étiez connu dans toutes les classes de la société; dès qu'une jeune fille a douze ans, on lui fait part de vous comme du comte Ory, de galante mémoire. —Tant mieux! les femmes sont toujours curieuses de connaître ces hommmes qu'on leur peint comme si dangereux! Pauvres parents! en leur disant de me fuir, c'est les faire courir au-devant de moi. Tiens, Touquet, voici de l'or... Tu verras cette jeune fille. Puisqu'elle sait qui je suis, tu ne peux guère lui promettre que je serai fidèle; n'importe, promets toujours. Que dans trois jours je la trouve à ma petite maison du faubourg Saint-Antoine, tu sais?... — Oui, monseigneur, je me la rappelle... C'est toujours celle que vous possédiez autrefois! — Oui, mais j'en ai fait un endroit délicieux... Oh! tu verras!... des peintures, des glaces; le marbre, l'albâtre s'y marient à la soie, au velours, aux étoffes les plus précieuses... J'y ai dépensé plus de cinquante mille francs!... mais cela est divin. Nous y avons fait de soupers charmants avec Montglas, Chavagnac, Villempré, Monteille et quelques autres roués de la cour... — N'est-ce pas là, monsieur le marquis, que je conduisis cette jeune fille dont l'enlèvement fit tant de bruit?... C'était, je crois, notre première affaire de ce genre... Vous aviez alors dix-neuf ans au plus... la petite...

— Que diable viens-tu me rappeler là? dit le marquis en faisant un mouvement d'humeur et serrant dans sa main la bourse qu'il venait de prendre à sa ceinture, et sur laquelle le barbier avait déjà porté des regards avides.

— Pardon, monsieur le marquis, dit Touquet, mais je ne croyais pas vous déplaire en vous rappelant une aventure qui commença votre réputation!... La jeune personne était belle et sage; et le père, ancien archer du roi Henri, n'entendait pas raillerie!... Son arquebuse

était dirigée sur vous..., la balle traversa votre chapeau; mais votre épée arrêta le vieillard, et vous l'étendites à vos pieds pendant que j'emportais dans mes bras la fille évanouie.

— Tais-toi!... tais-toi!... misérable!... dit le marquis en se levant brusquement et jetant sur le barbier un regard courroucé que celui-ci paraît recevoir avec la plus parfaite indifférence.

La conversation est de nouveau interrompue. Le marquis se promène à grands pas dans la chambre, et paraît enseveli dans ses réflexions; bientôt cependant quelques mots entrecoupés s'échappent de sa bouche, mais ce n'est point à Touquet qu'ils sont adressés. Le marquis semble vivement agité en prononçant à demi-voix:

— Pauvre Estrelle!... qu'es-tu devenue?... Elle m'aimait... elle me croyait un simple étudiant!... Je l'aimais aussi... oui... Jamais, depuis ce temps, je n'ai éprouvé un sentiment que je puisse comparer à cet amour qu'elle m'inspirait!... j'étais si jeune!... Ah! le ciel m'est témoin que je ne voulais pas combattre son père... je ne cherchais qu'à me défendre!... Grâce au ciel, sa blessure, fort légère, fut bientôt guérie... Mais Estrelle, lorsqu'elle apprit mon nom et cet événement, elle me maudit!... Oui!... je crois l'entendre encore... puis elle s'échappa de cette maison, où je la trouvais cachée... Je l'aimais encore!... Depuis ce temps, aucune nouvelle! Et toi, Touquet, ne l'as-tu point rencontrée depuis?

— Jamais, monseigneur, ni vue, ni entendu parler.

— Pauvre Estrelle! dit encore le marquis au bout d'un moment; et le barbier dit à demi-voix: — Elle aurait maintenant trente-quatre ans à peu près!...

Cette remarque sembla dissiper un peu les regrets du marquis.

— En effet, dit-il en se rapprochant du feu, elle doit avoir approchant cet âge, si elle existe encore... Et moi qui me la représentais telle que je l'ai connue jadis! comme le temps passe!... Allons, oublions tout cela... D'après tout, c'est une aventure comme une autre... un chapitre dans l'histoire de ma vie!...

— Et monsieur le marquis dit donc que cette jeune fille demeure dans une boutique de parfumerie, rue de la Calandre, dans la Cité? — Comment!... quelle jeune fille? — Celle que monseigneur suivait ce matin sur le Pont-Neuf. — Ah! tu as raison!... je l'avais oubliée! oui, tu la reconnaîtras facilement: la taille dégagée, la tournure leste, vingt ans à ce que je présume, des cheveux châtains, des yeux noirs... la bouche bien garnie, le teint un peu brun; je ne la crois pas Française; quelque chose de décidé, de piquant dans la physionomie, rien qui annonce la timidité ou la candeur: voilà tous les renseignements que je puis te donner. — Ils sont suffisants, monsieur le marquis; dans deux jours, je l'espère, la personne sera à votre petite maison... — C'est fort bien... Tiens, voilà pour tes démarches, je t'en promets autant si tu réussis.

En disant ces mots, le marquis jette sur la table la bourse pleine d'or qu'il tenait encore dans sa main, et un sourire s'échappe des lèvres du barbier. Son hôte reprend son manteau et replace sur sa tête son large chapeau.

— Il est tard, il faut que le marquis en se couvrant de son manteau; il faut que je rentre chez moi. Après-demain, vers les dix heures du soir, je reviendrai savoir le résultat de tes démarches... — Trouverai-je du monde à votre petite maison? — Oui, Marcel, un de mes gens, garçon dévoué, qui habite constamment là. Il sera prévenu. — Il suffit, monseigneur. J'espère dans cette occasion vous serez encore content de moi. — Je m'en rapporte à ton zèle... Au fait, la petite est fort gentille... et cela pourra me distraire quelque temps. Allons, mon cher Touquet! suivons notre destinée!... La galanterie, la volupté, le plaisir! voilà ma vie, voilà la route que le sort... ou mes passions m'ont tracée! Je n'en saurais suivre d'autre, et je marche maintenant comme un aveugle qui s'abandonne à la Providence. Je ne sais trop si cette route me conduira au bonheur, mais je ne puis plus m'en écarter. Toi, tu ne connais que l'or, l'intrigue; tu cherches les moyens d'augmenter ta fortune; et ce métal que je prodigue pour des caprices est sans cesse l'objet de tes soupirs. Poursuivons chacun notre carrière, nous verrons un jour lequel s'en trouvera mieux.

Le marquis se dirige vers le couloir, le barbier prend la lampe et le guide dans le corridor. Parvenu à la porte de la rue, Touquet propose à son hôte de lui servir de guide jusqu'à sa demeure.

— Je te remercie, dit le marquis, mais cela est inutile, j'ai mon épée et je ne crains rien.

En achevant ces mots, le marquis s'est déjà élancé dans la rue, et disparaît aux regards du barbier. Celui-ci ferme la porte et retourne dans la salle basse. Arrivé là, il s'empresse de prendre la bourse qui est restée sur la table, il compte les pièces qu'elle renferme, et ses yeux ne peuvent se rassasier de la vue de l'or. Mais bientôt un son lent et triste se fait entendre: c'est l'horloge de Saint-Eustache qui sonne deux heures du matin.

Le barbier pâlit, ses cheveux semblent se dresser sur sa tête; il promène autour de lui de sombres regards, comme s'il craignait d'apercevoir un visage odieux; puis, après avoir passé plusieurs fois sa main sur son front, il serre la bourse dans son sein, prend la lampe, et se dirige vers la porte du fond en murmurant d'une voix sombre:

— Deux heures!... Allons nous coucher... Ah! si je pouvai dormir!

CHAPITRE III.

Blanche. — Une Histoire de Sorciers.

Le jour a succédé à cette nuit longue et pluvieuse; les marchands ont ouvert leurs boutiques, le guet se repose, tandis que les hardis voleurs de nuit cèdent le pas aux filous, qui en plein jour vont s'exercer dans les quartiers les plus populeux. Les servantes sont sur pied; les maris quittent la couche nuptiale (il était rare alors qu'on ne couchât point avec sa femme, du moins chez les simples bourgeois); les amants qui ont rêvé à leurs belles vont essayer de réaliser quelques-uns de leurs songes; ceux qui ont mieux fait que rêver vont se reposer le jour des fatigues de la nuit, et les jeunes filles qui pensent à leurs doux amis, bien qu'elles dorment ou qu'elles veillent, vont y penser encore en se livrant à leurs travaux journaliers. Dans ce temps-là comme dans ce temps-ci, l'amour était le rêve de la jeunesse, la distraction de l'âge mûr et le souvenir du vieil âge.

Le barbier était toujours le premier levé dans sa maison. Il n'avait point de serviteurs, bien que sa fortune le lui permît; mais, lorsqu'on lui demandait pourquoi il ne prenait point un garçon pour l'aider et veiller dans sa boutique, Touquet répondait:

— Je n'ai besoin de personne; seul je puis faire ma besogne, et je n'aime pas à nourrir des fainéants, qui ne sont bons qu'à épier les actions de leurs maîtres, pour aller ensuite les commenter dans le quartier.

Le barbier savait que Marguerite, quoiqu'un peu curieuse et passablement bavarde, n'était point capable de lui désobéir en rien; elle ne sortait que pour acheter les provisions nécessaires à la maison, ensuite elle remontait près de la jeune fille dont elle nous a parlé, et avec laquelle nous ferons bientôt plus ample connaissance. Marguerite ne descendait que lorsque son maître s'absentait, ce qui était rare. Enfin le barbier ne pouvait se passer d'une servante depuis qu'il avait pris soin et élevé chez lui la petite Blanche.

C'est Touquet qui ouvre lui-même sa boutique. Il jette quelques regards dans la rue; mais ce n'est point encore l'heure où les pratiques arrivent. Le barbier est rêveur, préoccupé; il songe à la commission dont le marquis l'a chargé, puis il retourne à sa porte en disant:

— Chaudoreille vient bien tard ce matin... c'est cependant son jour de barbe.

Marguerite paraît à l'entrée de la salle; et, après avoir regardé de tous côtés, peut-être pour s'assurer si l'étranger de la veille n'est point encore là, elle salue son maître respectueusement, et lui dit:

— Monsieur, mademoiselle Blanche est levée, et demande si elle peut vous souhaiter le bonjour.

Le barbier jette encore un regard dans la rue, puis passe dans son arrière-boutique en disant à sa servante:

— Blanche peut venir.

A peine Marguerite a-t-elle fait un signe dans le corridor qu'une jeune fille, légère comme la biche et fraîche comme la rose, s'élance dans la petite salle où l'attend Touquet, et court vers lui avec le plus aimable sourire en lui disant:

— Bonjour, mon bon ami.

Puis elle tend à Touquet son front candide, et le barbier s'approche et l'effleure à peine de ses lèvres. On dirait qu'un sentiment pénible le retient, et qu'il craint de flétrir cette tendre fleur.

Marguerite n'a point flatté le portrait qu'elle a fait de Blanche. La jeune fille est aussi jolie qu'elle paraît innocente et naïve. Ses cheveux noirs, lissés en bandeau sur son front, retombent en boucles sur son épaule droite. La poudre, dont les dames de la cour commençaient alors à faire usage, n'a point gâté la fraîche chevelure de Blanche. Sa peau est parfaitement d'accord avec son nom; sa bouche est fraîche et gracieuse, et ses yeux bleus, que de longs cils ombragent, ont une expression de douceur et d'innocence aussi recherchée dans ce temps-là que dans ce temps-ci.

Quel dommage que son joli corps soit emprisonné dans un corset qui descend bien bas, et dont les baguettes semblent comprimer avec force ses charmes! mais c'était alors la mode. Aujourd'hui nous avons meilleur goût: nous voulons que la taille soit à sa place; nous voulons surtout pouvoir l'entourer, la presser, et ne point rencontrer des vertugadins, des vasquines, des paniers, du plomb et des cerceaux. Heureusement les dames ont été de notre avis, et tout le monde y a gagné.

Malgré sa taille longue, son étroit corset, ses manches courtes garnies et ses souliers à talons, Blanche n'en est pas moins jolie; la beauté pare tout ce qu'elle porte; et l'innocence rend les charmes plus piquants, les grâces plus vraies. Blanche a donc tout ce qu'il faut pour plaire. Cependant le barbier ne semble pas remarquer les attraits de la jeune fille; on dirait qu'il craint de la contempler, comme il craignait d'approcher ses lèvres de son front.

— Avez-vous bien passé la nuit? lui demande Blanche. — Très-

bien. Je vous remercie. — Marguerite craignait que vous ne vous fussiez couché que fort tard, parce que vous aviez un de vos amis à souper avec vous. — Je ne sais point pourquoi Marguerite se permet ces réflexions, et de quelle nécessité il était de vous dire que j'avais reçu du monde hier au soir.

En prononçant ces mots, Touquet jette un regard sévère sur la vieille qui époussette et essuie les meubles sans oser regarder son maître.

— Mais, mon ami, reprend Blanche, est-ce que c'est mal de souper avec un de ses amis? — Non, sans doute. — Quelle faute Marguerite a-t-elle donc commise en disant cela? — Une servante ne doit point rapporter sans cesse tout ce que fait son maître. Il doit vous être fort indifférent, Blanche, que je reçoive ou non quelqu'un le soir. — Oh! mon Dieu, oui, puisque vous ne voulez pas que je le descende. Cependant cela m'amuserait plus que de rester dans ma chambre. — Une jeune fille ne doit point parler à tant de monde, et il vient ici beaucoup de gens que je connais à peine. — Oui, le matin; mais le soir vous ne recevez que vos amis. — Je reçois peu de visites le soir, excepté Chaudoreille, que vous connaissez. — Oh! oui, et qui me fait rire toutes les fois que je l'aperçois. Mais c'est rare maintenant; car il me donnait des leçons de musique, et je crois à présent que j'en sais autant que lui. Vous ne voulez jamais que je quitte ma chambre. — Blanche, c'est qu'apparemment cela n'est pas convenable. — Mais quand vous êtes seul, j'aimerais mieux vous tenir compagnie et causer avec vous que d'écouter les histoires de Marguerite, qui souvent me font peur et m'empêchent de dormir. — Vous ne savez pas que je ne suis pas très-causeur; après une journée de travail, de fatigue, j'aime le repos. — Et Marguerite dit que vous ne vous couchez que fort tard, que vous conservez longtemps de la lumière, et qu'elle ne sait pas si vous reposez une heure chaque nuit.

La vieille servante toussait inutilement pour faire taire Blanche; mais celle-ci, ne pensant pas qu'il y eût aucun mal à rapporter cela, n'y faisait point attention et continuait de parler. Marguerite, pour éviter les regards de son maître, essuie et époussette avec une nouvelle ardeur; mais cette fois la voix du barbier se fait entendre, et c'est à elle qu'il s'adresse.

— Marguerite, je vous ai dit, quand vous êtes entrée chez moi, que je déteste les curieux, les indiscrets, les valets qui espionnent leur maître. Vous en souvenez-vous? — Oui... oui... monsieur, dit la vieille servante en continuant de frotter le dessus d'une table. — Comment donc savez-vous si je me couche tard, si je conserve longtemps de la lumière, si je ne dors point dans la nuit, vous qui devez tous les soirs être à neuf heures dans votre chambre, et vous coucher sur-le-champ? — Monsieur, je vous demande pardon; mais quelquefois lorsqu'il fait du vent... ou que le tonnerre gronde... il m'est impossible de dormir. Alors, monsieur, je me lève pour faire une prière à ma patronne, ou mettre ma pelle et ma pincette en croix, ou placer une branche de buis sur mon lit... car vous savez, monsieur, que le buis conjure l'orage, et si l'on en avait mis jadis à l'Arsenal, sur la tour de Billi, elle n'aurait pas été détruite entièrement par la foudre, dans l'année mil cinq cent trente-sept... ou trente-huit, je ne sais plus au juste...

— Morbleu! laissez là votre buis et la tour de Billi! et répondez à ce que je vous demande... — M'y voici, monsieur: c'est toujours le vent ou l'orage qui est cause que je ne dors point, et comme ma fenêtre est en face de celle de l'appartement de monsieur... quand je dis en face... c'est un étage au-dessus... alors j'ai pu voir quelquefois de la lumière... et il m'a semblé que monsieur se promenait dans sa chambre... je n'en étais pas bien certaine, car il y a des rideaux, et l'ombre trompe quelquefois. — Comme je veux vous éviter la peine de vous assurer si je dors, dès ce soir vous changerez de chambre, et vous coucherez dans celle qui est au-dessus de mon appartement. — Quoi! monsieur, dans cette chambre où personne ne va jamais... Je ne crois pas qu'elle ait été habitée depuis que je suis ici... et je crains... — C'est assez... obéissez... et tâchez de ne plus espionner mes actions, où je serai forcé de vous renvoyer de chez moi.

— Mon Dieu! que je suis fâchée de vous avoir fait gronder, Marguerite! dit Blanche en se rapprochant du barbier. — Si elle m'a dit cela, mon ami, c'est pour l'intérêt qu'elle prend à votre santé: vous savez bien qu'elle vous est fort attachée. Mais puisque cela vous fâche, elle vous promet qu'elle ne le fera plus. Allons, c'est fini; vous ne lui en voulez plus, n'est-ce pas?

La voix de Blanche est si douce, si touchante, que Touquet perd un peu de son air sévère, et sourit presque en lui répondant:

— Oui, c'est fini, laissons cela. Quant à vous, Blanche, continuez d'être sage... docile... — Et vous me ferez sortir un peu, n'est-ce pas? Vous me permettrez d'aller à la promenade dans le Pré-aux-Clercs, ou sur la Place-Royale?... — Nous verrons... nous verrons cela plus tard: pour vous distraire, variez vos travaux... — C'est ce que je fais, mon ami: je quitte souvent mon aiguille pour faire du filet; ou bien je prends mon métier de tapisserie... Oh! vous verrez; je fais quelque chose de bien joli maintenant... — Je connais votre talent... votre goût: vous avez un sistre, vous pouvez vous amuser à en pincer. — Chaudoreille vous a donné des leçons. — Oui; maintenant je suis aussi forte que lui, car je crois qu'il n'est pas bien habile, quoiqu'il se dise grand musicien !... Mais tout cela ne m'amuse guère... j'aimerais mieux me mettre à la fenêtre qui donne sur la rue ; mais vous ne voulez pas que je l'ouvre. — Non, Blanche, il passe trop de monde dans ce quartier, vous seriez vue, lorgnée et insultée par les bacheliers, les pages, qui se font un plaisir de commettre du désordre. — Allons... je n'ouvrirai pas ma fenêtre... Cependant, si vous vouliez, je mettrais un masque sur ma figure ; alors ils ne me verraient pas. — On ne vous en remarquerait pas moins ; d'ailleurs, Blanche, il n'est permis qu'aux dames de la cour de porter des masques. Je vous le répète, évitez les regards de ces étourdis, de ces impertinents qui courent les rues en lorgnant à toutes les fenêtres. Vous n'avez pas encore seize ans. Dans quelques années je quitterai Paris ; je vendrai cette maison, et je me retirerai à la campagne ; vous y jouirez de plus de liberté, et vous y goûterez des plaisirs qui vaudront bien ceux que cette ville pourrait vous offrir. Mais quelqu'un entre dans la boutique ; allez, Blanche, remontez dans votre appartement.

La jeune fille salue le barbier et regagne lestement le corridor dans lequel donne l'escalier qui conduit à sa chambre ; elle pousse un léger soupir en y entrant, et en regardant autour d'elle :

— Toujours ici !... Toujours voir la même chose !... c'est bien triste !... Ne parler qu'à Marguerite !... Elle est bien bonne, Marguerite, bien complaisante ! elle m'aime beaucoup... mais quelquefois ses histoires sont fort ennuyeuses ! Enfin ! puisqu'il le faut...

Et Blanche reprend le morceau de tapisserie qu'elle est en train de faire, et chante, en travaillant, un des trois airs que son maître de musique lui a appris.

Bientôt la porte de la chambre s'ouvre ; c'est Marguerite qui a suivi la jeune fille, mais qui n'arrive que longtemps après elle, parce que ses jambes n'ont plus leur vivacité de seize ans.

La vieille bonne fait la moue, car Blanche est cause qu'elle va changer de chambre, ce qui n'est pas une petite affaire pour Marguerite. Blanche s'en aperçoit ; elle court au-devant de la vieille, la fait asseoir, et lui prend les mains en lui disant avec un charmant sourire :

— Est-ce que tu m'en veux, ma bonne ? tu as bien vu que j'ai dit tout cela sans penser qu'il y eût du mal.

Qui pourrait résister au sourire de Blanche ? La vieillesse est d'autant plus sensible à de si douces manières, qu'on en a rarement avec elle ; et voilà pourquoi un vieillard perd quelquefois la raison, lorsqu'une jolie fille lui jette un tendre regard, car depuis longtemps il n'a plus l'habitude de supporter des regards-là.

— Est-ce qu'on peut rester fâché avec vous ? dit Marguerite en pressant la main de Blanche, et pourtant c'est bien désagréable... changer de chambre, déménager à mon âge !... — Je t'aiderai, ma bonne, c'est moi qui porterai tout. — Oh ! ce n'est pas pour cela, c'est sur le même carré ? il n'y a pas loin à porter... Mais cette chambre, que j'habitais depuis huit ans que je suis entrée ici, était, grâce à mes prières, à mes précautions, à l'abri des visites de tous les esprits malins. J'y bravais les tentatives des sorciers, des magiciens ; et tout ce que j'ai fait est maintenant à refaire dans la nouvelle chambre que je vais habiter. — Tu crois donc, Marguerite, que les sorciers iraient te visiter si tu ne prenais pas toutes tes précautions ? — Et pourquoi pas, mademoiselle ? Est-ce que ces gens-là ne vont pas partout où ils peuvent pénétrer ?... C'est qu'il y en a un grand nombre dans Paris ; ils enlèvent les cadavres attachés au gibet de Montfaucon ; ils commettent mille horreurs pour faire réussir leurs sortilèges. Il y a près de cinquante ans... oui, c'est ma mère qui me contait cette histoire, qu'un laquais, ruiné par le jeu, se donna au diable pour dix écus ; le démon se transforma en serpent, et prit possession du laquais en s'introduisant dans son corps par sa bouche ; et, depuis ce temps, le malheureux faisait des grimaces horribles, parce qu'il avait le diable au corps. Quelques années après, un chevalier du guet fut enlevé par un sorcier. — Ah ! ma bonne, tu vas encore me conter des histoires qui me font peur la nuit ! — Je ne dis pas cela pour vous faire trembler, mais pour vous prouver qu'il faut se tenir en garde contre les magiciens, et ne pas être comme ces gens incrédules qui doutent de tout, lorsque nous avons tant d'exemples du pouvoir de la magie ! Je ne vous citerai pas la maréchale d'Ancre, et Urbain Grandier, qui avait logé des diables dans le corps des religieuses Ursulines de Loudun : cela est trop épouvantable ; mais je vous conterai seulement ce qui arriva à un magicien appelé César Perditor ; cela date de dix-sept ans environ ; vous voyez, ma chère enfant, que ce n'est pas très-ancien.

— Mais, ma bonne, si vous vous occupiez de votre déménagement ? dit Blanche, qui ne semble pas fort curieuse d'entendre l'histoire de Marguerite. — Nous avons le temps, répond la vieille servante en approchant sa chaise de celle de Blanche, enchantée de conter une histoire de sorciers, quoique cela la fasse frémir aussi. Marguerite commence aussitôt.

— Ce César était, dit-on, fort habile dans son art magique ; il faisait tomber à volonté la grêle et le tonnerre ; il avait un esprit familier, et un chien qui portait ses lettres et lui en rapportait les réponses. À un quart de lieue de cette ville, du côté de Gentilly, il habitait une caverne dans laquelle il faisait voir le diable et toute la cour infernale !... Ah ! ma pauvre enfant ! on dit qu'à une grande distance de la caverne on entendait la nuit un bruit épouvantable !... Il composait des philtres pour donner de l'amour, et des images de cire pour faire mourir en langueur les personnes dont c'était le portrait.

— Un jour... non, ce devait être un soir, un vieillard se rendit à la caverne ; il paraissait souffrant et bien malheureux. Un grand seigneur, un libertin, enfin un mauvais sujet, lui avait enlevé sa fille, son unique enfant ; le vieillard, dans son désespoir, et ne pouvant obtenir justice, venait trouver le magicien, pour qu'il lui donnât le moyen de se venger de celui qui l'avait outragé.

— Ma bonne, il me semble que votre maître vous appelle, dit Blanche en interrompant Marguerite. — Non, non, il ne m'appelle pas... Excepté à l'heure des repas, est-ce que M. Touquet a jamais besoin de moi ? Or donc, nous disons que le vieillard alla trouver le magicien, et que celui-ci lui promit son secours. En effet, on n'en sut pas davantage sur son compte. Seulement on dit cette nuit-là dans la caverne encore plus de bruit qu'à l'ordinaire ; si bien que M. le lieutenant de police y envoya du monde, et l'on dit que César fut pris et conduit à la Bastille, où bientôt après le diable vint l'étrangler. — Et le vieillard, ma bonne ? — Il ne reparut plus à sa demeure : c'est que sans doute le diable l'emporta aussi, ou que le grand seigneur ayant appris ce qu'il allait faire chez le magicien... mais on n'en sut jamais rien. Cela vous prouve toujours, ma chère enfant, combien il est dangereux de hanter ces gens-là... — Ma bonne, ce petit talisman que vous m'avez donné, que je porte sur moi, n'est donc pas l'ouvrage d'un sorcier ? — Non, certes, ma petite ! Ah ! bien au contraire, c'est pour vous préserver de leurs embûches que je vous l'ai donné ; il est sous la protection de ma patronne !... Avec cela, ma chère Blanche, vous pourriez aller, courir partout, votre innocence ne courrait aucun danger. — Pourquoi donc alors mon bon ami ne me permet-il pas de sortir de ma chambre ? — Ah ! ma chère Blanche, c'est que M. Touquet ne croit pas aux talismans, et c'est bien malheureux pour lui !... — Mais vous, Marguerite, qui avez peur de tout, pourquoi ne portez-vous pas un talisman semblable ? — Ah ! mon enfant, le vôtre consiste principalement à préserver votre vertu... et à mon âge on n'a pas besoin de talisman pour la défendre. — Ma vertu ?... est-ce que les magiciens prennent la vertu des jeunes filles ?... — Non-seulement les magiciens, mais les galants, les séducteurs, enfin tous les mauvais sujets dont M. Touquet vous parlait ce matin. — Et qu'est-ce que ces gens-là feraient donc de ma vertu ? — Mon enfant, cela veut dire qu'ils chercheraient à vous tourner la tête, à vous donner le goût de la coquetterie, du désordre, des affiquets, du mensonge ; enfin vous ne seriez plus alors la sage, la douce Blanche. — Ah ! je comprends ; mais, ma bonne, sans talisman, je crois bien que je n'aurais jamais ces goûts-là !... Je ne voudrais rien faire qui pût causer du chagrin à celui qui a pris soin de mon enfance !... qui a tant fait pour moi depuis que j'ai perdu mon père !... — C'est fort bien, mon enfant ; mais avec un talisman, voyez-vous... enfin je suis bien plus tranquille !... et si M. Touquet y croyait comme moi, il vous donnerait un peu plus de liberté. Ce n'est point que je le blâme de craindre pour vous les tentatives des mauvais sujets... Vous devenez chaque jour si jolie !... — Hélas ! oui, ma chère petite, je m'en souviens !.. et malheureusement les jolies filles écoutent volontiers les mauvais sujets ! — Elles les écoutent volontiers, ma bonne ? Est-ce qu'ils parlent mieux que les autres hommes ? — Non pas mieux... mais ils savent si bien dissimuler, ils ont là langue dorée !... les yeux trompeurs, les manières... Ah ! que je suis contente que vous ayez un talisman !... — Mais, ma bonne, puisque je ne quitte pas ma chambre... — Sans doute !... mais vous ne la garderez pas toujours ; et sous ma surveillance, il me semble qu'on pourrait bien vous permettre de temps à autre une petite promenade. M. Touquet est sévère !... très-sévère !... Me faire changer de logement parce que je me suis aperçue qu'il ne dort pas la nuit ! Est-ce ma faute, à moi, s'il ne dort pas !... — M'empêcher d'ouvrir ma fenêtre... — Ah ! c'est qu'elle donne sur la rue... Et s'il savait que vous regardez si souvent à travers les carreaux... mais on ne peut guère vous voir... ces vitres sont si petites, si rapprochées... — Oh ! oui, c'est comme une grille !... — Mais ce ne serait pas plus rigide !... — Ah ! Marguerite, il me tient lieu du mien !... — Oui... oui... je le sais bien, et cependant il n'est point votre parent, n'est-ce pas ? — Non, Marguerite, je ne crois pas. — D'après ce que j'ai appris dans le quartier avant d'entrer à son service, vous êtes la fille d'un pauvre gentilhomme, qui est venu à Paris pour suivre un procès, il y a environ dix ans de cela... — Oui, ma bonne. J'avais alors cinq ans et quelques mois ; il me semble cependant que je me souviens encore de mon père... Il était bien bon, il m'embrassait souvent... — Et votre mère, vous en souvenez-vous ? — Hélas ! non ; mais je crois me rappeler encore cette nuit où nous arrivâmes ici... Nous avions été longtemps en voiture, nous venions de bien loin... — Et M. Touquet vous logea, car alors il tenait des logements... Ensuite ?... — J'étais bien lasse ; on me donna à manger, puis on me coucha dans cette chambre. C'était toujours la même que j'ai occupée depuis !... — Et après ?... — Je ne revis plus mon père. Le lendemain, M. Touquet m'apprit qu'il était mort !... — Oui, bien malheureusement, dit-on ; il y avait alors, comme il n'y a que trop souvent encore, des combats de nuit entre des pages, des laquais et d'honnêtes bourgeois, qui se voyaient en rentrant chez eux attaqués par ces scélérats maudits. Cette nuit-là, il se commit mille désordres dans les rues de Paris; plusieurs personnes furent assassinées, et votre pauvre père, qui était sorti, fut, en revenant, enveloppé dans une bagarre, et périt en voulant se défendre... voilà tout ce que j'ai appris. En savez-vous davantage? — Non, Marguerite; d'ailleurs tu sais bien que mon protecteur ne veut pas que l'on parle de cela. — Oui, parce qu'il craint que cela ne vous fasse de la peine. — Il a daigné me garder près de lui, m'élever comme sa fille, me faire donner quelques talents... Aussi j'ai pour lui la plus vive reconnaissance. — Oh! oui, il s'est très-bien conduit! — Il vous aime, quoiqu'il ne soit pas caressant, ni expansif dans ses paroles; je suis bien sûre qu'il vous porte le plus grand intérêt. Il paraît qu'il n'a point l'intention de se marier, quoiqu'il soit jeune encore; il est à son aise... plus même qu'il ne veut le paraître. — Tu crois, Marguerite?... — Ah! chut! s'il savait que j'ai dit cela... et que je l'ai aperçu quelquefois compter de l'or, c'est pour le coup qu'il me renverrait! — Tu l'as vu compter de l'or? — Je ne vous ai pas dit cela, mademoiselle... Non, non, je n'ai rien vu!... Ah! mon Dieu! vous allez encore bavarder... Je ferai bien mieux d'aller m'occuper de mon déménagement. — Je vais avec toi, ma bonne. — Venez, puisque vous le voulez.

— Monseigneur, ce vin est indigne de vous être offert.
— J'aime toujours ce qu'on ne m'offre pas.

Blanche suit Marguerite, qui monte à sa chambre, et soupire en songeant qu'il faut la quitter. Pour dissiper son chagrin, Blanche se hâte de transporter les meubles et les effets de la vieille servante dans la pièce qui est vis-à-vis. En vain Marguerite lui crie : Doucement, mademoiselle, ne portez rien que je n'aie jeté de l'eau bénite partout. — Blanche, pour lui épargner de la fatigue, a bientôt terminé le déménagement, et Marguerite se décide enfin à entrer dans son nouvel appartement, qu'elle recommande de nouveau à sa patronne.

— Tu seras bien mieux ici, lui dit Blanche, cette chambre est plus commode, plus grande. — Je la trouve fort triste, moi, dit Marguerite en jetant autour d'elle des regards craintifs. — Cette grande alcôve..... cette tenture sombre..... ces recoins..... Ah! mademoiselle, voyez donc, s'il vous plaît, s'il n'y a rien dans cette grande armoire. Blanche court ouvrir l'armoire, et, après l'avoir visitée, rapporte à Marguerite un petit livre lourd de poussière.

— Voilà tout ce que j'ai trouvé, ma bonne! dit-elle en présentant le livre à la vieille, qui met ses lunettes, et dit : — Voyons un peu ce que c'est.....

Marguerite parvient, non sans peine, à lire : *Grimoire du sorcier Odoart, le fameux noueur d'aiguillettes.*

— Ah! mon Dieu, dit Marguerite en laissant tomber le livre, je suis perdue si ce sorcier-là a couché dans cette chambre-ci. Miséricorde!

un noueur d'aiguillettes! — Qu'est-ce que cela veut dire, ma bonne, noueur d'aiguillettes?... — Cela veut dire... cela veut dire, mademoiselle, un bien méchant homme qui n'aime guère son prochain; enfin un homme qui jette des sorts pour rendre son semblable malheureux. — Ah! c'est bien vilain cela; y a-t-il encore de ces noueurs d'aiguillettes? — Hélas! oui, ma chère enfant, et ils jettent toujours des sorts, car j'ai rencontré dans ma vie plusieurs personnes qui avaient été ensorcelées par eux. Brûlons cela, brûlons bien vite.

Marguerite s'empresse de jeter le grimoire dans la cheminée, où elle allume du feu; puis elle commence des prières à sa patronne, et Blanche redescend se mettre à son ouvrage.

CHAPITRE IV.

Le chevalier Chaudoreille.

A peine Blanche et Marguerite avaient-elles quitté l'arrière-salle, que Touquet courut au-devant d'un homme qui entrait dans la boutique, en lui disant :

— Arrive donc, mon cher Chaudoreille, tu te fais bien attendre, et aujourd'hui justement j'ai à te parler.

Le nouveau personnage qui venait d'entrer chez maître Touquet était un homme de trente-quatre ans, mais qui en paraissait avoir au moins quarante-cinq, tant sa figure était fripée et ses joues creuses; son teint jaune n'était pas relevé que par deux petits ronds écarlates formés sur les pommettes de ses joues, et qui, par leur éclat et leur luisant, trahissaient leur origine. Ses yeux étaient petits, mais assez vifs; et M. Chaudoreille les faisait rouler continuellement sans jamais les fixer sur la personne à laquelle il parlait; son nez court et retroussé contrastait avec la grandeur de sa bouche, que surmontait une immense moustache rouge comme ses cheveux; tandis que sous la lèvre inférieure croissait une royale qui se terminait en pointe à son menton.

La taille de ce cavalier n'allait pas à cinq pieds, et la maigreur de son corps paraissait plus sensible dans le justaucorps usé qui l'enfermait; les boutons de son pourpoint manquaient en plusieurs endroits, et quelques reprises mal faites semblaient prêtes à former des crevées. En revanche, son haut-de-chausses, beaucoup trop large, donnait à ses cuisses un énorme volume, et les jambes qui en sortaient paraissaient encore plus grêles; car les bottes à entonnoir qu'il portait, retombant sur sa cheville, ne pouvaient cacher l'absence du mollet. Ces bottes, d'un jaune foncé, avaient des talons de deux pouces de haut, et l'on y voyait constamment des éperons; le pourpoint et le haut-de-chausses étaient d'un rose passé, et accompagnés d'un petit manteau de même couleur, qui descendait à peine jusqu'à la taille; ajoutez à cela une fraise très-haute, un petit chapeau surmonté d'un vieux panache rouge et posé sur l'oreille, une vieille ceinture en soie verte, une épée beaucoup plus longue qu'on ne les portait, et dont la poignée montait jusqu'à la poitrine, et l'on aura un portrait fidèle de celui qui se faisait appeler le chevalier de Chaudoreille; dont un léger accent gascon dénotait l'origine, et qui marchait la tête haute, le nez au vent, la main sur la hanche, le jarret tendu, comme prêt à se mettre en garde, et paraissant disposé à défier tous les passants.

En entrant dans la boutique, Chaudoreille se jette sur un banc, comme quelqu'un d'accablé de fatigue, et place son chapeau près de lui en s'écriant :

— Reposons-nous, sandis, je l'ai bien mérité!... ouf!... quelle nuit! grand Dieu, quelle nuit!

— Et que diable as-tu donc fait cette nuit pour être si fatigué? — Ah, rien qu'd'assez ordinaire pour moi, il est vrai; rossé trois ou quatre grands drôles qui voulaient arrêter la chaise d'une comtesse, blessé deux pages qui insultaient une jeune fille, donné un grand coup d'épée à un étudiant qui allait s'introduire par la fenêtre dans uné maison, livré au guet quatre voleurs qui allaient dévaliser un pauvre gentilhomme :.... voilà à peu près ce que j'ai fait cette nuit.

— Peste! dit Touquet en laissant échapper un sourire ironique, sais-tu bien, Chaudoreille, que tu vaux à toi seul trois patrouilles du guet? Il me semble que le roi ou monsieur le cardinal devraient récompenser une conduite si belle en te nommant à quelque poste important dans la police de cette ville, au lieu de laisser un homme si brave, si utile, battre le pavé toute la journée et courir les brelans, les lansquenets, les tripots, pour tâcher d'y trouver un écu à emprunter.

— Oui, dit Chaudoreille sans paraître faire attention à la dernière partie de la phrase du barbier, je conviens qué je suis très-brave, et qué mon épée a été bien souvent utile à l'État,... c'est-à-dire aux opprimés; mais j'agis sans intérêt, je cède aux mouvéments de mon cœur... c'est dans lé sang, cadédis! l'honneur avant tout !... et dans cé siècle-ci nous né badinons pas! Je suis cé qué l'on appelle à la cour un *raffiné d'honneur* : un clin d'œil offensant, un salut un peu froid, un manteau qui vient froisser lé mien, zesté l'épée à la main; je né connais qué cela! Jé mé battrais avec un enfant dé cinq ans, s'il mé manquait!.

— Je sais que nous sommes dans un temps où l'on se bat pour une misère!... mais je n'ai jamais ouï dire que tes duels aient fait du bruit. — Qué diable, mon cher Touquet, les morts né peuvent pas parler; et ceux qui ont affaire à moi n'en reviennent jamais. Tu as entendu parler du fameux Balagni, surnommé lé brave, qui fut tué en duel il y a une quinzaine d'années... eh bien! mon ami, jé suis son élève, et son successeur!... — Il est malheureux pour toi de n'être pas venu au monde deux siècles plus tôt; les tournois commencent à passer de mode... et les chevaliers qui redressaient les torts, pourfendaient les géants, ne se voient plus... que dans les galeries de tableaux. — Il est

— Voyons un peu ce que c'est, dit Blanche. Et ia vieille Marguerite lut :
« Grimoire du sorcier Odoart, le fameux noueur d'aiguillettes. »

certain qué si j'avais vécu du temps des croisades, j'aurais voulu rapporter dé la Palestine deux mille oreilles de Sarrasins! mais ma chère *Rolande* y a été... cette épée rédoutable qui mé vient d'un arrière-cousin, qui la ténait dé Roland le Furieux... Elle a envoyé diablement ment des gens dans l'autre monde! — J'ai toujours peur qu'elle ne te fasse tomber, elle me semble bien grande pour toi. — Elle a cependant raccourci d'un pouce depuis qué jé l'ai, et cela à force d'avoir servi. Pour peu qué jé continue de ce train, elle déviendra un petit stylet. — Laissons là tes prouesses, Chaudoreille, j'ai à te parler de choses plus intéressantes. — Si tu voulais mé raser d'abord, j'en ai grand bésoin; ma barbe pousse deux fois plus vite la nuit, quand jé né soupé point la veille... — Il paraîtrait alors que tu as fait diète depuis quelques jours.

Pendant que le barbier prépare tout ce qui est nécessaire pour raser Chaudoreille, celui-ci détache son épée et, après avoir fait le tour de la boutique en cherchant un endroit qui lui paraisse convenable pour l'y mettre, se décide à la garder sur ses genoux; il se débarrasse de son manteau, puis il ôte la fraise un peu fanée qui entoure son cou, et abandonne sa petite figure maigre et originale aux soins de Touquet, qui s'avance armé du bassin et de la savonnette.

Le barbier commence par prendre et jeter dans un coin de la boutique la longue rapière que Chaudoreille tenait avec respect sur ses genoux. Le chevalier fait un mouvement de désespoir en s'écriant :

— Qué fais-tu, malheureux? tu vas briser *Rolande!...* l'épée du neveu de Charlemagne!... — Si c'est une bonne lame, elle ne se brisera pas. Comment veux-tu que je te rase si tu conserves cette grande pertuisane sur tes genoux!.... — Il fallait au moins la prendre avec précaution... Sandis, tu es presque aussi vif qué moi... — Veux-tu te faire couper les moustaches? — Eh non! jamais!... un chevalier sans moustaches! y penses-tu! veux-tu qu'on mé prenne pour uné jeuné fille?...

— Je ne pense pas qu'on s'y trompe. — C'est égal, je tiens essentiel-lément à mes moustaches... et la royale... cela fait bien... cela donne un air mâle... Ah! le roi François Ier savait bien cé qu'il faisait en portant cé petit bouquet au menton... Né trouves-tu pas qué j'ai un faux air de ressemblance avec cé roi? — Très-faux en effet, car je défie à qui que ce soit de s'en apercevoir. Mais venons à mon affaire : j'ai à t'employer... tu es libre de ton temps?... — Libré?... oui, c'est-à-dire pour toi il n'est rien qué jé n'abandonne... J'ai bien deux ou trois rendez-vous amoureux et cinq à six affaires d'honneur... Mais cela peut sé rémettre... — Il y aura quelques pistoles à gagner. — Jé suis homme à mé mettre dans lé feu pour t'être utile. — Ce n'est pas positivement moi que cela regarde... — Oui, j'entends, des missions délicates... tu sais qué jé t'ai déjà servi en maintes circonstances... — J'espère que tu seras plus adroit cette fois; car la manière dont tu t'es conduit dans les dernières affaires où je t'ai employé ne devrait pas m'engager à me servir encore de toi. — Ah! mon cher Touquet!... né sois pas injuste! d'abord tu mé charges de porter uné lettre à une démoiselle sans qué les parents le sachent... — Oui, et tu remets positivement le billet à sa mère... — Qué diable! pouvais-je déviner? Cette femme avait du rouge, des fleurs, des dentelles... un corset qui lui rendait la taille dé la grosseur dé mon pouce... j'ai cru qué c'était la démoiselle! Avec leurs cerceaux, leurs vasquines, leurs plombs, leurs immences coiffures, il né sera bientôt plus possible dé distinguer lé sexes! — Une autre fois, je te dis de feindre une querelle avec un de tes amis, afin d'a-masser du monde dans la rue et de faire arrêter la chaise d'une jeune femme à laquelle on voulait parler..... Tu te fais donner deux ou trois soufflets, et tu te sauves..... — Ah! mon ami, ne t'en prends qu'à ma bravoure; jé savais bien que la querelle n'était qué feinte; malgré céla, au troisième soufflet, jé sentis lé sang qui mé montait au visage, et jé m'en allai dé peur dé mé fâcher... — Cette fois, j'espère que tu te conduiras mieux... — Parle, as-tu besoin dé mon bras,

Comment le chevalier de Chaudoreille perdit sa fraise.

dé ma valeur? — Non, Dieu merci, je ne mettrai pas ta valeur à l'épreuve!... L'affaire est fort simple et ne te coûtera pas grand effort de génie!... — Tant pis... jé jure par *Rolande* qué jé mé sentais disposé à braver tous les périls... Prends garde, mon ami, tu approches ton rasoir dé mon nez... Tu vas finir par m'en emporter un morceau, et cela ôterait du charme à ma physionomie... — Ne craignez rien, valeureux Chaudoreille, je respecterai votre figure!... ce serait dommage de la gâter. — Oui, certés,. et cela ferait pleurer plus d'uné grandé dame, qui daigne avoir des bontés pour ton serviteur.... — Ces grandes dames-là devraient bien te faire présent d'un autre pourpoint, car le tien a bien gagné sa retraite!... — Mon cher, l'amour né s'arrête point à dé telles vétilles!... jé plais avec ou sans pourpoint!... c'est la tournuré qui fait tout!... et jé dame lé pion à à plus d'un cavalier couvert d'oripeaux et dé fanfreluches; d'ailleurs si jé voulais des dentelles, des manchettes, des colifichets!... jé n'aurais qu'un souriré à donner! Ah! mon Dieu!... prends donc garde, mon cher Touquet... voilà lé chien du voisin qui prend ma fraise... Ah; lé pendard... il la tient dans sa gueule!... — Il faut la lui reprendre... — Cela t'est bien facile à dire... Cé maudit chien mord tout lé monde.

Chaudoreille se lève à moitié rasé et court prendre son épée, qu'il tire du fourreau; mais pendant ce temps le chien sort de la boutique en emportant la fraise, et le chevalier gascon le poursuit dans la rue en s'écriant :

— Ma fraise!... sandis, ma fraise!... arrêtez lé voleur!

Les cris de Chaudoreille font courir le chien plus vite, et les passants regardent avec étonnement cet homme, à moitié déshabillé, une joue rasée et l'autre couverte de savon, qui court l'épée à la main en criant au voleur. Les badauds s'amassent, car il y en avait déjà en mil six cent trente-deux; ils suivent Chaudoreille pour connaître l'issue de l'aventure. Les enfants jettent des pierres au chien, et celui-ci redouble de vitesse, enfile une allée et disparaît aux regards de Chaudoreille, qui, n'en pouvant plus, s'arrête enfin en poussant un gros soupir. Sa colère redouble quand il s'aperçoit que tout le monde rit en le regardant. Il jure alors... mais assez bas pour que personne ne puisse l'entendre; et, se faisant jour à travers la foule qui l'entoure, il regagne tristement la maison du barbier.

— Il faut que tu sois fou pour courir ainsi dans la rue! dit Touquet, qui s'impatientait pendant la course de Chaudoreille; tu mériterais que je n'achevasse point de te raser. — Eh', cadédis! cela t'est bien aisé à dire... Jé suis volé... uné fraise magnifique!... — Tu en mettras une autre. — Il n'en ai pas d'autre! — Avec un souriré tu auras tout ce que tu voudras. — Oui, mais je né suis pas en train de faire des souriras. — Allons, calme-toi. Si notre affaire réussit, comme je n'en doute point là, je te donnerai quelques sous, avec lesquels tu auras bien d'autres collets, car les fraises ne sont plus de mode.

Cette assurance adoucit un peu le chagrin de Chaudoreille, et il se rassied pour qu'on achève de le raser.

— Tu iras aujourd'hui dans la Cité, reprend le barbier en achevant la toilette du chevalier, dans la rue de la Calandre; tu entreras dans la boutique d'une parfumeuse, c'est à peu près au milieu de la rue... — Oui, oui, jé la connais!... c'est là qué jé mé fournis... — Tant mieux, l'accès t'en sera plus facile. Et tu dois connaître alors la jeune fille que je vais te dépeindre : vingt ans, taille moyenne, tournure leste, cheveux bruns, les yeux noirs et assez éveillés?... — Ecoute, jé né crois pas qué jé la connaisse, vu qué depuis deux ou trois ans jé n'ai point acheté dé parfumerie, parcé qué les odeurs mé font mal aux nerfs. — Si tu pouvais, Chaudoreille, te dispenser une seule fois de mentir à chaque minute, cela me ferait grand plaisir. — Qu'entends-tu par là? Moi mentir! sandis! jé té jure par Rolande!... — Tais-toi, et écoute. Un grand seigneur est amoureux de cette jeune fille, dont je viens de te faire le portrait. Ce grand seigneur est le marquis de Villebelle!... — Peste! le marquis de Villebelle! c'est un gaillard qui fait parler dé lui... Jé suis enchanté dé travailler pour un homme dé cette trempe... Il est aussi brave qué généreux, c'est un roué dans mon genre! Jé veux lui donner des preuves dé mon zèle et dé mon génie. Il faudrait commencer par retenir ta langue; songe bien que la moindre indiscrétion te coûterait cher. Je ne t'aurais point appris le nom de celui qui nous fait agir, si la jeune fille ne l'eût pas su; mais comme elle pourrait elle-même te le nommer, il vaut mieux que tu l'apprennes par moi... Souviens-toi encore que c'est moi qui t'emploie, et non pas le marquis. Je pourrais moi-même m'acquitter de la commission dont je te charge... mais je commence à avoir une réputation de probité, de sagesse; on pense généralement que, revenu des erreurs de ma jeunesse, je ne me mêle plus d'intrigues, et je tiens à ne point détruire cette bonne opinion que dans le quartier on a maintenant de moi... — Ah! coquin!... un tel maintien comme un singe, tu n'en fais qué mieux tes affaires!... et ton air froid et sévère trompe bien des gens! Tu as raison, sandis! il faut dissimuler!... c'est l'essence de l'intrigue; et jé veux tâcher dé né plus avoir l'air si libertin et si roué, afin dé mieux empaumer les petites innocentes.

Le barbier hausse les épaules et fait un mouvement d'impatience qui rapproche de nouveau la lame de son rasoir du nez de Chaudoreille, dont le visage devient encore plus blême excepté la partie de ses joues dont le coloris semble inamovible.

— Malédiction! s'écrie Touquet en retenant d'une main Chaudoreille par le bout de son nez, pour l'empêcher de remuer, et achevant de l'autre main de le raser; ne pourras-tu jamais te tenir tranquille, et ne point trembler devant la lame de mon rasoir!... Jé mériterais d'être balafré par toute la figure. Allons, lève-toi... c'est fini. — Grand merci! s'écrie Chaudoreille, qui respire plus librement. Jé suis accommodé comme un chérubin! Oh! tu as la main aussi habile qué légère. Cela fait soixante-dix-sept barbes qué jé té dois... — C'est bon, nous compterons cela plus tard... — Jé sais que tu t'en rapportes à moi... Tu n'es pas commé cé barbier qui rase à crédit un

de mes amis, et qui lui fait une entaille chaqué fois, afin, dit-il, dé marquer les barbes.

— Avant qu'il ne vienne du monde, convenons de nos faits... — Parlé toujours, jé t'écoute en mé débarbouillant... — Tu iras donc chez la parfumeuse, et, tout en achetant quelque chose... — Ah! oui, une collerette, ou une fraise, par exemple... — N'importe. — Jé trouve qué les fraises mé vont mieux... — Tais-toi donc, maudit bavard! il ne s'agit pas ici de ta figure. Tu liras auprès de la jeune fille que je t'ai dépeinte; tu lui diras que M. le marquis est amoureux d'elle au point de faire des folies... — Oui, jé lui dirai qu'il veut sé poignarder à ses yeux si ellé né sé rend pas... — Il n'est pas question de se tuer... Imbécile, beau moyen pour séduire une grisette!... — Moi, jé né séduis jamais autrement!... — On parle de cadeaux, de bijoux, de présents, cela les attendrit beaucoup plus vite... — Chacun sa méthode! moi, jé né les attendris jamais avec cela. Au reste, jé dirai tout cé qué tu voudras, jé férai lé marquis généreux et magnifique comme un enfant de la Gascogne... — Enfin, tu demanderas au nom du marquis un rendez-vous pour demain soir... — Où céla... — Où tu voudras... mais de préférence dans un quartier peu fréquenté... — Fort bien; ensuite?... — Oh! le reste me regarde... — Un moment : si la petite né voulait pas accorder un rendez-vous?... — Y penses-tu! une fille de boutique né sait qu'elle a plu au noble seigneur de Villebelle!... Je suis certain qu'elle grille déjà d'impatience de ne point voir arriver quelque messager. Il faudrait que tu t'y prisses bien maladroitement pour le point réussir..... — Sois tranquillé, né suis pas un belître, jé m'en flatte, et jé veux qué cette affaire mé mette dans les bonnes grâces du marquis... — Encore une fois, ce n'est point à lui, mais à moi que tu auras affaire; et s'il t'échappe par la suite un seul mot sur cette aventure, si tu as le malheur de parler du marquis, songe qu'alors la lame de mon rasoir ne laissera pas entière cette figure dont tu parais faire tant de cas.

Les yeux du barbier annonçaient la ferme détermination de tenir sa promesse; Chaudoreille s'empressa d'aller ramasser son épée et de la rattacher à son côté en murmurant :

— Oui, sans douté, jé fais cas dé ma figure, elle en vaut bien la peine, et jé lui dois dé bien heureux moments!... — Dé diable dé Touquet plaisante toujours. Mais, entre amis on né doit point sé fâcher, nous connaissons tous deux notre mutuellé bravoure : il est donc superflu dé nous en donner des preuves. Jé té jure par Rolande la plus grandé discrétion, et tu sais si l'on peut compter sur moi; cé n'est pas d'aujourd'hui qué tu mé connais... il y a uné quinzaine d'années qué nous sommes unis par l'amitié! Nous sommes deux gaillards qui avons fait des nôtres!... Qué d'intrigues conduites à bien par notre talent!... sans compter nos prouesses personnelles. Toi, bâti en Hercule, figure à l'antique!... tournuré noble... tu étais adoré des grandes dames... c'est-à-dire dé femmes d'uné grande taille. Moi, plus petit, mais bien fait, physionomie plus moderne, jé mé rétire sur la grâce et la légèreté. L'amour né t'a jamais beaucoup occupé!... Tu préférais l'argent... Ah! l'argent et lé jeu?... c'étaient là tes délices; moi, j'aime aussi lé jeu, jé l'avoue, jé suis d'une terriblé force au piquet!... Mais la galanterie emploie une grande partie dé mes moments! Jé né puis m'en défendre! j'aime les femmes! et cela n'est pas étonnant, jé suis leur enfant gâté; elles ont semé dé fleurs le sentier dé ma vie!... jé compte toutes cellés qué jé dois cueillir encore!... Jé leur ai dédié mon cœur et mon épée! Mais l'amour et la valeur mé conduisent eux toujours à la fortuné!... — Tu l'as attrapée plus vité qué moi, et jé t'en fais mon compliment!... Pendant qué jé courais sur les traces d'uné Vénus, tu faisais réussir sans moi quelque intrigue bien embrouillée!... Car enfin, cette maison né t'appartenait point jadis; et maintenant t'en voilà propriétaire. Ellé né t'est pas tombée des nues!... — De quoi te mêles-tu? dit le barbier avec l'accent de la colère, que t'importe comment j'ai acquis cette maison!... Quand jé t'ai employé, né t'ai-je pas payé... et souvent bien plus que tu ne le méritais? Je te l'ai déjà dit, Chaudoreille, si tu veux que nous restions amis, si tu es bien aise que je te fasse gagner parfois quelques écus, ne commence plus tes sottes questions, et ne cherche jamais à savoir ce que l'on ne juge pas à propos de te confier; autrement je te mets à la porte de chez moi, et tu n'y rentreras jamais!

— Eh! là, là!... sandis!... c'est un petit Vésuve!... cé cher Touquet!... Peste! si jé mé laissais aller comme toi à ma chaleur naturelle, nous férions dé bellés choses? C'est fini, motus sur cé sujet. Mé voici habillé... Il né mé manque qué ma fraise... Comment ferai-je pour sortir sans cela?... — Tu es bien sorti tout à l'heure à moitié déshabillé... — Mais tout à l'heure j'avais l'épée à la main, et dans ces moments-là jé né vois rien qué ma victime. C'est égal, jé férai monter mon manteau un peu plus haut. Ah! j'oubliais l'essentiel... Pour qué j'achète quelque chose dans la boutique dé la petite, il mé faut dé l'argent, et jé suis à sec dans cé moment.

— Tiens, prends cés dix écus, c'est un à-compte sur ce que je te donnerai si tu remplis bien mes intentions... — C'est une affaire faité! dit Chaudoreille en prenant l'argent et en tirant de sa ceinture une vielle bourse de soie, jadis rouge, dans laquelle il place à un, et avec un certain air de respect, les dix pièces que le barbier vient de lui donner.

— Il est encore trop matin, dit Touquet, pour que tu te rendes chez la parfumeuse; ces dames n'ouvrent point leurs boutiques d'aussi bonne heure que nous. En attendant de faire ta commission, ne pourrais-tu pas monter chez Blanche, et lui donner une leçon de musique?.... cela la distrairait; et je conviens qu'elle ne doit pas s'amuser beaucoup dans sa chambre, où elle ne voit que Marguerite.

Au nom de Blanche, Chaudoreille a levé les yeux au ciel et poussé un soupir qu'il étouffe aussitôt en s'écriant :

— A propos, comment sé porte-t-elle, cette jolie enfant? J'allais té demander de ses nouvelles, car il y a un siècle que jé né l'ai vue. — Qué diable aussi, pourquoi ne m'envoies-tu plus souvent lui ténir compagnie?... Jé l'amuserais, cette belle Blanche, et jé lui pincérais quelqué chose. — Je ne suis pas persuadé que tu l'amuserais beaucoup. Blanche dit que tu lui chantes toujours la même chose, et qu'elle en sait maintenant autant que toi sur le sistre. — Comme ces jeunes filles ont dé l'amour-propre!... Jé conviens qu'elle a fait des progrès rapides, et céla n'est pas étonnant, j'ai uné manière d'enseigner qui rendrait un âne en état dé filer des sons!... D'ailleurs, la petite a de l'intelligence... mais jé mé flatte qué jé puis encore lui en apprendre long.

— Chaudoreille, je t'ai donné une grande preuve de confiance en te permettant de voir Blanche; tu m'as juré dé né jamais parler de sa beauté. — Sois donc tranquille; quand par hasard on mé demande si jé connais cette jeune fille dont tu prends soin, jé réponds, comme nous en sommes convenus, qué jé l'ai aperçue trois ou quatre fois, qu'elle n'est ni bien ni mal... dé ces figures dont on né dit rien. — C'est bien. Si l'on se doutait que cette maison renferme une des plus jolies femmes de Paris, je n'aurais plus un moment de tranquillité. Sans cesse assaillie par une foule de galants, dé roués, de libertins, je verrais cette demeure devenir le rendez-vous de tous les mauvais sujets du quartier; je ne pourrais m'éloigner un moment sans que l'un d'eux ne cherchât à s'introduire près de Blanche, et la surveillance de Marguerite serait insuffisante ainsi que la mienne pour déjouer toutes les entreprises des galants : c'est pour n'avoir point tout ce tracas que jé dérobe Blanche aux regards des curieux. — Oh! dé cé côté, tu n'as rien à craindre!... Il né faut pas la laisser voir, la laisser sortir uné minute!... Si tu veux, jé dirai partout qu'elle est horrible, borgne, boiteuse et bossue... — Non, non, il ne faut jamais outrer les précautions, et tomber dans un excès contraire!... C'est qu'il serait si douloureux qué quelque misérable aventurier nous enlevât cette belle fleur!... — Comment! nous enlevât? — Je veux dire t'enlevât!... c'est par l'intérêt qué jé lui porte... C'est vraiment un bijou!... la candeur, l'innocence du premier âge!... Ah, sandis! qué tu es heureux, Touquette! C'est pour toi, jé gage, qué tu gardes cé trésor!

— Pour moi!... dit le barbier en fronçant le sourcil; puis il se fait un moment de silence, pendant lequel Chaudoreille, placé devant un petit miroir, ne s'occupe qu'à étudier des sourires et des clignements d'yeux.

— Je t'ai déjà dit que je n'aimais pas les questions, répond avec un flegme Touquet; mais je vois que tu seras incorrigible jusqu'à ce que tes épaules aient senti la force de mon bras... — Toujours des plaisanteries!... Tu es bien l'homme le plus ironique!... — Allons, monte chez Blanche; tu y resteras trois quarts d'heure; tu sortiras par l'allée; je ne veux pas dans les gens qui seront ici te voient venir de l'intérieur de ma maison. Tu iras où je t'ai dit, tu viendras me rendre compte du résultat de ta démarche... — A l'heure dé ton diner?... — Non, ce soir, à la brune... — Commé tu voudras... — Ah! mon Dieu! j'y pense, comment monter sans fraise chez ma jeune écolière?... — Est-ce que cela t'empêchera de chanter? — Non; mais la décence... cé col nu... prête-moi uné collerette... quelqué chose. — Morbleu! faut-il tant de façons!... — Ma figure!... ma figure!... Il semblerait, à t'entendre, qué je suis un Albinos... — Voilà du monde... va-t'en.

Le barbier pousse Chaudoreille dans le corridor, d'où celui-ci, après être resté un quart d'heure à chercher de quelle manière il tiendrait son manteau, se décide enfin à monter chez son écolière.

CHAPITRE V.

La Leçon de musique.

Blanche travaillait assise contre sa fenêtre, dont les petits carreaux, un peu noirs, permettaient à peine de distinguer dans la rue. Cependant devant Blanche y jettait un coup d'œil sous pour se distraire, non qu'elle fût triste et qu'elle eût des chagrins, mais une jeune fille qui approche de seize ans éprouve au fond de l'âme un certain vide, des désirs vagues dont elle ne peut pas se rendre compte : elle soupire, elle devient rêveuse, un rien la trouble; le moindre bruit, le son d'une voix qu'elle ne connaît pas fait plus vite palpiter son cœur; elle se regarde plus souvent dans son miroir, elle prend plus

de soin de sa toilette, et pourtant il n'y a personne encore qu'elle veuille charmer. Mais un instinct secret lui donne l'envie de plaire, parce qu'elle commence à sentir le besoin d'aimer, et tout cela cause des rêveries et fait soupirer sans qu'on sache pourquoi... du moins dans ce temps-là. Quant aux jeunes filles de ce temps-ci, elles rêvent aussi, mais on assure qu'elles soupirent moins.

Le caractère du barbier, son air froid et sérieux lorsqu'il était devant Blanche, n'engageaient pas à la confiance, et imposaient à la jeune fille, dont le cœur ingénu semblait chercher un ami; elle avait pour Touquet du respect, de l'obéissance; elle le regardait comme son bienfaiteur, mais ne pouvait causer librement avec lui, car les réponses laconiques du barbier annonçaient toujours peu d'envie de s'engager un long entretien. En revanche, Marguerite était fort causeuse; elle aurait volontiers passé une journée entière à babiller; mais Marguerite ne parlait que de sorciers, de magiciens, de voleurs, et cela n'amusait pas Blanche, qui préférait à ces histoires effrayantes un doux tenson d'amour ou un conte de chevalerie; car les chevaliers étaient très-forts sur l'amour, et ce n'était pas la moindre prouesse d'un paladin que d'être pendant vingt ans fidèle à sa dame.

Blanche rêvait donc lorsqu'on frappa doucement chez elle, et bientôt la petite tête de Chaudoreille parut entre la porte et la muraille, et prononça d'un ton mielleux :

— Peut-on entrer, intéressante écolière?...

Blanche lève les yeux, et part d'un éclat de rire en apercevant la mine du chevalier : c'était l'effet ordinaire que sa présence produisait sur la jeune fille.

— Entrez, entrez, mon cher maître, dit-elle en se levant pour saluer Chaudoreille, qui se montre alors entièrement dans l'appartement, et fait à Blanche trois saluts si profonds, que chaque fois son épée tombe en avant, et qu'en se redressant il est obligé de faire rentrer Rolande dans le fourreau.

— J'ai tellement l'habitude dé la tirer, dit Chaudoreille en remettant son épée, qu'elle né veut plus rester deux heures tranquille dans sa gaîne... Allons, calme-toi, Rolande; tu sais bien, ma chère compagne, qué la nuit né sé passera pas sans qué jé té donne de l'occupation. — Qué voulez-vous, bel ange, c'est mon élément; jé né pourrais pas dormir si jé n'avais pas tiré l'épée, et jé tomberais malade si j'étais trois jours sans débarrasser la terre dé quelque insolent ou de quelque rival... — Ah! mon Dieu!... — Mais laissons cé sujet, et parlons de vous, délicieuse créature!... Vous mé paraissez encore embellie, encore plus fraîche;... c'est lé bouton qui sé développe, c'est la fleur qui veut éclore... c'est le fruit qui... Du reste, vous vous portez bien? — Trèsbien. Venez-vous me donner une leçon de musique? — Oui, si vous voulez bien le permettre. Il y a fort longtemps que jé n'ai eu cé bonheur. — J'espère que vous allez m'apprendre quelque chose de nouveau? — Sandis, jé né suis pas au bout dé mon rouleau! d'ailleurs, à défaut de nouveautés, vos beaux yeux mé feraient improviser uné ballade en soixante couplets.

Blanche va prendre le sistre et le présente à Chaudoreille, qui le reçoit en levant les yeux au ciel et en poussant un gros soupir.

— Seriez-vous malade, monsieur Chaudoreille? demande la jeune fille étonnée de cé gémissement. — Non, jé né suis point malade... et cependant jé né suis pas à mon aise, répond Chaudoreille en risquant les clignements d'yeux et les sourires qu'il a étudiés devant la glace.

— Vous semblez respirer difficilement, reprend Blanche; peut-être votre souper d'hier n'aura pas bien passé! — Pardonnez-moi! jé vous juré qu'il né m'en est resté pas la moindre vestige!... J'ai les indigestions en horreur! Fi donc!... jé né mé mets jamais dans le cas d'en avoir. — Chantez-moi ce que vous devez m'apprendre, cela vous remettra.

— C'est l'innocence même, se dit Chaudoreille en accordant le sistre, elle né dévine pas cé qui mé fait soupirer; malgré cela jé m'aperçois qu'elle me voit avec plaisir... Patience, avant peu son cœur parlera... et jé serai son vainqueur.

Blanche a repris son ouvrage; Chaudoreille s'assied près d'elle, et, après avoir passé un quart d'heure à accorder le sistre, tousse, crache, sé mouche, se retourne sur sa chaise, arrange son manteau, tourne sa bouche, passe sa langue sur ses lèvres, et commence enfin, d'une voix grêle qui perce les oreilles, une vieille complainte que Blanche a entendue cent fois.

— Je connais cela, mon cher maître, dit-elle en interrompant Chaudoreille au milieu d'un point-d'orgue, où il paraissait vouloir pousser très-loin; c'est une des trois que vous m'avez apprises. — Vous croyez?... — Tenez, je vais vous la chanter.

Blanche prend l'instrument, et, s'accompagnant avec grâce, sa voix mélodieuse donne du charme à la vieille complainte.

— En effet, dit Chaudoreille, je chante bien cela,... vous faites exactément les passages commé moi; il mé semble que jé m'entends...

— Apprenez-m'en donc une autre, dit la jeune fille en lui rendant l'instrument; et Chaudoreille entonne un virelai sur les hauts faits de Pepin-le-Bref.

— Je le sais encore, dit Blanche en l'arrêtant. — En cé cas, jé vais vous chanter une charmanté villanelle... — Mon Dieu! ce sera la troisième que vous m'avez apprise... Vous n'en savez donc pas d'autres? — Pardonnez-moi; mais comme un maudit chien m'a emporté ma fraise pendant qu'on mé rasait, jé né puis pas risquer une chanson nouvelle ayant le cou nu.... cela gêne les moyens; au reste, la villanelle est toujours uné nouveauté, puisqué chaqué fois qué jé la chante, j'y fais des variations.... — Allons, je vous écoute, dit Blanche en jetant les yeux sur la rue. Chaudoreille pousse un nouveau soupir, et, après avoir pris la position qui lui semble la plus favorable pour faire valoir ses grâces, commence la villanelle qu'il chantait à Blanche chaque fois qu'il lui donnait sa leçon.

> J'ai perdu ma tourterelle,
> Est-cé point elle qué j'oi?
> Jé veux aller après elle...
> Tu regrettes ta fémelle!
> Hélas! aussi fais-jé, moi!...
> J'ai perdu ma tourterelle.

Dans ce moment des chanteurs ambulants passaient dans la rue. Ils s'arrêtent devant la maison du barbier, et, en s'accompagnant de leurs mandolines, font entendre des chants italiens. Blanche prête l'oreille; cette musique, bien différente de celle que lui fait entendre son maître de sistre, émeut délicieusement son cœur, et elle s'écrie en s'approchant de la fenêtre :

— Ah! que c'est joli!

— Oui, sans doute, c'est joli, dit Chaudoreille, qui croit que la jeune fille parle de la villanelle, mais aussi il faut bien saisir l'expression qué j'y donne. Rémarquez bien : *J'ai perdu ma tourterelle....* l'accent déchiré dé la douleur, levez les yeux au ciel en marquant la mésure du pied gauche : *Est-cé point elle qué j'oi?...* Un petit son flûté, et faites un mouvement de surprise en soutenant le fausset... *Jé veux aller après elle...* Un air égaré, et toujours la même batterie avec le pouce et l'index... *Tu regrettes ta fémelle!...* Ceci demande beaucoup d'expansion : *Tu regrettes...* cadence perlée, *ta fémelle...* enflez le son et montez toujours...

— Ah! que je serais contente d'avoir souvent une pareille musique! dit Blanche, qui ne fait pas attention à ce que dit Chaudoreille et n'écoute qué les Italiens.

— Jé voudrais bien aussi vous donner une leçon tous les jours, séduisante jouvencelle!... mais les occupations qui m'accablent!... et puis maître Touquet né permet pas souvent qué l'on jouisse dé votre vue... et loin dé vous jé chante sans cesse :

> Tu regrettes ta fémelle...

— C'est une barcarolle, n'est-ce pas, monsieur ? — Non, ma belle amie, cela s'appelle uné villanelle, chant favori de nos anciens troubadours et des bergers qui pleurent leurs bergères. — Quel dommage que je ne sache pas l'italien !.., — Comment, l'italien, pour dire :

> N'est-cé point elle que j'oi?...

— Taisez-vous!... taisez-vous !... ils chantent du français maintenant! dit Blanche en se collant contre les carreaux de sa fenêtre et faisant de la main signe à Chaudoreille de ne point bouger.

— Qu'est-ce à dire? s'écrie le maître de sistre en se levant avec surprise. Qué jé mé taise!... est-cé qué cela vous émeut trop? Au diable les chanteurs des rues qui vous empêchent de m'entendre!... Jé né sais qui mé tient qué j'aille les chasser à grands coups d'épée dans les reins.

— Si j'osais ouvrir ma fenêtre!... dit Blanche en soupirant; mais non, M. Touquet me l'a bien défendu !... Le joli air!... ah! je m'en souviendrai...

> J'aime, et c'est pour la vie...
> Ma mie est tout pour moi.

Voilà bien le refrain.

— Non pas, divine Blanche; voici les paroles :

> J'ai perdu ma tourterelle,
> N'est-cé point elle qué j'oi?

Les chanteurs venaient de s'éloigner. Blanche quitte alors les vitres de la croisée, et, en se retournant, aperçoit Chaudoreille allongeant le cou pour mieux filer un son. Elle ne peut retenir l'envie de rire que lui inspire la figure du chevalier, et celui-ci reste la bouche ouverte, ne sachant comment il doit prendre les ris de la jeune fille, lorsque Marguerite entre dans l'appartement.

— Il est enfin brûlé! dit la vieille en entrant. — Et qui donc? s'écrie Chaudoreille, lé rôti? — Ah, bien oui!... c'est un livre de sortilége, de magie!... il a eu bien de la peine à prendre; ces livres-là sont tellement habitués au feu! — Qu'est-ce à dire, Marguerite? vous avez des livres de magie?... vous qui tremblez toujours... est-ce que vous voulez entrer en relations avec les esprits dé l'autre monde?— Ah! Dieu m'en garde, monsieur Chaudoreille; mais je vais vous dire

comment celui-ci s'est trouvé entre mes mains, où il n'est pas resté longtemps, car il me semblait que ce maudit grimoire me brûlait les doigts. Mon maître veut que je change de chambre... parce que... mais ce n'est pas cela que jé dois vous dire. — Tâchez un peu dé savoir cé qué vous voulez mé dire. — Enfin, il faut que je quitte celle que j'habitais pour aller dans une où personne n'a mis le pied depuis huit ans que je suis dans cette maison; et, à en juger par l'état de la chambre, on ne la visitait pas plus autrefois; cela est d'un noir.... Les carreaux, qui ont deux pouces de poussière, laissent à peine pénétrer le jour dans l'appartement... — Jé crois, Dieu mé pardonne, qu'ellé y mé compter toutes les toiles d'araignée qu'elle y a trouvées.., Qu'en pensez-vous, ma séduisante élève ?

Blanche ne répond rien, car elle ne fait point attention à ce que dit Marguerite; elle cherche à retenir le doux refrain qui lui a paru si joli; elle répète bien bas :

> J'aime, et c'est pour la vie!

et Chaudoreille, la voyant plongée dans ses rêveries, ne veut point la troubler, persuadé que la jeune fille n'a pu se garantir son cœur des charmes de la villanelle.

— Il n'est point question d'araignées, reprend la vieille servante avec humeur; si je n'avais vu que cela !... Mais au fond d'une armoire, mademoiselle Blanche a trouvé un livre diabolique... c'était le grimoire d'un sorcier nommé Odoart : avez-vous entendu parler de ce sorcier-là? — Non pas qué jé mé rappelle !... Si vous mé parliez d'un brave, d'un homme dé cœur, d'un raffiné d'honneur, il est bien certain qué jé lé connaîtrais; mais un sorcier !... Qué diable voulez-vous qué j'en fasse ? ces gens-là né sé battent point.

— Monsieur Chaudoreille, vous qui êtes si brave... il faut que vous me rendiez un service. — Qu'est-ce? répond le chevalier en prêtant plus d'attention aux paroles de Marguerite. Tout à l'heure, après avoir brûlé le grimoire de cet Odoart, surnommé le grand noueur d'aiguillettes, j'ai fait de nouveau l'inspection de ma chambre... en jetant de l'eau bénite partout, comme vous pensez bien. — Après? — Dans le fond de l'alcôve, j'ai aperçu une petite porte... on ne se douterait jamais qu'il y a une porte là; mais, quoique vieille, j'ai de bons yeux... en poussant le lit, cela a fait craquer la boiserie, ce qui m'a fait distinguer cette porte. — Au fait, jé vous en supplie! reprend Chaudoreille, dont les yeux laissent voir une inquiétude qu'il voudrait en vain dissimuler.

— Eh bien! monsieur, je vous avoue que je n'ai point osé ouvrir cette porte; elle ferme sans doute quelque cabinet; mais cette alcôve est si profonde, si noire !... enfin je vous serai bien obligée de monter avec moi et d'entrer le premier visiter la pièce qui doit se trouver là, car je n'ose en prier M. Touquet, il se moquerait de moi... — Et il aurait raison, sandis! Comment, Marguerite, à votre âge, né point avoir plus dé courage !... — Que voulez-vous?... j'ai peur qu'il n'y ait dans ce cabinet quelque lutin qui me saute au visage quand j'ouvrirai cette porte, qui est peut-être fermée depuis bien des années; car je n'ai jamais vu M. Touquet entrer dans cette chambre. — Est-cé qué les lutins né passent point par lé trou des serrures?... Allez, Marguerite, vous êtes uné femme!... jé né rougis point pour vous dé votre pusillanimité !... — Ne dirait-on pas que les sorciers sont rares à Paris, et n'a-t-on point établi à l'Arsenal une chambre exprès pour les juger?... — Cela est vrai, jé l'avoue, mais jé né vois point cé qui vous fait présumer qu'il y en ait de dans cette maison. — Ah, monsieur Chaudoreille! si je vous disais tout ce que j'ai vu et entendu... et la nuit tous les bruits qui...

— Qu'as-tu donc vu, ma bonne? dit Blanche, qui sortait de sa rêverie et venait d'entendre les dernières paroles de la vieille... — Rien... rien... mademoiselle...

Et la vieille servante ajoute plus bas en s'adressant au chevalier :

— Mon maître n'aime point que je parle de cela, et il me chasserait s'il apprenait que... — C'est assez !... jé n'en veux pas entendré davantage, dit Chaudoreille en se levant et prenant son chapeau; et puisque Touquet vous défend dé raconter ces baliverses, moi jé vous prie dé n'en plus m'étourdir mes oreilles.... — Mais vous allez monter avec moi, pour visiter ce cabinet... n'est-ce pas, monsieur? — Ah, mon Dieu ! j'entends sonner dix heures... jé dévrais déjà être dans la Cité; jé n'ai point reçu dix écus pour écouter vos vieux contes. Jé mé sauve : au revoir, mon intéressante élève... jé suis charmé qué mes dernières variations vous aient plu... J'espère avant peu vous donner uné nouvelle leçon... Avec un maître comme moi, vous deviendrez une virtuose !...

En achevant ces mots, Chaudoreille, se redressant et posant sa main gauche sur sa hanche, arrondit son bras droit comme s'il allait tirer des armes; mais, au lieu de tirer Rolande du fourreau, il porte la main à son chapeau, et fait à Blanche un salut respectueux ; puis, passant vivement devant Marguerite, qui veut en vain le retenir, il enfile la porte et descend rapidement l'escalier en fredonnant:

> Tu regrettes ta fémelle!
> Hélas! aussi fais-ju, moi!...

CHAPITRE VI.

L'Amoureux, les Caquets.

La boutique du barbier était remplie d'une foule de gens de diverses classes : bourgeois, étudiants, pages, poëtes, bacheliers, aventuriers, et même jeunes seigneurs, car dans ce temps-là le bon ton permettait aux aimables roués de se mêler parfois aux dernières classes de la société, soit pour y chercher de nouvelles sensations en écoutant un langage piquant pour eux, soit pour y jouer quelque tour aux gens parmi lesquels ils se mêlaient.

La boutique de maître Touquet était grande et garnie de banquettes ; ce qui était presque un luxe dans un temps où l'on ne s'asseyait point dans les spectacles. Le barbier expédiait lestement ses pratiques ; il suffisait à tout, répondait à chacun et valait à lui seul dix perruquiers d'aujourd'hui. Sa main habile et légère lui avait mérité la réputation d'un des meilleurs barbiers de Paris, et attirait chez lui maints mirliflores, parce que, dans la moyenne classe, on tenait à honneur de pouvoir dire en se caressant le menton : J'ai été rasé par Touquet. Mais ceux qu'il avait accommodés restaient quelquefois longtemps encore à s'entretenir avec les personnes qui attendaient leur tour, la plupart de ces oisifs désirant causer un moment des nouvelles du jour et des aventures de la nuit. Il y avait toujours, vers les dix heures du matin, assez nombreuse réunion chez maître Touquet.

Là on voyait toutes sortes de toilettes ; mais alors, comme aujourd'hui, la richesse des vêtements ne prouvait pas toujours le rang ou la fortune de celui qui les portait. Le goût du luxe devenait général, parce qu'on n'accordait de considération qu'aux brillants équipages et à la magnificence des habits. L'apparence de la fortune, de la puissance obtenait tous les honneurs ; le vrai mérite, obscur, sans éclat, sans renommée, restait oublié et dans l'indigence. On assure que cela se voit encore aujourd'hui.

L'accès de la cour était facile : pour parvenir à s'y introduire, il ne fallait souvent qu'un costume semblable à celui des courtisans : le chapeau orné d'un panache, un pourpoint et un manteau de satin ou de velours, l'épée à la ceinture, le tout enjolivé de passements d'or ou d'argent. Chacun cherchait à se procurer ces dehors brillants, et l'on se ruinait pour paraître riche.

On essaya cependant d'arrêter cette tendance au luxe, qui cachait mal la misère du temps. Par un édit du mois de novembre de l'année mil six cent trente-trois, il était défendu à tous sujets de porter sur leurs chemises, coulets, manchettes, coiffes, et sur autre linge, aucune découpure et broderie de fil d'or et d'argent, passements, dentelles, points coupés, manufacturés tant dedans que dehors le royaume.

L'année suivante parut un second édit qui prohibait, pour les habillements l'emploi de toute espèce de drap d'or ou d'argent, fin ou faux, et portait que les plus riches vêtements seraient de velours, satin, taffetas, sans autre ornement que deux bandes de broderie de soie ; défendant de vêtir les pages, laquais et cochers, autrement qu'avec des étoffes de laine. Mais ces lois étaient bientôt enfreintes ; les hommes auront toujours le désir de paraître plus qu'ils ne sont, et les femmes de cacher ce qu'elles sont.

Parmi les différents personnages rassemblés dans la boutique du barbier, il en était un qui ne causait avec personne, et semblait même ne prendre aucun intérêt au récit des aventures scandaleuses de la veille. C'était un jeune homme qui paraissait avoir dix-sept ans au plus. Doué d'une physionomie, non pas heureuse, car on donne ordinairement ce nom à ces figures de jubilation, à ces faces rondes, fraîches, rouges et rebondies qui respirent la santé et la gaieté ; celui-ci avait de beaux yeux, mais le teint pâle ; des traits nobles, mais l'air un peu mélancolique ; enfin c'était ce que l'on nomme une figure intéressante ; et celles-là sont en général plus heureuses en amour que les physionomies heureuses.

Le costume de ce jeune homme était fort simple : aucun ornement, aucune broderie ne couvrait son habit gris, boutonné jusqu'aux genoux et coupé comme nos petites redingotes d'aujourd'hui ; sa ceinture était noire ; point de rubans flottants à ses jambes et à ses bras, point d'épée, point de dentelles, ni de plumes sur les larges bords de son chapeau.

Il était depuis assez longtemps dans la boutique du barbier. En entrant, ses yeux avaient paru chercher autre chose que le maître du logis ; il les avait portés dans l'arrière-boutique, et les y reportait souvent encore. Déjà plusieurs fois son tour était arrivé, et Touquet lui avait dit :

— Quand vous voudrez, seigneur bachelier ; le costume simple du jeune homme avait en effet celui que portaient alors ordinairement les personnes qui venaient suivre les cours à Paris. Mais à chaque invitation du barbier, le bachelier se contentait de répondre :

— Je ne suis pas pressé, et un autre passait à sa place.

Au bout de quelque temps, les oisifs, les bavards s'éloignèrent, et le jeune homme se trouva seul avec Touquet, auquel sa conduite commençait à paraître singulière.

— Maintenant vous ne pouvez plus céder votre tour à personne, dit le barbier en offrant une chaise à l'étranger. A la vérité, je ne vous ferai pas la barbe ; vous n'en avez pas encore au menton... mais vous êtes sans doute venu pour quelque chose... disposez de mon ministère, monsieur.

— Oui, dit le jeune homme d'un air embarrassé et tournant encore ses regards vers l'arrière-boutique ; je voudrais... mes cheveux sont trop longs, et...

— Mettez-vous là, seigneur bachelier ; vous verrez que je suis habile. Je manie aussi bien les ciseaux que le rasoir.

Le jeune homme se décide enfin à prêter sa tête au barbier, mais dès que celui-ci le lâche un moment, il en profite pour se tourner et regarder dans l'arrière-boutique.

— Est-ce que vous cherchez quelque chose, monsieur ? lui dit enfin Touquet, auquel ce manège n'échappe point.

— Non... non... je regardais seulement si vous étiez seul... ici...

— Oui, monsieur ; vous voyez que je n'ai besoin de personne pour satisfaire mes pratiques. — En effet, on m'a dit que vous étiez fort habile. — Et monsieur a eu le temps de juger mon talent, car il y a près de deux heures qu'il est dans ma boutique. — Je n'étais nullement pressé... et puis je voulais obtenir de vous quelques renseignements... Dites-moi, mon ami, qui occupe le premier étage de cette maison?...

— Moi, monsieur, dit Touquet après un moment d'hésitation, et le jeune homme semble fâché alors d'avoir fait cette question.

— Puis-je savoir, monsieur, en quoi cela vous intéresse? reprend Touquet en examinant l'inconnu avec attention. — Ah!... c'est que je cherche un logement... dans ce quartier... une seule chambre me suffirait... N'êtes-vous point logeur?... ne pourriez-vous me procurer cela, si cette maison vous appartient? — Cette maison m'appartient, en effet, monsieur, et cependant je ne puis vous satisfaire ; depuis longtemps je ne loge plus... et je n'ai point trop de toute la maison, qui est peu considérable. — Quoi! vous ne pourriez pas me céder une seule chambre, un cabinet même... je vous le répète, je tiens à ce quartier, j'ai souvent affaire près du Louvre... je vous payerais tout ce que vous me demanderiez.

— Tout! dit le barbier en jetant un regard ironique sur les vêtements simples du jeune homme. Vous vous avancez peut-être un peu, monsieur l'étudiant. Au reste, votre désir ne peut se satisfaire, je vous engage à renoncer à vos projets.

Touquet appuie sur cette dernière phrase, et le visage du jeune homme se colore d'une légère rougeur. Mais le barbier a terminé son office ; il n'y a plus moyen de prolonger son séjour chez un homme qui ne paraît point disposé à continuer la conversation, et auquel il craint maintenant d'en avoir trop dit. Le bachelier se lève, paye, et s'éloigne enfin de la boutique ; mais non pas sans regarder encore les fenêtres de la maison.

— C'est un amoureux, dit Touquet dès que l'inconnu est éloigné. Oui, son trouble... ses regards... ses questions... Oh! je connais tout cela!... j'ai trop servi les amants pour que jamais on puisse me tromper. Malédiction!... voilà ce que je craignais... Que de contrariétés je prévois! que d'inquiétudes vont encore m'assaillir!... Il aura vu Blanche... mais où?... quand?... comment?... Jamais elle n'est sortie sans moi de la maison, et cela est si rare... Cependant ce jeune homme en est amoureux, je le gagerais cent pièces d'or. Holà! Marguerite, Marguerite!...

La vieille servante a entendu la voix forte de son maître ; elle achève mentalement une invocation à sa patronne, et descend à la boutique.

— Depuis quelque temps Blanche est-elle sortie sans que je le sache? demande brusquement le barbier. — Sortie, mademoiselle Blanche? répond Marguerite en regardant son maître avec surprise. — Oui, sortie avec vous. Répondez donc!... — Bonne sainte Vierge! cela n'est pas arrivé depuis deux ans ; alors mademoiselle Blanche était encore un enfant, et vous lui permettiez quelquefois d'aller avec moi faire un tour dans le grand Pré-aux-Clercs... Mais, depuis ce temps, la pauvre petite n'est sortie, je crois, que deux fois avec vous... encore, c'était la nuit, et mademoiselle Blanche avait un voile très-épais. — Je ne vous demande pas si elle est sortie avec moi... Et il n'est venu en mon absence aucun de vos galants qui vous ait parlé d'elle, qui ait cherché à s'introduire auprès d'elle? — Vraiment, je le recevrais bien!... Est-ce que monsieur ne me connaît pas?... Excepté le chevalier Chaudoreille, mademoiselle ne voit personne ; quant à celui-là, il est venu ce matin lui donner une leçon de musique... — Oh! Chaudoreille n'est pas dangereux!... mais si quelque étudiant, quelque jeune page, venait en mon absence et cherchait à voir Blanche, songez à le renvoyer promptement ces étourdis. — Oui, monsieur, oui. Oh! vous pouvez être tranquille. D'ailleurs, est-ce que cette belle enfant n'a pas toujours sur elle le précieux talisman qui la préserve de tout danger?... je défierais à dix galants de lui tourner la tête, tant qu'elle le portera, et je veille à ce qu'elle ne le quitte pas. — Veillez plutôt à ce qu'elle n'ouvre point sa fenêtre, cela vaudra mieux. Si cela lui arrivait, je serais forcé de lui faire habiter la petite salle qui donne sur la cour. —

Ah! monsieur, mademoiselle Blanche y mourrait d'ennui; à peine si l'on y voit clair, et cette pauvre petite, qui ne sort pas, ne pourrait y travailler le jour qu'avec de la chandelle!... — Sans cela il y a long-temps qu'elle l'occuperait, dit Touquet à demi-voix en faisant signe à la servante de s'éloigner; ce que celle-ci fait en se disant:

— Quel malheur de n'avoir pas foi aux talismans! si monsieur y croyait, il ne priverait pas cette pauvre petite de tout amusement.

Le barbier ne s'était pas trompé en jugeant que le jeune homme qui avait eu tant de peine à quitter sa boutique était un amoureux.

Le chant des Italiens avait tellement captivé les oreilles de Blanche, que la jeune fille s'était collée contre ses carreaux, et n'en avait pas bougé pendant que son maître de musique faisait des variations sur la villanelle. Dans ce même moment, Urbain passait, il s'était arrêté pour écouter la musique, et, tout en écoutant, ses regards s'étaient portés sur les fenêtres de Blanche. D'abord il n'avait vu que des vitres fort petites; mais ensuite, sous les vitres, ses yeux avaient distingué une figure si jolie, des yeux si beaux, et qui peignaient si bien le plaisir que Blanche éprouvait alors, que le jeune homme était resté immobile, les regards attachés sur cette fenêtre après laquelle l'image charmante semblait fixée.

La musique finie, la jolie figure avait disparu, et le jeune homme s'était dit:

— Ce n'est donc point une erreur! il y a dans cette maison un ange, une divinité.

Et comme cet ange, cette divinité, habitait la modeste maison d'un barbier, le bachelier avait cru pénétrer dans le troisième ciel en entrant dans la boutique de maître Touquet; mais, revenu à des idées plus terrestres en ne voyant que des gens qui se faisaient raser, ce qui n'a rien de divin, malgré toutes les essences dont on nous barbouille le menton, Urbain avait porté ses regards dans l'arrière-boutique, espérant y apercevoir la jolie figure du premier, et avait prolongé autant que possible son séjour chez le barbier.

Nous avons vu quel fut le résultat de sa conversation avec maître Touquet. Le jeune homme s'éloigne mécontent; il s'aperçoit qu'il a fait une bévue en questionnant le barbier, qui est probablement le père de celle qu'il adore déjà : car les jeunes gens de ce temps-là s'enflammaient aussi vite que ceux de ce temps-ci. Avant d'entrer dans la boutique, il sent qu'il aurait dû prendre quelques informations dans le quartier, et se décide à finir par où il fallait commencer. De tout temps les boulangers ont eu des notions très-exactes sur leurs voisins, parce que les voisins sont tous forcés d'aller ou d'envoyer chez le boulanger. Urbain en aperçoit un à peu de distance, et, tout en payant un petit pain, entame la conversation avec une femme qui est dans le comptoir; conversation à laquelle se mêlent bientôt toutes les servantes qui arrivent dans ce moment.

— Connaissez-vous dans cette rue un barbier?... — Un barbier? oui, mon beau monsieur, là-bas au coin de la rue Saint-Honoré, maître Touquet... Est-ce que monsieur a affaire à lui?... oh! c'est un habile homme dans son état! aussi il a gagné bien de l'argent... à faire des barbes ou autre chose, c'est ce que je ne vous affirmerai pas! N'est-ce pas, madame Ledoux?

— Il est certain, dit madame Ledoux en posant un panier plein de légumes sur le comptoir, que Touquet n'a pas toujours joui d'une excellente réputation!... Il y a vingt ans que je suis dans le quartier, et, Dieu merci, je sais tout ce qui s'y est passé, tout ce qu'on y fait, et tout ce qu'on y fait encore... à telles enseignes, que j'ai vu hier au soir madame Grippart revenir sur les dix heures avec un jeune homme, qui l'a quittée devant la boutique de l'épicier, après lui avoir tenu la main plus d'une heure dans les siennes... pendant que ce pauvre Grippart dormait, lui qui se couche à neuf heures. Ce n'est pas l'embarras, il le mérite bien, il va dire partout que sa femme a l'haleine forte; ces choses-là n'ont pas besoin de se dire. Mais, pour en revenir à maître Touquet, oh! c'est un fin matois, un rusé... un madré! Je l'ai vu s'établir dans cette rue, il y a à peu près quinze ans. Il loua la maison, qui appartenait à M. Richard... Vous savez, ma voisine, l'ancien marchand de draps? — Celui dont la femme est accouchée, au bout de sept mois de mariage, de deux jumeaux ben gras et ben dodus? — C'est ça même, et qui ne ressemblaient pas du tout à leur père... Si bien que Touquet se mit alors logeur, madame, étuviste; et la chronique dit qu'outre cela il aidait les jeunes gens de famille dans leurs intrigues galantes. Il aurait alors deux garçons chez lui, aurait dû s'enrichir; et cependant il fut très-longtemps gueux, puisque ces garçons le quittèrent parce qu'il ne les payait pas. On fut donc bien étonné, il y a dix ans, quand Touquet garda chez lui et éleva, comme son enfant, la fille d'un homme qu'il ne connaissait pas, qui était venu loger chez lui par hasard, et qui fut tué la même nuit dans une rencontre entre quelques mauvais sujets et des troupes du guet. Le pauvre homme!... on trouva son corps là-bas... rue Saint-Honoré, devant la boutique du mercier... Vous en souvenez-vous, madame Legras?

Madame Legras, qui vient d'entrer chez la boulangère, commence par se jeter sur une chaise en s'écriant:

— Bonjour, mesdames. Grand Dieu! que le poisson est cher aujourd'hui! on ne peut pas en approcher.

Et Urbain soupire en disant: — Le poisson va nous éloigner du barbier.

Mais, pour avancer en amour, il faut souvent de la patience, et, au milieu de tout ce commérage, ce qui concernait Touquet était précieux pour le jeune bachelier.

— Je voulais avoir une anguille pour régaler mon mari; impossible! — Est-ce que c'est sa fête? — Non, mais il m'a menée hier promener autour de la Bastille, et une galanterie en vaut une autre... Je puis dire avec orgueil qu'il y a peu de ménages aussi unis que le nôtre : depuis quatre ans que j'ai épousé en secondes noces M. Legras, nous ne nous sommes battus que cinq fois; mais c'était toujours pour des misères. De quoi donc causez-vous, mesdames? — De Touquet, notre voisin, sur lequel monsieur désire des renseignements. — Touquet, le barbier?... — Ma foi, mesdames, vous direz ce que vous voudrez.; mais je n'aime pas cet homme-là. — Il est pourtant bel homme. — Oui, de la même taille que M. Legras; mais il y a dans sa physionomie quelque chose de dur, de faux, de farouche... — Oui, depuis quelque temps; car jadis il était plus gai, plus ouvert... maintenant monsieur ne cause plus? il fait le fier! — Ça n'est pas étonnant, il a fait fortune... — Oui! en faisant des barbes peut-être? — C'est bien plutôt en servant les amours de quelques grands seigneurs!..., en enlevant quelque belle par procuration! — Allons, mesdames, point de méchanceté! moi, vous savez que je ne suis point mauvaise langue!... Touquet est très-habile et, en payer comptant la maison où il est, il aurait fallu barbouiller bien des visages; mais on dit que maintenant le barbier est aussi sage qu'économe. — Quand le diable devient vieux... — Touquet n'est pas vieux, il n'a guère que quarante ans. — Ça lui aura porté bonheur d'adopter cette petite fille... — C'est ce que je contais à monsieur. Pauvre petite!... on n'a pas su seulement ce qu'était son père... — Si fait, ma voisine, on a trouvé sur lui une lettre ayant pour adresse: A monsieur Moranval, gentilhomme. — Ah! c'était un gentilhomme!... — Oui, ma chère; oh! je me souviens de tout cela comme si c'était hier! — Qu'on est heureux d'avoir une telle mémoire! Et que disait cette lettre? — Il paraît qu'il n'y avait que quelques lignes auxquelles on ne comprit pas grand'chose; on recommandait à ce Moranval de grandes précautions dans l'affaire qui l'amenait à Paris!... Mais quelle affaire?... on ne sait rien!... — On ne trouva pas autre chose sur lui? — Non, sans doute le pauvre homme avait été dévalisé après avoir été tué. — On dut aller chez Touquet s'informer de ce qu'il en savait. — Touquet répondit aux gens de justice que cet homme était descendu chez lui, vers le soir, s'annonçant comme gentilhomme, devant rester quelque temps à Paris; qu'il avait demandé d'abord à faire coucher sa petite fille, qu'ensuite il était sorti en annonçant qu'il serait une heure ou deux absent; qu'il l'avait attendu une partie de la nuit, et que ce n'était que le lendemain matin que le bruit public lui avait appris qu'on avait trouvé un homme assassiné dans la rue Saint-Honoré, à peu de distance de celle-ci; qu'étant déjà inquiet de son hôte, il s'était rendu près de la victime, et avait reconnu l'homme qui la veille était arrivé chez lui.

— J'espère que c'est là une histoire! Malheureusement on n'en apprend que trop souvent de semblables! Nos rues sont de vrais coupe-gorges, et passé deux heures il n'y fait pas bon! Ces messieurs du parlement rendent assez souvent des arrêts; il paraît que ça ne sert pas à grand'chose. Il y a peu de temps qu'un conseiller de la chambre aux enquêtes a été pareillement assassiné! — Le parlement vient de rendre encore une ordonnance contre les mauvais sujets. N'est-ce pas, monsieur?

— Oui, dit Urbain, le procureur du roi vient de se plaindre des meurtres, assassinats et vols qui se commettent journellement, tant sur les grands chemins que dans cette ville et les faubourgs, par des personnes armées qui forcent les maisons des particuliers, et cela par la négligence des officiers qui ne font pas bien leur devoir. Le parlement a rendu hier un nouvel arrêt portant que les vagabonds, gens sans aveu et voleurs de nuit videront la ville et les faubourgs de Paris dans les vingt-quatre heures. — Eh ben? c'est ça qu'c'te nuit nous avons entendu encore plus de tapage!...

— Et le barbier Touquet n'est pas marié? reprend Urbain qui veut ramener la conversation sur le sujet qui l'intéresse. — Non, il est garçon, dit madame Ledoux. — Ainsi cette jeune fille qui loge chez lui... — C'est la petite qu'il a adoptée. — Elle n'a point d'autres protecteurs? — Et qui voulez-vous donc, puisque personne ne connaît ses parents?... Touquet a eu, dit-on, très-grand soin; c'est une justice à lui rendre. Il a pris chez lui, pour servir la petite, une servante, la vieille Marguerite, une bavarde, qui va demander partout des préservatifs contre le vent, le tonnerre et les sorciers; ou bien des talismans pour garantir sa chère Blanche des pièges des galants! — Blanche! c'est donc le nom de la jeune fille? — Oui, c'est ainsi qu'on la nomme. — Et cette vieille femme est seule auprès d'elle? — Pardi, n'est-ce pas assez? D'ailleurs la petite ne sort jamais, et on ne lui voit pas mettre seulement le nez à la fenêtre. — Dites-donc, mesdames, ne pensez-vous pas comme moi que c'est pour lui que le barbier élève cette jolie enfant?... — Ma fine, ça serait bien possible... Touquet est encore jeune, il veut peut-être l'épouser... — Bah! je ne crois pas ça, moi. D'abord on assure que la jeune personne n'est pas belle... Je l'ai entendu dire à ce petit vilain maigre, à longue épée, qui va souvent chez le barbier. Il prétend que l'orpheline est fort laide.

— Laide !... s'écria vivement Urbain, c'est un affreux mensonge !...

— Tiens, monsieur l'a donc vue ! disent aussitôt les commères en regardant le jeune homme d'un air malin. Celui-ci sent qu'il a commis une imprudence ; mais, n'ayant plus rien à apprendre de ces dames, il leur fait un grand salut, et sort lestement de la boutique, laissant les commères se dire entre elles :

— Eh bien ! il est parti, et il ne nous a pas dit ce qu'il voulait à Touquet.

Mais Urbain en a appris assez ; et, tout en se dirigeant vers la rue Montmartre, dans laquelle il demeure, notre amoureux se résume ainsi :

— Elle n'est point la fille du barbier ; il lui a servi de père, mais il n'a sur elle que les droits que donnent les bienfaits sur un cœur reconnaissant. Elle est fille d'un gentilhomme, tant mieux. Mon père aussi était gentilhomme ; il a vaillamment combattu sous le roi Henri. Les vieux guerriers se souviennent encore du capitaine Dorgeville ; et le nom qu'il m'a transmis est pur et sans tache. Je suis seul ; je suis mon maître. Comme elle, je n'ai plus de parents, depuis un an que la mort m'a ravi ma bonne mère ! Ma fortune est bien médiocre : douze cents livres de revenu et une petite maison sur les bords de la Loire, voilà tout ce que mon père m'a laissé ; mais elle n'a rien non plus, et, en travaillant, je pourrai la rendre heureuse. Je suis parvenu au baccalauréat,.. mais je veux quitter une carrière aride : les sciences mènent trop lentement à la fortune !.. N'en sais-je point assez, si je parviens à lui plaire ?.... Oui, c'est de cela d'abord que je dois m'occuper. Si elle m'aime, je demande sa main au barbier ; s'il veut assurer son bonheur, il ne pourra me la refuser, à moins que lui-même.... Si ces femmes avaient dit vrai, s'il en était amoureux ! Le ton dur dont il m'a répondu ce matin, son refus de me loger dans sa maison me le feraient croire... Et ce misérable qui a osé dire qu'elle était laide... lorsque jamais objet plus enchanteur n'a frappé mes regards... Ah ! ce n'est point d'elle qu'il m'a voulu parler. Telle chose qui arrive, je veux la voir, lui faire connaître tout l'amour qu'elle m'a inspiré !.... et si je parviens à lui plaire, rien alors ne pourra m'empêcher de devenir son époux.

Voilà, dira-t-on, des projets bien fous pour une jeune fille dont on n'a aperçu la figure qu'à travers des carreaux fort peu clairs ; et c'est sur la possession de cet objet presque idéal qu'Urbain repose déjà le bonheur de sa vie ! Mais faisons un retour sur nous-mêmes, nous ne sommes guère plus raisonnables. Heureux si entre nous et les chimères dont nous nous berçons il n'y avait jamais que l'épaisseur d'un carreau !

CHAPITRE VII.

Les intrigues se nouent.

Chaudoreille se dirige à grands pas vers la Cité, les dix écus qu'il sent dans sa bourse, sur laquelle, par prudence, il tient constamment la main en marchant, lui font lever la tête avec encore plus d'arrogance que de coutume. Il a posé son petit chapeau sur son oreille gauche, de manière que la vieille plume dont il est orné retombe précisément sur son œil droit, et qu'à chaque pas qu'il fait le chevalier peut jouer du balancement de son panache.

Jamais Chaudoreille ne s'est senti si leste, si satisfait de lui-même. L'image de Blanche est encore devant ses yeux, et, toujours plein de confiance dans son mérite, il se persuade que la jeune Agnès ne le voit point avec indifférence. D'un autre côté, l'entreprise dont il est chargé flatte son amour-propre ; il se croit l'ami, le confident du marquis de Villebelle, quoique celui-ci ne lui ait jamais parlé ; mais il pense que l'adresse qu'il redemande lui va servir des projets amoureux assez tôt ou tard connue du grand seigneur, et lui méritera sa faveur. C'est dans cette idée qu'il se hâte d'arriver devant la boutique que Touquet lui a indiquée.

Avant d'entrer, Chaudoreille se résume :

— Il ne s'agit point ici, se dit-il, d'avoir l'air d'un cuistre, et de mettre tout le magasin en l'air pour ne rien acheter ; n'oublions point que je suis l'envoyé d'un grand personnage. On m'a donné dix écus à compte pour prix de mes services ; or donc, je puis bien dépenser vingt-quatre sous.

Cette détermination prise, il ouvre la porte de la boutique et entre lestement ; mais en voulant faire une volte pour se donner plus de grâce et saluer de même temps à droite et à gauche, il envoie le fourreau de Rolande frapper un des carreaux de la porte vitrée et le brise en mille pièces.

Chaudoreille reste confus et sa figure s'allonge ; car il calcule que le prix du carreau surpasse déjà la dépense qu'il voulait faire. Deux jeunes personnes assises dans le comptoir à gauche partent d'un éclat

de rire tandis qu'une vieille femme placée en face murmure entre ses dents : — Il faut être bien maladroit !

— Je le payerai, dit enfin Chaudoreille en poussant un gros soupir.

— Vraiment je l'espère bien, reprend la marchande, mais aussi a-t-on jamais vu porter une épée plus grande que soi ?

A ces mots le chevalier se redresse, se tient sur ses pointes ; et lançant à la vieille femme un regard courroucé :

— Il est bien étonnant, dit-il, qu'on se permette de telles réflexions.... je porte l'arme qui me convient : et si un menton barbu m'eût dit chose semblable, mon épée aurait sur-le-champ pris la mesure de son corps.

— Ce que j'en dis n'est pas pour vous fâcher, monsieur, répond la marchande en se radoucissant, c'est qu'il me semblait seulement que cette longue flamberge vous gênait pour marcher.

— Me gêner !... en voilà bien d'une autre !... et Chaudoreille tourne le dos à la marchande pour s'approcher des jeunes personnes en se disant : — Je ne suis pas venu ici pour discuter sur la longueur de mon épée, laissons radoter cette femme.

— Que désire monsieur ? dit une jeune fille louche, au nez plat, aux lèvres épaisses, au menton crochu, et dont le teint d'un rouge foncé semblait enduit d'une couche de vernis. Chaudoreille l'examine quelques instants en se disant :

— Sandis ! cela ne ressemble pas exactement au portrait que l'on m'a fait de la petite : il est vrai que l'amour est aveugle, et que les grands seigneurs aiment les physionomies originales.

Mais, après avoir examiné la personne qui vient de lui adresser la parole, Chaudoreille porte ses regards plus loin, et aperçoit une autre femme aunant des rubans. Au premier coup d'œil, il a reconnu la jeune fille dont on lui a fait le portrait : elle est bien telle que Touquet la lui a dépeinte ; il n'y a que la couleur de ses yeux, baissés sur les étoffes, qu'il ne peut encore voir. Chaudoreille s'approche d'elle en lui faisant un salut gracieux, et se disant tout bas :

— Voilà notre affaire : j'ai un tact étonnant pour deviner juste. D'autres hésiteraient pendant une heure ; mais moi, je reconnais surle-champ ceux qu'on m'a désignés, et je ne me trompe jamais.

Voilà des rubans délicieux, dit Chaudoreille en s'appuyant sur le comptoir d'un air dégagé, et caressant nonchalamment le menton, et tâchant de copier les manières lestes et le ton impertinent des roués du jour.

La jeune fille lève alors les yeux sur le chevalier ; leur éclat, leur expression arrêtent Chaudoreille au milieu d'un compliment dont il attendait le plus heureux effet.

— Sandis ! quel coup d'œil ! quel feu ! se dit-il en faisant un pas en arrière, tandis que la demoiselle continue de l'examiner ; ce qui achève de l'enchanter, au point qu'il risque une légère pirouette dans laquelle le fourreau de Rolande manque de crever l'œil à un chat couché sur un tabouret voisin.

Un sourire moqueur parait sur les lèvres de la jeune fille, qui dit à Chaudoreille :

— Quel ruban désire monsieur ?

— Quel ruban !... ma foi, je ne sais trop... quelque chose qui aille avec le reste de mon costume.... C'est pour faire une rosette à Rolande. — Qu'est-ce que c'est que Rolande, monsieur ? — Mon épée, belle brune, que je caresse dans le corps de celui qui nierait que vous avez les plus beaux yeux du monde.

Enchanté du compliment, Chaudoreille se dit tout bas :

— Prenons garde, n'allons pas trop loin, ne soyons point si trop aimable, n'oublions pas que je ne suis point ici pour mon compte !.... Cette jeune fille parait s'enflammer en me regardant... Cadédis ! si j'avais une fraise, je soufflerais sans le vouloir la petite au marquis de Villebelle !.... Allons, Chaudoreille, cache tes grâces, si tu le peux ; ne darde point tes regards sur cette jolie personne, et hâte-toi de lui dire qu'il ne s'agit point de toi quand il veut s'occuper.

Tout en se disant cela, Chaudoreille examine et déroule vingt rubans différents, les approche de la poignée de son épée, et jette de temps à autre des regards autour de lui pour s'assurer s'il peut parler sans être entendu par les deux autres femmes qui sont dans la boutique. Ce manège n'échappe point à la jeune fille, qui sourit aux signes d'intelligence que lui fait Chaudoreille, et semble attendre qu'il s'explique mieux. Heureusement pour celui-ci, deux personnes entrent dans la boutique, et pendant que la vieille et l'autre demoiselle s'occupent à les servir, il entame à demi-voix l'entretien.

— Je ne suis point venu ici seulement pour acheter un ruban, céleste marchande ! — Si vous voulez autre chose, parlez, monsieur, on va vous servir.

— Julia, est-ce que vous n'avez pas fini avec monsieur ? dit la vieille d'un ton d'impatience en regardant avec humeur la longue flamberge du chevalier, qui, toutes les fois qu'il remue, menace les yeux de son chat.

— Monsieur ne se décide pas, répond Julia ; tandis que Chaudoreille s'écrie d'un air impertinent : — Il me semble que je suis bien le maître de balancer sur les couleurs ! Quand un homme comme moi vient dans une boutique, on doit, ma mie, tâcher de l'y conserver le plus longtemps possible ; si vous voulez avoir ma pratique, laissez-moi jaser tant qu'il me plaira avec cette belle enfant.

Ces propos insolents étaient alors tellement de mode, que la marchande se tut; au lieu de mettre le chevalier à la porte, comme cela pourrait arriver maintenant à un petit-maître qui se conduirait comme Chaudoreille.

— Eh! sandis, si l'on né mettait pas ces pétits bourgeois à leur place, jé crois qu'ils sé permettraient dé nous faire des observations, dit Chaudoreille en approchant pour la vingtième fois un ruban aurore de son pourpoint. Cétte couleur mé va bien... qu'en pensez-vous, adorable jouvencelle? — Je pense que ces rubans sont trop frais pour se marier avec les habits de monsieur, et que cela jurera toujours. — Jé

Le bachelier amoureux.

conviens qué lé velouté de mon justaucorps est un peu terni, mais qué voulez-vous! quand un homme sé bat, il attrape nécessairement dé la poussière et dé la poudre. Voilà un manteau qué jé n'ai qué dépuis six semaines, et jé gage qu'il vous lui donneriez quelques mois d'usage!...
— Décidez-vous donc pour votre ruban, monsieur! dit la jeune fille sans répondre à sa question. — Va donc pour la rosette aurore, dit Chaudoreille; et il ajoute d'un ton mystérieux: — J'ai quelque chosé de fort important à vous communiquer.
— Je m'en doute, répond Julia. — Allons! se dit Chaudoreille, jé gage qu'elle croit qué jé suis amoureux d'elle!... et qu'elle attend avec impatience ma déclaration. Jé suis incorrigible! Jé mé laisse aller!... et jé lui tourne la tête sans m'en apercevoir. Hâtons-nous de la désabuser.
Non, belle brune, vous né vous doutez dé rien, reprend-il en baissant les yeux d'un air coquet, jé dois vous avouer qué cé n'est pas dé moi qu'il s'agit, et qué jé né suis qué l'ambassadeur des amours..., lorsque vous auriez pu mé prendre pour l'Amour lui-même.
De longs éclats de rire de Julia empêchent Chaudoreille de continuer. Il ne sait d'abord comment prendre ces accès de gaieté; mais, son amour-propre lui faisant toujours envisager les choses à son avantage, il se décide à rire aussi en disant à demi-voix à la jeune fille:
— N'est-il pas vrai qué c'est très-drôle dé mé voir lé messager d'un amant?... moi qui leur souffle à tous leurs conquêtes!... C'est fort plaisant en vérité!...
— Voyons, monsieur l'ambassadeur, expliquez-moi votre message, dit Julia en jetant sur l'envoyé un regard de pitié.
Chaudoreille regarde encore autour de lui, met un doigt sur sa bouche, examine les personnes qui sont dans la boutique, éloigne de lui le tabouret sur lequel le chat est couché, puis, se penchant vers Julia de l'air d'un conspirateur, lui souffle dans l'oreille:
— Un grand seigneur m'envoie vers vous.... C'est un homme puissamment riche... c'est un personnage en faveur... c'est un galant qui...

— C'est!... c'est lé marquis de Villebelle, dit Julia impatientée; il y a longtemps que jé le sais. Que me veut-il? que vous a-t-il chargé de me dire? Allons, monsieur, finissez...
— Il faut qué jé sois bien adroit, se dit Chaudoreille, puisque, sans qué jé parle, on devine tout cé qué jé veux dire!... Dès qué vous savez son nom, reprend-il en approchant de nouveau sa figure de l'oreille de Julia, qui le repousse brusquement, jé n'ai pas besoin dé vous lé dire: ce grand seigneur vous adore... Il ne vous a pas chargé, sans doute, de m'exprimer ses sentiments? — Non! mais il m'a chargé dé vous demander un rendez-vous; si vous né lui accordez pas cette faveur, il met le feu aux quatre coins dé cette rue, pour avoir lé plaisir de vous sauver. De grâce, bellé Julia, car c'est ainsi, jé crois, qué l'on vous nomme... ce qui me fait présumer que vous n'êtes point Française... ai-jé déviné? — Vous a-t-on chargé de me demander cela? dit Julia en jetant sur Chaudoreille un regard dédaigneux.
Celui-ci se mord les lèvres, met sa main gauche sur sa hanche, et prononce à voix basse:
— Qué dirai-je au noble marquis dé Villébelle, dont jé suis l'intime confident... et qué jé représente en cé moment?
— Qu'il devrait mieux choisir ses envoyés, dit Julia d'un ton sec.
— J'en étais sûr, se dit Chaudoreille en faisant quelques pas en arrière: elle est tombée amoureuse de moi, et voilà ma personne qui fait encore des siennes!... Tout céla est si fort désagréable!... J'aurais dû mé déguiser un peu.... ou du moins né point permettre à mes yeux dé faire dé nouvelles blessures... Il y a ici dé l'argent à gagner, sandis, né le perdons point dé vue.
Et Chaudoreille répète à Julia en ne lui laissant plus voir, par prudence, que son profil: — Qué dirai-je au marquis?... où vous promenez-vous, demain soir?...
La jeune fille garde quelques moments le silence, et paraît réfléchir profondément; pendant ce temps Chaudoreille tâte sa bourse, très-inquiet de la réponse qu'on va lui faire, et se disant:

Madame Ledoux.

— En tout cas, jé né rendrai pas les dix écus.
— Demain soir à huit heures sur le Pont de la Tournelle, dit enfin la jeune Italienne; car en effet Julia n'était pas Française. — C'est assez, répond Chaudoreille en se tenant toujours de manière à ne montrer que son profil. Jé né vous en demande pas davantage... et jé m'éloigne dé crainte qué ma vue né fasse changer votre résolution.
Déjà le messager tenait le bouton de la porte, lorsque Julia le rappelle:
— Vous oubliez de payer votre ruban, monsieur! lui dit-elle. — C'est pardieu vrai! qué lé diable m'enlève! jé n'en fais jamais d'autres, jé suis d'une étourderie!...

En disant cela, Chaudoreille tire sa bourse, et fait sonner très-haut les dix écus qu'elle renferme, les comptant et les recomptant plusieurs fois dans sa main.

— Jé né sais pas si j'ai pris dé la monnaie sur moi, dit-il, ordinairement jé né porte qué dé l'or.... céla est plus léger.... Combien vous faut-il, bellé marchande?

— Trente sous, monsieur.

— Trente sous!... pour uné rosette! s'écrie Chaudoreille en faisant la grimace, et remettant ses écus dans sa bourse : céla mé semble considérablement cher!... Vous rémarquérez qué lé ruban est très-étroit.

— Pour un homme qui ne porte que de l'or, dit Julia en souriant, je suis étonnée que monsieur marchande une telle bagatelle.

— Jé né marchande point... mais encore il mé sémble qu'on pourrait diminuer quelqué chose, et qu'avec vingt-quatre sous on doit avoir uné superbe rosette. N'importe, je m'exécute de bonne grâce... Rendez-moi mon reste.

Il présente en soupirant un de ses écus; et pendant que Julia lui donne ce qui lui revient, il attache sa rosette auprès de la poignée de Rolande : l'effet que le ruban doit produire calme un peu les regrets qu'il éprouve de donner trente sous. Il prend la monnaie, et, se rappelant sans doute qu'on peut lui demander autre chose, court vers la porte, se lance dans la rue, et disparaît avec la promptitude de l'éclair.

— Et mon carreau! dit la vieille marchande, a-t-il payé mon carreau?

— Ah! non Dieu! non, madame! répond Julia.

— J'en étais sûre... courez, mesdemoiselles, courez donc.... Ce méchant freluquet, qui veut faire le miriflore avec son vieux manteau râpé, et sa plume dont je ne voudrais pas pour nettoyer mes rayons! il met tout sens dessus dessous ici, il manque de crever les yeux à mon chat, il me dit des impertinences... marchande deux heures une rosette, et se sauve sans payer le carreau qu'il a cassé... C'est quelque filou... quelque coupeur de bourse!...

Les deux demoiselles avaient ouvert la porte de la boutique et regardé dans la rue, mais on n'apercevait plus M. le chevalier.

— C'est ma faute, madame, dit Julia, j'aurais dû lui demander le prix du carreau; mais je le payerai.

— Oui, mademoiselle; cela vous apprendra une autre fois à ne point écouter les propos de ces messieurs, qui font beaucoup d'embarras et n'ont pas le sou dans leur poche.

La jeune Italienne ne répond rien. Il est probable que dans ce moment ce n'est pas le carreau et Chaudoreille qui l'occupent.

La nuit est venue. Depuis quelques heures on n'entend plus de bruit dans la boutique du barbier, qui, suivant son habitude, ferme ses volets dès que le jour baisse, n'ayant pas l'habitude de recevoir d'étrangers ni entamant pas de pratique le soir.

C'est ce moment que Touquet a choisi pour son dîner, quoique alors on prît communément le repas beaucoup plus tôt. Le dîner du barbier pouvait donc aussi passer pour un souper.

Dès que Marguerite crie de sa cuisine : — On vous attend, mademoiselle! Blanche quitte sa chambre et descend lestement dans la salle basse, où le repas est servi. Touquet dîne avec la jeune fille. Ce moment est celui de la journée qui les réunit le plus longtemps, quoique le barbier paraisse toujours chercher à l'abréger autant qu'il lui est possible, ne restant à table que le temps absolument nécessaire pour satisfaire son appétit, et ne répondant que par monosyllabes à ce que Blanche lui dit, afin de ne pas prolonger la durée du repas.

Cette fois encore le barbier est, comme à l'ordinaire, assis près de la cheminée, en attendant que Blanche descende; mais lorsqu'elle pa-

raît, il lève, contre sa coutume, les yeux sur la jeune fille et semble vouloir lire dans les siens.

Surprise d'être regardée ainsi par celui dont les regards avaient toujours évité son sourire, Blanche baisse involontairement ses yeux, où respirent la candeur et l'innocence, et une rougeur plus forte vient parer ses joues; car les regards du barbier ont quelque chose de perçant auquel elle n'est pas habituée.

Mais déjà Touquet semble rassuré, l'expression des traits de Blanche a dissipé les inquiétudes qu'il avait conçues; il se met à table et fait signe à l'aimable enfant de prendre sa place accoutumée.

Le repas paraît devoir être silencieux comme à l'ordinaire. Marguerite seule, en changeant les assiettes et apportant les plats, hasarde des phrases auxquelles Blanche répond par quelques mots. Mais tout à coup la jeune fille, paraissant se rappeler une idée agréable, s'écrie :

— Mon ami, avez-vous entendu la musique ce matin?

— La musique! dit Touquet en regardant alors Blanche à la dérobée, oui... j'ai cru entendre...

— Oh! c'était fort joli! Des Italiens ont d'abord chanté; puis ensuite, en français, ils ont fait entendre une romance... Attendez... je crois que j'ai retenu le refrain... Et Blanche chante avec expression :

J'aime, et c'est pour la vie,
Ma mie est tout pour moi.

Le barbier fronce ses épais sourcils en écoutant Blanche.

— Comment! vous avez déjà retenu la romance? dit-il d'un ton ironique.

— Non pas toute la romance, mais le refrain seulement.

— Et c'est la première fois que vous l'entendiez?

— Oui, monsieur.

— Vous aviez donc ouvert votre fenêtre?

— Non, quoique j'en eusse bien envie! mais je m'étais collée tout contre les carreaux afin de mieux entendre.

— Et de mieux voir, sans doute?...

— Voir!... oh! j'aimais mieux entendre, répond Blanche presque effrayée par l'expression des yeux du barbier.

— Est-ce qu'il n'y a point de rideaux à votre fenêtre? reprend Touquet au bout d'un moment.

— Si, monsieur, répond timidement la jeune fille.

— Blanche, je vous l'ai dit, je n'aime pas qu'on s'expose à être lorgnée par les freluquets qui passent et repassent dans la rue...

— Mais, mon ami, est-ce qu'on peut me voir derrière les carreaux?

— Oui, sans doute...

— Eh bien, mon ami, si cela vous contrarie, je ne m'y mettrai plus.

Touché de la douceur de Blanche, le barbier prend un air moins sévère, et, se levant de table, lui dit presque avec bonté : — Rentrez chez vous, Blanche; je tâcherai de rendre bientôt votre vie moins monotone... Oui, je sens que vous ne pouvez continuellement rester dans une aussi triste retraite!...

— Ah! je me trouve bien, mon ami... et si je pouvais seulement apprendre la romance tout entière; car vois que M. Chaudoreille ne me chante que sa villanelle, et cela n'est pas amusant.

— Je vous en achèterai d'autres...

— Ah! tâchez d'avoir celle de ce matin...

J'aime, et c'est pour la vie.

Vous en souviendrez-vous?

— Oui... oui, je m'en souviendrai. Mais j'attends quelqu'un... remontez chez vous.

Blanche salue le barbier, et remonte gaîment dans sa chambre, tou-

Chaudoreille chez la marchande de rubans.

dis que Touquet se dit en la suivant des yeux : — Allons, j'avais tort de m'inquiéter, elle ne le connaît pas.

Une heure après cet entretien, on frappe à la porte du barbier, et Marguerite ouvre à Chaudoreille, qui entre dans la salle basse avec l'air important d'un homme qui est fort content de lui.

— Tu viens bien tard ! lui dit Touquet en lui faisant signe de s'asseoir. — Eh ! qué diantre, mon cher, est-cé qué tu crois que les affaires sé mènent si promptement ? — Je ne pense pas cependant que tu sois resté jusqu'à présent dans la boutique où je t'ai envoyé. — Non, sans doute, mais j'y ai passé un bon laps de temps ; ensuite il fallait bien que je né m'avais pas invité à partager ton dîner... qué je crois. — Au fait, as-tu réussi ? Rends-moi compte de ta commission.

— M'y voici... Attends qué je m'essuie un peu le front. Le barbier fait un mouvement de colère, pendant que Chaudoreille passe sur son visage un petit mouchoir de soie que, par prudence, il ne déroule jamais. Après avoir encore poussé quelques exclamations de fatigue, pendant lesquelles Touquet frappe du pied avec impatience, il commence son récit.

— Pour aller d'ici dans la Cité, je pouvais prendre deux chemins, je pouvais même en prendre trois... — Eh ! misérable ! prends-en douze si tu veux, mais arrives-y... — Il faut bien qué j'y sois arrivé, puisque m'en voilà révénu ! Jé mé suis décidé pour le Pont-Neuf, puis le quai jusqu'à la rue... Tu sais bien, où l'on vend dé si bonnes tartelettes ?... — Chaudoreille, te moques-tu de moi ? — Non pas. Il mé semble qué jé dois té dire tout cé qui je fais... mais tu es d'uné pétulance !... Enfin, j'ai pris le plus court. Mé voilà dans la boutique où travaille la petite. — C'est bien heureux ! — J'entre avec cette grâce qui mé caractérise ; jé salue d'abord uné vieille qui était à droite... jé salue ensuite deux jeunes filles qui étaient à gauche... Au milieu dé la boutique, jé né vois qu'un chat dormant sur un tabouret. — Tu le salues aussi, sans doute ? — Ah ! si tu m'interromps, jé m'embrouillérai... On mé demande cé qué jé désire ; jé réponds, en dissimulant mes desseins : Faites-moi voir des rubans. On m'en montre des jaunes, des bleus, des rouges, des verts, des oranges... Pendant cé temps, j'examine les deux petites ; comme la nature m'a doué d'un coup d'œil pénétrant, jé réconnais sur-lé-champ celle qué tu m'as désignée... — Tu lui parles ?... — Un moment, tu vas voir comme j'ai filé la chose... Je suis assez adroit pour mé faire servir par elle ; elle mé démande pour quelle couleur jé mé décide, et moi, en fin matois, jé né mé décide pas, afin dé prolonger l'entretien... Enfin, par un hasard fort heureux, d'autres personnes arrivent dans la boutique ; alors nous sommes moins observés... — Et tu lui dis cé qui l'amène ?... — Jé mé décide d'abord pour la couleur aurore... et j'en fais faire uné rosette pour Rolande... Tiens, trouves-tu qué cela m'aille bien ?...

En disant cela, Chaudoreille se lève et approche son épée du visage de Touquet, qui repousse un peu brusquement le chevalier sur son siège en s'écriant :

— Si je ne me retenais, je te romprais les os pour t'apprendre à abuser ainsi de ma patience !... — Il n'y a point dé plaisir à filer une intrigue avec toi, dit Chaudoreille un peu déconcerté d'être retombé si lourdement sur son siège. Mais tu veux qué j'aille au fait, m'y voici : j'ai fait connaître les intentions du marquis de Villebelle... — Ses intentions ? je né te les ai point communiquées. — C'est-à-dire son amour, sa flamme... enfin j'ai demandé le rendez-vous pour demain soir. — Eh bien ? — On a longtemps hésité, longtemps réfléchi ; alors j'ai redoublé d'éloquence, j'ai peint le marquis mourant de désespoir si l'on repoussait ses vœux... — Imbécile ! était-ce donc nécessaire ? — Oui, certainement cela était fort nécessaire ! la petite balançait. — Grimaces ! — Non pas, elle mé faisait au contraire des mines fort intéressantes. — Viendra-t-elle enfin ? — Eh ! oui, sandis, ellé viendra !... mais il fallait qué cé fût moi pour la décider. — Demain soir ? — Oui, à huit heures. — Où cela ? — Sur le pont dé la Tournelle... — C'est bon. — Uné fois que j'ai ténu sa réponse, jé mé suis hâté d'attacher la rosette, et... — Fais-moi grâce du reste, j'en sais assez. — Il faut pourtant qué tu saches qu'en saluant trop précipitamment, j'ai cassé un carreau, qu'il m'a fallu payer un écu, cé qui, j'espère, mé séra remboursé... Ah ! cé n'est pas tout : jé sais encore qué la belle sé nomme Julia... et jé parierais qu'elle est Italienne... Tu vois qué jé n'ai pas perdu mon temps : es-tu content de moi ?

— Oui, ce n'est pas trop mal, dit Touquet d'un air un peu moins sombre et en approchant une table sur laquelle Marguerite avait, comme à son ordinaire, posé des gobelets et un pot d'étain plein de vin. Sauf ton éternel bavardage, je suis assez content de toi... Bois un coup...

— Tu appelles bavardage l'exactitude des détails, dit Chaudoreille en remplissant jusqu'aux bords un des gobelets. Moi jé tiens à faire voir qué jé né vole pas l'argent qu'on mé donne. Quant au carreau, jé devais té faire connaître cette circonstance, cé cé n'est plus que neuf écus qui mé restent. Ah ! j'oubliais, et la rosette aurore qui m'a coûté deux écus, jé té les donne donc plus qué sept écus dé reste.

— Deux écus ce misérable nœud ! dit le barbier en jetant un regard moqueur sur la poignée de l'épée. Chaudoreille, tu as manqué ta vocation, tu devrais être intendant, tu sais enfler les mémoires ! — Qu'entends-tu par ces paroles, jé té prie ? — Que cette rosette vaut tout au

plus quinze sous. — Oui, pour un passant, pour un inconnu peut-être ; mais quand on représente un grand seigneur, les marchands vous écorchent ; je n'ai pas cru devoir liarder ; on m'aurait démandé lé triple qué jé l'aurais donné sans souffler mot... jé suis comme cela, moi. — Calme-toi, dit Touquet en souriant de la chaleur que Chaudoreille mettait à prouver qu'il avait dépensé trois écus. On te rembourssera tes frais. — Oh ! jé né suis pas inquiet !... Mais qué dois-je faire démain ?... irai-je au rendez-vous ?... enlèverai-je la pétite ? — Non, cela me regarde maintenant : je puis me servir de toi pour faire lever le gibier ; mais je ne te crois point propre à l'abattre. — Tu mé connais bien encore, mon cher Touquet !... jé croyais qué tu rendrais plus dé justice à mon adresse et à ma vaillance ! Si tu savais dois-jé d'intrigues j'ai menées à bien !... c'est dans les moments difficiles qu'il faut mé voir !... jé fais tête à tout !... j'enlèverais uné Vénus sous les yeux dé Mars, et tous les Vulcains né sauraient mé faire peur ! — Je n'en doute nullement, mais je ne veux pas te mettre à l'épreuve. — Tant pis pour toi, car tu verrais des choses surprenantes !... aucun obstacle né m'arrête. Quand j'ai la tête montée, jé suis un Achille. Tiens, jé voudrais uné fois, par hasard, que tu té trouvasses dans quelque péril,... enfin que tu eusses besoin de secours... alors, prompt commé la foudre... j'accourais, Rolande à la main... aussitôt...

Dans ce moment quelque bruit se fit entendre dans la rue, et Touquet, saisissant le bras de Chaudoreille, lui dit :

— Paix !... tais-toi, j'entends quelque chose...

— Qué nous importe, cé qu'on fait dans la rue ?... cé sont peut-être des jeunes gens qui rient, qui s'amusent !... laissons-les faire. Jé té disais donc qué, brandissant ma redoutable épée...

— Tais-toi donc, malheureux ! reprend le barbier en serrant plus fortement le bras du chevalier. Cela recommence.

On entend alors distinctement les sons d'une guitare dont on pinçait tout près de la maison.

— C'est quelqu'un qui aime la musique, dit Chaudoreille — Chut... écoutons, dit Touquet dont les traits expriment la plus vive anxiété tandis que le chevalier murmure à voix basse :

— Il n'en pincé pas très-bien... il aurait besoin dé mes leçons.

Bientôt une voix se fait entendre, et, s'accompagnant avec la guitare, chante une tendre romance dont le refrain rappelle au barbier les paroles que Blanche lui a citées.

— Plus de doute, dit Touquet en se levant brusquement, c'est pour elle qu'on vient chanter... Ah ! téméraire ! je vais t'ôter l'envie d'y revenir.

En disant ces mots, le barbier court prendre le poignard pendu à la cheminée, tandis que Chaudoreille change de couleur et balbutie :

— Qué diable as-tu donc ?... qu'est-ce qui te prend ?... à qui en veux-tu ?

— A un insolent qui est devant cette maison... Viens, Chaudoreille, suis-moi... fussent-ils dix, ils sentiront la pointe de mon poignard... viens, tu auras aussi le plaisir de châtier ces drôles...

En disant cela, Touquet court dans la boutique, se hâte d'ouvrir la porte, étant par là plus vite dans la rue que s'il sortait par l'autre. Pendant qu'il tire précipitamment les verrous, Chaudoreille se lève comme un furieux, et se met à faire trois fois le tour de la salle en s'écriant : — Où diable ai-je mis mon épée ?... Cette promenade achevée, il s'aperçoit que Rolande n'a pas cessé d'être à son côté, et à Touquet qui ne peut plus l'entendre :

— Étourdi qué jé suis... dans ma précipitation, jé né la voyais plus... Jé suis à toi, jé n'ai plus qu'à te tirer du fourreau... Allons donc, Rolande... c'est cé maudit nœud qui te retient... la peste soit dé la rosette... Touquet, mé voici... Amuse-les un peu... jusqu'à ce que Rolande soit sortie du fourreau...

Mais le barbier est déjà dans la rue, tandis que Chaudoreille reste au fond de la salle, paraissant faire des efforts inouïs pour tirer son épée, et s'écriant toujours : — Jé suis à toi... ils, les insolents me verront dé près... Maudite rosette ! sans elle j'en aurais déjà tué cinq ou six !

CHAPITRE VIII.

Conversation au coin du feu.

C'était en effet pour Blanche que l'on chantait en s'accompagnant de la guitare. Les amants sont imprudents : Urbain aimait pour la première fois, car il ne faut pas donner le nom d'amour à ces caprices d'un moment, qui s'éteignent dès qu'ils sont satisfaits, et, dans ce temps-là, les jeunes gens se permettaient déjà d'avoir quelques fantaisies ; mais lorsqu'ils aimaient véritablement, cela durait, dit-on, à longtemps qu'aujourd'hui, surtout chez les petits bourgeois, les grands ont toujours eu des priviléges.

Un premier amour fait commettre bien des imprudences ; au second, on a un peu plus d'expérience ; au troisième, on sait cacher son jeu : il faut en tout de l'habitude. Si les femmes ne s'en tiennent pas à leur premier amour, c'est uniquement pour acquérir cette habitude-là, et ce serait bien mal à nous de leur en faire un crime.

Mais Urbain s'inquiétait fort peu que cela parût : il avait sans cesse devant les yeux la figure enchanteresse qu'il avait aperçue derrière les carreaux, et il brûlait du désir de la contempler sans qu'il y eût rien entre elle et lui. Ce qu'il avait entendu dire aux commères du quartier avait fortifié ses espérances, et peut-être ajouté au sentiment qu'il éprouvait déjà; car il y avait du romanesque dans l'histoire de la jeune orpheline : les choses extraordinaires enflamment l'imagination, et celle d'un amoureux prend feu bien facilement.

Mais avant de chercher à surmonter les obstacles pour obtenir celle qu'on aime, il faut d'abord se faire aimer d'elle, sans quoi tous les plans que l'on forme ne servent à rien. On brave la jalousie d'un rival, la surveillance d'un tuteur, la colère, la vengeance et les poignards de mille argus, mais on ne brave point l'indifférence de l'objet aimé; devant cet obstacle s'évanouissent tous les projets de bonheur; un cœur bien épris veut trouver un cœur qui réponde au sien ; cet amour brutal qui se contente de la possession du corps, sans s'inquiéter de celle de l'âme, ne pouvait exister que chez les petits tyrans d'autrefois, qui détroussaient les voyageurs et faisaient la conquête d'une femme à la pointe de leur épée, puis la mettaient en croupe sur leur cheval comme un douanier s'empare d'une marchandise prohibée, et allaient se réjouir avec ce butin dans le fond de leur castel, s'embarrassant fort peu que l'on répondit par des larmes à leurs grossières caresses.

Aujourd'hui l'amour est plus délicat; on désire plaire avant tout ; et avec ses guinées un gros lord veut toucher le cœur aussi bien que la main d'une jolie danseuse : et il y parvient, parce que les danseuses ont généralement le cœur sur la main.

Tout en faisant cette réflexion fort simple, qu'il fallait avant tout se faire aimer de l'orpheline, Urbain jetait les yeux sur un petit miroir de onze pouces carrés, qui était au-dessus de sa cheminée (dans ce temps-là les glaces étaient fort chères, et un jeune étudiant n'avait point de psyché dans sa chambre; ce même usage qu'ils n'en ont pas encore aujourd'hui). Le miroir répétait à Urbain de fort beaux yeux, auxquels l'amour donnait une expression tendre et langoureuse; des sourcils bien arqués, une bouche agréable, un front noble, enfin un ensemble qui ne devait point faire fuir une jeune fille; et notre amant, assez satisfait du miroir, se souriait légèrement en se disant :

— Pourquoi ne m'aimerait-elle pas ? Il n'y a rien qui rende coquet comme l'amour.

Notre amant passa ainsi la journée, faisant des projets, allant au miroir et poussant des soupirs. La nuit vint; il sentit alors qu'il n'avait pas mangé depuis le matin ; il n'y a que les amants au désespoir qui n'ont plus d'appétit (à ce qu'ils disent du moins). Comme Urbain n'avait encore aucune raison pour se désespérer, il se rendit dans un modeste cabaret. Ce nom ne désignait point alors un lieu de mauvaise compagnie : Pierre Corneille, Bois-Robert, Rotrou, Colletet, Scarron et même beaucoup de grands seigneurs allaient au cabaret, qui était le restaurant d'autrefois.

Tout en prenant son modeste repas, Urbain se disait :

— Comment la voir ?... comment me faire connaître d'elle ?... Blanche !... le joli nom !... comme il lui va bien !... Mais ce barbier ne paraît pas fort traitable; sa maison est une véritable forteresse; il faut pourtant que cette fille charmante sache que je l'aime, que je l'adore. Ce matin elle écoutait les musiciens; elle paraissait prendre beaucoup de plaisir à entendre la dernière romance qu'ils ont chantée. Je le sais, cette fille se montrera-t-elle; peut-être, la nuit, ouvrira-t-elle sa croisée pour prendre l'air.

L'air était un peu vif, car on était dans une saison fort rigoureuse ; mais un amant se croit toujours au printemps. Enchanté de son idée, Urbain court chez lui chercher sa guitare, et attend avec impatience que les rues soient devenues désertes pour aller donner une sérénade à une femme qui ne le connaît pas.

Cette mode espagnole était alors assez en usage en France ; il y a même encore beaucoup de petites villes où elle s'est conservé et où le sentiment se fait entendre entre dix et onze heures du soir, avec accompagnement de guitare. Mais, dans les grandes capitales, il n'y a plus guère que les aveugles ou les joueurs d'orgue qui chantent l'amour dans les rues.

L'heure propice aux amants étant arrivée, Urbain s'était rendu dans la rue des Bourdonnais; il avait facilement reconnu la maison du barbier, l'ayant assez longtemps considérée le matin ; une petite lumière, perçant à travers les rideaux de la fenêtre de Blanche, semblait annoncer que la jeune fille ne dormait pas encore; alors, sans réfléchir que les autres habitants de la maison allaient l'entendre, Urbain avait chanté, en donnant à sa voix l'expression la plus tendre.

Nous avons vu quelle fut la suite de cette imprudence : au bruit des verrous que l'on ouvrait, le jeune homme s'était éloigné lestement, et, caché à l'entrée de la rue des Mauvaises-Paroles, il a entendu les menaces et les jurements de Touquet.

— Il s'est sauvé ! dit le barbier en rentrant dans la salle basse et jetant avec colère son poignard sur la table. Ces mots semblent avoir rompu le charme qui retenait la lame de Rolande dans le fourreau, et

Chaudoreille, tirant son épée tout d'un trait et la faisant briller en l'air, court précipitamment dans la boutique en s'écriant :

— Ah ! maintenant, messieurs les chanteurs, jé vais vous en faire voir dé cruelles !...

— Quand je te dis qu'il n'y a plus personne ! répète Touquet, tandis que Chaudoreille fait semblant de vouloir tirer le verrou de la porte. Je n'ai pas été assez doucement ; le drôle m'aura entendu... il a gagné au large.

— Es-tu bien certain qu'il n'y a plus personne ? dit Chaudoreille en brandissant toujours son épée. — Oui, sans doute. — J'ai bien envie dé m'en assurer et dé visiter la rue... — Si cela té fait plaisir... tu en es le maître... — Non, jé réfléchis que cé serait uné gaucherie ; ils vont peut-être révénir ; il vaut mieux les laisser approcher sans défiance; alors nous tomberons dessus, et je né ferai point de quartier.

En disant cela, le chevalier remet Rolande dans le fourreau et retourne dans la salle, où il s'assied devant le feu, et emplit de nouveau un gobelet de vin qu'il avale d'un seul trait pour calmer, dit-il, sa fureur. Le barbier marchait à grands pas ; il était violemment agité, et, ne paraissant plus s'apercevoir de la présence de Chaudoreille, murmurait de temps à autre d'une voix sombre : — Ce que jé redoutais arrive enfin !... Cette belle fleur a été aperçue !... Ils vont tous vouloir la cueillir ?... De là mille propos... mille enquêtes !... Et qui sait où cela les conduira !... Maladroit !... j'avais bien besoin de garder cette enfant !... J'ai cru faire un coup de maître ; j'ai cru que cela éloignerait tout soupçon. Ne devais-je pas prévoir qu'un jour elle aurait seize ans, qu'elle serait charmante, et qu'on employerait pour la posséder toutes les ruses que j'ai souvent mises en usage pour d'autres ?...

— Mon cher ami, dit le chevalier en portant tout la troisième fois à ses lèvres son gobelet plein jusqu'aux bords, mon brave Touquet, si tu né veux plus garder la petite, donné-la-moi, et jé té réponds que nul godélureau né sé permettra dé la regarder en face... — Que je te la donne ! dit le barbier comme s'il se fût seulement aperçu alors que le chevalier était là. De qui parles-tu?... réponds !... — Eh sandis !... c'est toi qui parles dé la jeuné fleur qué tu as recueillie... Jé t'ai fort bien entendu...

— Tu m'as entendu ! s'écrie Touquet en saisissant Chaudoreille par le bras dont il tenait son gobelet plein ; et qu'ai-je dit?... qu'as-tu entendu?... Parle, misérable!... parle donc?... — Prends garde... tu mé sécoues lé bras... voilà mon pourpoint qui est tout taché de vin maintenant!... Qué diantre! j'avais cru t'en donner un autre...

— Qu'as-tu entendu? répète le barbier d'une voix formidable en levant son poing fermé sur Chaudoreille, tandis que de l'autre il lui sécoue si brusquement le bras qu'une grande partie du vin va couvrir les joues et le cou du chevalier.

— Rien, rien, jé té jure, balbutie celui-ci en baissant les yeux pour ne point rencontrer ceux du barbier; jé té disais seulement qué cé vin avait des fleurs dessus... et qué si tu voulais m'en donner quelques bouteilles à garder, jé saurais bien les soustraire à tous les regards,.. Jé crois qué c'est cela qué jé voulais dire... car, en vérité, tu mé mets sens dessus dessous avec tes crispations... Jé né sais plus moi-même cé qué jé dis.

Touquet lâche le bras de Chaudoreille comme honteux de son mouvement de fureur, et reprend d'un ton plus calme en s'asseyant près de lui :

— Il y a des choses que je désire tenir secrètes... non qu'elles soient d'une grande importance... Au reste, je ne pense pas que tu te permettes jamais de jaser sur mon compte... tu sais trop bien que mon poignard te priverait à l'instant de l'organe dont tu ferais un tel usage.

— Dé quoi diantre veux-tu qué jé jase? dit Chaudoreille en essuyant avec son petit mouchoir de soie sa figure et ses vêtements, et se pinçant les lèvres, comme s'il eût craint que Touquet ne voulût déjà lui couper la langue : — Tu né m'as jamais rien dit dé tes affaires... je né suis pas homme à inventer lé plus pétit mensonge.

— Je t'ai dit ce que tout le monde sait : que j'ai recueilli Blanche, parce qu'elle était restée orpheline chez moi et que du reste je n'en avais pas appris plus que les autres sur son père et sa famille ; elle est maintenant grande et jolie ; les amoureux vont arriver, voilà ce qui me contrarie. Ils s'informeront de tout ce qui concerne cette jeune fille, et certes ils n'en sauront pas plus que ce que je viens de te dire. Celui qui a chanté tout à l'heure m'est connu ; il est venu ce matin dans ma boutique, et il y a passé deux heures, espérant toujours que Blanche paraîtrait... M'entends-tu, Chaudoreille ?...

— Jé t'entends... si tu veux, dit le chevalier en continuant de frotter son pourpoint ; car jé né sais plus si jé dois ou si jé né dois pas t'entendre... cé séra commé tu voudras. — Je voudrais que tu fusses un peu moins sot, dit le barbier en jetant sur son voisin un regard de mépris.

— Point dé mots à double entente, répond Chaudoreille ; tu sais qué jé né les aime pas !... Cé maudit vin tachera !... et pour lé moment jé né mé connais point d'autre pourpoint !...

— C'est un enfant, un écolier qui n'a pas encore de barbe au menton, dit le barbier après un instant de silence que n'interrompu que par le frottement du mouchoir sur les endroits imprégnés de vin, ce qu'il vient de faire prouve son peu d'expérience en intrigue d'amour. Chanter devant ma porte!... me faire entendre qu'il est là... le pauvre garçon aurait grand besoin de leçon!... — Il est certain qu'il n'est pas de la première force sur la guitare! — Je ne crois pas qu'il soit connu de Blanche! Non... mais cette romance qu'il a chantée... c'est bien le même refrain qu'elle m'a dit: *Ma mie est tout pour moi...* — Cela né vaut pas: *Tu régrettes ta fémelle!*... Cadédis! quellé différence de mélodie!... — Non, Blanche est la candeur même... elle ne m'aurait pas parlé de cette romance si elle connaissait ce jeune homme. Pourquoi diable aussi ne lui apprends-tu que des vieilleries du temps du roi Louis XII? si tu savais lui chanter quelque chose de joli, elle ne serait point émerveillée de la première romance que chantent des troubadours ambulants. — Comment! est-ce à moi qué tu parles? dit Chaudoreille en levant la tête. — Sans doute, puisque tu te dis professeur de chant. — Mon cher Touquet, écoute bien ceci : Jé né vais pas té taquiner sur la manière dé faire les barbes, né viens point té mêler dé ma façon d'enseigner la musique; chacun sa partie!... Tu connais lé proverbe... Jé n'apprends à mes élèves que des chefsd'œuvre... et jé n'irai point leur fourrer dans la tête les petites gargouillades de ces misérables bouffons, qui viennent dé Naples ici en faisant la même roulade! — Il est fâcheux alors que les jeunes filles préfèrent ces roulades à tes chefs-d'œuvre. Tu as donné ce matin leçon à Blanche, elle m'a dit que tu l'avais ennuyée avec ta villanelle. — Si un autré qué toi mé disait cela, s'écrie Chaudoreille en se levant avec dépit, jé croirais qué c'est par jalousie... Mais il sé fait tard : cette journée a été fatigante, et jé vais mé réposer. Si pourtant tu veux que jé reste encore, dé crainte que lés chanteurs ne reviennent, jé suis prêt à té sacrifier mon repos. — Non, non, c'est inutile, dit le barbier en souriant; on ne reviendra pas, va te coucher. — Tu n'as donc pas besoin dé mes services pour démain soir? — Non... cependant si tu veux te promener sur le pont de la Tournelle à l'heure indiquée, tu pourras toujours nous servir de mouche. — Il suffit, dit Chaudoreille en enfonçant son chapeau sur sa tête, tu peux compter sur moi à la vie, à la mort; jé serai exact au rendez-vous..... et Rolande aime lé fil. Adieu.

En disant ces mots, le chevalier enfile le corridor, l'allée, et ouvre la porte de la maison. Il avance la tête dans la rue, et, après avoir jeté les yeux à droite et à gauche, prend sa course comme un cerf qui entend le son du cor.

CHAPITRE IX.

Le Cabinet. — Enlèvement.

Tout se tient, tout s'enchaîne dans ce bas monde : il n'y a point de hasard, mais bien des ricochets qui se renvoient les uns aux autres les événements heureux ou malheureux dont nous bénissons ou accusons le sort, sans remonter à la source qui a fait naître, ce qui, à la vérité, nous mènerait quelquefois un peu loin.

Urbain a béni le hasard en apercevant encore de la lumière dans la chambre de Blanche; mais si la jeune fille n'était pas livrée au repos, c'est que Marguerite n'avait pu se décider à monter se coucher dans son nouvel appartement avant d'avoir su où communiquait la petite porte placée au fond de son alcôve. Si elle n'eût point avoué à son maître qu'elle la voyait veiller la nuit, celui-ci ne l'eût pas fait changer de logement, et voilà comme, de ricochet en ricochet, le bavardage de Marguerite avait permis à Blanche d'entendre la voix douce et tendre d'Urbain chantant la romance qui le matin l'avait charmée.

— Oui, mademoiselle, disait la vieille quelques instants avant que le jeune amoureux ne vînt chanter, je sens que je mourrai de frayeur s'il faut que le couche seule dans cette vilaine chambre, habitée jadis par un magicien, et sans savoir où conduit cette petite porte... Peutêtre dans le laboratoire de cet Odoart!... Que sait-on s'il n'y est pas encore! ces sorciers sont quelquefois pendant des demi-siècles enfermés chez eux, cherchant des secrets pour faire endiabler le genre humain. Je suis sûre que M. Touquet, qui est fort insouciant pour tout ce qui tient aux sortilèges, n'a pas une seule fois visité cette chambre; permettez-moi, mon enfant, de passer la nuit dans la vôtre; demain, quand il fera jour, nous irons toutes les deux ouvrir cette porte... puisque ce chevalier Chaudoreille n'a pas eu la complaisance de le faire; je vais passer la nuit dans ce fauteuil, j'y serai beaucoup mieux que là-haut, et je vous conterai quelques histoires intéressantes avant de nous endormir.

Blanche n'avait pas voulu refuser à Marguerite ce que celle-ci réclamait comme une faveur; la vieille en était à sa troisième histoire de sorcier, et la jeune fille, qui sentait ses yeux s'appesantir, allait se mettre au lit, lorsque les accords de la guitare se firent entendre.

Blanche écouta, et fit signe à Marguerite de se taire, et bientôt reconnut avec ravissement l'air qu'elle désirait apprendre. Au milieu de la nuit, la musique a quelque chose de plus doux, de plus séduisant; elle trouve plus vite le chemin de l'âme. La voix d'Urbain était

flexible et mélodieuse; Blanche, ravie, restait immobile, comme si par quelque mouvement elle eût craint de perdre un son; tandis que Marguerite, l'air étonné, la bouche béante, regardait l'aimable enfant sans paraître aussi enchantée du musicien. Mais Marguerite avait soixante ans; la musique ne pouvait plus produire sur elle le même effet que sur Blanche; les sons ne frappaient que ses oreilles, tandis qu'ils vibraient délicieusement jusqu'au cœur de seize ans.

Bientôt le bruit qui se fit entendre dans la rue mit fin au bonheur de Blanche : elle reconnut la voix du barbier, et les menaces qu'il proférait les firent frémir, ainsi que Marguerite, qui s'écria aussitôt :

— Couchez-vous, couchez-vous vite, mon enfant, et éteignons la lumière!... Si M. Touquet s'apercevait que vous veillez encore... s'il me trouvait ici... Ah! bonne sainte Vierge!... je serais perdue!...—Mais pourquoi donc se fâche-t-il ainsi après le musicien? dit Blanche, est-ce que c'est défendu de chanter le soir dans les rues?... J'avais tant de plaisir à entendre cette romance! quel mal faisait ce jeune homme!... car c'est un jeune homme qui chantait, n'est-ce pas, ma bonne?... Ce n'est pas là la voix d'un vieillard. Ah! qu'il chantait bien!... je n'ai jamais entendu une si jolie voix, et me faisait un effet singulier... mon cœur battait, mais c'était de plaisir... Et toi, Marguerite?

Marguerite, dont le cœur ne battait que de frayeur, se contentait de répéter :

— Couchez-vous vite, soufflons la lampe, et surtout n'allez pas dire demain que vous avez entendu le chanteur; cela prouverait que vous ne dormiez pas, et M. Touquet veut qu'on dorme dès qu'on est couché.

Il fallut bien céder aux instances de la vieille servante : Blanche se coucha, mais elle ne put dormir; la voix du jeune chanteur retentissait encore à ses oreilles, et au moindre bruit qu'elle entendait dans la rue elle croyait que c'était le musicien. Quant à Marguerite, après avoir soufflé la lampe, elle s'étendit dans le fauteuil auprès du feu, et s'endormit en marmottant une prière qui chassait les malins esprits.

Le jour a remplacé cette nuit fertile en événements : déjà Blanche est levée; elle semble pensive, préoccupée, la voix du jeune chanteur la fait rêver encore; elle éprouve de nouveaux désirs, et elle soupire en jetant un coup d'œil dans la rue. Marguerite court à son ouvrage en disant à Blanche :

— A l'heure où monsieur est le plus occupé avec ses pratiques, nous monterons toutes deux dans sa chambre... mais, mon enfant, surtout ne parlez pas de la musique. Blanche le promet en disant : — Comment peut-on se fâcher quand on vient chanter sous vos fenêtres un si joli air!

Le barbier ne parle point à la jeune fille de l'aventure de la nuit; il se contente d'observer Blanche, et l'aimable enfant, se rappelant encore les menaces qu'elle lui a entendu proférer contre le chanteur, n'a nulle envie de causer; elle se hâte de regagner sa chambre, où Marguerite ne tarde pas à venir la rejoindre.

— Voici l'instant, dit la vieille servante; monsieur a plusieurs personnes à raser. Venez, mon enfant; montez avec moi, et surtout n'ayez pas peur. J'ai pris toutes les précautions nécessaires pour chasser les farfadets. — Peur! dit Blanche en souriant parce qu'elle s'aperçoit que Marguerite tremble, non, ma bonne, non; je t'assure que je ne pensais plus à cette porte secrète!

En disant cela, Blanche s'élance sur l'escalier, et en monte lestement les marches, tandis que Marguerite la suit lentement en se disant :

— Heureux âge!... où l'on n'a pas peur des magiciens parce qu'on ne connaît pas toute leur méchanceté! Il est vrai qu'elle a un talisman!...

Arrivée devant la porte, Blanche entre vivement, tandis que la vieille s'agenouille et se recommande à sa patronne. Enfin elle se décide à pénétrer aussi dans son nouveau logement en jetant autour d'elle des regards inquiets, tandis que Blanche, qui court vers l'alcôve, a déjà tiré le lit au milieu de la chambre.

— Un moment donc, imprudente!... lui crie Marguerite. Est-ce qu'il faut en agir si lestement?... Mais, ma bonne, plus nous ouvrirons vite cette porte, et plus tôt tu seras rassurée... — Rassuré!... je le désire... Avez-vous votre talisman, ma petite? — Sans doute!... Ne l'as-tu pas toi-même cousu en dedans de mon corset?... — C'est juste... mais il est si bien enchâssée dans la boiserie... — Ah! la voici!... — Un instant donc, mademoiselle, que je jette de l'eau bénite devant nous... — Mais il n'y a pas de clef... comment ouvrir? — Dame... nous essaierons. J'en ai plusieurs que j'ai trouvées en nettoyant dans la maison, peut-être y en aura-t-il qui ouvrira...

Et Marguerite s'avance en tremblant dans le fond de l'alcôve. Elle tire de sa poche une demi-douzaine de clefs rouillées et de diverses grandeurs; elle veut en essayer une, mais sa main, mal assurée, ne peut trouver la serrure; et Blanche, saisissant la clef, l'essaie sans succès, puis une seconde encore inutilement; mais, à la troisième, la jeune fille pousse un cri de joie, car la clef a tourné, et Marguerite se signe en balbutiant :

— Ah! mon Dieu!... la porte va s'ouvrir!...

En effet, la porte cède aux efforts de Blanche; elle s'ouvre en craquant et en criant sur ses gonds; alors un cabinet carré s'offre aux regards des deux femmes ; mais comme il ne reçoit de jour que par la petite porte que l'on vient d'ouvrir, que cette porte se trouve dans le fond d'une alcôve assez profonde, et que la chambre est déjà très-sombre, on conçoit qu'il fait à peine jour dans le cabinet.

Blanche est restée sur le seuil de la porte, et Marguerite a reculé de trois pas en disant :

— Voyez-vous... voyez-vous, mon enfant, que j'avais raison de penser que cette porte conduisait quelque part... Oh !... cela est noir comme une caverne !... — Entrons-nous, ma bonne ? — Mais pas sans lumière, j'espère. Attendez, je vais allumer ma lampe. Je ne sais pas s'il est prudent à nous d'entrer dans ce cabinet... — Mais, Marguerite, tu vois bien qu'il n'y a personne... — Je ne vois rien... que du noir... Tenez... prenez la lampe... et passez devant, ma petite... vous avez votre talisman... il ne vous arrivera rien.

Blanche entre la première ; elle semble plus curieuse qu'inquiète, tandis que la vieille ne se décide qu'avec peine à la suivre. Le cabinet a six pieds carrés ; il ne renferme rien que deux grands coffres vides placés à terre, et le temps a couverts de poussière et de toiles d'araignée.

— Eh bien ! ma bonne, dit Blanche en souriant, où sont donc les sorciers ?... Je ne vois rien d'effrayant ici. — En effet, répond Marguerite en promenant ses regards autour d'elle, il n'y a que les quatre murs... point d'autre porte de communication ; ces deux coffres sont vides... Je suis sûre qu'on ne les a pas dérangés de place depuis un demi-siècle ! N'importe ; viens, et Marguerite voulut que tu ne reviendrai plus ici... Je ne sais pourquoi je m'y sens mal à mon aise... Oh ! comme le parquet crie sous nos pieds !... — C'est qu'on n'a pas marché ici depuis longtemps ; cette maison est vieille. — Venez, ma chère enfant ; sortons de ce cabinet. Je vais fermer la porte à double tour, et je ne l'ouvrirai plus tant que j'habiterai cette chambre.

En disant ces mots, Marguerite pousse Blanche dehors, puis referme la petite porte à double tour en murmurant entre ses dents :

— Hélas ! si quelque sorcier veut l'ouvrir, cette serrure ne lui résistera pas !... Mais tous les soirs je mettrai ma pelle et ma pincette en croix devant cette porte.

Cette visite terminée, Blanche redescend chez elle en fredonnant la romance de son ouvrier ; et Marguerite retourne à son ouvrage.

Le barbier a fait avancer l'instant de son dîner ; et, à six heures du soir, il sort de chez lui en répétant à Marguerite :

— Redoublez de surveillance... Que pas un homme ne puisse pénétrer près de Blanche sans ma permission, et instruisez-moi si vous entendez dans la rue quelque chanteur.

La vieille a promis d'obéir. Touquet s'enveloppe de son manteau et sort pour exécuter les intentions du marquis. Habitué à conduire de semblables intrigues, il sait où se procurer tout ce dont il a besoin ; et à huit heures moins un quart il est sur le pont de la Tournelle, tandis qu'à cent pas de lui deux hommes attendent ses ordres près d'une espèce de chaise de voyage attelée de deux chevaux.

Depuis fort longtemps Chaudoreille se promenait sur le pont ; de crainte de manquer le rendez-vous donné pour huit heures, il était arrivé à six. S'enfonçant la tête dans les épaules, et se cachant le menton sous son petit manteau, il tâchait de se donner l'air d'un conspirateur. La main gauche sur la poignée de Rolande et de l'autre retenant son manteau, il marchait tantôt lentement, tantôt à pas précipités ; et, dès que quelqu'un passait devant lui, il ne manquait pas de murmurer de manière à être entendu :

— Qu'elle tarde à venir ?... Qui peut la retenir ?... Jé brûle, jé bous, jé meurs d'impatience !...

Dès qu'il aperçoit Touquet, il court à lui, et soulève le coin de son manteau ; puis, regardant si personne ne passe, lui dit d'un ton mystérieux :

— Mé voilà !...

— Eh morbleu ! je vois bien que c'est toi, dit le barbier en haussant les épaules ; mais j'aimerais mieux voir la petite. — Elle n'a pas encore paru... j'en réponds. J'ai regardé toutes les femmes sous le nez ! — Il n'est pas huit heures... attendons. — Sois tranquille, je vais mé rémettre en embuscade et examiner attentivement tous les visages féminins... Prends garde de te faire donner quelque soufflet... cela amasserait du monde et ne me plairait nullement. — Des soufflets ! cé sont des baisers que tu veux dire ! Mais jé leur fais la grimace pour le point les tenter.

Et Chaudoreille, enfonçant son chapeau sur ses yeux, s'éloigne en faisant d'aussi grands pas que ses petites jambes le lui permettent.

Au bout de trois minutes, Chaudoreille revient en courant dire au barbier :

— Voilà une femme qui débouche par le pont Marie et va passer sur celui-ci. — Eh bien ! est-ce celle que nous attendons ? Tu dois le savoir si tu l'as regardée sous le nez. — Non, cetté fois jé mé suis rétenu, parce qu'elle donnait lé bras à un homme, et qué celui-ci aurait pu être effrayé. — C'est elle avec un homme, ce ne peut être notre jeune fille : on n'amène pas de témoins à un rendez-vous amoureux. — C'est justé, dit Chaudoreille, et il s'éloigne de nouveau.

Quelques minutes après, il revient vers Touquet en s'écriant :

— Voici une autre femme qui se dirige dé cé côté ; mais celle-ci est seule... jé m'en suis assuré ! — Est-ce notre belle ? — Non, cé n'est pas elle. — Eh ! imbécile, que viens-tu me dire alors ? — C'est pour qué tu né fasses pas de méprises ; j'ai cru dévoir t'avertir. — Chaudoreille, fais-moi le plaisir de te tenir tranquille. Je saurai fort bien reconnaître sans toi celle pour qui je viens, quoique je ne l'aie pas encore vue ; je suis certain de ne point me tromper... Mais, morbleu ! si elle ne vient pas au rendez-vous, je t'envoie boire de l'eau sous le pont pour t'apprendre à mieux faire tes commissions.

Chaudoreille n'a pas entendu les derniers mots du barbier, il est déjà loin ; mais il revient précipitamment et d'un air effaré.

— Qu'est-ce encore ? dit Touquet. — Une patrouille du guet qué jé viens d'apercevoir et qui va passer devant nous... — Eh bien ! que nous importe le guet ? la promenade sur ce pont est-elle défendue ?... Et, quand même il nous verrait enlever une fille, je te réponds qu'il ne s'en inquiéterait guère... — Est-ce qué nous n'avons pas l'air suspect ?... — Tu me fais pitié !... — Jé vais mé donner un air riant pour éloigner les soupçons... — Tiens, voilà pour te donner plus d'assurance.

En disant cela, le barbier allonge un coup de pied à Chaudoreille ; celui-ci le reçoit en chantant, et se contente de se frotter la partie attaquée en faisant des roulades, parce que dans ce moment le guet passe devant eux. Quand la patrouille est éloignée, il respire plus librement, et s'écrie :

— Ils nous auront pris pour dé simples troubadours. — Ils t'auront plutôt pris pour un fou ! La peste soit des poltrons !... cela n'est bon qu'à tout gâter ! — Jé né mé fâche point d'uné chose qui né peut mé regarder... Mais, dans les grandes occasions, il mé semble qué la ruse vaut souvent la valeur.

Le barbier commence à s'impatienter, lorsqu'enfin une jeune femme passe sur le pont, marchant lentement et regardant de temps à autre autour d'elle. Chaudoreille ne l'a pas aperçue, quoiqu'il soit alors en embuscade du côté de la rue des Deux-Ponts.

Touquet s'approche de l'inconnue, il l'examine : c'est bien la jeune fille que le marquis lui a dépeinte. De son côté, la demoiselle regarde le barbier avec attention, et semble attendre qu'il lui adresse la parole.

— N'êtes-vous point la signora Julia ? dit à voix basse le barbier en s'approchant de la jeune fille.

— Et vous le barbier Touquet ? lui répond celle-ci en levant sur lui ses yeux noirs et pleins de feu.

Le barbier est surpris de s'entendre nommer par une personne dont il ne se croyait pas connu ; mais, après avoir de nouveau considéré la jeune fille, il reprend :

— Puisque vous me connaissez, vous devez savoir que c'est le marquis de Villebelle qui m'envoie près de vous. — Le marquis est bien peu galant, répond Julia, de ne pas venir lui-même à un premier rendez-vous. — Les grands seigneurs ne sont pas maîtres de tous leurs moments. Ce n'est pas d'ailleurs sur ce pont que M. le marquis désire vous entretenir de son amour ; je suis chargé de vous conduire... — A sa petite maison du faubourg Saint-Antoine, sans doute ? — Il me paraît, signora, que vous êtes au fait de tout ce qui touche M. le marquis ; d'après cela, je n'ai plus rien à vous apprendre, si ce n'est que la voiture est à cent pas d'ici. — Eh bien ! partons.

— Parbleu, se dit le barbier en offrant son bras à Julia pour gagner la voiture, voilà une jeune fille qui ne fait point de façon pour se laisser enlever. Mais j'avoue qu'elle a dans la voix, dans les manières, quelque chose de décidé, de piquant, qui étonne et qui plaît.

Ils touchaient à la voiture lorsque la voix de Chaudoreille se fit entendre. Il courait après le barbier en criant :

— Voilà uné femme qui arrive du côté dé la porte dé la Tournelle : c'est notré pétite, jé l'ai reconnue à sa démarche.

En achevant ces mots, Chaudoreille se trouva près du barbier, et aperçut la personne à laquelle il donnait le bras.

— Comment !... qu'est-ce à diré ?... dois-je en croire mes yeux !... s'écrie le chevalier, c'est notré belle !... et par où diantre a-t-elle passé ?... — N'importe, nous la tenons, c'est l'essentiel !... Jé vais protéger votre marche.

Chaudoreille tire son épée, et, n'écoutant pas le barbier qui lui ordonne de s'éloigner, court jusqu'à la voiture en criant aux deux hommes qui sont auprès :

— Mes amis, la voici !... dé l'adresse, du courage, sandis ! il faut qu'elle monte dé gré ou dé force.

On ouvre la portière, et Chaudoreille est un peu surpris de voir que la jeune personne s'élance la première dans la voiture ; il va en faire autant et se placer auprès d'elle, lorsque Touquet, le tirant par son haut-de-chausses, l'envoie rouler à quatre pas sur le pavé, et monte près de Julia en disant au cocher :

— Partez !

— Comment, capédébious, ils vont l'enlever sans moi, dit Chaudoreille en se relevant. Non pas, dé par tous les diables !... il né sera pas dit qué jé né terminerai point l'aventure... D'ailleurs on né m'a donné qu'un à-compte, et jé veux être soldé avant qué lé marquis né soit dit las de la pétite.

Aussitôt Chaudoreille s'élance après la voiture ; habitué à courir, il parvient à l'atteindre, monte derrière et se laisse emmener au grand galop en ayant soin de se tenir fortement aux glands qui lui servent d'appui.

CHAPITRE X.

La Petite Maison. — Jeu nouveau.

La voiture a bientôt dépassé la porte Saint-Antoine, qui ne se trouvait pas alors au haut du faubourg, mais à l'endroit où la rue est coupée par les boulevards, et qui servait fréquemment de point de réunion aux vagabonds, pages, laquais et coupeurs de bourses. La petite maison du marquis était située près de la *Vallée de Fécamp* (qui aujourd'hui est remplacée par une rue qui porte son nom, et fait la continuation de la rue de la Planchette). Traverser alors au milieu de la nuit ces lieux sombres et mal famés, c'était s'exposer autant qu'en passant dans la forêt de Bondy. Cependant beaucoup de seigneurs avaient choisi ce quartier pour le théâtre de leurs galanteries ; ils y possédaient des petites maisons, leurs rendez-vous ordinaires, et s'y rendaient souvent incognito, mais toujours bien armés.

La voiture s'arrête devant un mur de clôture ; Chaudoreille regarde de tous côtés. La maison est isolée, et le mur paraît clore un jardin qui l'entoure. Mais déjà Touquet est descendu ; il s'approche d'une petite porte que le chevalier n'avait point aperçue, et tire une sonnette ; avant qu'on ne vienne ouvrir, Chaudoreille a quitté la place qu'il occupait, et a été offrir sa main à Julia pour l'aider à descendre de la voiture.

On ouvre ; un homme paraît ; il tient une lanterne à la main, et, jetant les yeux sur la voiture et la dame qui en descend, se contente de sourire en faisant un profond salut au barbier.

— Votre maître a dû vous prévenir, lui dit Touquet à demi-voix. — Oui, monsieur, répond le valet ; je vous attendais.

Le barbier se retourne pour introduire Julia, et aperçoit alors Chaudoreille qui se tient, l'épée nue à la main, devant la portière, comme s'il était en faction. Un mouvement d'impatience échappe au barbier ; après avoir fait entrer Julia, il prend Chaudoreille par son manteau, le poussant brusquement devant lui, le fait aussi passer dans le jardin en lui disant :

— Puisque tu nous as suivis jusqu'ici, il faudra bien que tu nous serves à quelque chose. — C'est mon devoir, sandis ! répond le chevalier tandis que Touquet referme la porte du jardin après avoir dit aux deux hommes qui sont près de la voiture : Attendez-moi.

On suit une longue allée de tilleuls qui conduit à la maison. Le jardin est sombre ; le valet qui porte la lanterne marche en avant, et Chaudoreille, qui se trouve le dernier, regarde de temps à autre à droite et à gauche avec inquiétude ; il veut entamer la conversation et est déjà écrié : — Ce jardin me paraît être très-vaste !... Mais le barbier se retourne et lui ordonne de se taire. Pour se dédommager de ce silence forcé, Chaudoreille, qui tient toujours Rolande nue à la main, en frappe tous les arbres qu'il rencontre.

On arrive à la maison ; on entre dans un vestibule au fond duquel est un escalier, tandis qu'à droite et à gauche des portes conduisent dans les appartements du rez-de-chaussée. Julia, qui a suivi sans parler ses conducteurs, paraît examiner attentivement tout ce qui s'offre à sa vue. Chaudoreille, se trouvant alors près de l'homme à la lanterne, pousse un cri de surprise en disant :

— Eh ! qué diantre ! je né mé trompé point !... c'est Marcel... un dé mes anciens amis. Tu né mé réconnais pas ?... je suis Chaudoreille... nous avons été six mois en prison ensemble... mais c'était pour uné bagatelle !.. J'en suis sorti blanc commé neige !... — Taisez-vous, imbéciles ! s'écrie le barbier, vous ferez plus tard vos reconnaissances. Où est l'appartement de madame ? — Au premier, répond Marcel après avoir tendu la main à Chaudoreille, qui la lui secoue comme s'il venait de retrouver son meilleur ami.

— Conduisez-nous, dit Touquet, et toi, reste ici.

Cet ordre s'adressait au chevalier, auquel il ne fit nul plaisir ; mais il fallait obéir. Cependant, lorsque Chaudoreille s'aperçut qu'il n'y avait aucune lumière dans le vestibule où on le laissait, et qu'il allait se trouver dans la plus complète obscurité, il monta quelques marches de l'escalier en criant d'une voix chevrotante :

— Né mé laissez pas longtemps seul ici... la nuit est froide, et jé crains dé m'enrhumer.

Marcel guide Julia et le barbier, et, après leur avoir fait traverser plusieurs pièces que sa lanterne seule éclaire, ouvre une porte en disant :

— Voici l'appartement où madame pourra se reposer.

Julia ne peut retenir un cri de surprise, et le barbier lui-même reste dans l'admiration. La pièce dans laquelle ils entrent est éclairée par un lustre pendu au plafond, et l'éclat des bougies permet d'admirer le luxe avec lequel cet endroit est décoré. Des peintures charmantes, des images séduisantes et voluptueuses ornent les boiseries ;

un meuble bleu-tendre, où la soie et l'argent sont mariés avec art ; des glaces de Venise, des tapis de Perse, des candélabres sur lesquels brûlent des parfums, tandis que des fleurs naturelles sont disposées plus loin en pyramides dans des vases de cristal : tout concourt à faire de ce séjour un lieu de délices, où l'on a réuni ce qui peut enivrer les sens et inspirer le plaisir.

Julia et le barbier sont entrés dans la pièce éclairée ; Marcel se tient respectueusement à la porte, et semble attendre des ordres.

— Cet endroit est délicieux, dit Julia ; mais je ne vois pas le marquis. — Vous le verrez bientôt, madame, répond Touquet, dans une heure il sera ici. En attendant, veuillez demander tout ce qui pourra vous être agréable, vos désirs seront accomplis sur-le-champ. Cette sonnette répond en bas... n'est-il pas vrai, Marcel ? — Oui, monsieur ; et comme madame peut avoir besoin de prendre quelque chose, j'ai disposé une collation dans la petite pièce voisine.

Marcel indiquait une porte masquée par une glace ; le barbier la poussa, et l'on vit une seconde pièce, plus petite, mais éclairée également, et décorée avec autant de magnificence, si ce n'est que l'ameublement et les tentures étaient de velours ponceau, orné de franges d'or, tandis que le bleu-clair et l'argent régnaient sans partage dans la première.

— Il ne m'a pas trompé, se dit Touquet en jetant un coup d'œil dans la seconde pièce, lorsqu'il m'a dit avoir fait de cette maison un séjour enchanteur ; quel luxe ! quelle magnificence !... Que d'argent de dépensé pour tout cela !... Et il ne se trouve pas heureux !...

Julia s'était jetée sur un lit de repos, et paraissait pensive. Le barbier la salua, et faisant signe à Marcel sortit avec lui de l'appartement.

Marcel était un garçon de vingt-huit à trente ans, petit, gros et sans souci ; d'une obéissance et d'une exactitude orientales, mais doué de fort peu de génie, et incapable de conduire aucune intrigue. Le marquis, auquel il fallait des gens plus adroits, plus actifs, plus entreprenants, mais qui appréciait la fidélité de Marcel, n'avait pas trouvé, pour le garder, de meilleur moyen que de lui confier l'intendance de sa petite maison. Là, les fonctions de Marcel se bornaient à une obéissance passive aux ordres qu'il recevait ; mais étranger à toutes les intrigues dont les lieux qu'il habitait étaient le théâtre, il ignorait parfois jusqu'au nom de la personne qui, pendant un court espace de temps, régnait en souveraine dans la petite maison ; peu lui importait, et, son insouciance étant une garantie de sa discrétion, c'était une qualité dans l'emploi qu'il remplissait.

— Vous connaissez Chaudoreille ? dit le barbier à Marcel en le suivant dans le corridor qui conduisait à l'escalier. — Oui, monsieur, répond le valet en poussant un soupir ; je l'ai connu... dans une affaire assez malheureuse, puisque cela m'a fait passer six mois en prison, et Dieu sait si j'étais coupable !... Il y a sept ans environ, je n'étais pas encore au service de M. le marquis, je me trouvais à boire dans un cabaret, Chaudoreille y était aussi ; il jouait au piquet avec deux autres cavaliers, et m'invita à me mettre de sa partie. Je me laissai aller, je jouai et perdis. Il prit ma place, m'emprunta quelques écus en me disant que nous serions associés, et joua avec un bonheur surprenant ; j'étais charmé de le voir gagner, lorsque nos adversaires prétendirent qu'il trichait ; alors on se disputa : au lieu de nous payer, on voulut nous battre, si bien que cela fit du bruit ; les sergents arrivèrent avec leurs archers, et l'on nous conduisit en prison, Chaudoreille et moi. Voilà comme nous fîmes connaissance. Mais depuis ce temps je suis dégoûté du jeu, et je ne voudrais pas toucher une carte. — Tant mieux pour vous, je vous engage à persévérer dans cette résolution.

Le barbier et Marcel descendaient alors l'escalier qui donnait dans le vestibule, lorsque des cris : — Au voleur !... à la garde !... à l'assassin !... parvinrent à leurs oreilles. Ces cris partaient du jardin, et Touquet reconnut la voix du chevalier.

— A qui diable en a-t-il ? dit le barbier en pressant le pas, tandis que Marcel le suivait en répétant : — Des voleurs ! c'est singulier !... cependant les portes ferment bien, et les murs du jardin ont dix pieds de haut.

Ennuyé d'être sans lumière dans le vestibule, Chaudoreille était retourné dans le jardin, où, quoique la lune fût presque masquée par les nuages, on distinguait cependant devant soi. Le chevalier chantait un virelai, qu'il accompagnait en frappant avec Rolande les branches alors dépouillées de feuillage. Tout à coup, à l'entrée d'un bosquet, une grande figure blanche se trouve vis-à-vis de Chaudoreille, qui s'arrête en criant d'une voix altérée :

— Qui va là ?...

On ne lui répond pas, et il juge prudent de ne point répéter sa question et de regagner la maison. Mais dans son trouble, il se trompe de chemin, et, au détour d'une allée, aperçoit devant lui un autre personnage qui tient à la main une massue dont il semble disposé à le frapper. C'est alors que Chaudoreille, qui sent que les forces lui manquent pour fuir, fait retentir le jardin de ses cris.

Guidés par sa voix, le barbier et Marcel sont bientôt près de lui.

— Qu'as-tu donc, pourquoi ce bruit ? lui dit Touquet. — Né voyez-vous pas cé misérable qui m'attend-là bas pour m'assommer... tandis qué son complice est caché dans un autre bosquet !...

Le barbier se retourne pour regarder l'endroit que Chaudoreille désigne de la main, Marcel en fait autant en tenant la lanterne en avant, bientôt ce dernier part d'un éclat de rire, et le barbier s'écrie :

— J'étais sûr que ce drôle nous ferait encore des sottises.

— Comment, des sottises !... cadédis ! pourquoi ces gens-là né mé répondent-ils point quand jé leur crie : Qui va là ? — Cela leur serait difficile, dit Marcel ; celui que tu aperçois là-bas est Hercule tuant l'hydre de Lerne, et l'autre est probablement Mercure ou Mars, peut-être même est-ce Vénus qui t'a fait peur ! — Fait peur ! eh non ! sandis ! jé n'ai pas eu peur, mais on prévient les gens quand on a un Olympe dans son jardin... En tout cas, si c'est Mercure, il peut sé flatter d'avoir reçu cinq ou six coups du plat dé cette épée, et jé n'y allais pas dé main morte.

— Et si cette jeune fille a entendu tes cris, misérable ! dit le barbier en se dirigeant vers la petite porte. — Je ne le pense pas, dit Marcel, l'appartement qu'elle occupe donne de l'autre côté du jardin.

Le barbier ouvre alors la porte par laquelle ils sont entrés.

— Reste avec Marcel, dit-il à Chaudoreille ; le marquis va venir ; s'il a quelques ordres à donner pour moi, tu reviendras me les communiquer sur-le-champ. Mais devant monseigneur, contente-toi d'être muet. S'il t'échappe le moindre mot, si tu commets une nouvelle gaucherie, songe que c'est moi qui me charge de t'en punir.

En disant cela Touquet s'élance dans la voiture, qui part sur-le-champ. Chaudoreille est enchanté de rester en pensant qu'il va voir le marquis, et se trouver à même de lui prouver son intelligence ; il prend le bras de Marcel, et se rappelant que celui-ci est d'un caractère fort doux, et qu'on peut facilement lui en faire accroire, il se félicite du hasard qui le lui a fait rencontrer.

Le barbier s'est fait descendre à quelques pas de chez lui. Il paye les gens, renvoie la voiture, et se hâte de gagner sa maison, car le marquis doit s'y rendre vers dix heures, et il n'en est pas loin. Marguerite ouvre à son maître, qui lui adresse les questions ordinaires au sujet de Blanche, et la vieille servante jure par sa patronne qu'aucun homme n'a parlé à la jeune fille.

Touquet renvoie Marguerite ; il veut attendre seul le marquis. Dix heures ont sonné depuis longtemps, et le barbier, qui s'attend à des félicitations et à une nouvelle récompense, commence à s'étonner du peu d'empressement du marquis, lorsqu'enfin on frappe à la porte de la rue, et le grand seigneur entre de nouveau chez le barbier.

— Parbleu, mon pauvre Touquet, j'ai bien manqué d'oublier notre rendez-vous, dit le marquis en se jetant sur un siège.

— Quoi ! monseigneur, vous oublier une affaire d'amour ! cela m'étonne, je l'avoue. — Tu devrais cependant le concevoir mieux qu'un autre ; ces choses-là ne finissent pas par se lasser de ce qui fait chaque jour ?... Je suis tellement blasé sur tout cela !... J'avais, Dieu me pardonne, totalement oublié la petite !... J'étais à l'hôtel de Bourgogne avec Chavagnac. Montheil et quelques autres amis ; Turlupin, Gauthier-Garguille et Gros Guillaume nous ont beaucoup divertis. Ces drôles sont fort plaisants ; ils ont la vogue ; toute la cour ira les voir !... c'est une fureur, surtout depuis qu'ils ont représenté une scène bouffonne dans le palais du cardinal, et que Richelieu leur a permis de jouer à l'hôtel de Bourgogne en dépit de la requête des comédiens. En sortant de là nous sommes entrés au cabaret ; nous étions en train de rire, nous avons battu quelques bourgeois qui voulaient nous disputer une table ; ils ont crié comme le diable, les sergents sont arrivés, mais nous nous sommes nommés tout bas, et les archers du roi nous ont aidés à mettre toute cette canaille à la porte !... Nous sommes restés maîtres du champ de bataille, cela ne pouvait pas finir autrement. Je n'ai jamais tant ri !... Chavagnac voulait absolument manger une omelette sur la figure d'un gros marchand de merceries ; le pauvre diable faisait déjà des grimaces horribles de frayeur, c'était fort comique ; il s'en est sauvé en avalant douze verres d'eau-de-vie de suite ; ensuite nous l'avons fait rouler du premier jusqu'en bas... Enfin, mon cher, tu conçois que dans tout cela la petite brune m'était sortie de la tête... mais tout à l'heure ce gai parfum d'un maître fripon ; j'ai pensé à toi, et cela m'a rappelé notre rendez-vous. Eh bien ! au fait, où en sommes-nous ? — Monseigneur, j'ai rempli vos désirs, et depuis une heure la jeune fille est dans votre petite maison. — Bah !... Quoi ! vraiment tout est déjà terminé !... Mais il me paraît que la demoiselle n'a pas fait trop de façons. — Je dois vous avouer, monsieur le marquis, qu'en effet elle est montée en voiture de fort bonne grâce... — Un peu de résistance m'aurait plu davantage ; c'est cruel ! n'avoir qu'à désir !... Ces jeunes filles ont un empressement quand on leur parle d'un grand seigneur ! Je suis presque fâché de m'être empêtré de celle-ci !... car le diable m'emporte si je l'aime le moins du monde !... Pour un rien je la ferais reconduire où on l'a prise... Qu'en dis-tu, Touquet ? cela serait drôle, hein ?...

Le barbier, qui est piqué du peu de joie que le marquis témoigne n sachant qu'il a réussi à enlever la jeune fille, répond d'un air froid :

— Je vois qu'en effet monseigneur a totalement oublié la jeune fille qu'il avait charmé il y a deux jours ; s'il se la rappelait, il ne se montrerait pas aussi indifférent à sa possession. — Comment ! est-ce qu'elle est vraiment bien ? est-ce que tu la crois capable de me fixer quelque temps ? — J'ignore, monseigneur, si elle aura du bonheur ; mais j'ai vu beaucoup de courtisanes à la mode qui ne valaient point cette jeune Italienne. — C'est une Italienne ? — Oui, monseigneur. — Tant

mieux, cela me changera un peu... — Elle se nomme Julia : sa figure, sans être régulièrement belle, a je ne sais quoi de piquant, de séduisant ; elle a dans la voix, dans les manières, enfin dans toute sa personne quelque chose qui annonce du caractère .. de l'originalité... Bref, ce n'est point une beauté langoureuse comme on en rencontre si souvent. — Sais-tu que tu piques vivement ma curiosité !... Me voilà plus content de l'aventure ; allons... demain nous irons admirer tout cela. — Demain !... quoi ! monseigneur, et cette jeune fille qui vous attend avec impatience ! — Il faudra pourtant bien qu'elle soupire jusque-là ; j'ai promis à mes amis d'aller les rejoindre, et de finir la nuit avec eux ; entre gens d'honneur, on ne peut manquer à sa parole !... La belle Julia prendra patience. — J'avais aussi laissé près de Marcel un de mes hommes, dans le cas où monsieur le marquis aurait eu quelques nouveaux ordres à me faire parvenir, je pensais qu'il s'en serait servi, Marcel ne pouvant quitter la maison. — Eh bien ! ton homme attendra, ou bien reviendra quelques pistoles de plus... A propos, il faut que je te paye... Tiens, voilà de l'or que j'ai gagné ce matin au lansquenet. Mais l'heure se passe, je gage que les mauvais sujets s'impatientent, je cours les rejoindre. Nous passerons une nuit charmante : nous sommes en train de nous divertir... Nous ferons des niches aux bons habitants de Paris, nous rosserons le guet, nous arrêterons les porteurs de chaises, et je ne répondrais pas que nous n'allassions point voler quelques manteaux sur le Pont-Neuf.

Le marquis s'éloigne lestement, et le barbier referme sa porte en se disant :

— Après tout, qu'il en agisse comme il voudra maintenant ! que m'importe !... je suis payé.

Pendant que cette entrevue a lieu dans la rue des Bourdonnais, la jeune fille, que l'on a laissée dans le voluptueux boudoir, quitte le lit de repos dès que ceux qui l'ont amenée sont éloignés. Elle s'approche d'une glace dans laquelle on peut se voir entièrement ; une glace suffit pour distraire une jeune fille et lui créer de l'occupation. Julia arrange sa coiffure, elle passe ses doigts dans ses cheveux, en referme les anneaux ; elle s'examine, se sourit. Julia est coquette ; toute femme l'est un peu, dit-on. Pour juger du plus ou du moins, il ne faut que compter les minutes qu'elle passe devant son miroir, et d'ordinaire ce n'est pas la plus jolie qui s'y regarde le plus longtemps.

Enfin Julia paraît contente d'elle-même ; elle s'éloigne de la glace, et parcourt le boudoir, ainsi que la pièce voisine, admirant, considérant ce qu'elle a paru voir avec indifférence tant que l'on a pu l'observer. Elle s'arrête devant une pendule que porte un petit Amour d'albâtre, l'aiguille marque près de onze heures. Julia soupire ; son front se rembrunit, et elle se jette sur un fauteuil en balbutiant :

— Il ne vient pas !...

Tandis que la jeune fille soupire en regardant la pendule, Chaudoreille se fait conduire à la salle à manger, disant qu'il meurt de faim, et que depuis le matin il court pour le service de M. le marquis. Marcel s'empresse d'offrir à son hôte un bon souper, auquel le chevalier fait honneur. Tout en mangeant, Chaudoreille raconte ses exploits à son ancien ami, comme Marcel l'écoute avec la plus grande confiance, notre Gascon, enchanté de trouver quelqu'un qui ajoute foi à ses prouesses, a déjà tué quinze rivaux, et délivré vingt victimes de la tyrannie avant d'être à son second plat.

— Mon ami, dit Marcel en ouvrant de grands yeux et se versant à boire, il me paraît que tu es toute chaude !... — Chaude ! sandis !... dis donc bouillante !... dis donc volcanique !... cé n'est pas ma faute ; mais jé né pouis mé modérer !... je suis un raffiné d'honneur, un vrai diable, c'est lé mot. — Mais pourquoi donc appelais-tu du secours contre les statues du jardin ? — Ecoute, mon cher Marcel : d'abord jé né pouvais pas déviner qué c'étaient des statues, et quand on est brave on croit voir des voleurs partout ; tu né comprends pas céla, toi, parce qué tu es d'un sang très-calme ; ensuite tu sabes bien qué jé né pouvais pas mé permettre dé tuer personne dans la maison de M. lé marquis de Villebelle sans lui en avoir demandé la permission. — Chut... ici on ne nomme jamais M. le marquis par son nom ! — Ah ! j'entends, c'est justé ; il faut du mystère... pesté ! c'est lé séjour des amours incognito !... Dis donc, Marcel, y a-t-il longtemps qué tu habites cetté maison ? — Cinq ans à peu près. — Tu dois en avoir vu dé belles !... — Je n'ai rien vu, car ici il faut voir et ne pas voir. — J'entends très-bien.. Qué diantre ! est-cé qué tu mé prends pour un bélître ?... C'est égal, tu as uné place d'or !... Lé marquis est généreux, n'est-cé pas ? — Oui. — Tu gagnes au moins vingt pistoles par an ? — Le double. — Heureux coquin ! quand jé dis coquin !... tu cs lé plus parfait honnête homme qué jé connaisse... et crois même qué tu es lé seul qué jé connaisse... cé cher Marcel !... qué jé suis content dé t'avoir rétrouvé !... Jé t'ai cherché partout : dans les académies, dans les brélans, dans les tripots même !... Oh, il y a longtemps qué jé ne jouè plus ! — Bah !... tu plaisantes ! — Non, depuis notre aventure je suis dégoûté du jeu ; aller en prison quand on est innocent, c'est fort désagréable ! — Eh ! mon ami ! il y a tant dé fripons qu'y vont pas !... tu vois bien que cela fait la balance. Quant à moi, j'avoue qué jé joué toujours... cela m'amuse ! d'ailleurs c'est un plaisir dé grand seigneur, il n'y a rien dé plus noble qué dé jouer et dé perdre jusqu'à ses chausses. — Comme je ne suis qu'un valet, je n'ai pas besoin de suivre cette mode. — Tu as tort, il faut toujours singer les grands. Tu étais d'uné superbé force au piquet!... — Moi!... oh! j'étais très-faible, au contraire!... — Puré modestie... pardieu, je veux prendre une léçon dé toi; nous avons soupé : en attendant qué ton maître arrive, faisons une partie pour passer lé temps. — Cela serait difficile, je n'ai point de cartes ici. Quand par hasard j'en trouve là-haut qui ont servi à mon maître et à ses amis, je les brûle ou je les vends. — Voilà qui est contrariant; et moi qui ai presqué toujours un jeu dé piquet dans ma poche, il faut justément qué jé lé laisse chez moi.

— Tiens, Chaudoreille, goûte de cette liqueur... cela vaudra mieux que de jouer...

En disant cela, Marcel emplissait deux tasses de crème de vanille, et en plaçait une devant son convive.

— Oui, j'aimé beaucoup la liqueur, dit Chaudoreille; celle-ci a un parfum exquis; mais nous pourrions boire et jouer en même temps... — Puisque je te dis que je n'ai pas de cartes. — Tu as des dés au moins? — Pas davantage. — Des boules? — Non. — Des dames, des dominos? — Aucun jeu, te dis-je. — Qué la peste t'étouffe!... comment passer le temps sans jouer?.. Ah! quelle idée délicieuse! jé viens dé trouver un pétit jeu fort agréable et qué tu comprendras facilement.

Urbain prend ses écus et se rend chez un fripier.

Tu as devant toi tá tasse pleine dé liqueur, moi j'ai la mienne... elles sont d'égale grandeur; jé té joue un écu à la première mouche... — Quelle mouche? — Ecoute bien : il né manque pas dé mouches dans cette chambre, celui dans la tasse duquel il en viendra lé plus tôt une gagnera un écu à l'autre... Est-ce dit? — Voilà un drôle de jeu... mais je le veux bien. — En cé cas, tape dans la main... C'est fini, attention à notré jeu.

Chaudoreille ne bouge plus; les yeux fixés alternativement sur sa tasse et celle de son adversaire, attendant avec impatience qu'une mouche vienne goûter la liqueur sucrée. Aucun d'eux ne fait un mouvement, de crainte d'effrayer les insectes ailés. Il y a déjà cinq minutes qu'ils sont immobiles devant leur tasse, lorsque Marcel laisse échapper un éternument.

— Qué lé diable té confonde! s'écrie Chaudoreille, tu as fait fuir la plus belle mouche qui approchait dé ma tasse... Elle y allait entrer! — Est-ce ma faute s'il me prend envie d'éternuer? — C'est tricher, mon cher, et en bonné conscience, tu devrais perdre la partie. — Tu plaisantes, sans doute? — Je veux bien té passer cet éternument, mais si tu récommences cela comptera... Attention : les mouches volent.

On observe de nouveau le silence : de temps à autre Chaudoreille regarde en l'air, et semble implorer les mouches pour qu'elles vien-

nent goûter sa liqueur. Enfin après quelques minutes d'attente, une mouche se prend à la vanille, mais c'est dans la tasse de Marcel qu'elle va boire.

— J'ai gagné! s'écrie celui-ci. — Un instant! dit Chaudoreille en frappant du pied avec dépit. Laisse-moi juger lé coup. — Il me semble qu'il n'y a point d'équivoque. La mouche est encore dans ma tasse. — Mais il s'agit de savoir si c'est vraiment une mouche; jé né puis pas perdre un écu chat en poche! — Oh! regarde tant que tu voudras.

Chaudoreille se lève et avance la tête pour voir de plus près dans la tasse qui est devant Marcel; mais à peine s'est-il par ce mouvement approché de son hôte, qu'il s'écrie portant la main à son nez :

— Lé pari est nul!... il n'y a rien de fait!

— Qu'est-ce à dire? s'écrie à son tour Marcel en se levant de table.

— Jé té répète que lé pari est nul. — Et pourquoi? — Pourquoi? sandis! parce qué tu as l'haleine forte et que tu fais tomber les mouches au vol; d'après cela tu vois qué la partie n'est pas égale. — Chaudoreille, je veux prendre la chose en riant et ne point recevoir ton argent, mais je me flatte d'avoir l'haleine pour le moins aussi fraîche que la tienne.

— Prendre la chose en riant! dit le chevalier en portant la main à la poignée de son épée. Est-ce qué tu veux mé vexer? Sandis! si jé lé savais! — Allons! allons! calme-toi! — Mé crois-tu fait pour souffrir des injures?... Par Rolande! jé né sais qui mé tient... — Auras-tu bientôt fini? — Capédébious!... si jé croyais qué tu voulusses mé molester!... comme si jé ténais à un écu! j'en aurais perdu cent qué jé té les aurais payés dé la même manière!... — C'est bien, laissons cela.

Plus Marcel s'efforce de calmer son convive, plus celui-ci s'emporte et crie, car il croit qu'on a peur de lui, et il veut en profiter pour faire le méchant : il va jusqu'à tirer son épée, et court dans la salle en roulant ses petits yeux autour de lui, comme s'il voulait tout pourfendre. Marcel impatienté, et voyant que ses prières ne servent à rien, se décide alors à prendre un balai accroché derrière une porte, et, se mettant sur la défensive, il attend que son ennemi vienne l'attaquer.

Mais cette action a subitement calmé la fureur de Chaudoreille. A la vue de Marcel en garde avec son balais, il s'arrête; et, se frappant le front comme quelqu'un qu'une idée subite vient d'éclairer :

— Grand Dieu! s'écrie-t-il, qu'allais-je faire? c'est dans la maison du noblé marquis dé Villébelle qué jé mé laisse emporter par la colère!... Ah! mon couragé! combien jé t'en veux! Tout est oublié, Marcel; viens dans mes bras, jé té pardonne.

Marcel, toujours bon garçon, jette de côté son balai, et va donner une poignée de main à Chaudoreille. On se remet à table, mais on ne joue plus; et, tandis qué dans l'appartement du premier on soupire en regardant l'aiguille de la pendule, dans la salle basse, les deux convives finissent par s'endormir en sablant les vins fins et les liqueurs du marquis.

CHAPITRE XI.

Le Pont-Neuf. — Tabarin.

Le mauvais succès de la sérénade n'a point rebuté le jeune Urbain : quand on aime bien on ne perd pas aisément courage. Notre amoureux s'est retiré chez lui en maudissant le jaloux barbier, car il ne doute pas que ce ne soit par jalousie que Touquet surveille si bien la jeune fille; mais, peu effrayé de ses menaces, Urbain n'en jure pas moins de parvenir jusqu'à Blanche et de tout tenter pour s'en faire aimer.

Jurer est chose très-facile... Depuis un demi-siècle seulement, que de serments on a prêtés et rompus!... Mais ne parlons que des serments d'amour, ceux-là sont plus gais, et pour les trahir on n'est pas indigne de pardon. Urbain, qui a juré qu'il verrait Blanche, est cependant fort en peine pour savoir comment il s'y prendra. Mais en amour on jure toujours, on réfléchit après; et en affaires il y a beaucoup de gens qui agissent de même.

Le lendemain de la nuit où il a chanté, Urbain se promène dans les environs de la maison du barbier; mais il n'ose point entrer dans cette maison qu'il lorgne en soupirant; et même, pour n'être pas remarqué par Touquet, il ne passe point devant la boutique. C'est de loin qu'il examine les fenêtres : personne ne s'y montre; elles semblent condamnées à une clôture éternelle. Il attend que la vieille servante sorte de la maison. Enfin Marguerite vient d'ouvrir la porte de l'allée; elle va faire ses provisions.

Urbain ne perd point de vue la vieille bonne; mais il n'ose entrer avec elle dans les boutiques. Cependant, comment entamer la conversation?..... A dix-neuf ans on est encore gauche pour filer une intrigue. Enfin au moment où Marguerite va passer près de lui, Urbain l'accoste en tremblant.

— Que voulez-vous? lui dit la vieille d'un ton sec; car la vue d'u jeune cavalier lui inspire toujours des craintes, et elle a sans cesse les ordres de son maître présents à la mémoire. Le jeune bachelier balbutie en baissant les yeux :

— Madame... je voudrais bien... — Je ne suis point dame, je suis demoiselle. — Mademoiselle... si j'osais... — Quoi? — Vous demander... — Parlez donc!... — Des nouvelles de mademoiselle Blanche?... — Mademoiselle Blanche!... Oh! oh! je vous vois venir, mon jeune mirliflore... allez, allez, passez votre chemin... Vous vous adressez bien, vraiment!... Si vous voulez parler de cette chère enfant, adressez-vous à mon maître; il vous répondra, lui, et de la bonne manière.

En disant cela, Marguerite s'éloigne d'Urbain, et rentre en murmurant :

— Monsieur a raison, il faut redoubler de surveillance pour qu'une si jolie fille ne soit pas assiégée par ces mauvais sujets.

Les services qu'Urbain reçoit de la petite servante.

— Ils ont tous juré de me désespérer! se dit Urbain désolé du mauvais accueil qu'il a reçu de la vieille; mais, malgré toutes leurs précautions, je la verrai, je lui parlerai!...

Et pour mieux rêver au moyen de la voir, Urbain s'éloigne de la maison qui renferme Blanche; il marche au hasard, et arrive bientôt sur le Pont-Neuf.

Le Pont-Neuf était alors le rendez-vous des étrangers, des intrigants, des oisifs, des filous et des nouveaux débarqués. C'était l'endroit le plus passager de la capitale : sans cesse encombré par la foule des curieux qui s'arrêtaient autour des charlatans qui vendaient des panacées universelles et jouaient des farces; des banquistes qui faisaient des tours de gobelets; des marchands de chansons, de quincaillerie, de livres, de joujoux; il offrait à l'observateur des scènes plaisantes et un tableau très-animé.

Tabarin, devenu fameux par les scènes qu'il jouait en public, et auquel notre grand Molière n'a pas dédaigné d'emprunter quelques bouffonneries, Tabarin était alors établi sur le Pont-Neuf, contre la place Dauphine; il avait succédé au fameux signor Hieronimo, qui, dans la cour du Palais, vendait de l'onguent contre la brûlure, après s'être brûlé publiquement les mains et guéri avec son baume, pendant que Galinette-la-Galine attirait les passants par ses parades.

Outre le spectacle de Tabarin, il y avait encore sur le Pont-Neuf plusieurs autres théâtres. Maître Gonin, habile joueur de gobelets, s'y était établi, et par sa dextérité charmait les Parisiens; et un peu plus loin Briochée avait son spectacle de marionnettes.

Tabarin, simple bouffon d'un vendeur de baume, jouait le niais et faisait à son maître mille questions ridicules. Celui-ci, vêtu en médecin, répondait aux facéties de Tabarin en le traitant de gros âne,

de gros porc, etc., et ce spectacle attirait la foule. On y voyait nonseulement le peuple, mais aussi des personnages des premières classes de la société.

Urbain, qui marchait en rêvant à ses amours, c'est-à-dire sans regarder devant lui, et coudoyant toutes les personnes qui l'approchaient, se trouva poussé par la foule devant le théâtre du bouffon à la mode. Le jeune bachelier entend rire aux éclats à ses côtés; il voit des seigneurs, des jeunes filles, des ouvriers, des grisettes, qui, le nez en l'air, écoutent avec délices un homme qui est coiffé d'un chapeau d'arlequin, vêtu d'une souquenille et d'un large pantalon, et dont le visage est couvert d'un masque : cet homme est Tabarin. Son maître, en habit de docteur, la tête couverte d'un bonnet basque, le menton orné d'une longue barbe, tient dans ses mains des boîtes d'onguent ou de baume.

Urbain fait machinalement comme les autres, il regarde et écoute; pour juger ce qui faisait tant de plaisir aux badauds de ce siècle-là, écoutons aussi un moment.

TABARIN.

Quels gens trouvez-vous les plus courtois du monde?

LE MAITRE.

J'ai été en Italie, j'ai vu les Espagnes, et traversé une grande partie de l'Allemagne, mais je n'ai jamais remarqué tant de courtoisie qu'en France. Vous voyez les Français qui s'embrassent, se caressent, se bienveillent, s'ôtent le chapeau!

TABARIN.

Appelez-vous un trait de courtoisie que d'ôter le chapeau? Je ne voudrais pas pour beaucoup voir de telles caresses, moi.

Duel d'Urbain et du marquis de Villebelle.

LE MAITRE.

La coutume d'ôter le chapeau en signe de bienveillance est ancienne, Tabarin, pour témoigner l'honneur, le respect et l'amitié qu'on doit à ceux qu'on salue...

TABARIN.

De façon que toute la courtoisie, vous la jugez consister à ôter le chapeau? Voulez-vous savoir quels sont les gens les plus courtois du monde?

LE MAITRE.

Qui, Tabarin?

TABARIN.

Ce sont les tireurs de laine de Paris; car ils ne sont pas seulement contents de vous ôter le chapeau, mais le plus souvent ils vous ôtent le manteau [1].

Cette saillie est couverte des applaudissements et des ris de la foule assemblée, parmi laquelle se trouvaient sans doute aussi quelques *ti- reurs de laine* qui faisaient leur métier, tout en riant plus haut encore que leurs voisins.

Urbain ne partage pas l'hilarité générale; cependant il prête l'oreille à une nouvelle scène que joue le bouffon. Tabarin, cherchant à s'in- troduire auprès de son *Isabelle*, que *Cassandre* garde à vue, ainsi qu'une vieille duègne, ne trouve pas de meilleur expédient que de se déguiser en femme, et, sous ce costume, parvient à avoir un tête-à- tête avec sa maîtresse.

Le masque d'arlequin que conserve Tabarin sous son costume fémi- nin prête à mille facéties qui provoquent de nouveau la gaieté de la foule, et dans lesquelles la décence n'est pas toujours scrupuleuse- ment observée; mais le public du Pont-Neuf ne s'effarouche pas faci- lement, et le femmes *comme il faut* qui assistent à ce spectacle se contentent de porter leur éventail devant leurs yeux en s'écriant :

— Ah! voilà des actions messéantes, scandaleuses! il faudrait au moins lui défendre les gestes!...

Urbain, en regardant le déguisement grotesque du bouffon, vient de concevoir un projet. Pourquoi n'userait-il pas du même moyen pour s'introduire dans la maison du barbier; n'est-ce pas l'Amour lui-même qui lui offre ce stratagème en le rendant témoin de cette scène de Ta- barin, au moment où il se creuse la tête pour savoir comment il par- viendra auprès de Blanche?

Que ce soit l'Amour, le Destin ou le hasard, qui ait conduit là notre amoureux, il n'en est pas moins enchanté de son idée; et rendant mille grâces à Tabarin, il songe plus qu'à la mettre à exécution. Aussitôt, poussant de droite et de gauche pour se retirer de la foule, Urbain coudoie une grisette, accroche la mante d'une vieille dame, écrase le pied d'une petite-maîtresse, qui, appuyée sur le bras d'un jeune étudiant, s'était glissée parmi le public; mais, peu sensible aux injures dont on l'accable, Urbain continue à se faire jour, et, se trou- vant libre enfin, court sans reprendre haleine jusqu'à son domicile.

Arrivé là, le jeune bachelier ouvre le tiroir d'un petit secrétaire de noyer, il compte son argent, car, dans toute affaire, c'est toujours à ce maudit argent qu'il faut s'adresser pour aplanir les obstacles et arriver plus vite au but qu'on se propose.

Il ne possède en épargnes que soixante livres tournois; c'est bien peu; avec cela de nos jours on ne s'introduit pas dans le boudoir d'une Laïs; mais quand la beauté est compagne de l'innocence, l'accès en est bien plus facile.

D'ailleurs Urbain ne prendra pas le costume d'une grande dame, il veut au contraire se déguiser en paysanne; sa gaucherie sous ce cos- tume sera moins remarquée. Il va se regarder dans son petit miroir : point de barbe, point de favoris; pas le plus petit poil au menton, Urbain en saute de joie, tandis que quelques jours auparavant il sou- pirait après des moustaches; aujourd'hui qu'il veut se changer en fille, il est enchanté aussi de ne pas avoir la taille plus élevée, et s'écrie en regardant ses pieds qui sont petits et ses mains qui sont mignonnes :

— Qu'on est heureux de ne pas être fort, robuste et bel homme !

Il ne s'agit plus que de se procurer les vêtements nécessaires. Ur- bain prend ses écus et se rend chez un fripier, il demande un désha- billé pour une servante de campagne; on lui dit être de sa taille. On lui présente tout ce qui constitue le costume féminin : jupe, corset, tablier, cornette, fichu, souliers; on lui fait payer tout cela trois fois sa valeur, et notre jeune homme en est enchanté. Ces achats ont pris du temps, Urbain va dîner; puis à la chute du jour il retourne chez lui avec son petit paquet sous le bras, aussi content que Jason enlevant la Toison-d'Or, que Pluton enlevant Proserpine, qu'Apollon arrachant la peau du serpent Python, qu'Hercule dérobant les pommes d'or du jardin des Hespérides, ou que Pâris enlevant la femme de Ménélas; et certes tous ces gens-là devaient être fort contents.

Arrivé dans sa chambre, notre amoureux bat le briquet, car on ne connaissait point alors les briquets phosphoriques. S'étant procuré de la lumière, il procède aussitôt à son changement d'état, ne gardant du costume masculin que le vêtement nécessaire, qu'il juge devoir être en effet fort nécessaire pour ne point geler sous le jupon féminin. Urbain passe la jupe, puis le corset, puis il veut attacher tout cela; mais il s'y prend mal, il tire un cordon pour un autre, il découd, il déchire, il se pique; le pauvre garçon se désespère; il se regarde dans sa petite glace, il voit bien que ce n'est pas cela : il n'en viendra jamais à bout. Comment faire? Il n'y a qu'une femme qui se connaisse à tous ces mystères de la toilette de son sexe; il faut donc prier une femme de venir à son se- cours: et se rappelant qu'à l'étage au-dessus de lui loge un vieux garçon, dont la servante leste et gentille lui fait toujours une gracieuse révé- rence, aussitôt Urbain, retenant de son mieux le peu sur lui le jupon et le corset, descend quatre à quatre l'escalier et sonne chez son voisin.

La servante ouvre et part d'un éclat de rire en voyant ce person- nage moitié homme, moitié femme. Mais de quelque façon qu'il soit mis, un joli garçon de dix-neuf ans intéresse toujours; et Urbain à la voix fort touchante en disant à la bonne :

— Ah! mademoiselle! je suis bien embarrassé... je veux m'habiller en femme et je ne peux pas en venir à bout; que vous seriez aimable de venir m'aider un instant!

— Ben volontiers, répond la grosse fille, et, sans se faire prier, elle suit Urbain dans sa chambre, où elle rit de plus belle en voyant en quel état il a mis son costume féminin. — Vous allez donc au bal? lui dit-elle. — Oui, et je voudrais être si bien déguisé qu'on ne pût me reconnaître. — Oh ben! attendez! j'vas vous habiller, moi !... et je vous promets que vous serez ben.

Aussitôt elle commence par défaire tout ce qu'Urbain a fait, puis examine les vêtements :

— Ça n'est pas bien élégant, dit-elle. — C'est tout ce que je dé- sire, je veux être fort simplement. — Mais il vous faut encore un jupon pour mettre dessous... c't'i-là ne suffit pas; vous n'avez pas de hanches comme... il faut ben vous en faire... et ce bonnet... fi! quelle horreur !... ça ne vous irait pas : j'vas vous en chercher un autre à moi, et tout ce qu'il vous faut. Oh! je veux que vous soyez gentil.

Et la jeune servante, sans écouter Urbain, qui la remercie, court chez elle, d'où elle revient bientôt apportant tout ce qui est néces- saire pour faire du jeune homme une fille bien tournée. Le nouveau bonnet est essayé; il va parfaitement. Urbain est enchanté; il ne sait comment témoigner à la jeune fille sa reconnaissance, et celle-ci n'en finit pas de le coiffer : ce sont des boucles qu'il faut faire, des che- veux qu'il faut rentrer; elle lui cache le menton, lui attache des épin- gles, s'arrête, le regarde et s'écrie :

— C'est qu'il est vraiment fort bien !... la peau est blanche, l'air si doux! on s'y trompera, c'est sûr... Attendez à c't'heure, que je vous fasse de l'estomac... — Est-ce bien nécessaire? — Comment! si c'est nécessaire !.., ah ! c'te question !... — Mais j'étouffe dans ce corset... — Ah ben! nous étouffons ben autrement nous autres! mais ça ne fait rien. Pour être gentille il faut ben souffrir un peu. Attendez que je vous pince la taille... que je vous fasse des hanches... et puis du... Ah! dame! c'est qu'il en faut,... c'est par là qu'on distingue le sexe.

La jeune servante trouve toujours quelque chose à refaire à Urbain, et celui-ci, pour être bien déguisé, se prête à tout ce qu'elle veut, de la meilleure grâce du monde, en répétant à chaque instant :

— Que vous êtes bonne, mademoiselle! comment pourrai-je vous prouver ma reconnaissance !

Soit qu'Urbain eût trouvé enfin quelque moyen de prouver sa re- connaissance, ou que la servante eût encore été obligée de faire autre chose au jeune homme, la toilette dura plus de deux heures. Ce ne fut qu'au bout de ce temps que la grosse fille, rouge comme une cerise, abandonna Urbain en lui disant :

— V'là qu'est fini, vous n'avez plus l'air d'un homme du tout!... i'gn'a plus moyen de s'en douter. A c't'heure vous pouvez sortir... bais- sez les yeux... regardez de côté, trottez menu, balancez-vous un brin des hanches, pincez la bouche, retroussez-vous un peu haut, et vous ne serez pas au bout de la rue sans avoir fait une conquête. Adieu, monsieur, quand vous aurez besoin de moi n'me ménagez pas, s'il vous plaît.

La jeune servante est partie, et Urbain, après avoir étudié pendant quelque temps sa démarche, se décide à s'aventurer sous son nouveau costume dans les rues de Paris.

CHAPITRE XII.

Aventure nocturne.

Le bachelier, portant jupe et cornette, se sent assez mal à son aise dans les rues de Paris. Quoiqu'il fasse nuit et que les lanternes soient rares, dès qu'une personne passe près de lui, Urbain se croit reconnu et s'attend à être pris par les sergents qui pourraient lui demander le motif de son déguisement, et le rançonner s'il continuait de se prome- ner en femme dans la bonne ville, où ce n'est qu'en répandant l'ar- gent à pleines mains qu'il est permis de se faire passer pour ce qu'on n'est pas, et comme Urbain n'a pas un écu sur lui, parce que quand on se met en femme on ne pense pas à tout, le jeune amoureux sent qu'il faut éviter la justice; à la vérité il ne craint point les vo- leurs : c'était beaucoup alors; c'est encore quelque chose aujourd'hui.

Peu à peu cependant il commence à s'habituer à son costume, et certains propos qui lui ont déjà été adressés en passant lui prouvent qu'on se trompe entièrement sur son sexe. Urbain n'a garde de ré- pondre aux galanteries un peu cavalières qu'on lui adresse, il se con- tente de doubler le pas; sauf à crotter ses jupons, qu'il ne sait pas fort bien retrousser et qui le gênent beaucoup pour sauter les ruisseaux. Enfin, il est parvenu à la rue des Bourdonnais; mais alors seulement il réfléchit qu'il est bien tard pour chercher à s'introduire dans la mai- son du barbier. Il n'y a pas d'apparence que Marguerite sorte mainte- nant; son déguisement ne pourra donc lui servir que le lendemain.

Il était alors inutile de s'en affubler sitôt ; mais un amoureux fait-il de telles réflexions ? D'ailleurs, comme Urbain veut s'habituer à porter le costume féminin, il n'est pas fâché de s'être essayé d'abord la nuit.

Tout en faisant ces réflexions, il rôde devant la maison du barbier, lorgnant les fenêtres de Blanche et lui envoyant mille soupirs qu'elle n'entend pas parce qu'elle dort, et que probablement elle n'entendrait pas davantage si elle était éveillée.

Tout entier au plaisir de soupirer sous les croisées de sa belle, Urbain ne songe pas que, s'il est naturel de voir un jeune homme attendre ou soupirer la nuit dans une rue, une femme seule, aussi tard, donne lieu à maintes conjectures. Tout à coup le jeune amant est tiré de son extase par quelqu'un qui lui pince fortement le genou en lui disant d'une voix enrouée :

— Il paraîtrait, ma petite mère, que celui que t'attends est en retard ; si tu veux accepter mon bras, nous irons goûter du vin blanc du marchand là-bas... Je suis une pratique... Il y a des cabinets.

Urbain se retourne et aperçoit un grand gaillard vêtu en porteur de chaise. Fort peu satisfait de l'aventure, le jeune bachelier se met à courir, laissant là son galant ; mais, à deux cents pas plus loin, il est de nouveau arrêté par deux pages qui veulent l'embrasser ; il parvient à se dégager, et reprend sa course. Bientôt ce sont des étudiants qui l'accostent, puis des laquais, puis des militaires ; quelques-uns le poursuivent. Urbain, pour leur échapper, redouble d'agilité, et, pour mieux courir, se retrousse jusqu'aux genoux ; mais plus il se retrousse haut, plus ces messieurs mettent d'ardeur à le suivre.

— Morbleu ! se dit Urbain en courant, je ne me suis pas mis en femme pour me faire pincer par tous les pages et laquais de la ville. Les hommes ont le diable au corps !... Je m'aperçois maintenant qu'il est plus agréable de porter des hauts-de-chausses que des jupes... Mais demain je m'introduirai près de Blanche. Allons ! du courage... ils me laisseront tranquille peut-être.

Et Urbain sautait les ruisseaux, arpentait les rues, suant, étouffant dans son corset et sous la gorge factice dont la jeune servante lui avait garni la poitrine. Prenant au hasard les chemins qui se présentaient devant lui pour échapper à ses conquêtes, il ne savait plus lui-même dans quel quartier il se trouvait.

N'entendant plus personne derrière lui, Urbain s'arrête et reprend haleine ; il reconnaît le lieu où il est. Il a passé les ponts, et est arrivé dans le grand Pré-aux-Clercs, dans lequel on commençait à bâtir des maisons et à ouvrir des rues, ainsi qu'on l'avait fait dans le petit Pré-aux-Clercs qui, vers la fin du règne de Henri IV, se trouva entièrement couvert de maisons et de jardins.

— Bon ! voilà la nouvelle rue qu'on appelle de Verneuil, se dit Urbain ; voilà le Chemin-aux-Vaches où l'on bâtit la rue Saint-Dominique... Je me reconnais... Mais reposons-nous un moment... Je suis trop loin de chez moi pour me remettre en route sur-le-champ... Je n'en puis plus... respirons enfin. Ce quartier est désert... La nuit est avancée, il faut espérer que je ne ferai plus de conquêtes.

Urbain retrousse ses jupons et s'assied sur une pierre. Au bout d'une demi-heure, ne se sentant plus fatigué, il se lève et se dispose à regagner son logis ; il marche tranquillement, se félicitant de ne plus rencontrer personne. Mais tout à coup, en passant devant la rue de Bourbon, il aperçoit quatre hommes qui viennent d'en sortir, et qui, à sa vue, s'arrêtent brusquement en lui barrant le passage.

— Oh ! oh ! qu'est-ce que cela ?... Si tard !... le gibier est encore levé ?... — D'honneur, la rencontre est charmante !... c'est une petite fermière !... — Tant mieux ! j'aime beaucoup les paysannes, moi... — Diable ! marquis, une paysanne qui se promène au beau milieu de la nuit dans Paris !... voilà une innocence qui me paraît terriblement aventurée ! — Allons ! chevalier, tu as toujours de mauvaises pensées !... Je gage, moi, que la pauvre enfant n'est venue à la ville que pour vendre des œufs ! — Qu'elle y soit pour ce qu'elle voudra, elle ne s'en retournera pas sans que mes moustaches ne se soient imprimées sur sa jolie bouche !...

Urbain reconnaît au langage et aux manières de ces messieurs qu'il a affaire à des roués de la haute volée. Ne pouvant les fuir, car il est cerné des deux côtés, il tâche de s'en débarrasser en leur disant d'une voix de fausset :

— Messieurs !... de grâce, laissez-moi ; je ne suis pas ce que vous croyez !...

Mais ses prières ne sont pas écoutées ; on le presse, on l'entoure. Urbain, que ces manières impatientent, ne voit plus, pour être libre, d'autre moyen que de se faire connaître, et il s'écrie avec sa voix naturelle :

— Laissez-moi, messieurs ! je vous répète que vous vous adressez mal.

Ces mots, prononcés par le bachelier d'une façon qui ne laisse plus de doute sur son sexe, font sur les quatre jeunes seigneurs l'effet de la tête de Méduse : ils demeurent immobiles ; mais bientôt tous quatre partent d'un éclat de rire en s'écriant :

— C'est un homme !... Oh ! l'aventure est unique !...

— Oui, messieurs, c'est un homme, répond Urbain. J'espère maintenant que vous voudrez bien me laisser continuer mon chemin.

— Pour moi, je ne m'y oppose pas, dit un des inconnus. — Allons, Villebelle, reprend un autre, laisse donc aller ce garçon... tu vois

bien que ce n'est point une fille !... Je crois, Dieu me damne ! que le vin que nous avons bu ne lui permet point de s'apercevoir de la méprise. N'est-il pas vrai, chevalier ?

— Si fait, pardieu, messieurs ! répond le marquis de Villebelle ; car c'était lui-même, en effet, qui, ainsi qu'il l'avait dit au barbier, achevait gaiement sa nuit avec ses amis en cherchant des aventures piquantes dans les rues de la capitale. La tête échauffée par le vin et les liqueurs, le marquis, que dans de semblables réunions on voyait toujours le premier à donner l'exemple de la folie et de l'extravagance, avait été un des plus empressés près d'Urbain. Depuis que celui-ci s'était fait connaître, il continuait cependant à retenir le bachelier.

— Un instant, mon garçon ! dit-il en arrêtant Urbain. Nous savons que tu n'es pas une fille, c'est fort bien ; mais, de par tous les diables ! pour t'être affublé ainsi, il faut qu'il te soit arrivé de plaisantes aventures ; conte-nous-les : cela nous divertira, ensuite, tu seras libre.

— Oui, oui, répètent les autres, il faut qu'il nous dise pourquoi il s'est mis en femme... — Je régalerai demain le petit lever du cardinal de cette aventure. — Moi, je la conterai à Marion Delorme. — Moi, je veux que Bois-Robert la mette en vers pour la cour. — Colletet en fera une comédie. Allons, parle donc !

— Encore une fois, messieurs, laissez-moi passer mon chemin, reprend Urbain avec impatience. De quel droit m'interrogez-vous ? Je n'ai rien à vous dire, et je veux m'éloigner.

En disant ces mots, il essaie de nouveau de repousser le marquis ; mais celui-ci lui barre le chemin, et tire son épée en s'écriant :

— D'honneur ! le petit bonhomme fait le méchant... Ah ! c'est trop drôle ! Tu vas parler ou nous te ferons sauter par-dessus nos épées comme un barbet. — Insolent ! s'écrie Urbain avec fureur, si j'avais une arme, vous ne vous permettriez point de semblables discours, ou je vous en aurais déjà fait repentir !

— Vraiment ? Ah ! parbleu ! je veux voir comment tu te sers d'une épée !... allons ! chevalier, prête-lui la tienne... — Quoi ! Villebelle, tu veux ?... — Oui, sans doute, un duel avec une paysanne... ce sera plaisant ! Allons, messieurs, faites cercle...

En achevant ces mots, le marquis prend l'épée d'un de ses compagnons et la présente à Urbain.

— Tiens, lui dit-il, voilà de quoi te défendre. En garde, la fille-garçon ! et voyons si tu es aussi brave qu'entêté.

Urbain s'est emparé de l'épée avec ardeur, et sur-le-champ il attaque le marquis. Quoique gêné par ses jupons et son corset, il fond avec impétuosité sur son adversaire, qui, tout en parant, s'écrie à chaque instant :

— Bien !... très-bien, d'honneur !... Voyez donc, messieurs... et ce dégagement... et cette botte... Peste !... comme il y va !... il faut toute mon adresse pour...

Un coup d'épée, qui lui traverse une partie de l'avant-bras, coupe la parole au marquis, son fer lui échappe ; ses amis l'entourent et le soutiennent, Urbain lui-même veut lui porter secours.

— Ce n'est rien, ce n'est rien ! dit le marquis ; adieu, mon ami ! tu es un brave, je suis bien aise d'avoir fait ta connaissance, quoique je ne sache pas à qui j'ai eu affaire. Quant à toi, si quelque jour tu te trouvais dans l'embarras, si tu avais une mauvaise affaire à vider, ou besoin de quelque protecteur, viens à mon hôtel, demande le marquis de Villebelle, et tu me trouveras tout disposé à t'obliger.

En disant cela, le marquis prend la main d'Urbain, la lui serre avec cordialité, puis s'éloigne soutenu par les jeunes seigneurs, qui ont bandé sa blessure avec leurs mouchoirs, tandis que notre amoureux, encore tout étourdi de cette aventure, regagne lestement son logis.

CHAPITRE XIII.

Le Tête-à-Tête.

Cette nuit fertile en événements a fait place à l'aurore, et le sommeil n'a point approché des yeux de Julia : agitée, impatiente, vingt fois elle s'est levée de dessus le sofa pour courir écouter contre la porte, croyant entendre quelque bruit, et se flattant de voir paraître le marquis. Mais elle a entendu sonner toutes les heures de cette nuit, qui lui a semblé éternelle, et le séduisant Villebelle n'est pas venu.

Le front de la jeune Italienne s'est rembruni ; ses yeux, qui brillent toujours d'un vif éclat, n'expriment plus les mêmes sentiments, un feu sombre les anime ; le sein de Julia est oppressé, des soupirs lui échappent ; elle marche au hasard dans l'appartement dont l'élégance n'a plus de charmes pour elle, elle passe devant les glaces sans s'y regarder... Sa vanité est humiliée de l'indifférence du marquis, dont en effet la conduite était inexcusable. Quelle est la femme qui pardonnera un tel abandon ? Se laisser enlever de bonne grâce pour passer chez c la nuit entière dans la solitude !... L'amour excuse bien des choses, mais l'amour-propre n'excuse rien.

Dès que le jour fait pâlir l'éclat des bougies, Julia ouvre la porte du boudoir, puis, traversant plusieurs pièces, parvient dans le corridor.

— Ils ne craignent point que je m'évade, dit-elle en laissant échapper un sourire amer, ils n'ont pris aucune précaution pour me retenir; mais M. le marquis et son digne agent pensent que je suis déjà trop heureuse d'avoir été conduite dans cette maison !... Patience... un jour peut-être ils me connaîtront mieux.

Julia descend l'escalier. Quoique l'on fût au cœur de l'hiver, la matinée était belle, la jeune Italienne sort par le péristyle, et s'enfonce dans les jardins, dont elle parcourt les longues allées tout en se livrant à ses pensées.

Le jour a surpris Marcel et son hôte endormis près de la table où ils ont soupé. Marcel, éveillé le premier, rappelle ses idées, et ne conçoit pas que son maître ne soit point venu dans la nuit. Cependant la cloche de la porte répond dans la salle où ils ont dormi, et le marquis n'est pas homme à ne point se faire entendre.

Marcel pousse Chaudoreille, qui ouvre ses petits yeux, et regarde avec étonnement autour de lui en murmurant :

— Sandis !... je né suis point chez moi, rue Brismeiche... ni dans lé tripot dé la rue Vidé - Gousset... Où diable ai - je donc passé la nuit ?... Ma bourse... où est ma bourse ?... J'avais huit écus dedans !

Chaudoreille se tâte vivement et compte son argent, tandis que Marcel lui dit : — Réveille-toi donc tout à fait, et rappelle-toi où tu es... Me crois-tu capable de te voler ?...

— Ah ! bélître que jé suis !... Cé cher Marcel... Je mé souviens de tout, maintenant... Pardon, mon ami; mais dans lé prémier moment jé mé croyais à la taverne, où je couche quelquefois. Comment diable ! il est grand jour !... — Oui, et M. le marquis n'est pas venu dans la nuit; je n'y conçois rien !... — C'est en effet fort singulier... et la pauvre pétite... qué nous avons eu tant de peine à conduire ici... qué diantre aura-t-elle fait depuis hier ? — Elle aura dormi comme nous.

— Ah ! mon cher Marcel, on voit bien qué tu n'as pas étudié le sexe !... Dormir !... uné femme qui attend pour la première fois son vainqueur... elle aurait plutôt mangé la lune qué dé dormir. — Mais quand le vainqueur ne vient pas, il faut bien prendre son parti. — Jamais, jamais, té dis-je !... écoute cet exemple : j'avais uné fois donné rendez-vous à uné baronne sur lé bord de la Seine, près de la tour de Nesle; c'était aussi en hiver, et il faisait un froid horrible. Des événements imprévus, un duel, m'empêchent dé mé rendre auprès de ma belle... Jé suis blessé, et huit jours au lit. Lé neuvième, comme jé passais par hasard à l'endroit indiqué... qu'y vois-je encore ?... — Ta baronne ? — Justement ! mais, la pauvre femme !... elle était gélée dépuis quatre jours, et cela pour n'avoir pas voulu quitter le lieu du rendez-vous. — Notre dame avait un bon feu et tout ce qu'elle pouvait désirer; elle n'aura point gelé en attendant mon maître. — Dis donc, Marcel, si je montais lui dire des choses aimables pour la distraire un peu ? — Non pas, cela pourrait déplaire à M. le marquis. — Ah !... tu as raison... jé pourrais lui causer de l'ombrage !... — Ne ferais-tu pas mieux d'aller trouver la personne qui t'a laissé ici, pour lui apprendre que monseigneur n'est point venu ? — Non, mon cher Marcel, Touquet m'a dit d'attendre ici les ordres du marquis, et jé dois suivre ses instructions; qu'il né vienne pas dé quinze jours, cela m'est égal, jé né té quitte pas. Tu as uné bonné cave, des provisions dé toute espèce, jé mé trouve très-bien ici; seulement j'irai chercher des cartes pour la nuit prochaine, et jé t'apprendrai des coups dont tu né té doutes pas. — Soit, je vais préparer notre déjeuner, puis j'irai m'informer si cette dame désire quelque chose. — C'est céla; pendant cé temps jé vais parcourir lé jardin, et faire connaissance avec les Hercules.

Chaudoreille arrange son manteau, remonte à nouvelle fraise, qu'il a achetée de hasard, mais dont il est enchanté, parce qu'elle lui va jusqu'aux oreilles. Il relève son chapeau, tourne ses cheveux en anneaux, et se rend dans le jardin en sifflant :

Viens, Aurore,
Je t'implore;

chanson que le bon roi Henri avait mise à la mode. Il s'arrête d'un air fier devant chaque statue, et fait la grimace à celles qui lui ont fait peur la veille.

Au sortir d'une allée, il aperçoit Julia assise dans un bosquet que le feuillage n'ombrage point encore. La jeune fille est livrée à ses pensées, et ne l'a point entendu venir. Chaudoreille se consulte, incertain s'il l'abordera ou s'il passera son chemin; il s'arrête au premier parti, et s'approche d'elle en tenant sa main gauche sur sa hanche et jetant son corps en arrière, préparant déjà son sourire. Julia lève les yeux vivement; mais, en reconnaissant Chaudoreille, un sentiment d'humeur se peint dans ses traits, et elle lui dit brusquement :

— Que me voulez-vous?

Chaudoreille, interdit, s'est arrêté au milieu de son sourire, et ne trouve pas encore sa réponse.

— Qui vous envoie vers moi? reprend Julia, le marquis est-il ici?... ou son confident, le barbier Touquet?... — Non, bellé damé, jé suis pour lé moment seul avec vous et Marcel dans cette maison. J'ai passé la nuit à veiller pour votre sûreté... croyant toujours qué lé

marquis arriverait... — Quel est ce Marcel?... le valet qui nous a ouvert, sans doute? — Précisément. — Y a-t-il longtemps qu'il sert le marquis dans cette maison?... — Non, jé crois qu'il n'y a qué quatre ou cinq ans environ. — Et vous, y êtes - vous déjà venu? — C'était hier la première fois.

Julia se tait, et Chaudoreille reprend au bout d'un moment :

— Est-ce qué vous connaissez mon intime ami, lé barbier Touquet?... — Que vous importe? répond la jeune Italienne en lançant à Chaudoreille un regard de mépris. — Rien... assurément. Mais, commé vous l'avez nommé... C'est un bien digné garçon, certainement, et dont jé m'honore d'être l'ami. — Cela fait votre éloge, dit Julia en laissant échapper un sourire ironique.

— Oui, certes, reprend Chaudoreille, qui interprète à son avantage le sourire de Julia, nous avons vu lé feu ensemble... oh! pour cela jé lui rends justice!... il s'est toujours conduit avec honneur... — Toujours?... Et vous a-t-il quelquefois parlé dé ses parents?... de son père?... — Ma foi, non; jé né lé crois pas né dans uné des premières classes... dé cé côté jé suis infiniment au-dessus dé lui; les Chaudoreille sont d'une race très-pure et dont la tige remonte jusqu'à Noé. Sous Charles-le-Chauve, un dé mes aïeux sé fit tondre... — Que m'importe ce que firent vos aïeux! c'est de la famille du barbier que je vous parle. — C'est juste; mais mon ami Touquet m'en a peu parlé : jé crois qu'il est Lorrain, et il m'a dit avoir quitté son pays de très-bonne heure, et être venu fort jeune à Paris. Il est vrai qué là qué lé génie peut briller; aussi Touquet a fait fortune!... et moi, Dieu merci, jé suis...

Ici, les yeux de Chaudoreille se portèrent sur son pourpoint déchiré en plusieurs endroits, et il le couvrit de son manteau en reprenant :

— Jé serais fort riche, si jé n'étais pas ruiné pour les femmes. Julia, qui avait fait peu d'attention à cette dernière phrase, dit à demi-voix :

— Il doit être riche, s'il a aidé le marquis dans toutes ses folies.

— Il né sé marie pas, reprend Chaudoreille, et pourtant il pourrait maintenant trouver un bon parti... sa maison de la rue des Bourdonnais est uné jolie propriété... Peut-être est-ce à cause dé la pétite, qu'il né veut pas... peut-être veut-il lui-même l'épouser... jé n'en serais pas surpris... — Quelle petite? dit Julia avec curiosité. — Cette jeune fille qu'il a adoptée, et qui a maintenant seize ans. — Le barbier Touquet a adopté un enfant?... — Eh! sans doute!... comment, vous qui lé connaissez, vous ignoriez cela?... C'est pourtant uné des meilleures actions de sa vie!... — Touquet a fait une bonne action!... dit Julia en souriant avec ironie, je ne l'aurais pas deviné!... Et cette jeune fille est-elle jolie? — Pesté! elle est jolie, jé lé crois bien!... C'est un... Mais non, dit Chaudoreille en se reprenant, et comme frappé dé souvenir, elle n'est pas belle du tout; au contraire, elle est laide, on peut même dire qu'elle est désagréable!... — Tout à l'heure vous la disiez jolie, et maintenant vous la faites fort laide... vous ne semblez pas savoir ce que vous voulez dire, monsieur Chaudoreille! — Auprès de vous, bellé jouvencelle, on peut aisément perdre l'esprit; mais, par cette épée, jé vous jure...

La sonnette de la rue se faisant entendre, Chaudoreille s'arrête, présumant que c'est le marquis, et qu'il serait peut-être dangereux pour lui d'être surpris en tête-à-tête avec Julia, il se sauve par la première allée, et court rejoindre Marcel, tandis que la jeune Italienne écoute avec anxiété et que ses joues se colorent d'un plus vif incarnat.

Marcel ouvre, mais ce n'est point le marquis, c'est Touquet qui vient seul.

— Votre maître s'est battu en duel cette nuit, dit-il à Marcel, il est blessé, mais fort légèrement à ce qu'il paraît. Je vais parler à la jeune fille... Elle doit être en peine de savoir ce que tout cela signifie... Où est-elle maintenant?

— Dans lé jardin, dit Chaudoreille, mais jé t'assure qu'elle né paraît point s'ennuyer ici... Il est vrai qué j'ai causé avec elle, et... — Te l'avais-je permis?... Tu es bien hardi d'entretenir une femme sur laquelle le marquis a jeté les yeux !... — Oui, jé conviens qué jé suis très-hardi... mais jé croyais... Tu dis qué monseigneur s'est battu; sais-tu avec qui? — Imbécile!... sont-ce nos affaires? crois-tu que je le lui ai demandé? — C'est vrai, cé né sont point nos affaires... mais... — Tu n'as plus que faire ici, va-t-en... — Qué jé m'en aille?... — Oui, et sur-le-champ. — Tu m'as présenté à monseigneur?... c'est fort contrariant... mais, au moins... il mé semble qué si l'on n'a pas besoin dé moi... on dévrait mé solder... — Tiens, voici encore dix écus, c'est plus que jé né te vaux cent fois... — Fort bien... la rosette et le carreau cassé!... — Morbleu, drôle!... tu n'es pas content!... — Si fait, jé suis très-content!...

— Né murmurons point, se dit Chaudoreille, il pourrait sé rappeler les barbes qué jé lui dois.

— Pars, dit le barbier en lui montrant du doigt la porte du jardin. Le Gascon fourre à la hâte la somme qu'il vient de recevoir dans sa bourse, puis la serre avec soin dans sa ceinture en marmottant :

— Dix et huit, c'est dix-huit... Sandis! dé quoi fairé sauter lé tripot dé la rue Vidé-Gousset et la banque dé la rue Coupe-Gorge. Puis, il serre la main à Marcel, et, se gonflant dans son manteau, passe par la petite porte, qu'il ne trouve plus assez large pour lui depuis qu'il possède dix-huit écus.

Le barbier, empressé de s'acquitter de la commission dont le marquis l'a chargé, afin de retourner promptement chez lui, et d'y être à l'arrivée de ses pratiques, parcourt à grands pas le jardin, et ne tarde pas à rencontrer Julia, qui, en l'apercevant, voit encore s'évanouir son espérance.

— Madame, dit Touquet en saluant la jeune fille, la conduite de M. le marquis a dû vous sembler au moins fort extraordinaire; vous l'excuserez lorsque vous saurez que cette nuit même, il s'est battu dans le grand Pré-aux-Clercs, et a été blessé... — Il est blessé!... dit Julia avec émotion; et craindrait-on!... — Non, madame, c'est fort peu de chose, au bras seulement; M. le marquis m'a fait savoir cet événement ce matin, à un point du jour, en m'ordonnant de venir vous l'annoncer; il espère être bientôt rétabli, et sous quatre ou cinq jours venir s'excuser lui-même. Mais, si vous vous ennuyiez en ces lieux, vous êtes libre de retourner à votre magasin, j'irai vous prévenir quand... — Non, dit Julia en interrompant brusquement Touquet, je resterai ici, croyez-vous donc que ce soit pour y retourner que j'aie quitté ma demeure!... j'attendrai le marquis. — Vous en êtes la maîtresse, on a l'ordre de satisfaire à vos moindres désirs.

Le barbier salue Julia, et, après avoir transmis à Marcel les ordres du marquis, quitte la petite maison et retourne à la hâte chez lui.

Cinq jours se sont écoulés depuis que la jeune Italienne habite le voluptueux appartement dans lequel elle a trouvé un clavecin, un sistre, quelques livres, des crayons, des dessins et une grande-robe fournie de tout ce qui peut ajouter encore aux charmes de la beauté. Marcel, toujours obéissant et discret, satisfait à ce qu'elle désire, sans se permettre la plus petite question; et Julia ne lui adresse la parole que pour demander ce qui lui semble propre à la distraire, car le séjour le plus magnifique ne garantit pas de l'ennui.

La soirée du sixième jour est déjà avancée: Julia, qui s'est parée avec coquetterie, dans l'espérance que le marquis viendrait, voit encore s'évanouir son espoir, et s'est étendue sur le sofa, où ses rêveries ont fait place à un léger assoupissement, lorsque la porte de la pièce où elle est s'entr'ouvre doucement, et le marquis de Villebelle paraît à l'entrée de l'appartement.

— Elle est bien... très-bien, dit-il en considérant un moment Julia étendue nonchalamment sur le sofa; puis il fait quelques pas vers elle; le bruit réveille la jeune Italienne; et en ouvrant les yeux elle aperçoit le grand seigneur, dont un costume riche et élégant relève encore les grâces et la tournure, qui s'assied en souriant à ses côtés.

Julia fait un mouvement pour se lever.

— Restez, lui dit le marquis, vous êtes si bien ainsi!... Je me reproche d'avoir troublé votre sommeil.... — Monseigneur, je ne vous attendais plus, dit Julia en cherchant à se remettre du trouble que la vue du marquis lui cause, et depuis six jours... seule en ces lieux... — Oui, vous avez dû beaucoup vous ennuyer, je le conçois; mais, ma belle, mon envoyé a dû vous dire qu'il n'y avait point de ma faute... Mon bras n'est même pas encore guéri, et je n'ai pu résister plus longtemps au désir de voir cette aimable enfant, qui veut bien par amour pour moi vivre dans la solitude.

— Pour vous, seigneur! dit Julia en détournant ses yeux afin de ne point rencontrer ceux que le marquis fixait amoureusement sur elle; et qui vous fait croire que j'aie de l'amour pour vous, s'il vous plaît?... — Ah! d'honneur, voilà qui est divin!... est-ce donc un autre que vous attendiez ici, mon ange? — J'attends, monseigneur, que vous m'appreniez pour quel motif vous m'avez fait enlever et quitter ma demeure... — Délicieux! de par tous les diables, délicieux!... elle ne sait pas pourquoi on l'a conduite ici!... On ne vous l'a donc pas dit, petite rusée?... — C'est de vous seul que je veux l'entendre, seigneur. — C'est juste... l'amour se fait mal par ambassadeur, ce diable-là n'aime pas les pages ou les valets, il veut faire sa besogne lui-même... Allons, un baiser d'abord, j'ai à vous conter, nous entendrons mieux après...

Julia se débarrasse des bras du marquis, qui veulent l'enlacer, et s'éloigne de lui en s'écriant:

— De grâce, seigneur, cessez ces libertés, qui m'offensent.

— Qui l'offensent! dit le marquis en éclatant de rire, tandis qu'une vive rougeur colore les joues de Julia. Ah çà! mais que veut dire ceci?... et jouons-nous la comédie?... On veut me faire payer l'ennui de six jours d'attente; encore une fois, ma chère amie, ce n'était pas ma faute: un duel... au moment où j'y pensais le moins... Ah! il faut que je te raconte cela, c'est fort drôle: je revenais avec quatre de mes amis, nous étions un peu gris, nous cherchions dispute à tout le monde, nous cassions les vitres, nous battions le guet, nous arrachions les perruques aux bons bourgeois... Que veux-tu! il faut bien passer le temps et montrer à messieurs du parlement qu'on ne se regarde pas comme compris dans les arrêts qui défendent aux vagabonds, aux pages et laquais, de faire la nuit du bruit dans Paris. Enfin, nous rencontrons une fille, cette fille était un garçon; il ne veut pas nous apprendre pourquoi il s'est déguisé, ni la cause de nos plaisanteries; un des nôtres lui prête son épée, et nous nous battons... pour un adolescent, jernidié! comme il y allait!... c'était un diable. Bref, il m'a fait cette égratignure, dont je me sens encore, et qui m'empêche de bien me servir de mon bras; ainsi, ma belle, je t'en supplie, ne fais pas trop la cruelle, car je ne suis pas en état de soutenir un assaut.

Et le marquis, se rapprochant de Julia, veut de nouveau l'entourer

de ses bras; mais elle se dégage, et va s'asseoir plus loin, tandis que celui-ci, se laissant aller sur le sofa, la regarde s'éloigner en souriant, et s'étend sur le lit de repos en sifflant un air de chasse.

Le sein de la jeune fille se soulève plus fréquemment; elle détourne la tête et porte une de ses mains sur ses yeux.

— Qu'est-ce donc? dit le marquis au bout de quelques minutes. Est-ce que nous pleurons par hasard? Vraiment, ma petite, je ne vous conçois pas. On m'a dit que vous étiez venue ici de fort bonne grâce; d'après cela j'ai donc lieu d'être surpris de la sévérité que vous affectez maintenant. Allons... calmez-vous, je serai sage.... puisque vous le voulez.

En disant cela, Villebelle va s'asseoir près de Julia, et prend une de ses mains, qu'il presse dans les siennes; la jeune Italienne lève les yeux sur le marquis: il y avait dans les traits de celui-ci quelque chose de noble, de séduisant, qui lui faisait obtenir trop facilement le pardon de son audace; accoutumé à triompher, il était entreprenant par habitude, et non par fatuité, et la résistance de Julia l'étonnait sans le fâcher.

— Pourquoi pleurez-vous? lui dit-il. J'ai cru que vous m'aimiez, et vous me méprisez!... — Moi, vous mépriser?... non, belle fille... je vous aimerai... comme je puis aimer, et cela durera... tant que cela pourra; que voulez-vous de mieux? — Je veux de l'amour... un amour constant... sincère... — Ah! ah! un amour constant... ma bonne amie, vous êtes exigeante!... est-ce que nous pouvons promettre cela, nous autres? et de bonne foi, lorsque les plus grandes dames de la cour n'y sont point parvenues, une grisette... doit-elle espérer de fixer le marquis de Villebelle?...

— Eh bien! dit Julia en se levant avec fierté et marchant vers la porte, la grisette ne cédera point au caprice du grand seigneur.

— D'honneur!... elle s'en irait, je crois!... dit le marquis en courant retenir Julia, qu'il ramène doucement sur le sofa. Allons, point d'humeur... Est-ce donc pour nous fâcher que nous nous trouvons ici?... Le temps fuit avec rapidité!... il emporte à chaque minute quelques étincelles de feu créateur qui inspire l'amour et la volupté!... N'attendons pas que le foyer en soit éteint tout à fait pour boire dans la coupe du plaisir!... On vous aimera, on vous adorera, méchante!... mais pour prix de tant d'ardeur, que m'offrez-vous en retour?

— Un cœur qui saurait vous aimer autrement que vous ne l'avez été jusqu'à ce jour, qui mettrait son bonheur à ne battre que pour vous, qui n'aurait pas une pensée qui vous fût étrangère, pas un désir qui ne se rapportât à vous!...

En disant cela, les yeux de Julia s'étaient animés et elle les fixait sur le marquis, ne cherchant plus alors à cacher la passion qu'il lui avait inspirée.

— Des yeux magnifiques! dit Villebelle au bout d'un moment, mais un peu trop d'exaltation dans les sentiments,.. Vous êtes Italienne... cela se voit, le climat brûlant sous lequel vous êtes née ne vous permet pas de traiter l'amour comme nous autres Français... en riant, en plaisantant; c'est pourtant la bonne manière, les autres sont trop tristes.

— Dites que nous savons seules aimer véritablement... tandis que vous, seigneurs, vous donnez le nom d'amour à la plus simple fantaisie, à laquelle votre cœur est entièrement étranger.

— Tiens, ma chère amie, tous tes discours sur la métaphysique de l'amour me persuaderont moins qu'un seul de tes baisers... Eh quoi! encore de la résistance! profiter de ce que je suis blessé! cela n'est pas généreux!

— L'avez-vous toujours été, monseigneur! dit Julia en repoussant le marquis: et dans ces lieux mêmes n'avez-vous rien à vous reprocher?...

— Ah çà! ma petite, est-ce que tu veux me faire suivre un cours de morale?... dit Villebelle en riant. Il me semble que tu abuses un peu de ma patience!... D'honneur! tes yeux sont plutôt faits pour exprimer le plaisir que la sagesse... Des sermons dans ta bouche!... une petite grisette qui vient ici faire la Lucrèce!... Allons, ma belle, laissons là ces balivernes... Est-ce chez Tabarin ou chez Briochée que tu as appris ces sentences?

Julia se lève, ses yeux étincellent, ses joues se couvrent d'une rougeur éclatante, et elle s'écrie en jetant sur le marquis un regard foudroyant:

— Et vous, seigneur, où aviez-vous appris à assassiner un père pour lui enlever sa fille?...

Villebelle reste interdit pendant quelques minutes; ses regards s'attachent sur Julia, qui, effrayée elle-même du changement qui vient de s'opérer dans toute la personne du marquis, semble attendre avec crainte ce qu'il va lui dire.

Enfin le marquis se lève et murmure d'une voix qui n'est plus la même:

— Qui vous a fait penser que j'ai jamais commis un tel crime?... parlez... répondez, je vous l'ordonne.

— Seigneur, moi la jeune Italienne, j'ai entendu raconter l'enlèvement de la belle Estrelle.... fille du vieux Delmar.... mais le barbier Touquet était déjà alors votre agent... Je ne doute point que ce ne soit lui qui vous ait engagé à vous armer contre un vieillard qui défendait sa fille.

— Vous avez entendu parler d'une aventure oubliée depuis dix-sept ans et vous en avez à peine vingt!... Vous ne me dites pas tout... auriez-vous connu Estrelle, existerait-elle encore!... Ah! parlez... parlez! et comptez sur toute ma reconnaissance si vous me faites retrouver cette infortunée!...

— Vous l'aimiez donc bien? dit Julia en soupirant et en regardant tendrement le marquis. — Oui... oui, je l'aimais... je l'aimerais encore!... De grâce, existe-t-elle? répondez-moi. — Je n'en sais pas plus que vous, seigneur, je vous le jure. Je n'ai jamais rencontré de femme qui portât ce nom, et le hasard m'a fait connaître cette aventure. En vous voyant, en me voyant dans cette maison, où cette Estrelle fut conduite, le souvenir de ces événements s'est présenté à ma pensée; pardonnez-moi de vous les avoir rappelés.... vous étiez bien jeune alors; je sais aussi que le vieux Delmar ne succomba point à sa blessure.... Quant à sa fille, je vous le répète, je n'en ai pas appris plus que vous. Mais vous m'aviez outragée, seigneur, en m'assimilant à ces femmes que vos richesses vous soumettent chaque jour, tandis que votre amour est le seul bien que j'envie.... Je suis Italienne.... je me suis vengée!

Le marquis ne répond point, il se promène lentement dans l'appartement, et de temps à autre soupire en jetant les yeux autour de lui; mais il ne paraît plus s'apercevoir que Julia est là.

— Oui, c'est ici que j'ai passé un mois près d'elle, dit le marquis en considérant le boudoir, ce séjour n'était pas ce qu'il est aujourd'hui.... J'ai cherché à l'embellir, à le changer, afin d'éloigner son souvenir!... mais depuis je n'y ai point retrouvé ces moments enchanteurs que j'ai passés près d'Estrelle.

Un long silence succède à ces paroles; enfin le marquis prend son chapeau, son manteau, et fait un léger signe de tête à Julia en prononçant à demi-voix : — Je vous reverrai demain. Puis il sort précipitamment et quitte la petite maison dans une situation d'esprit bien différente que lorsqu'il y était entré.

CHAPITRE XIV.

Ursule et la Sorcière de Verberie.

Depuis son duel nocturne, Urbain a été plusieurs jours sans reprendre le costume féminin. Ne se soucie plus de faire des conquêtes et d'être exposé à des aventures qui pourraient ne pas se terminer toujours à son avantage, le jeune bachelier sent qu'avant de se déguiser il faut être certain que sa ruse le rapprochera de Blanche. Il recommence à épier Marguerite, rôdant sans cesse autour de la maison du barbier; il prend de nouvelles informations sur le caractère de la vieille servante, et se promet de tirer parti de sa crédulité. Son plan arrêté, un vieux commissionnaire, payé par lui, accoste Marguerite, et lui demande si elle aurait une place pour une jeune paysanne fort douce, fort sage, qui vient d'arriver à Paris et se trouve sans emploi. La vieille donne deux adresses, où elle dit que peut-être on prendra la jeune fille, et continue son chemin.

Le lendemain, en allant, suivant sa coutume, faire ses provisions, Marguerite est arrêtée par une villageoise, au maintien modeste, à l'air gauche, qui la salue et la remercie en baissant les yeux.

— De quoi me remerciez-vous, mon enfant? dit Marguerite, je ne vous connais pas. — De ce que vous êtes intéressée à moi hier pour me trouver une place. — Ah! c'est vous que l'on m'avait recommandée?... — Oui, mademoiselle... — Et vous a-t-on acceptée? — Non, mademoiselle... J'en suis fâchée, car vous paraissez bien douce... bien honnête. D'où êtes-vous, mon enfant? — De Verberie, mademoiselle. — Pourquoi êtes-vous venue à Paris? — J'avais perdu tous mes parents... je pensais trouver aisément à travailler dans une grande ville.... — Oui, mais les grandes villes sont des séjours bien dangereux pour les jeunes filles sages, comme vous paraissez l'être; on a dû vous dire cela, mon enfant?... — Oh! oui, mademoiselle!... mais je ne crains rien!... — Comment! vous vous croyez donc bien habile, bien forte, pour penser que vous échapperez aux pièges que l'on pourra vous tendre?... — Oh!... ce n'est pas cela, mademoiselle, mais c'est que.... je n'ose pas dire.... c'est un mystère, un secret!...

Les mots secret et mystère font sur la vieille femme le même effet que ceux amour et mariage sur une jeune fille, cela leur met tous les sens en mouvement. Les petits yeux de Marguerite se raniment, et elle s'écrie : — Quoi, mon enfant! vous avez un secret?... Je ne suis pas curieuse, mais vous m'intéressez; je voudrais pouvoir vous être utile, mais il faudrait m'apprendre ce qui vous concerne... Quel est ce mystère que vous n'osez pas dire?...

— Mademoiselle... je ne voulais le confier à personne à Paris, car on dit qu'il y a des filous qui pourraient me ravir mon trésor... — Vous possédez un trésor!... — Oh! oui, mademoiselle; mais avec lequel je puis mourir de faim... — Eh! qu'importe! mon enfant!

toutes les jeunes filles n'ont-elles pas aussi un trésor qui est sans prix: l'innocence, la vertu!... et celles qui le gardent le mieux ne sont pas toujours les plus riches!... Quand je vois en carrosses dorés ces courtisanes, ces femmes déhontées qui vivent dans le luxe et l'abondance, ah, cela me fait un mal!... Mais revenons à votre secret, mon enfant: refuserez-vous de me le confier, à moi? — Oh! non, mademoiselle, vous avez l'air si respectable, si bonne!... que je ne puis vous refuser.

Marguerite fait un léger sourire et donne une petite tape sur le bras de la villageoise, car la louange est une fleur dont à tout âge on aime le parfum. Parlez, parlez donc, dit-elle. — Mademoiselle, ce serait avec plaisir; mais c'est une histoire bien longue, et il faut que j'aille ce matin dans plusieurs maisons... Si vous vouliez me permettre de vous la conter ce soir chez vous... cela vaudrait mieux, car je n'oserais jamais dire tout cela dans la rue, on pourrait m'entendre et me prendre pour une sorcière, et l'on m'a fait si peur de la chambre ardente! Dieu sait cependant, mademoiselle, que je ne connais rien à la magie, et que j'ai aussi peur du diable que des hommes!...

— Oh! oh! dit Marguerite, dont la curiosité était de plus en plus excitée, ce mystère a donc en lui-même quelque chose d'extraordinaire?

— Oui, mademoiselle.

— Vraiment!... Voilà qui devient embarrassant... Vous recevoir à la maison, c'est difficile... Où demeurez-vous, mon enfant?

Urbain hésite un moment, puis répond enfin : — Contre la porte Saint-Antoine.

— Ah! mon Dieu!... c'est à une lieue d'ici... Je ne pourrai jamais y aller; c'est que mon maître est un homme fort sévère... Il ne veut pas que l'on reçoive personne...

Marguerite réfléchit quelques instants; enfin sa curiosité l'emporte. — Eh bien! dit-elle, venez ce soir sur les sept heures, il fera nuit; mais regardez-bien cette maison là-bas... cette allée...

— Oh! je la reconnaîtrai.

— N'allez pas frapper!... tenez-vous près de la porte, je vous ouvrirai et vous monterez chez moi. A cette heure-là mon maître n'a plus ordinairement besoin de mes services et ne quitte point la salle basse...

— Il suffit, mademoiselle, je serai exacte à sept heures.

— Comment vous nommez-vous?

— Ursule Ledoux.

— Surtout, Ursule, n'allez point jaser avec personne de tout ceci. Vous recevoir n'est point un crime, je le sais, mais mon maître un peu ridicule, il pourrait le trouver mauvais; d'ailleurs, mon enfant, en toute chose il faut de la discrétion!... Vous me conterez ce soir votre secret, Ursule?...

— Oui, mademoiselle.

— A sept heures... là-bas!...

— Oh! je n'y manquerai pas.

Urbain s'éloigne enchanté du succès de sa ruse et respirant à peine, tant l'espoir de voir Blanche et la gêne qu'il éprouve dans son corset compriment sa respiration; et Marguerite regagne sa demeure en se disant : — Cette jeune fille m'a l'air aussi doux qu'honnête, et il n'y a aucun mal à la recevoir un moment... cela distraira un peu ma pauvre petite Blanche, qui depuis quelques jours semble triste et paraît s'ennuyer plus qu'à l'ordinaire; et nous saurons ce secret qui... Ah! mon Dieu! que n'est-il bientôt sept heures du soir!

Marguerite se hâte d'aller trouver Blanche; depuis la nuit de la sérénade, l'aimable enfant était en effet plus rêveuse qu'auparavant; elle ne chantait que le refrain de sa romance chérie; et les villanelles, les virelais, les vieux tensons ne l'amusaient plus. Marguerite s'approche d'elle, et lui dit à demi-voix et d'un ton mystérieux:

— Ce soir nous aurons une visite!

— Une visite! dit Blanche, ah! M. Chaudoreille, sans doute!...

— Non pas! Une jeune paysanne bien gentille, bien honnête... que vous ne connaissez pas. Une pauvre enfant qui a un trésor... mais et qui cherche une place de cuisinière... qui veut rester sage... et est venue pour cela à Paris, qui a peur du diable... et qui ne craint rien...

— Mais, ma bonne, je ne vous comprends pas...

— Chut! taisez-vous! ce soir elle viendra, et nous contera son histoire... il est question d'un mystère fort curieux; mais du silence! il ne faut pas que M. Touquet se doute de cela, car il pourrait défendre à cette pauvre Ursule de venir causer avec nous, et j'en serais bien fâchée... pour vous, mon enfant que cela distraira un peu.

— Oh! sois tranquille, ma bonne, je ne dirai rien, s'écrie Blanche; et elle saute de joie dans la chambre, parce que l'annonce de cette visite est pour elle un événement extraordinaire, et que la moindre chose nouvelle est un grand plaisir pour les personnes qui passent leur vie privées de toute dissipation. C'est ainsi qu'un orage ou une averse va distraire et occuper un pauvre prisonnier; qu'une bouteille de vin sera un régal pour le rentier habitué à ne boire que de l'eau; que le son d'un orgue de Barbarie paraîtra délicieux à des paysans; qu'un billet de spectacle comblera les vœux de la pauvre ouvrière à dix sous par jour; qu'une petite robe d'indienne fera le bonheur d'une grisette honnête, et que le dimanche sera attendu avec impatience par ceux qui travaillent toute la semaine; tandis que, pour bien des gens, les spectacles, les banquets, la musique, les parures, n'ont plus le pouvoir de réjouir leur cœur. D'après cela, les pauvres seraient donc plus heureux que les riches?

Enfin sept heures viennent de sonner à Saint-Eustache; le barbier a depuis longtemps renvoyé Blanche et Marguerite pour s'enfermer dans sa chambre. La vieille servante descend doucement l'escalier, tâchant de faire le moins de bruit possible avec ses talons et cachant avec une de ses mains la lumière de sa lampe. Elle ouvre la porte de la rue et aperçoit la paysanne, qui était depuis un quart d'heure au rendez-vous.

— C'est bien, dit Marguerite, vous êtes exacte; mais, chut! ne parlez pas, ne faites point de bruit, laissez-vous conduire.

Urbain fait un léger signe de tête et entre dans l'allée, dont Marguerite referme doucement la porte. Alors notre amoureux est au comble de la joie, il lui semble respirer un air plus pur dans cette maison habitée par celle qu'il aime... il se croit dans le séjour des bienheureux, tout en montant un petit escalier tortueux; et les murs noirs et décrépits qui l'environnent ont plus de charmes à ses yeux que le marbre et les lambris du Louvre.

— Vous allez voir ma maîtresse, dit Marguerite, je l'ai prévenue... mais, ne craignez rien, elle est aussi aimable que bonne; vous pourrez parler sans danger devant elle, c'est la discrétion même... d'ailleurs, elle ne voit personne, et ne sort jamais. Mon maître craint pour elle les entreprises de ces mirliflores, de ces mauvais sujets qui ne cherchent qu'à enjôler les pauvres filles... Il est vrai que ma petite Blanche est si jolie!... elle tournerait la tête à tous nos seigneurs. Vous allez la voir et en juger vous-même; nous voici devant sa chambre : venez... allons, ne tremblez pas ainsi, quel enfantillage!

Urbain tremblait en effet, et le cœur lui battait si fort, qu'il fut obligé de s'appuyer un moment contre le mur.

Pendant ce temps, Marguerite ouvre la porte et dit à Blanche :
— La voilà...

Blanche se lève pour aller au-devant de la jeune fille que lui amène sa bonne, et à laquelle elle adresse le plus aimable sourire. Urbain a levé les yeux, il a vu Blanche, et son émotion redouble; il n'avait pu, au travers des vitres de la croisée, apercevoir qu'imparfaitement ses traits, et l'objet charmant qui est devant lui est cent fois au-dessus de l'image que ses souvenirs et son imagination se créaient. Il reste interdit, immobile, n'osant faire un pas, doutant encore de son bonheur, et regardant avec délices l'aimable fille, qui lui sourit et lui prend la main en lui disant :
— Entrez donc... venez vous asseoir... vous chauffer... Eh bien! est-ce que je vous fais peur?...

— C'est ce que je lui disais, reprend Marguerite, mais elle est d'une timidité!... au reste, cela fait son éloge; puisse-t-elle, à Paris, conserver toujours cette modestie!

La douce main de Blanche a pris celle du jeune bachelier, qu'elle conduit près de la cheminée. En sentant les jolis doigts s'imprimer sur les siens, Urbain respire à peine, et murmure d'une voix faible :
— Ah! mademoiselle, que vous êtes bonne!...

— Ah!... une si bonne jolie voix, s'écrie Blanche aussitôt; ne trouves-tu pas, Marguerite?... une voix... qu'il me semble avoir déjà entendue... C'est singulier... je ne puis me rappeler...

— Vous vous trompez, mon enfant, dit Marguerite, moi je trouve qu'Ursule a la voix un peu voilée... Mais songeons que nous n'avons pas beaucoup de temps à la garder ici... il doit nous raconter certaine chose...

— Un moment, dit Blanche; laisse-la donc se reposer... elle a l'air fatiguée... Avez-vous besoin de quelque chose? — Je vous remercie, dit Urbain en levant les yeux sur l'aimable enfant, et les rabaissant aussitôt, car il craint qu'elle ne lise dans les siens tout l'amour dont il est embrasé, et il semble bien que le moment serait fort mal choisi pour se faire connaître; d'ailleurs, il est heureux près de Blanche, qu'il veut prolonger son bonheur, et, grâce à son déguisement, il peut voir l'aimable fille, jouir de ses grâces, de sa gentillesse, connaître son caractère bien mieux s'il se montrait à elle sous sa véritable forme. Devant un amant, une fille franche est toujours timide, embarrassée, réservée; tandis qu'auprès d'une personne de son sexe, elle se livre sans contrainte aux impressions qu'elle éprouve.

— Vous cherchez une autre place? dit Blanche en s'asseyant près d'Urbain. — Oui, mademoiselle. — Y a-t-il longtemps que vous êtes à Paris? — Quinze jours, mademoiselle. — Et vos parents?... — Je n'en ai plus, mademoiselle, je suis orpheline... — Pauvre fille!... c'est comme moi, je suis orpheline aussi; et si M. Touquet n'avait pas pris soin de moi, il m'aurait fallu chercher de l'ouvrage pour vivre .. — Vous, mademoiselle!... dit Urbain avec feu; mais il se contient, et achève à demi-voix :
— C'eût été bien malheureux!

— Ma chère Blanche, dit Marguerite, ce n'est point pour lui conter votre histoire, mais pour qu'elle nous apprenne un secret qui la regarde, qu'elle est venue... Allons, Ursule, parlez, mon enfant!

Urbain soupire, il aimerait mieux écouter Blanche que de parler pour Marguerite; mais il faut satisfaire la vieille, elle a besoin d'elle, et c'est en excitant sans cesse sa curiosité qu'il espère voir souvent Blanche. Il commence donc son récit, en déguisant toujours sa voix, et pendant qu'il parle l'aimable enfant les yeux fixés sur lui, favour

qu'il doit à son costume, mais qui souvent lui fait perdre le fil de son discours.

— Vous avez sans doute entendu parler de *Jeanne Harviliers*, si fameuse il y a un siècle par ses maléfices et ses sortiléges? — Non... jamais, dit Marguerite en rapprochant sa chaise et allongeant le cou parce que le mot sortilége a déjà produit son effet électrique sur la vieille servante. Contez-nous l'histoire de cette sorcière, mon enfant, et tâchez de ne pas omettre un seul fait.

— C'est à Verberie, dans l'année 1528, que Jeanne Harviliers est née. Sa mère, qui était, dit-on, une méchante femme, voua sa fille au diable dès qu'elle vint au monde.

Comme Jeanne avait douze ans, le diable se présenta à elle sous la forme d'un homme noir, armé et botté...

— Ma bonne, dit Blanche, le diable peut donc prendre la forme qui lui plaît? — Oui, sans doute!... Je vous l'ai dit cent fois, il se change comme il veut... — Tu m'as toujours dit, ma bonne, qu'il se montrait en chat noir... — En chat ou en homme, qu'importe!... — Je n'avais peur que des chats, à présent j'aurai peur des hommes aussi!... — Allons! mademoiselle, si vous interrompez comme cela cette jeune fille, nous ne saurons jamais son histoire. Continuez, mon enfant.

Urbain donne un petit coup d'œil à Blanche, et reprend sa narration.

— L'homme noir dit à Jeanne que, si elle voulait se donner à lui, il lui apprendrait mille secrets pour faire du bien ou du mal aux gens, selon sa volonté. Jeanne Harviliers céda aux propositions du diable, prononça les formules qu'il lui dicta, et devint bientôt une fameuse magicienne se rendant au sabbat à cheval sur une *escouvette*.

Jeanne fit l'essai de son art près du village; mais, accusée de sorcellerie, elle fut pendant quelque temps obligée de se cacher. Elle avait un voisin qui l'avait dénoncée; Jeanne demanda au diable un sort pour se venger du voisin. Le diable lui donna une poudre, et dit qu'en la plaçant dans un chemin où son ennemi devait passer, cela lui donnerait une maladie dont il mourrait. Jeanne fit ce que le diable lui avait dit, et plaça le sort; mais une autre personne passa la première dans le chemin, et fut celle qui fut victime du sort. Jeanne désolée alla trouver le malade, lui avoua qu'elle avait causé son malheur, et promit de le guérir; mais elle n'en put venir à bout, car elle fut alors arrêtée et emprisonnée. On la questionna; elle s'avoua sorcière, et fut condamnée à être brûlée vive... Ce qui fut exécuté le dernier jour d'avril de l'année 1578.

Comment! elle était sorcière et elle s'est laissé brûler? dit Blanche avec étonnement. — Oui, mademoiselle. — Ah! que c'est drôle! Et à quoi donc cela sert-il d'être sorcier, alors? — Blanche, vous êtes trop jeune pour raisonner de cela, dit Marguerite. — Et le diable, l'a-t-on brûlé aussi? — Non, mademoiselle, on ne l'a pas pu. — C'est dommage, car nous n'en aurions plus peur!... — Est-ce que le diable peut être brûlé?... — Le diable existera toujours, mon enfant. — Vous m'avez pourtant dit, ma bonne, que saint Michel s'était battu avec lui, et qu'il l'avait vaincu. — Oui, sans doute, il l'a vaincu... mais c'est comme s'il n'avait rien fait... Allons, Ursule, continuez; car je ne vois pas encore dans tout cela ce qui a rapport à vous, puisque cette Jeanne a été brûlée il y a déjà près de soixante ans...

— M'y voici, mademoiselle, dit Urbain en rappelant ses idées, que les beaux yeux de Blanche tournent mes toute autre chose que la sorcellerie. Du temps de *Jeanne Harviliers*, comme on le parlait à Verberie et aux environs des *sabbats* qui se tenaient au Pont-la-Reine, sur le grand chemin de Compiègne et au bois d'Ajeux; comme il n'était bruit que des *chevaucheurs d'escouvettes*, des *sabbatiers* et des *donneurs de sorts*, alors, les bons habitants du pays, voulant se mettre en garde contre toute cette engeance du diable, allèrent à la *chapelle de Charlemagne*, c'est ainsi que l'on nommait encore l'église de Saint-Pierre, et demandèrent aux bons religieux quelque chose qui pût les garantir des maléfices et des sorts...

— Fort bien pensé, vraiment! dit Marguerite; ils ne pouvaient agir plus sagement. Et que leur donna-t-on, mon enfant?

— Les bons pères donnèrent une robe qui avait été portée par un vertueux ermite, qui, durant sa vie, avait toujours fait fuir les démons d'une lieue. Un tout petit morceau de cette robe suffisait pour mettre à l'abri de tout danger celui qui le portait. Vous jugez avec quel empressement chacun en voulut avoir un morceau!

— Oh! je le crois bien!... Si j'avais été là, que n'aurais-je pas donné, moi, pour en obtenir!... — Eh! mais, ma bonne, dit Blanche, c'est comme mon... — Chut! laissez finir Ursule, mon enfant. — Enfin, mademoiselle, une de mes aïeules, qui existait alors, eut le bonheur d'avoir un morceau de la robe du pieux ermite. Elle le laissa ensuite à sa fille, qui le laissa à ma mère, de laquelle je le tiens, et voilà comme ce talisman est venu jusqu'à moi, et c'est ce qui fait que je ne crains rien à Paris, où je ne me hasarde seule la nuit dans les rues...

— Oh! que c'est singulier! s'écrie Blanche, c'est comme moi; j'ai un talisman aussi qui me préserve de tout danger, et cependant on ne veut pas seulement que je le mette la tête à la fenêtre!... C'est que mon protecteur, le barbier, ne croit pas aux talismans!...

— Il a grand tort, vraiment! dit Urbain. — Oui, certes, dit Marguerite. — Mais, ma chère enfant, auriez-vous le vôtre sur vous maintenant? — Oui, mademoiselle. Oh! je le porte sans cesse... —

Voyons-le... voyons cette précieuse relique. Rien que de la toucher, cela doit faire du bien !

Urbain fouille dans une poche de son tablier, en tire un petit papier plié avec soin ; il l'ouvre et en sort un échantillon de son haut-de-chausses, qu'il présente à la vieille servante en se pinçant les lèvres pour conserver son sérieux. Marguerite, qui a mis ses lunettes, prend le petit morceau de drap avec respect, et le baise par trois fois en s'écriant :

— C'est cela ! oh ! comme c'est bien cela !... Cela répand autour de soi une odeur de sainteté !...

Le jeu de la mouche.

— Tu trouves, ma bonne ! dit Blanche, qui regarde le petit échantillon de drap avec surprise ; moi, je ne me serais jamais doutée que ce petit chiffon eût quelque pouvoir... — Chiffon !... Ah ! ma chère Blanche, parlez plus respectueusement de cette relique !... — Oh ! mon talisman est bien plus joli, à moi !... c'est une petite peau de vélin... Tenez... il est là...

En disant ces mots, Blanche indique son sein, et, entr'ouvrant son fichu, fait signe à Urbain de regarder dans son corset. Celui-ci ne se fait pas prier ; son œil plonge avec délices sous le corset de l'aimable innocente, qui a la bonté de le tenir entr'ouvert pour qu'il puisse mieux voir. Deux jolis boutons de rose sont renfermés là ; et Urbain, en apercevant ce trésor, que nul œil profane n'a encore admiré, en découvrant mille beautés que l'imagination ne peut rendre, s'écrie involontairement :

— Ah ! que de charmes !...

— N'est-ce pas, dit Blanche en souriant, que c'est plus joli que ce morceau de drap ?...

Urbain n'a pas la force de répondre, il est immobile, les yeux encore fixés sur l'endroit où l'aimable enfant cache son talisman ; tandis que Marguerite, toujours en contemplation devant le morceau du haut-de-chausses, le baise de nouveau en répétant :

— Celui-ci a fait ses preuves !... et il est encore plus précieux !...

Blanche a rapproché son fichu, et Urbain, encore tout ému par ce qu'il vient de voir, laisse échapper un gros soupir.

— Qu'avez-vous, lui dit la jeune fille en regardant avec intérêt celui qu'elle croit une simple villageoise, vous paraissez chagrine ? — Hélas ! mademoiselle, je songe que je suis seule et sans ressource dans cette ville.... que je n'ai ni parents... ni amis !... — Pauvre fille !... Eh bien, nous serons amies, nous. Oui, je sens que je vous aime déjà, Ursule !... — Se pourrait-il, mademoiselle ?... Ah ! s'il était vrai !... — Comment ! s'il était vrai ?... Oh ! je ne mens jamais ! ce que j'éprouve, je le dis tout de suite... N'est-ce pas tout naturel ?... Et vous,

croyez-vous que vous m'aimerez aussi ? — Si je vous aimerai !... dit Urbain avec chaleur ; puis, se rappelant que Marguerite est là, il reprend avec moins de feu, mais avec un accent qui part de l'âme : — Oh ! oui, mademoiselle !... et toute ma vie !...

— Ah ! que c'est gentil d'avoir une amie de son âge ! dit Blanche en prenant la main du bachelier ; au moins j'aurai quelqu'un avec qui je pourrai rire et causer. Marguerite aime bien à causer, mais elle ne rit jamais ; et puis elle ne parle que de magie !... de diable !... Nous parlerons d'autre chose nous deux, n'est-ce pas, Ursule ?

— Oui, mademoiselle.

— Ah ! je sais bien peu de chose, moi !... Toujours seule dans cette chambre, ne sortant jamais !... quoique j'en aie bien envie ! Mon protecteur ne vient pas causer avec moi ; je ne reçois la visite que d'un seul homme...

— D'un homme ? dit Urbain avec inquiétude.

— Oui, mon maître de musique... Autrefois il me faisait rire, maintenant il m'ennuie ; car il me chante toujours la même chose.

Urbain respire plus librement, et reprend :

— Vous êtes musicienne, mademoiselle ?

— Un peu, dit Blanche.

— Et vous, Ursule, chantez-vous ?...

— Quelquefois...

— Tant mieux ! vous m'apprendrez les chansons de votre pays, et moi celles que je sais...

— Vous me permettrez donc de revenir vous voir, mademoiselle ?

— Mais certainement, tous les soirs si vous pouvez. Songez donc que je m'ennuie toute seule, au lieu que je m'amuserai avec vous. N'est-ce pas, Marguerite, qu'elle pourra venir nous voir les soirs, et que cela ne peut fâcher M. Touquet ?...

Un vieux commissionnaire payé par Urbain accoste la vieille Marguerite.

Marguerite, pendant cette conversation, était toujours en méditation et en extase devant le talisman d'Ursule ; elle aurait donné tout au monde pour le posséder dans son nouveau logement, où elle avait beaucoup de peine à s'endormir. Mais le nom de son maître la tire de ses réflexions, et elle s'écrie :

— Que dites-vous de M. Touquet !... qu'il sache que nous recevons cette jeune fille sans sa permission ?... oh ! non pas !...

— Mais, ma bonne, c'est pour cela qu'il faut la lui demander.

— Ah ! mademoiselle, dit Urbain, il la refuserait, et je serais privée du plaisir de vous voir.

— En ce cas, ne lui disons rien ; mais s'il vous prenait à son service ?...

— Monsieur ne veut personne de plus dans la maison, dit Marguerite ; qu'est-ce qu'Ursule ferait ici ?

— C'est dommage !... car enfin il faut qu'Ursule trouve une place pour vivre ; voyez donc comme c'est désagréable ! avoir un talisman qui vous préserve de tout danger et qui vous laisserait mourir de faim !... c'est absolument comme le mien !

— Oh ! j'ai encore le temps d'attendre, dit Urbain, j'ai quelque chose devant moi... et je dépense si peu !...

— Vos aïeules, dit Marguerite, ont-elles eu l'occasion d'éprouver la vertu de ce talisman ?...

— Oui, mademoiselle, dans maintes circonstances ! et surtout ma mère, à qui il arriva une aventure...

— Une aventure ?... dit la vieille en rapprochant sa chaise de la cheminée. Dans ce moment la cloche de l'église sonna neuf heures. O ciel ! neuf heures, dit Marguerite, il est bien tard, il faut vous en aller, mon enfant ; si mon maître s'apercevait que nous ne sommes pas couchées, il pourrait vouloir en savoir la cause ; allons, il faut partir...

— Et cette aventure qu'elle allait nous raconter ? dit Blanche.

— Ce sera pour demain, si vous le permettez ? dit Urbain.

— Oh ! oui, demain, n'est ce pas, ma bonne ?...

— Soit, dit Marguerite, qui est aussi curieuse de l'entendre, mais toujours la même prudence. Ursule, que personne ne sache...

— Oh ! je vous réponds de mon silence, mademoiselle.

— C'est bien ; tenez, voilà votre talisman... prenez bien garde de le perdre... Ah ! Dieu !... que je serais heureuse d'en avoir un semblable !

Urbain reçoit le petit morceau de drap en faisant la révérence, et le met dans sa poche tandis que Marguerite prend la lampe pour le conduire.

— Vous vous en allez seule, dit Blanche, et bien loin peut-être ?

— A la porte Saint-Antoine. — O ciel !... et vous n'avez pas peur si tard dans les rues ?...

— N'a-t-elle pas son talisman ! dit Marguerite.

— Ah ! c'est vrai ; je n'y pensais plus... Adieu, Ursule ; à demain, n'est-ce pas ?

— Oui, mademoiselle.

L'aimable enfant tend sa main à Urbain, qui est prêt à la porter à ses lèvres ; mais, se souvenant qu'il est femme, il est forcé de se contenter de la presser tendrement, et suit Marguerite après avoir jeté sur Blanche un doux regard. La vieille le reconduit avec les mêmes précautions qu'elle a prises pour l'introduire, et referme bien doucement la porte de la rue en lui disant aussi : — A demain... et ayez toujours soin d'avoir sur vous votre talisman.

Touquet a reconnu le jeune bachelier, et, tirant son poignard, il s'élance sur lui.

CHAPITRE XV.

L'Amour et l'Innocence. — La Pluie et le Talisman.

Urbain est rentré chez lui dans une ivresse difficile à décrire : la vue de Blanche, le doux son de sa voix, ses grâces, sa candeur, sa piquante naïveté, ont encore augmenté son amour ; ce qu'il a vu est bien au-dessus de ce qu'il espérait ; et quand il songe que le lendemain il la reverra, qu'il pourra l'entendre et lui parler encore, que sa douce main s'appuiera sans crainte sur la sienne, il a peine à se contenir ; le souvenir de ce qu'il a entrevu sous le charmant corset doit être aussi pour beaucoup dans ses transports d'ivresse.

Quel dommage de ne pouvoir avouer à l'aimable enfant ce qu'il est et tout ce qu'elle lui inspire ! Urbain sent bien qu'il ne faut pas brusquer l'aventure, et qu'il doit chercher d'abord à gagner toute la confiance de Blanche ; sous son costume cela lui sera facile : elle lui a déjà dit qu'elle l'aimait ; il est vrai que l'aveu de ce sentiment s'adressait à Ursule, mais dans le fait c'est Urbain qui le lui a inspiré.

Dans la journée, le bachelier reprend ses habits d'homme ; et, dès que la nuit revient, il les quitte pour revêtir le costume féminin, sous lequel il commence à acquérir plus d'aisance et de maintien ; d'ailleurs la voisine est toujours prête quand il s'agit de déguiser l'adolescent ; elle est pour lui d'une grande complaisance, et ne ménage pas ses leçons. Urbain en profite, parce qu'un jeune homme s'entend mieux à chiffonner un fichu qu'à l'attacher, et qu'un adolescent, amoureux comme un fou, a parfois de grandes distractions, pendant lesquelles les secours de la jeune servante lui sont fort nécessaires.

Urbain a été exact au rendez-vous, et Marguerite l'a introduit avec le même cérémonial que la veille. Blanche lui fait le plus aimable accueil ; elle va au-devant de lui, et, comme à lui, lui fait une modeste révérence, la naïve enfant lui donne un doux baiser sur chaque joue. Pour le coup, Urbain n'y est plus ; il se sent brûler, et, sans la voix de Marguerite, qui le rappelle à lui-même, il presserait Blanche contre son cœur, et lui rendrait au centuple ce qu'il vient d'en recevoir. Mais la vieille, toujours pressée d'entendre conter les aventures extraordinaires qui ont rapport au talisman, dit en poussant Urbain du côté de la cheminée :

— Allons, mes enfants, ne perdons pas le temps en vaines cérémonies ; vous savez comme il passe vite quand on raconte des choses intéressantes. Asseyons-nous, et Ursule va nous dire l'aventure arrivée à sa mère.

Urbain, encore tout ému du baiser de Blanche, commence une histoire qu'il a composée le matin, et qui enchante Marguerite, parce qu'elle prouve la puissance merveilleuse du talisman. Le récit achevé, la vieille demande à contempler la relique ; elle est persuadée qu'après l'avoir touchée le soir elle court moins de dangers la nuit dans sa chambre. Blanche cause alors avec Urbain, et lui chante à demi-voix une des chansons qu'elle sait. La naïve enfant ne connaît la prétendue Ursule que depuis la veille, et déjà elle la regarde comme sa sœur, la nomme son amie, et lui conte tout ce qui la concerne ; car Blanche, élevée loin du monde, n'y a point appris à cacher ses sentiments, à feindre ce qu'elle n'éprouve pas : son cœur est pur et ses paroles ne sont que l'expression de ce qu'il lui inspire.

Blanche ne manque point de chanter à Urbain son refrain favori, et celui-ci tressaille de plaisir en voyant que, malgré les précautions du barbier, ses accents se sont gravés dans la mémoire de Blanche, qui lui dit :

— La première fois que je vous ai entendue parler, il m'a semblé entendre encore la voix qui a chanté la nuit sous ma fenêtre... Ah ! elle était bien jolie, cette voix-là... la vôtre, Ursule, lui ressemble un peu. Quel dommage que vous ne sachiez pas la romance que l'on chantait !...

— Je la sais, dit Urbain, du moins... je crois la savoir ; car je l'ai entendu souvent chanter, et cela m'a permis de la retenir...

— Ah ! quel bonheur ! chantez-la-moi, Ursule, je vous en prie !...

— Mais si M. Touquet ?...

— Oh ! il est dans sa chambre ! d'ailleurs vous chanterez tout bas... Tenez... justement, Marguerite dort... ça fait qu'elle ne vous grondera pas...

En effet : à force de contempler le petit morceau du haut-de-chausses, la vieille servante s'était endormie dessus ; Urbain est presque seul avec celle qu'il adore, son cœur va palpite de joie, de longs soupirs

s'échappent de sa poitrine, et il est obligé de détourner les yeux pour ne pas rencontrer les regards charmants de Blanche.

— Eh bien! lui dit l'aimable enfant en faisant une petite moue qui la rend encore plus séduisante, est-ce que vous ne voulez pas chanter?... ah! ce serait bien méchant!... ça me fera tant de plaisir d'entendre cette romance!... ça me l'apprendra à mon tour. Je vous en prie, Ursule; vous voyez bien que Marguerite dort... allons ne me refusez pas!

— Moi, vous refuser quelque chose!... Je vais chanter, mademoiselle. — Oh! vous êtes bien gentille, je vous embrasserai de bon cœur.

Urbain n'avait pas besoin d'être excité par une si douce récompense, mais cependant il veut sur-le-champ la mériter. Il chante, et Blanche l'écoute avec ravissement; le jeune homme, cédant à l'impulsion de son cœur, donne à sa voix encore plus d'expression et de sentiment; à coup sûr, ce n'est plus alors la voix d'une femme, et toute autre que la naïve Blanche s'apercevrait de ce changement; mais celle-ci, tout entière au plaisir qu'elle ressent, est bien loin de soupçonner la vérité, et, le cou tendu vers Urbain, immobile, les yeux fixés sur lui, elle semble craindre de perdre un mot, tout en s'écriant de temps en temps:

— Ah! mon Dieu!... c'est cela!... c'est là même chose... ça me fait le même effet que l'autre nuit!... Ah! Ursule! chantez toujours!...

Cependant les chants ont cessé, car Urbain n'a pas oublié la récompense promise. Pendant quelques minutes, Blanche immobile semble écouter encore; enfin elle sort de son extase en disant:

— C'est singulier, comme cette romance me fait un drôle d'effet. — Est-ce désagréable? — Oh! non!... si cela était, je ne voudrais pas l'entendre toujours... et cependant on dirait que cela m'attriste... ça me fait soupirer... C'est égal, Ursule, vous me l'apprendrez, n'est-ce pas? — Oui, mademoiselle; mais vous m'avez promis... — De vous embrasser... Oh! bien volontiers!

Blanche ne se fait pas prier, elle imprime ses lèvres vermeilles sur les joues brûlantes d'Urbain; cette fois celui-ci se dispose à lui rendre son baiser, et déjà il tient la jeune fille dans ses bras, lorsque Marguerite, en éternuant, manque de tomber dans le feu, et s'éveille en sursaut en s'écriant:

— Bonne chère patronne, sauvez-moi! je vois l'homme noir et la sorcière de Verberie.

— Où donc cela, ma bonne? dit Blanche en s'éloignant d'Urbain, qui est désolé de n'avoir pas chanté plus vite. — Oh? dit Marguerite en se frottant les yeux. Comment! où? Qu'est-ce que j'ai dit? — Tu as dit que tu voyais la sorcière... — Ah! c'est que j'y pensais apparemment. Allons, Ursule, il est temps de partir, mon enfant... — C'est dommage... j'allais vous raconter une aventure arrivée à ma tante, et qui est bien plus merveilleuse que les autres. — Eh bien! ce sera pour demain, dit Blanche; n'est-ce pas, ma bonne, tu le veux bien? Tu vois que mon bon ami ne se doute de rien, et d'ailleurs s'il voyait Ursule et se fâchait, eh bien! je prendrais toute la faute sur moi, et je l'apaiserais. — Allons... à demain, soit, et vous raconterez l'aventure de votre tante. — Oui, mademoiselle Marguerite. Ah! voulez-vous bien avoir la bonté de me rendre mon talisman?...

— Oui, mon enfant, c'est juste. Ah! mon Dieu! qu'en ai-je donc fait?... Est-ce que Satan me l'aurait escamoté?... je le tenais tout à l'heure.

— Tenez, ma bonne, le voilà, dit Blanche en indiquant la cheminée à Marguerite; vous l'aviez laissé tomber dans les cendres. — C'est ma foi vrai, répond la vieille en ramassant le petit morceau de drap. — Ah! mon Dieu! il est un peu roussi...

— Oh! c'est égal, mademoiselle, dit Urbain, ça ne peut pas lui avoir ôté de sa vertu. — Non certes, mon enfant, et, s'il avait été brûlé, ses cendres auraient encore été ma propriété.

Urbain reprend son talisman, fait ses adieux à Blanche en répétant avec elle:

— A demain, et quitte la maison du barbier.

Plusieurs jours se sont écoulés, et chaque soir le jeune bachelier a eu le bonheur de voir Blanche; inventant sans cesse de nouvelles histoires pour piquer la curiosité de Marguerite, il a su habituer la vieille à lui ouvrir à sept heures la porte de l'allée. La présence de la fausse Ursule est devenue un besoin pour Blanche et pour Marguerite; cette dernière éprouve un grand plaisir à entendre conter des aventures de magicien, et la jeune fille à se faire apprendre sa romance chérie. Mais Marguerite ne s'endort pas toujours, et, même lorsqu'elle veille, Blanche veut qu'Urbain chante: celui-ci lui obéit; mais alors, pour ne donner aucun soupçon à la vieille, il a soin de bien déguiser sa voix, et Blanche s'écrie avec humeur:

— Ah! ce n'est pas bien, vous ne chantez pas aujourd'hui si gentiment qu'à l'ordinaire... ça ne me fait pas le même plaisir.

Pendant qu'Urbain s'enivre du bonheur de voir Blanche et puise dans ses yeux les plus doux sentiment, que la jeune fille se livre sans contrainte au plaisir que lui offre la société d'Ursule, et lui fait confidence de ses moindres pensées; qu'enfin la vieille Marguerite a la tête remplie de récits effrayants, de faits miraculeux arrivés à la sorcière de Verberie, et se met à l'abri des pièges du démon en frottant tous les soirs entre ses doigts le petit morceau du haut-de-chausses du jeune bachelier, que se passait-il dans la petite maison de la vallée de Fécamp? La brûlante Julia l'habite-t-elle encore? et le marquis de Villebelle s'est-il donné la peine de feindre un peu d'amour pour soumettre la jeune Italienne?

Le barbier, ayant reçu le prix de ses services, s'inquiétait peu de ce qui se passait à la petite maison; Chaudoreille, qui ne le quittait pas aux tripots tant qu'il avait quelque argent dans son gousset, avait été un mois sans paraître chez le barbier, mais au bout de ce temps il arriva chez son ami vers le milieu de la journée.

Le Gascon avait la figure plus allongée que de coutume; sa fraise, toute chiffonnée, avait été déchirée en plusieurs endroits, et les plumes de son chapeau étaient remplacées par la rosette aurore qui auparavant décorait la poignée de Rolande.

La mine piteuse de Chaudoreille fait sourire le barbier.

— D'où viens-tu, lui dit-il, et qu'as-tu fait, depuis que je ne t'ai aperçu?

— J'ai éprouvé bien des malheurs!... dit Chaudoreille en poussant un gros soupir et tirant de sa ceinture la vieille bourse de soie, qu'il secoue sans lui faire rendre un son... Tu le vois, mon ami, nous sommes réduit à zéro!... — Comment! tu n'as plus rien de la somme que je t'ai donnée? — Pas un denier, mon cher!... j'ai été volé d'une manière indigne! — C'est-à-dire que tu as joué? — Oui, j'ai joué, c'est vrai, mais avec des voleurs! ils m'ont triché d'une façon infâme!... Si du moins ils y avaient mis des formes aimables!... On sait bien qu'entre gens habiles, il y a mille petites gentillesses pour se rendre la fortune favorable!... mais dépouiller un ami, un confrère!... c'est une horreur!... Je ne jouerai plus dé ma vie... Dis donc, veux-tu que j'aille à la petite maison voir mon ami Marcel? — Je te le défends, au contraire; sans ordre du marquis personne ne doit se permettre d'y aller. — C'est fâcheux, et comment a fini l'aventure? — Que t'importe? — Mais je n'ai pas revu le marquis!... Mais que me fait, à moi, cette intrigue du moment que je n'y suis plus employé!... D'ailleurs, elle aura fini comme toutes les autres!... c'est un caprice qui durera quelques jours... et une autre lui succédera... — C'est juste; mais la petite m'a paru avoir du caractère... elle m'a dit des choses singulières... elle m'a demandé entre autres si je connaissais tes parents...

— Mais parents!... dit le barbier avec une émotion visible; c'est singulier. — Oui, fort singulier; je lui ai dit que tu étais Lorrain, voilà tout ce que je sais de toi...

— Mes parents! répète Touquet en se promenant à grands pas dans la chambre. Il y a tout à parier que je n'en ai plus: mon pauvre père est mort sans doute... Ah! je fus dans ma jeunesse un assez mauvais sujet!... De bonne heure le besoin de satisfaire mes passions, le goût du jeu, la soif de l'or me firent commettre mille excès... — Oui, des espiègleries de jeunesse; je connais cela... moi à six ans je fus fouetté pour avoir volé un gigot dans une lèche-frite... à dix, pour avoir, par distraction, pris la bourse de mon grand'mère pour aller jouer aux pétits palets; à douze, j'enlevai un lapin de la broche, et je mis à la place de ma vieille tante; mais, dans mon ardeur à cacher mon larcin, j'oubliai de dépouiller le malheureux chat, qui fut rôti avec sa peau; heureusement que mon père avait la vue basse, il crut que c'était un vrai petit marcassin; à quinze ans... — Et que m'importe ce que tu as fait? s'écrie le barbier avec impatience; cette jeune femme ne t'a pas dit autre chose sur moi?... — Non, mais si tu veux que j'aille la faire jaser adroitement... — Imbécile! oublies-tu qu'elle est la maîtresse du marquis?... Quand son règne sera passé, je la verrai... et je saurai.

Le barbier n'en dit pas davantage, il ne répond plus à Chaudoreille; et celui-ci, après avoir répété inutilement plusieurs fois qu'il est à jeun depuis la veille, s'apercevant que Touquet n'y fait pas attention, sort avec humeur de la boutique en murmurant entre ses dents:

— Les gens qui deviennent riches sont toujours ladres et crasseux!... c'est un défaut que je n'aurai jamais!...

Quelques heures après cette conversation, le barbier, en se rendant chez ses pratiques, rencontre près du Louvre le brillant Villebelle, qui, enfortillé dans son manteau, semble être encore en bonne fortune.

— J'ai triomphé, mon cher, dit-il en entraînant Touquet sous un portique où l'on ne peut les entendre, Julia s'est rendue! mais vraiment cette conquête a été beaucoup plus difficile que je ne l'aurais pensé. Cette jeune fille est passionnée... romanesque!... elle veut être aimée... je le lui ai fait croire... Au fait, son caractère bizarre, sa fierté unie à sa tendresse... la singularité de sa conduite, de ses discours, m'ont presque enchaîné... elle m'a parlé d'Estrelle... je ne sais comment elle a su cette aventure.

— Cette jeune fille sais donc tout! se dit en lui-même le barbier. — Au reste, reprend le marquis, elle m'a l'air de ne pas t'aimer beaucoup, mon pauvre Touquet; tu es mal dans ses papiers, elle dit que tu es un maître fripon... — Quoi! monseigneur? — Elle refusait mes présents... ne voulait que mon amour... c'est vraiment superbe, malgré cela je l'ai mise chez elle... Je ne me souciais pas qu'elle restât à la petite maison, cela m'aurait gêné... Je crois, d'honneur, que je l'aime un peu... mais je viens d'apercevoir deux fort jolies femmes entrer dans le magasin de bijoux là-bas... Je vais m'y rendre pour les voir de plus près.

En disant ces mots, le marquis s'éloigne lestement; et le barbier rentre chez lui en pensant à Julia, et fâché de n'avoir pas su du marquis où il a logé la jeune Italienne.

Chaudoreille est sorti de chez Touquet de fort mauvaise humeur : un estomac creux porte l'esprit à la mélancolie ; le chevalier gascon, tout en faisant des réflexions philosophiques sur l'égoïsme des hommes, les caprices de la fortune et la manière dont on pourrait gagner au piquet en glissant les as au talon, est arrivé dans la foire Saint-Germain. Outre les divers spectacles rassemblés en ce lieu pour y attirer les badauds, les étrangers et les jeunes gentilshommes qui venaient prendre à Paris le ton et les manières de la cour, on y jouait à différents jeux de cartes, et aux dés, aux quilles et *torniquets*.

Chaudoreille se promène entre les groupes formés autour des jeux, il regarde d'un œil avide les pâtisseries étalées devant les boutiques, et s'arrête près des cabarets, tâchant de respirer au moins l'odeur de la cuisine. Mais de telles jouissances sont bien faibles pour calmer un estomac à jeun.

— Sandis! se dit tout à coup Chaudoreille en renfonçant son chapeau sur ses yeux et remontant sa fraise contre son menton, il ne sera pas dit que je ne dînerai point! un homme de génie a toujours des ressources, et son esprit doit lui fournir ce que sa bourse lui refuse.

Aussitôt le chevalier marche d'un pas déterminé, et, perçant la foule, se dirige vers un endroit où de jeunes provinciaux jouaient aux quilles en buvant du vin blanc. Chaudoreille les examine du coin de l'œil ; puis, saisissant le moment, traverse le jeu de manière à recevoir dans les jambes la boule qu'un des joueurs vient de lancer.

— Gare! gare! crie le jeune homme qui a jeté la boule; mais Chaudoreille feint de ne pas entendre, et ne s'arrête que lorsqu'il est atteint. Il fait une grimace épouvantable en recevant le coup, et tombe en murmurant :

— Cadédis! voilà un dîner qui me coûte cher !

Les deux joueurs volent auprès de lui et le relèvent en lui adressant des excuses, quoiqu'ils ne fussent point dans leur tort; mais Chaudoreille est si pâle, il paraît tellement souffrir, et fait de si piteuses contorsions, que les deux jeunes gens en sont émus; ils lui offrent d'abord un verre de vin pour se remettre ; le blessé accepte, il en boit trois de suite ; il ne peut encore marcher; on lui propose d'entrer chez le marchand de vin, qui donne à manger; il ne se fait pas prier; les deux provinciaux jouaient le dîner, ils engagent Chaudoreille à être de la partie. Notre homme s'installe à table avec eux, boit et mange comme quatre, leur donne des leçons de quilles et, s'apercevant qu'il a affaire à des novices d'humeur douce et peu querelleuse, se lève après le dessert en leur demandant une pistole pour dédommagement du coup de boule qu'ils lui ont donné.

Les deux jeunes gens se regardent avec surprise, s'apercevant qu'ils ont été dupes et ont fait société avec un monsieur fort peu délicat; mais Chaudoreille se tient debout, la main gauche sur sa hanche, de la droite caressant la poignée de son épée et roulant les yeux comme un damné, en passant le bout de sa langue sur ses moustaches. Les pauvres provinciaux, ne se souciant pas d'avoir une affaire avec un homme qui paraît décidé à tout pourfendre si on ne le satisfait point, se hâtent de présenter à leur aimable convive la somme qu'il demande. Celui-ci la reçoit en faisant un gracieux sourire; puis, du ton d'un homme qui est enchanté de lui, les salue en leur disant : — Au revoir, mes jeunes amis; tâchez de vous souvenir des coups que je vous ai enseignés.

En achevant ces mots, le chevalier s'éloigne lestement, ne songeant plus au coup qu'il a reçu. L'estomac plein, une pistole dans sa ceinture, Chaudoreille est fort content de sa journée; le vin blanc dont il a bu outre mesure le met en train de tenter les aventures, il se sent surtout très-porté vers la tendresse. Mais si c'est l'usage de Bacchus de rendre entreprenant, l'odeur du vin et les discours d'un homme gris ne sont pas des auxiliaires favorables en amour. Il est nuit depuis longtemps lorsque Chaudoreille revient de la foire Saint-Germain en lorgnant toutes les femmes qu'il rencontre et murmurant entre ses dents : — Il faut, sandis, que je fasse une conquête ce soir... Je commence à me lasser de ma portière, qui a quarante-cinq ans et une jambe plus courte que l'autre; il est vrai qu'elle m'accable de procédés... Elle blanchit mon linge, et certaines reprises à ma fraise; mais une petite infidélité en passant... ma Vénus n'en saura rien.

Chaudoreille est arrivé dans la rue Montmartre, lorsqu'il voit passer près de lui une femme habillée en villageoise. Elle est seule ; le chevalier la lorgne et rebrousse chemin pour la suivre. La tournure de la dame a quelque chose de décidé qui plaît à Chaudoreille, mais elle marche à grands pas et il faut qu'il coure pour la suivre. Arrivé à côté d'elle, le galant veut entamer l'entretien par les jolis propos d'usage chez ces messieurs qui font l'amour dans les rues et cherchent des conquêtes à la lueur des lanternes. On ne répond rien à Chaudoreille, mais on double le pas. Notre homme ne se rebute pas, il continue de trotter en faisant l'aimable, met ses pieds dans le ruisseau qu'il ne voit pas et éclabousse sa belle en lui disant des douceurs.

Cependant la personne qu'il suit a gagné la rue Saint-Honoré, à peu de distance de celle des Bourdonnais; Chaudoreille, ne recevant toujours point de réponse et ne voulant point en être pour ses compli-

ments, se décide à tenter les grands moyens; il se rapproche de la villageoise, et, glissant sa main le long de ses jupons, pince avec adresse tout ce qui se trouve à sa portée; pour prix de cette action il reçoit aussitôt un soufflet si bien appliqué que cela l'envoie sur une borne à quatre pas de là.

Urbain se rendait, suivant sa coutume, chez Blanche, lorsqu'en route il avait fait la conquête de Chaudoreille; après s'en être débarrassé d'une façon si héroïque, le jeune bachelier court jusqu'à la maison du barbier, entre dans l'allée que vient de lui ouvrir, et arrive près de Blanche encore tout ému de l'aventure.

— Qu'avez-vous donc, ma chère Ursule? lui dit Blanche, vous semblez agitée... — Oui... en effet, répond Urbain, tout à l'heure dans la rue... deux hommes se battaient, cela m'a effrayée!... — Pauvre enfant! dit Marguerite, mais n'aviez-vous pas votre talisman ? — Oh! oui, mademoiselle!... malgré cela j'ai eu peur... — Je le crois bien, dit Blanche, voir des hommes se battre! Oh! cela doit faire mal!... Allons, remettez-vous, ma chère amie...

Les douces paroles de Blanche ont bientôt fait oublier à Urbain son aventure. Suivant sa promesse, il faut qu'il conte une histoire singulière arrivée à un de ses cousins; il en a promis le récit la veille et Marguerite a hâte de l'entendre, la vieille servante a besoin de distraction : elle a fait la nuit un rêve affreux, et le matin, en s'éveillant, elle a aperçu une chauve-souris contre sa chambre, tout cela est fort inquiétant, et depuis le matin Marguerite n'est pas tranquille.

Urbain commence son récit; il est interrompu quelquefois par le bruit de la pluie qui tombe par torrents et que le vent fait frapper avec violence contre les carreaux.

— Quel temps horrible! dit Blanche. — Oui, dit Marguerite en se rapprochant du feu à chaque coup de vent, cette nuit sera difficile à passer... Je ne sais... mais il me semble qu'il doit m'arriver quelque chose d'extraordinaire; cette chauve-souris que j'ai aperçue... et dans mon rêve, tous ces gens qui couraient au sabbat à cheval sur des manches à balai... oh! cela annonce bien des choses!... — Certainement, dit Urbain. Et la vieille, pour se rassurer, serre fortement le talisman dans ses mains.

L'histoire d'Urbain a duré fort longtemps; et Marguerite n'a rien dit, parce qu'elle n'est pas pressée de monter se coucher. Blanche, qui ne voit jamais partir Ursule qu'avec peine, n'a garde de faire observer qu'il est tard, et ce n'est pas le jeune bachelier qui songera le premier à s'éloigner.

Cependant la cloche sonne et on compte onze heures. — O ciel! onze heures! s'écrie Blanche. — Ah, mon Dieu! dit Marguerite en frémissant, dans une heure il sera minuit!... — Mais, ma bonne, Ursule ne peut pas s'en aller si tard, et par le temps qu'il fait... tenez, entendez-vous la pluie? elle tombe par torrents... aller à la porte Saint-Antoine par ce temps-là... c'est impossible. — Il est certain, dit Urbain, que les chemins sont bien mauvais... il n'y a pas de lanternes, et souvent on met ses pieds dans des trous qu'on n'aperçoit point. — Pauvre Ursule!... son talisman ne l'empêcherait pas d'être trempée, n'est-ce pas ? — Il est vrai qu'il ne garantit pas de la pluie!... répond Urbain en soupirant.

— Comment donc faire? dit Marguerite. — C'est bien aisé, ma bonne, s'écrie Blanche, Ursule couchera avec moi; et demain, dès le point du jour, elle s'en ira sans faire de bruit... voulez-vous, Ursule ?

Urbain est quelques minutes sans pouvoir répondre, car ces mots de Blanche : Elle couchera avec moi, ont tellement bouleversé tout son être, qu'il ne sait plus où il en est. Enfin il balbutie d'une voix altérée : — Si vous le voulez bien, mademoiselle... moi... je le veux bien aussi...

— Mais certainement que je le veux... n'est-ce pas, ma bonne, que nous ne pouvons pas la laisser aller par le temps qu'il fait? Répondez donc ?...

Marguerite, qui ne voit pas de mal à ce que la villageoise couche avec Blanche, y trouve d'ailleurs un grand avantage, c'est qu'elle espère garder toute la nuit la précieuse relique; et, comme son esprit est frappé de l'idée qu'il doit lui arriver quelque malheur, la possession du petit morceau de drap lui semble pour cette nuit un bienfait de la Providence.

— Il est vrai, dit-elle enfin, que le temps est affreux... et si Ursule n'oublie pas de s'en aller avant le jour... — Oh! oui, ma bonne, si elle dort, je te promets de la réveiller, moi! — Eh bien! alors... qu'elle reste, je le veux bien.

— Ah! quel plaisir! s'écrie Blanche, nous coucherons ensemble, Ursule... Oh! comme c'est amusant!... Moi, d'abord, je n'ai jamais couché avec personne! Ce sera la première fois, comme on peut causer, rire! — Non pas, non pas, dit Marguerite, il faudra dormir au contraire, sans quoi vous feriez du bruit, et monsieur pourrait l'entendre... — Eh bien! nous dormirons, ma bonne, répond l'aimable enfant, et elle ajoute en se penchant vers l'oreille d'Urbain : Nous causerons tout bas.

— Allons, en ce cas, je me retire, dit la vieille servante en hésitant à rendre ce qu'elle tenait dans sa main. Ma chère Ursule, dit-elle enfin, vous n'avez rien à redouter ici ; si vous vouliez me permettre de garder votre talisman, pour cette nuit seulement? c'est que je couche dans une chambre qui n'est pas sûre!... et cette chauve-souris me trotte dans la tête!...

— Oh! gardez-le, mademoiselle Marguerite, dit Urbain, et tant que cela vous fera plaisir. — Oui, oui, garde-le, ma bonne, dit Blanche; d'ailleurs nous avons le mien, ce sera assez pour nous deux, n'est-ce pas, Ursule? — Mais... je crois que oui, mademoiselle...

Marguerite, enchantée de posséder toute la nuit une sauvegarde, allume la lampe, et se dirige vers la porte en disant : — Bonsoir, mes enfans... bonne nuit... Ah! Dieu, quel coup de vent!... Ursule, demain il faut être debout avant le jour!... — Oui, mademoiselle. — Couchez-vous vite, et éteignez votre lumière, afin qu'on ne se doute de rien...

— Sois tranquille, ma bonne, dit Blanche, ce sera bientôt fait.

Marguerite prend la lampe et sort de la chambre. Blanche referme la porte sur elle. — Enfermez-vous bien, dit la vieille. — Oui, ma bonne, répond la jeune fille, et elle pousse le verrou.

CHAPITRE XVI.

En sortira-t-elle?

Lorsqu'on aime avec ardeur et qu'on voit approcher le moment où l'on sera seul avec l'objet de son amour, on éprouve un trouble, une agitation dont on n'est pas maître; il semble que l'on craigne de ne pouvoir supporter son bonheur, ou que l'on redoute qu'une si douce espérance ne doive point se réaliser. C'est surtout quand on aime encore avec toute la candeur, la bonne foi de l'adolescence, que l'heure du premier rendez-vous nous rend aussi tremblants que celle qui sonnerait notre départ des lieux que nous chérissons. Pourquoi l'instant du bonheur nous fait-il soupirer et craindre? Pauvres mortels! il semble que nous soyons toujours étonnés d'être heureux! A la vérité, cet étonnement passe avec l'âge et l'expérience; alors ces rendez-vous charmants ne nous causent plus la même émotion, nous ne les regardons que comme des distractions, et nous rions de ce trouble, de cet embarras qui accompagnaient nos premiers pas près des dames. Ingrats! nous nous moquons de ce qui fit notre bonheur! De ces douces sensations qui sont dissipées comme toutes les illusions du jeune âge, nous ressemblons alors au renard de la fable : — Ah! que nous étions gauche à dix-huit ans! disons-nous, que nous avions l'air emprunté dans le tête-à-tête!... tremblant comme la feuille en allant au rendez-vous; quelle différence maintenant!... nous y courons en chantant, nous allons vivement au but, nous sommes cent fois plus aimables!... Oui, mais nos cheveux commencent à grisonner, notre ventre à s'arrondir, et certaines lignes un peu prononcées se dessinent à chaque coin de nos yeux.

Si l'approche d'un bonheur longtemps désiré cause en amour un trouble inexprimable, quel doit donc être l'état de notre cœur lorsque c'est tout à coup, et sans l'avoir même espéré, que nous nous trouvons à même d'obtenir la faveur la plus grande! Telle est la situation d'Urbain : il aime Blanche avec ce délire, cette ivresse que l'on éprouve à dix-neuf ans pour sa première amie, et il se trouve, à onze heures du soir, seul avec l'objet de sa tendresse, dans une petite chambre éloignée de tout voisinage, et l'aimable enfant vient de mettre le verrou et se dispose à se déshabiller pour se coucher. Quel est l'amant qui dans ce moment pourrait conserver sa raison? Pauvre Blanche! je tremble pour toi!... A la vérité, tu as un talisman; mais je n'ai pas grande confiance en sa puissance, surtout si tu fais encore voir à Urbain l'endroit où il est placé.

Le jeune bachelier, tremblant, interdit, soupirant et ne disant mot, reste debout dans un coin de la chambre, tandis que Blanche prépare le lit, va, vient en sautant, en riant, et commence enfin à se déshabiller.

— O mon Dieu! se dit Urbain, qui frémit, rougit, soupire et ne risque un temps en temps pour regarder Blanche. O mon Dieu!... que faut-il faire!... N'est-ce pas le moment de me déclarer, de lui faire savoir qui je suis, d'implorer mon pardon en lui avouant mon amour?... Oh! c'est bien le moment... Cependant, si cet aveu allait l'effrayer, si ses cris attiraient du monde... ou si elle me chassait de sa chambre... ce serait bien dommage, lorsque je puis, en la trompant encore, partager son coucher, et... oh! non... ce serait mal... Mais... quelle est jolie!... Grand Dieu! que de charmes!... Ah! ne la regardons plus!...

Et le coquin la regardait toujours, en dessous à la vérité; mais plus il la contemplait, plus il sentait sa raison s'affaiblir; car à chaque instant Blanche ôtait quelque partie de son costume; déjà un petit jupon couvrait seul ses formes séduisantes, et l'étroit corset qui emprisonnait deux petits globes d'albâtre venait d'être déposé près du lit. Blanche s'arrête cependant... il était temps. Elle regarde Urbain, qui est toujours debout, immobile et muet.

— Eh bien! Ursule, pourquoi donc ne vous déshabillez-vous pas? dit la jeune fille en s'approchant du bachelier.

— C'est que... mademoiselle... je ne sais pas... je crains... — Comment! vous craignez?... Est-ce que vous avez peur avec moi, Ursule?... — Peur!... oh! oui, mademoiselle... je sens que j'ai bien peur!... — Tiens! la voilà comme Marguerite!... et moi, qui suis plus jeune, je suis la plus brave; il est vrai que ce vent souffle d'une force... mais il ne nous emportera pas ici. Comme elle tremble!... Comment, Ursule, vous vous en allez tous les soirs jusqu'à la porte Saint-Antoine, et vous tremblez avec moi dans ma chambre... — Ah! c'est bien différent!... — Est-ce parce que Marguerite a emporté votre talisman?... Mais nous avons encore le mien... Tenez, voyez-vous, quand j'ôte mon corset, je l'attache là... en dedans de ma chemise, car ma bonne dit qu'il faut surtout l'avoir pendant la nuit, et que c'est quand elles sont couchées que les sorciers viennent tourmenter les jeunes filles; est-ce vrai, Ursule?... A-t-on quelquefois essayé de vous tourmenter la nuit?... — Oui... non... mademoiselle.

Urbain ne sait plus ce qu'il dit, car ses yeux se portent malgré lui vers le perfide talisman, qui semble être là, comme le serpent sur l'arbre de la science du bien et du mal, pour le faire succomber à la tentation.

— Vous grelottez, Ursule; nous serons bien mieux dans le lit, nous aurons plus chaud. Voulez-vous que je vous aide à vous déshabiller? Comme vous soupirez!... Est-ce que vous avez du chagrin?... Vous allez me conter cela... C'est si agréable d'avoir une amie... de lui dire tout ce qu'on pense... Voyons... Otons d'abord ce bonnet qui cache toute la figure... Je suis sûre que le mien vous irait mieux... nous allons l'essayer... mais asseyez-vous donc, vous êtes si grande, Ursule, que je ne peux pas atteindre à votre tête...

Le jeune bachelier se laisse conduire sur une chaise; il s'assied, et l'aimable enfant, debout devant lui, commence à enlever les épingles qui retiennent son bonnet et ses grosses boucles brunes. Urbain laisse Blanche le décoiffer : il est décidé à se faire connaître, tôt ou tard, il faudrait bien qu'elle sût la vérité, il ne s'agit que de ne pas l'effrayer en la préparant doucement à la métamorphose.

La dernière épingle est ôtée, Blanche enlève le bonnet, et les boucles brunes du jeune homme s'échappent de tous côtés et retombent sur son front et sur son cou. La jeune fille pousse un cri et s'arrête. Urbain, craignant déjà qu'elle ne veuille le fuir, entoure légèrement sa taille de ses deux bras.

— Ah! que c'est drôle! dit enfin Blanche en regardant toujours Urbain avec étonnement; vos cheveux ne sont pas arrangés comme ceux de toutes les femmes que j'ai vues!... C'est donc la mode à Verberie de les porter ainsi? — Oui, mademoiselle. — Plus je vous regarde... savez-vous, Ursule, vous avez l'air d'un homme comme cela... — On me l'a déjà dit, mademoiselle. — Oh! mais c'est étonnant! vous êtes coiffée comme tous les hommes que je vois passer dans la rue. — Est-ce que je vous déplais ainsi? — Non... cependant... ça me fait un effet singulier... Si j'étais un homme, en seriez-vous fâchée? — Dame, je crois que oui, car vous ne pourriez plus être mon amie... Je ne pourrais plus vous aimer comme ma sœur... — Ah! Blanche... si j'étais un homme, je serais votre amant, l'amant le plus tendre, le plus fidèle. Je pourrais vous aimer d'amour!... et l'amour est bien plus vif qu'une amitié. Alors, si vous partagiez ma tendresse, existerait-il un mortel plus heureux que moi?... Chère Blanche, posséder votre cœur! est-il sur la terre un bien plus précieux?... Pour l'obtenir, je donnerais la moitié de ma vie!...

Tout en parlant, Urbain, que l'amour entraînait, ne cherchait plus à déguiser sa voix; ses bras entouraient toujours Blanche, et la jeune fille, tout émue, s'était laissé aller sur les genoux du bachelier et prononçant d'une voix faible :

— Ah, mon Dieu! Ursule!... ne dites donc pas de ces choses-là... ça me rend tout inquiète... Je ne sais pas ce que j'ai... je crois que j'ai envie de pleurer... A quoi bon dire des mensonges... parler d'amour, d'amant?... Ursule, on m'a dit que c'était vilain de parler de tout cela... Ah, mon Dieu!... depuis que vous n'avez plus votre bonnet, je n'ose plus vous regarder. — Blanche... chère Blanche!... — Eh bien!... la voilà encore qui fait l'homme... ça me fait peur! Ursule, refaites la femme, je vous en prie... — Non, Blanche, je ne veux pas vous tromper davantage... C'est un homme... c'est l'amant le plus tendre qui est auprès de vous...

Par un mouvement subit, Blanche s'est levée et sauvée à l'autre bout de la chambre; Urbain n'a pas cherché à la retenir, mais il est tombé à genoux, il tend les mains vers elle, et semble attendre son pardon, tandis que la jeune fille porte sur lui des yeux qui expriment plus de surprise que d'effroi.

— Quoi! vous êtes un homme! dit au bout d'un moment l'aimable enfant. — Oui, mademoiselle. — En êtes-vous bien sûr?... — Oh! oui... — Ah mon Dieu! n'approchez pas, je vous en prie... — Ah! ne tremblez pas, je suis à vos pieds, et le plus soumis des amants. — Des amants!... je ne sais pas ce que c'est qu'un amant... — C'est pour réussir à vous voir, à vous faire connaître tout l'amour que je ressens pour vous, que j'ai osé prendre ce déguisement; sans cela, comment aurais-je pu parvenir jusqu'à vous que l'on tient emprisonnée dans cette chambre?... — Ah! je n'en reviens pas... Je ne devrais pas vous écouter, peut-être... Quoi! vous avez de l'amour pour moi?... — C'est à travers ces carreaux que je vous ai aperçue pour la première fois ; des chanteurs venaient de s'établir sous cette croisée ; vous paraissiez les écouter avec plaisir ; la nuit je suis revenu, et j'ai chanté sous votre fenêtre cette romance que vous aimez tant.

— C'était vous ! s'écrie Blanche avec joie, et déjà, oubliant sa première frayeur, elle regarde Urbain avec plus d'assurance. Son cœur innocent et pur ne comprend pas tous les dangers de sa situation, une jeune fille plus expérimentée aurait crié et montré beaucoup de colère ; mais Blanche, dont l'âme est étrangère à toute dissimulation, témoigne déjà au jeune bachelier la même confiance, parce qu'elle n'a pas une pensée dont elle puisse rougir.

— Comment! c'était vous ! répète-t-elle encore ; ah! je m'étonne pas si je trouvais de la ressemblance dans votre voix... Mais ce n'est pas bien, monsieur, de nous avoir menti. Moi qui croyais que vous étiez Ursule... qui vous aimais comme une bonne amie... Est-ce que je puis encore vous aimer à présent?... — Et qui peut vous en empêcher, si je ne vous déplais pas?... — Oh! non, vous ne me déplaisez pas... je crois même que vous me comprend pas tous les mieux sans bonnet... Mais ce n'est pas permis d'aimer un homme ! — Pourquoi? lorsque cet homme veut devenir votre époux... — Marguerite dit que tous les hommes sont des trompeurs... Et puis... Ah! ciel, le diable prend aussi cette forme, puisqu'il s'est présenté ainsi à la sorcière de Verberie... Ah! mon Dieu! si vous étiez le diable!... — Ah! Blanche!... quelle pensée!... — Mais non... vous avez l'air doux... vous n'êtes pas tout noir... et vous n'avez pas de griffes?... — Je me nomme Urbain Dorgeville ; mes parents étaient honnêtes et considérés ; je suis orphelin, j'ai peu de fortune ; mais quand on s'aime bien, en faut-il tant pour être heureux? Chère Blanche me pardonnez-vous? — Il m'appelle sa chère Blanche !... Ah !... que c'est drôle !... Et si je ne vous pardonnais pas, qu'en arriverait-il ? — Vous me réduiriez au désespoir, il ne me resterait plus qu'à mourir !

— Oh! je ne veux pas que vous mouriez, s'écrie l'aimable enfant, et je vous pardonne, car je serais bien fâchée de vous faire du chagrin.

— Se peut-il !... dit Urbain en se levant avec vivacité et courant près de Blanche. La jeune fille fait encore un mouvement d'effroi ; puis, se remettant, elle sourit et fait signe à Urbain de s'asseoir auprès d'elle. L'heureux bachelier place sa chaise tout contre celle de Blanche, et s'empare doucement d'une de ses mains, que la naïve enfant ne retire pas.

— Vous me pardonnerez donc de vous aimer? lui dit-il en la regardant tendrement. — Dame! il le faut bien, puisque cela vous ferait mourir si je ne vous le défendais... — Et vous m'aimerez aussi?... — Ah !... je ne sais... J'aimais bien Ursule cependant... mais vous, ce ne peut pas être la même chose, n'est-ce pas? — Ah! ce sera bien plus doux encore! — Vous croyez?... — J'en suis sûr, par ce que j'éprouve en ce moment. — Vous êtes donc heureux maintenant? — Oui, bien heureux!... car vous n'avez plus peur de moi, n'est-ce pas? — Non, je n'ai plus peur... mais pourquoi me serrez-vous la main comme cela?... — Je voudrais la presser toujours... la tenir sans cesse sur mon cœur... — C'est donc encore une preuve d'amour?... — Oui, Blanche ; mais si cela vous déplait, je vais abandonner cette main chérie. — Oh! cela ne me déplait pas ; mais la vôtre est brûlante... elle réchauffe la mienne, et pourtant vous tremblez ; est-ce encore l'amour qui rend comme cela? — Oui... il me brûle, il me consume... — Ah! ça doit faire du mal d'aimer ainsi !...

Le jeune bachelier, pour soulager sans doute le mal qui le dévore, a porté à ses lèvres la main de Blanche et la couvre de baisers. La jeune fille le laisse faire ; cependant les regards passionnés de son amant commencent à porter dans son âme un trouble inconnu. Son sein se soulève plus fréquemment, elle soupire, et prononce d'une voix faible : — Urbain!... Ursule!... mon Dieu!... je ne sais ce que j'ai... mais j'ai bien peur de gagner votre mal... tenez, voilà que je tremble aussi à présent... Ah! mon talisman!... mon talisman!...

Pauvre Blanche! que fais-tu?... En voulant recourir à ce que tu crois capable de te préserver de tout mal, tu montres encore ces trésors secrets contre lesquels doit échouer la raison d'un faible mortel ; et celle d'Urbain aurait depuis longtemps de la peine à conserver quelque empire. Tout en se promettant de respecter la vertu de la jeune fille, il cède à l'ardeur qui l'enflamme ; il presse vivement Blanche dans ses bras et la conjuran de ne point... Blanche, étonnée, ne le repousse pas, car l'excès d'innocence a aussi son danger ; mais dans ce moment on frappe avec violence à la porte de la chambre, et la voix terrible du barbier fait entendre ces mots :

— Ouvrez, Blanche, ouvrez, je vous l'ordonne. Le jeune bachelier semble pétrifié ; et Blanche reste immobile dans les bras d'Urbain, qui l'entourent encore.

CHAPITRE XVII.

Qui s'y serait attendu?

Le soufflet qu'Urbain avait si bien appliqué à Chaudoreille avait tellement étourdi le petit homme, qu'il était resté un moment appuyé

contre une borne sans savoir où il en était ; mais, quand ses esprits furent un peu calmés, il se redressa avec une sorte de détermination, et après avoir porté une de ses mains sur sa joue encore brûlante il s'écria :

— Non, capédébious, il ne séra pas dit qué Vénus sé dérobéra aux transports de Mars, et cé soufflet coûtera cher à sa vertu.

Aussitôt il court sur les traces de sa Vénus, qui s'éloignait en sautant par-dessus les ruisseaux. Les petits yeux perçants de Chaudoreille reconnaissent la personne qu'il poursuit au moment où Urbain, arrivé devant la maison du barbier, entrait dans l'allée, qui se referma sur-le-champ sur lui.

Chaudoreille connaît trop bien la maison de Touquet pour que l'éloignement où il était encore de la fausse villageoise l'empêchât de reconnaître le lieu de sa retraite ; ce n'est pas sans une extrême surprise que notre *poursuivant d'amour* s'aperçoit que c'est chez son ami Touquet que sa belle s'est réfugiée.

Il s'approche de l'allée, présumant que par mégarde on l'avait laissée ouverte ; mais elle est refermée, et d'ailleurs la personne qu'il poursuivait n'a point hésité un instant dans le choix de sa retraite ; tout semble annoncer que c'est bien chez le barbier qu'elle avait dessein de se rendre. Cet événement donne carrière aux conjectures et excite vivement la curiosité de Chaudoreille : il est décidé à ne point s'éloigner de la maison avant d'en avoir vu sortir la personne qui vient d'y entrer, et se promène de long en large de la rue des Mauvaises-Paroles à celle Saint-Honoré.

Mais l'heure se passe, et c'est en vain que Chaudoreille fait sentinelle les yeux braqués sur la maison et remarquant qu'il y a toujours de la lumière chez Blanche. Bientôt la pluie tombe, le vent souffle avec violence ; mais le chevalier, quoique faiblement garanti par un auvent sous lequel il s'est réfugié, ne songe pas à quitter la place, et s'enveloppe du mieux qu'il peut de son petit manteau en se disant :

— Il faudra bien qu'elle sorte, quoi diantre!... à moins qué... Serait-ce la maîtresse dé Touquet?... Ah! pardieu !... il faut qué jé sache le mot de cette énigme... toujours dé la lumière chez beau écolière... Hom! j'ai certains soupçons... cé diable dé soufflet m'a été donné d'une force qui me férait croire qué ma Vénus pourrait bien avoir dé la barbe!... patience, ou elle sortira, ou j'entrerai...

Pauvres amants! pendant que vous aviez tant de plaisir à être ensemble, que vous commenciez à vous comprendre, à échanger de tendres regards, dans lesquels Blanche ne laissait plus paraître de frayeur, ne vous doutiez point qu'à quelque pas de vous un maudit homme avait les yeux braqués sur votre fenêtre et se proposait de troubler votre bonheur... et tout cela parce que le succès de son escobarderie, le vin blanc et des charmes postiches avaient monté la tête à Chaudoreille.

Onze heures ont sonné depuis longtemps. Nous savons ce qui se passait en haut, voyons ce que l'on fait en bas.

Chaudoreille, n'y tenant plus, s'est décidé à frapper à la porte du barbier. Les amants ne l'ont point entendu, parce qu'alors Urbain baisait la douce main de Blanche, et que dans de si aimables occupations on n'entend point ce qui se passe dans la rue ; Marguerite ronflait d'une façon qui n'annonçait plus la peur. A la vérité, elle s'était endormie avec le précieux talisman sur son côté ; mais en dormant elle s'était retournée, l'amulette avait changé de place, et petit à petit le morceau de drap était descendu sur un endroit où l'on n'a pas l'habitude de mettre de talisman.

Mais le barbier ne dormait point ; soit l'orage, soit le vent, ou tout autre motif, maître Touquet, que la nuit voyait rarement reposer en paix sur sa couche, n'était pas encore remonté dans sa chambre, et se promenait lentement dans son arrière-boutique, toujours sombre, toujours préoccupé, et murmurant de temps à autre :

— Maudite nuit !... pourquoi ces ombres troublent-elles sans cesse mon repos?... Dès que le jour a disparu mes tourments renaissent... J'ai de l'or!... montre, onces ! j'ai de l'or !... et je ne puis plus goûter un instant de sommeil !... Ah! je vendrai cette maison... j'irai loin... bien loin... j'irai revoir mon pays, mon père, s'il existe encore... Il sera bien étonné de mon changement de fortune!... Il m'a maudit lorsque j'ai quitté le pays... mais je veux qu'il me pardonne... oui, il me pardonnera mes premières fautes en me voyant riche et considéré... Je ne lui dirai pas... non, je ne lui dirai pas comment j'ai acquis cette fortune !...

Ici un sourire amer effleura les lèvres pâles du barbier et il retomba dans ses réflexions, dont il fut tiré par le coup de marteau frappé à sa porte.

Touquet fait un mouvement d'effroi, mais bientôt, paraissant honteux de lui-même, il prend sa lampe et se dirige vivement vers la porte. Il n'attend personne aussi tard ; mais il présume que le marquis de Villebelle, se trouvant dans son quartier, vient peut-être le chercher pour quelque nouvelle intrigue galante.

Lorsqu'il est près de la porte il reconnaît la voix de Chaudoreille, qui crie :

— Ouvré, Touquet, ouvré, n'aie pas peur, c'est moi... mais il faut absolument que jé té parle...

Le barbier a ouvert ; et Chaudoreille, dont les vêtements imbibés d'eau sont collés sur son maigre individu, qui parait diminué de trois pouces, étant tout recoquillé sous le manteau, entre dans l'allée en se pelotonnant, comme s'il eût craint que sa tête ne heurtât la petite grille placée au-dessus de la porte.

— Qui diable t'amène à pareille heure? dit le barbier en refermant sa porte, tandis que le Gascon regardait vers le fond de l'allée s'il apercevrait quelqu'un. Enfin il met un doigt sur sa bouche et prononce à demi-voix :

— Es-tu seul en ce moment? — Oui, sans doute! — Tu n'as point de société? — Eh! non, personne, te dis-je. — Alors il est urgent qué jé té parle.

Le barbier retourne dans la salle basse, et Chaudoreille l'y suit marchant toujours sur la pointe du pied et regardant à droite et à gauche comme s'il cherchait quelqu'un.

— Voyons, parleras-tu? dit Touquet. Que signifie cette visite à près de minuit?... Penses-tu que je sois d'humeur à te coucher? va, il y a encore des tripots d'ouverts dans Paris, tu peux y trouver un gîte, mais ma maison ne sert point d'asile à des coureurs de nuit.

Chaudoreille, sans paraître décontenancé, écoute Touquet en secouant son chapeau et tordant son manteau; mais il sourit d'un air malin aux derniers mots du barbier, et répond :

— Ta maison!... ta maison!... sandis! tu fais beaucoup d'embarras avec ta maison!... nous saurons bientôt si tu n'y reçois personne dé suspect!...

— Qu'est-ce à dire? s'écrie Touquet avec l'accent de la colère.

— Chut!... pas dé bruit, jé t'en prie, ne réveillons pas lé chat qui dort... — Chaudoreille! je perds patience... parle, que veux-tu?... ou par la mort!... — Eh! qué diantre! jé viens te rendre service, il me semble qué cé n'est pas lé cas dé té fâcher. Écoute bien; mais, jé t'en prie, né t'emporte pas, car cela me ferait perdre lé fil dé mon discours.

Le barbier fait ce qu'il peut pour se modérer; et Chaudoreille, après avoir encore passé sa manche sur les bords de son chapeau pour lui donner du luisant, commence son récit, toujours à demi-voix :

— Je suis allé cé matin à la foire Saint-Germain, jé mé trouvais sans argent... hasard qui m'arrive assez souvent : jé n'avais par mangé depuis hier!... — Tu as mangé et bu depuis, j'en réponds. — Oui, certes, grâce à mon génie!... Jé faisais donc des réflexions assez tristes sur l'instabilité des coups dé piquet, la trompeuse chance du lansquenet, et lé peu de solidité du brélan. — Je veux t'en faire faire tout à l'heure sur la force d'un bâton... — Chut! né m'interromps point! j'aperçois dans la rue deux jeunés gens... des adolescents... jé sais... dé ces figures qui semblent dire : Qui est-ce qui veut m'attraper?... dé ces faces sans malice, véritable bonne fortune pour les hommes à talents. Les pauvres pétits jouaient aux quilles... — Ah! pour le coup, tu abuses de ma patience. — Tout cela sé lie à l'événement qui te regarde. Jé m'approche des innocents... jé leur montre un nouveau coup qu'ils né connaissaient pas, j'en réponds; bref, nous dînons ensemble, et jé né leur prends qu'uné pistole pour la leçon, cé qui est bien raisonnable; mais, s'ils me l'avaient refusée, jé les embrochais tous les deux comme des mauviettes!... Né frappe donc pas du pied, jé touche au dénoûment. Jé révenais assez gai, et chantant, sélon mon habitude, lorsque jé rencontre dans la rue uné villageoise qui m'a paru fort gentille, quoique jé l'aie peu vue... mais la tournure leste, dégagée!... grande, forte!... Jé mé sens enflammé; jé la suis... jé lui dis dés choses charmantes... lé croirais-tu? pas un mot dé réponse; jé récidive, rien; jé m'approche, jé veux farfouiller le coin dé sa jupe... ah! mon cher! jé reçois alors le plus vigoureux soufflet!...

— Eh! morbleu! elle a bien fait! finis ton bavardage si tu ne veux pas en recevoir un second. — Étourdi un instant, jé réprends bientôt mes esprits; jé poursuis la traîtresse... et jé la vois entrer... où cela?... dans ta maison. — Dans ma maison!... Allons, impossible, tu t'es trompé. — Non, dé par tous les diables, jé connais assez ta demeure... elle est entrée par la porte, qu'on a réfermée sur-le-champ. — Quelle heure était-il alors? — Sept heures environ, et jé té réponds qu'elle n'en est point sortie, car jé m'étais mis en face. — Comment! misérable! cette femme est depuis si longtemps chez moi, et tu viens seulement me l'apprendre!... — Qué veux-tu! jé né savais trop qué faire entre nous, jé croyais qué la dame vénait pour toi; mais en voyant toujours dé la lumière chez mon écolière... j'ai pensé... — De la lumière! chez Blanche!... — Eh! oui, sandis, il y en a encore dans cé moment... d'où jé conclus...

Le barbier se lève brusquement, allume une seconde lampe, prend son poignard, et se dirige vers l'escalier du fond en disant à Chaudoreille :

— Reste ici... et attends-moi. — Comment! tu né veux pas qué jé t'accompagne? — Reste ici, te dis-je; mais, si tu m'as trompé, tremble! ton châtiment sera proportionné à ta peur.

— Qué lé diable l'emporte!... dit Chaudoreille en se blottissant dans un coin de la salle. Jé viens lui rendre un service, et il me rossera s'il né trouve pas lé coupable... voilà un soufflet qui peut avoir des suites bien cruelles.

Touquet est monté d'un pas rapide jusqu'à la chambre de Blanche : il a frappé en ordonnant à la jeune fille d'ouvrir, et nous avons vu l'effet que produisirent ces paroles inattendues sur le jeune couple enfermé dans la chambre.

Urbain est immobile, et ses deux bras enlacent encore la jeune fille, qui est à demi nue; il envisage en une seconde tous les soupçons qui doivent naître de la situation où l'on va les trouver. Blanche, encore innocente et pure, quoique au moment de grands dangers, Blanche va être jugée coupable, et c'est lui qui en est cause!... Comment l'empêcher! Toutes ces pensées, rapides comme l'éclair, ont eu lieu dans le temps qui s'écoule avant que le barbier frappe de nouveau et avec plus de force en réitérant d'une voix menaçante l'ordre qu'il a donné.

Urbain jette un coup d'œil sur la cheminée, il ne voit que ce moyen pour se soustraire aux regards; il va y courir, Blanche l'arrête, elle est déjà remise de sa première frayeur, et lui dit avec un calme qui l'étonne :

— Où allez-vous? — Me cacher.... — Non, non, il ne faut pas vous cacher... Pourquoi ne pas dire toute la vérité?... — Ah! Blanche! si l'on me trouve avec vous... la nuit!... — Eh bien! nous ne faisions pas de mal..... il vaut mieux l'avouer tout de suite que de mentir.....

Et l'aimable enfant, courant à la porte, tire le verrou et ouvre au barbier. Celui-ci entre brusquement dans la chambre; ses premiers regards se porte sur Urbain, qui est debout près de la cheminée. Touquet l'envisage qu'un instant; déjà il a reconnu le jeune bachelier, et, tirant son poignard, il s'élance sur lui en s'écriant :

— Misérable! tu vas payer de ta vie ta témérité!

Urbain est resté immobile, paraissant braver la fureur de Touquet; mais en voyant briller l'arme homicide, Blanche jette un cri, et, aussi prompte que le barbier, court se placer devant Urbain, qu'elle couvre de son corps tandis qu'élevant ses mains vers Touquet elle s'écrie avec un accent qui part du cœur :

— Ah! monsieur... ne lui faites pas de mal...

L'arme du barbier a presque effleuré le sein de Blanche, mais les accents de la jeune fille ont quelque chose de si touchant, ses traits si doux, si nobles, ont alors une expression à laquelle le barbier lui-même ne peut résister. Sa fureur semble vaincue; il laisse tomber son poignard, et prononce d'une voix moins sombre :

— Cet homme vous a outragée, c'est vous que je voulais venger!... Vous mé demandez sa grâce .. eh bien!... je ne le frapperai pas...

— Quoi! dit Blanche avec l'accent de la surprise, quoi! monsieur, c'est pour moi que vous vouliez faire du mal à Urbain?... ah! vous auriez en bien tort!... Il m'a outragée, dites-vous; mais non, monsieur, je vous le jure... Il m'a dit qu'il m'aimait beaucoup, qu'il voulait m'aimer toute la vie... mais cela ne m'outrageait pas du tout; car, lorsque vous avez frappé, je crois que j'allais lui dire que je l'aimais aussi... vous voyez bien que j'étais coupable comme lui, et alors il faudrait nous punir tous les deux.

Les paroles de Blanche ont un accent de vérité auquel il est impossible de se méprendre. Le barbier porte avec étonnement ses yeux sur elle et sur Urbain, on voit qu'il pense alors que, malgré les apparences, Blanche est aussi pure qu'autrefois. Et cependant, ce désordre qui règne dans l'appartement, le singulier costume de la jeune fille, celui d'Urbain, qui tenait alors des deux sexes, tout cela paraissait confondre les idées de Touquet.

— Écoutez-nous, lui dit Blanche, vous allez savoir toute la vérité. Urbain est un peu coupable, car il y a près de quinze jours qu'il vient nous voir tous les soirs, mais c'était une jeune fille; il n'y a que de tout à l'heure que je sais que c'est un garçon. D'abord je me suis fâchée aussi, mais enfin je lui ai pardonné, il a l'air si doux, Urbain! et puis, j'aimais déjà beaucoup Ursule, cela m'a fait l'aimer aussi. Il dit qu'il veut être mon amant, mon époux; qu'il ne peut vivre sans moi... que cela dépend de vous de me rendre heureux pour toujours!... Ah! vous le voudrez bien, n'est-ce pas, mon bon ami?... vous voyez qu'il faut beaucoup pour moi... Donnez-moi Urbain pour époux, et je vous promets de ne plus jamais rien vous demander.

Le barbier, en écoutant Blanche, murmurait tout bas :

— Quinze jours qu'ils vient tous les soirs!... et c'est par un grand hasard que je le découvre aujourd'hui! et je croyais garder facilement une jeune fille!... braver les entreprises des galants!

— Monsieur, dit Urbain, qui jusqu'alors avait gardé le silence, j'avoue tous mes torts, l'amour seul peut me faire obtenir ma grâce; mais j'adorais Blanche, que j'avais aperçue à travers les carreaux de cette fenêtre, et vous ne permettiez à aucun homme d'approcher d'elle. J'essayai une fois de lier connaissance avec vous, la manière dont vous me reçûtes ne me laissa aucun espoir. Je ne consultai plus que mon amour. Grâce à ce déguisement, je trompai la vieille Marguerite, elle consentit une fois à m'introduire ici..... Je vis Blanche..... pouvais-je renoncer à l'espoir de la posséder? Elle fut trompée, ainsi que sa bonne; sous le nom d'Ursule, j'eus le bonheur de gagner sa confiance et, par quelques récits piquants, d'amuser la vieille Marguerite. Je jouissais de mon bonheur sans encore me faire connaître; aujourd'hui seulement... l'orage... la pluie, qui tombait avec violence... l'heure avancée, on m'engagea à rester...

— Oui, dit Blanche avec un sourire angélique, il devait coucher avec moi... c'est moi-même qui l'en avais prié...

Le barbier fronce le sourcil et jette sur le jeune homme un regard courroucé. Urbain se précipite à ses pieds en s'écriant

— J'ai respecté sa vertu, son innocence... Ah! monsieur, ne serez-vous point touché de mon amour?... — Oui, j'adore Blanche; accordez-moi sa main, ou ôtez-moi une vie qui, sans elle, me serait insupportable!

— Entendez-vous, mon ami! dit Blanche, il veut absolument mourir si je ne suis pas sa femme. Et moi, s'il mourait, je sens que j'aurais bien du chagrin.

Le barbier paraissait écouter Urbain sans être nullement ému par ses prières, lorsque le jeune bachelier ajouta :

— Je sais, monsieur, tout ce que vous avez fait pour Blanche... Son père fut assassiné, elle resta orpheline, sans aucun appui : elle vous doit tout...

— Quoi! dit Touquet, qui avait prêté plus d'attention aux dernières paroles d'Urbain, vous savez?... — Oui, monsieur; j'ai appris tout ce qui concerne celle que j'adore; elle ne se connait pas de parents et ne possède aucune fortune; mais c'est elle seule que je vous demande. Vous avez bien assez fait pour elle!... Donnez-moi Blanche, elle suffit à mon bonheur. Je suis orphelin aussi; ma famille était honnête et considérée, mais il ne me reste plus aucun parent. Je me nomme Urbain Dorgeville; j'ai 1,200 livres de rente : c'est bien peu; mais je possède en outre une petite maison de campagne sur les bords de la Loire. C'est là que j'irai vivre avec Blanche; loin du tumulte de la ville, dont nous ne regretterons pas les plaisirs, et d'un monde que nous ne désirons pas connaître, nous passerons dans la paix et l'amour des jours dont vous aurez assuré le bonheur!...

Le barbier semble réfléchir profondément. Il se lève, et marche à grands pas dans la chambre, la tête baissée sur sa poitrine. L'espoir et la crainte se peignent dans les regards des deux amants, qui attendent avec impatience qu'il réponde; enfin, il s'arrête et dit à Urbain :

— Vous êtes orphelin?... entièrement libre de vos actions?..... — Oui, monsieur. — Personne ne trouvera mauvais que vous ayez épousé une orpheline, sans bien... et dont, vous le savez, la famille est inconnue?... — Oh! personne, je vous le répète, ne peut contrarier mes volontés. — Vous ne chercherez jamais vous-même à obtenir sur la famille de Blanche d'autres renseignements... ce qui d'ailleurs serait entièrement inutile?... — Eh! que m'importe ce que furent ses parents!... elle seule est un trésor... — Et vous irez vivre avec elle loin de Paris... loin du monde?... — Oui... car je mettrai tous mes soins à suffire à son bonheur! — O mon Dieu! Urbain, dit Blanche, vous savez bien que je ne sortais jamais de cette chambre, où je ne vous voyais que Marguerite. Si j'habitais avec vous la campagne, est-ce que je pourrais encore souhaiter quelque chose? — Chère Blanche!... unissez-vous donc à moi pour obtenir le consentement de votre protecteur.

Les deux jeunes gens portent sur le barbier des regards suppliants, celui-ci ne les regarde pas et semble livré tout entier à ses réflexions; enfin, tout à coup il s'arrête devant Urbain et prononce d'une voix brève :

— Blanche est à vous!

— Se pourrait-il!... s'écrie le jeune bachelier au comble de l'ivresse. — Blanche.... entendez-vous, il consent à notre bonheur...... Ah! mon bon ami, que je vous remercie!

Et les deux amants tombent aux genoux de Touquet, les yeux baignés de larmes que font couler le plaisir et la reconnaissance.

— Que faites-vous! dit le barbier, qui semble honteux de voir le jeune couple à ses pieds, relevez-vous... je le veux.

— Vous étiez notre bonheur, s'écrie Urbain, et vous ne voulez pas même recevoir nos remercîments!... — Non, non, je ne veux rien, que du silence et de la discrétion! — Ah, mon bon ami!..., que vous avez bien fait de ne point faire de mal à Urbain... Qu'il a eu raison de se déguiser en fille!... C'est lui qui a chanté si bien sous mes fenêtres!... Ah! que je suis contente!... il pourra chanter avec moi toute la journée maintenant!... Il m'apprendra la jolie romance... et puis encore d'autres; n'est-ce pas, Urbain, que vous m'apprendrez tout plein de choses?... Ah! que nous serons heureux!...

Ce n'est pas sans peine que le barbier parvient à calmer les transports d'Urbain et la joie naïve de Blanche; enfin il réussit à se faire écouter.

— Jusqu'au moment de votre union, leur dit-il, je vous le répète, j'exige la plus grande discrétion. Urbain, vous me promettez de ne point parler de votre mariage et de n'amener ici aucune de vos connaissances?... — Ah! je vous le jure, monsieur; d'ailleurs, je ne connais personne. Je n'ai point d'ami avec qui je sois intimement lié. — Tant mieux! vous en aurez moins de regrets à quitter cette ville. Faites tous vos préparatifs de départ, procurez-vous les papiers qui vous sont nécessaires pour votre hymen. Quant à Blanche, je vous remettrai la lettre trouvée sur son père. C'est tout ce qui la concerne. Quand vous serez réuni ce qu'il vous faut, vous épouserez Blanche... mais le soir... sans bruit... sans rien qui puisse amener du monde à l'église pour cette cérémonie, je n'aime pas les badauds, ni les curieux. Ensuite vous partirez sur-le-champ pour votre campagne, et vous ne reviendrez point dans cette ville, où votre modique fortune ne vous permettrait pas de vivre heureux.

— Oui, monsieur. — Viendrez-vous avec nous, mon ami? — Non...

Cela n'est pas nécessaire.... Plus tard.... peut-être... Et Marguerite! pourrons-nous l'emmener? — Oui. — Ah, tant mieux!... — Jusqu'au jour de votre départ, Urbain pourra venir... mais les soirs seulement, et plus de déguisement!... — Il viendra en garçon!... — Ah! que je suis curieuse de le voir comme cela!... — Vous avez entendu; la nuit s'avance, il faut vous retirer. Urbain, je vous le répète, le plus grand silence sur tout ceci. Hâtez vos préparatifs, et Blanche en sera plus tôt à vous.

Urbain renouvelle au barbier ses serments et ses remercîments, il prend la main de Blanche, la couvre de baisers; tous deux ont peine à croire à leur bonheur, et l'avenir qui leur est promis leur semble encore un rêve de leur imagination. Mais Touquet les presse :

— A demain! Urbain. — A demain! répète Blanche, et plus de costume de femme, entendez-vous,... je veux m'habituer à vous voir en homme. — Oui, chère Blanche, oui, plus de feintes maintenant...

Le barbier met un terme à leurs adieux en entraînant le jeune homme, et Blanche referme sa porte en soupirant et murmurant encore :

— A demain!

Touquet guidait Urbain, tenant une lampe à la main et marchant rapidement vers l'escalier; mais à peine a-t-il fait dix pas dans le corridor que ses pieds s'embarrassent dans quelque chose, il baisse sa lampe, et aperçoit un petit peloton informe qui se remue et paraît vouloir se glisser contre la muraille. Le barbier court sur cet objet, et, enlevant lestement le manteau qui le couvrait, aperçoit Chaudoreille qui a le corps plié en quatre de manière à ne pas tenir plus de place qu'un gros chat.

— Que fais-tu là, drôle?... s'écrie Touquet en mettant sa lampe contre le visage de Chaudoreille.

— Moi,.... rien... je ramassais une épingle.... — Descends à la salle... je t'ai déjà dit que je n'aimais pas les curieux.

Et, pour le lui prouver sans doute, le barbier allonge un vigoureux coup de pied au chevalier, qui, n'ayant pas encore eu le temps de se dérouler, le reçoit à la fois dans trois parties de son corps. Mais Touquet ne s'arrête pas davantage; il conduit le bachelier jusqu'à la porte de la rue, et, en la lui ouvrant, lui dit :

— Partez, et souvenez-vous de tout ce que vous avez promis.

Urbain veut renouveler les protestations de sa reconnaissance; mais le barbier y met fin en l'engageant à regagner promptement sa demeure et en refermant la porte sur lui.

Touquet retourne dans la salle basse, où il trouve Chaudoreille, qui a repris sa grandeur naturelle et se promène d'un air conquérant, paraissant attendre les remercîments du barbier.

— Eh bien, sandis! s'écrie-t-il impatienté de ce que celui-ci ne lui dit rien; tu as trouvé la pie au nid... Jé n'avais point la berlue... La lumière né brillait point pour les étoiles. Et cé soufflet.... cáddis!... j'avais reconnu uné main masculine.... jé né m'y trompe jamais!... Eh donc! nous avons, à cé qué jé vois, mis lé galant à la porte.... Quant à la petite... pesté! avec son air de saínté nitouche, qui sé séraít attendu!...

— Tais-toi!... s'écrie le barbier en s'avançant sur Chaudoreille avec un geste menaçant; n'outrage pas Blanche : cette jeune fille est encore aussi pure que tu es menteur et poltron!... — Poltron! sandis! si Rolande pouvait parler. — Oui, je conviens qu'il a trouvé quelqu'un... mais ce quelqu'un n'était pas seul avec Blanche. C'est singulier! jé n'ai pas entendu la voix de la vieille Marguerite.... — Tu écoutais donc, misérable? — Non.... c'est par hasard qué quelques sons m'ont étourdi les oreilles.... on criait, j'ai cru qu'on avait besoin dé sécours, et, suivant mon ardeur naturelle, j'ai fait quelques pas vers l'endroit d'où partait le bruit. — Eh bien !.... qu'as-tu entendu?.... Parle, je le veux... — Oh! rien.... quelques mots. Il m'a semblé qué tu promettais d'unir les deux amants... du moins j'ai cru saisir... Cependant, si jé n'avais pas pensé qué tu gardais la petite pour toi, il y a longtemps qué jé t'aurais demandé sa main. Il mé semble qué jé méritais bien la préférence sur cé pétit masque, qui, sans un jupon, aurait payé cher lé soufflet qu'il m'a donné...

— Toi devenir l'époux de Blanche! dit le barbier en jetant sur le petit homme un regard de mépris. Écoute, Chaudoreille, il me convient d'unir Blanche à ce jeune homme, il faut la rendre heureuse.... — Tu en es le maître, mais... — Mais si tu dis un mot sur tout ce que tu as vu et entendu cette nuit, j'en tirerai la plus terrible vengeance! Tu m'entends? — Oui, oui, jé m'entends... Eh, sandis! marie la pétite avec qui tu voudras; jé m'en moque comme d'un fusil à deux coups!... Cependant, si on faít uné noce, j'espère... — Non, il n'y aura ni noce ni repas.... — Céla séra gai! — Mais si tu es discret,... je te promets deux pièces d'or quand tout sera fini, et que Blanche aura quitté cette maison. — Tope! c'est convénu; c'est comme si jé les ténais, ná! Tu pourrais mé les payer d'avance. — Je préfère cependant ne te payer qu'après. Mais la nuit touche à sa fin, retire-toi, Chaudoreille, et souviens-toi de ta promesse.

— Oui, oui, c'est arrangé. A propos, et lé séduisant marquis, quoi dé nouveau avec la jeune Italienne? — Je crois que le feu est déjà éteint... Mais cela ne m'étonne pas : quinze jours, trois semaines, c'est la mesure de la constance de nos grands seigneurs! — D'après céla, il est probable qu'il y aura incessamment une nouvelle intrigue à conduire.... Jé mé récommande à toi, mon cher Touquette!.... — C'est bon... va te coucher... — En effet... il est bien l'heure... Régagnons la rue Brise-Miche... Heureusement qué ma portière a des bontés pour moi, sans quoi jé courrais grand risque dé coucher dans la rue!... Cépendant, si tu voulais, j'attendrais lé jour ici... sur une chaise. — Non, non, il faut t'en aller... J'ai besoin de repos aussi, et il me semble que j'en pourrai goûter un peu cette nuit.

Chaudoreille s'enveloppe de son mieux dans son manteau, et se dirige vers la porte en faisant la grimace. Le barbier la referme sur lui, et gagne sa chambre en se disant :

— J'ai bien fait. Elle partira.... on n'en entendra plus parler.... et tout ce qui a quelque rapport à elle sera bientôt oublié.

CHAPITRE XVIII.

Instants de bonheur.

Marguerite seule avait dormi pendant cette nuit, qui avait amené un si grand changement dans la maison du barbier; on pense bien que

Entrevue de Blanche et d'Urbain dans les vêtements de bachelier,

Blanche ne put fermer l'œil un moment. L'aimable enfant, encore tout étourdie des événements qui venaient d'avoir lieu, avait à peine eu le temps de passer de la frayeur à l'amour, de la crainte à la joie; son pauvre cœur ne savait encore où il en était, quoique cependant un sentiment plus fort que les autres dominât toutes ses pensées. Elle sautait et se retournait à chaque instant sur sa couchette en se répétant :

— C'est un garçon !.... c'est lui qui chante si bien !.... Mon Dieu ! qui s'en serait douté ?... il était si gentil en fille... pourtant je crois qu'il sera encore mieux en garçon... Ah ! je voudrais déjà être à ce soir !... Il dit qu'il m'aime... que c'est drôle !... Est-ce que je l'aime aussi ? Je crois que oui... Cependant il faudra que je prie Marguerite de bien m'expliquer ce que c'est que l'amour... Elle doit savoir cela. Pauvre Marguerite ! comme elle sera surprise quand elle apprendra que ce n'était pas une fille !... Ah ! je voudrais déjà qu'il fît jour...

Le jour tant désiré paraît enfin ! Blanche est levée depuis longtemps; impatiente de ne point entendre descendre sa vieille bonne, elle n'y peut résister et monte à la chambre de Marguerite. Elle frappe à la porte en criant :

— Eveille-toi donc, ma bonne ! il est bien tard... J'ai mille choses à t'apprendre... Lève-toi, je t'en prie... tu as assez dormi.

Marguerite, que l'on ne réveillait jamais parce qu'elle descendait toujours assez tôt, se frotte les yeux avec effroi, croit que le feu est à la maison, cherche à rappeler ses idées, à retrouver le talisman qu'on lui a confié, et se perd dans ses couvertures tout en invoquant sa patronne en marmottant :

— On y va !... Je le cherche... est-ce que le diable me l'aurait pris cette nuit?... Attendez donc !... Je ne le trouve plus.... Ah ! je sens quelque chose... Certainement c'est le démon qui l'a mis là par malice.

Enfin Marguerite a retrouvé le petit morceau de haut-de-chausses d'Urbain ; et, se rappelant ce que l'on a fait la veille, elle court ouvrir à Blanche en lui disant :

— Ursule est-elle partie ?... Il faut se hâter de la renvoyer, mon enfant.

A cela, Blanche répond en sautant et en entraînant la vieille :

— Oh ! oui, elle est partie !... c'est-à-dire il est parti... Mais n'aie pas peur.... mon bon ami veut bien qu'il vienne.... il veut bien qu'il m'épouse... il n'est plus en colère !... Il reviendra ce soir en garçon... tu verras comme il est bien !... Et puis nous nous marierons.... nous irons vivre à la campagne, et tu viendras avec nous !... Ah ! que je suis contente !... Ris donc aussi, Marguerite, tu vois bien qu'il ne faut plus avoir peur.

Marguerite n'avait pas envie de rire, elle aurait plutôt pleuré; car, ne comprenant rien à ce que lui disait Blanche, elle ouvrait ses yeux tant qu'elle pouvait en s'écriant :

— Ah ! bon Dieu ! ma chère enfant.... qui est-ce qui vous a donc tourné la tête ce matin?... Est-ce que cette Ursule serait une sorcière ! Ne sautez pas comme cela, je vous en prie.

Blanche recommence son récit, et ce n'est pas sans peine qu'elle parvient à faire comprendre à Marguerite qu'Ursule est un garçon. Mais alors la vieille fait un cri d'effroi en disant :

— Ah ! mon Dieu !... un garçon !... et il a couché avec vous ?... — Mais non, ma bonne, puisque M. Touquet est arrivé au moment où... dame ! je ne sais plus à quel moment.... Ah ! si, je crois qu'il m'embrassait... — Sainte Vierge ! c'était un lutin déguisé en fille... — Mais non, ma bonne, c'est Urbain qu'il s'appelle... il est orphelin comme moi ; mais sa famille était fort considérée... Enfin il va m'épouser !... — Vous épouser !.... — Oui, sans doute. Ne vas-tu pas t'y opposer quand mon protecteur y a consenti?.... — Quoi ! M. Touquet?.... — Oui, oui, te dis-je, c'est fini, tout est arrangé.

La bonne vieille a encore peine à se persuader que ses oreilles ne l'abusent point; mais l'arrivée de son maître met fin à son incertitude. Le barbier aborde Marguerite d'un air sévère et la vieille tremble, car elle sent qu'elle n'est point sans reproche.

— Marguerite, lui dit-il, je pourrais vous punir pour avoir trahi ma confiance, pour avoir, malgré mes ordres, introduit quelqu'un dans ma maison. Vous me direz que vous avez été trompée comme Blanche... je veux bien le croire. D'ailleurs j'ai pardonné, il est inutile de revenir sur le passé. Le jeune homme sera l'époux de Blanche.... il va la rendre heureuse; vous les suivrez lorsqu'ils quitteront cette maison. Je n'ai plus qu'un ordre à vous donner, c'est de taire cet événement à toutes vos commères du quartier. Si vous commettez la moindre indiscrétion, je vous chasse, et vous serez cause que tout ceci n'aura pas lieu...

— Ah, ma bonne! ne va pas parler ! s'écrie Blanche. — Non, mademoiselle... non, monsieur, reprend Marguerite encore tremblante, je vous jure que... — C'est assez, dit le barbier : vous aimez Blanche, son bonheur dépend de votre discrétion. Urbain viendra les soirs seulement, jusqu'au jour où il emmènera son épouse.

Le barbier s'éloigne après avoir dit ces mots, laissant Marguerite encore tout ébahie de ce qu'elle vient d'entendre.

— Comment ! dit-elle en suivant Blanche dans sa chambre, M. Touquet a consenti comme cela tout de suite?.... — Oui, ma bonne. — Je n'en reviens pas ! — Cela m'a bien surprise aussi !... j'avais si peur qu'il ne refusât Urbain !... — Urbain !... mais, mon Dieu, vous ne le connaissez pas, mon enfant !... — Si fait, ma bonne, puisque c'est Ursule... — J'entends bien ; mais Ursule nous a trompées... C'est pour me voir qu'il avait pris ce déguisement... c'est par amour, ma bonne. — Par amour !... mais vous ne pouvez pas encore l'aimer, vous, mon enfant. — Oh ! ma bonne, je crois que je l'aimerai bien vite !... Urbain m'apprenait déjà à l'aimer hier, quand mon protecteur a frappé à ma porte. — Jésus Maria !... Quoi ! mon enfant, au lieu d'appeler du secours quand vous avez vu que c'était un homme !... — Oh ! j'en avais envie d'abord... mais, si tu savais ! Urbain n'est pas effrayant du tout... au contraire, et puis il s'est jeté à mes pieds, il m'a demandé pardon d'un air si doux... des yeux si !... Ah ! Marguerite ! qui est-ce qui ne lui aurait pas pardonné?... — Mais ! juste ciel !... et votre talisman, ma fille, vous n'y avez donc pas eu recours ? — Ah ! pardon, ma bonne, je l'ai même montré plusieurs fois à Urbain... — Et cela ne le faisait pas fuir ?... — Au contraire, ma bonne, il s'approchait alors davantage. — Allons, décidément, tout est bouleversé !... Il faut que ce garçon-là soit un magicien pour opérer de tels changements dans cette maison... et je n'ai plus aucune foi à sa petite relique !...

Blanche et la vieille attendaient le soir avec impatience : Marguerite curieuse de connaître le jeune homme qui avait opéré des prodiges dans la maison de son maître, et la jeune fille désirant vivement revoir celui qui la faisait soupirer et éprouver un sentiment tout nouveau. Mais aux désirs de Blanche se mêlaient déjà cette crainte, cette pudeur qui accompagnent un premier amour. Plus l'heure s'approchait où Urbain devait arriver, plus elle se sentait inquiète, rêveuse, et déjà ce sentiment inconnu lui inspirait un secret désir de plaire; elle se levait, se regardait dans son miroir, arrangeait une boucle de ses cheveux, puis disait à Marguerite :

— Ma bonne, suis-je bien comme cela?... crois-tu qu'il m'aimera autant ce soir qu'hier? — Chère enfant! s'écriait la vieille servante, s'il était capable de changer, serait-il digne de vous?... Quand on aime bien, ma fille, c'est pour toute la vie. — Oh! tant mieux, ma bonne; moi, je veux aimer comme cela... Tu vas voir qu'Urbain n'est pas effrayant, et je suis sûre que tu l'aimeras aussi.

Touquet le barbier de Paris.

Le jeune bachelier n'attendait pas avec moins d'impatience que Blanche le moment où il pourrait retourner chez le barbier. Depuis la veille, Urbain n'avait plus la tête à lui; son bonheur avait été si subit, si imprévu, qu'il en perdait la raison. Il était retourné la nuit à son logement en dansant, en courant, en chantant dans la rue. Dans son ivresse, il avait perdu son jupon et son fichu; mais il n'avait plus besoin de se déguiser, et, sans s'amuser à ramasser ces parties de son costume, il était arrivé chez lui à moitié déshabillé, mais si heureux, qu'il n'aurait pas changé son sort contre la fortune du favori et la puissance du cardinal, et il aurait bien fait : les jouissances que l'amour procure ne sont point, comme les grandeurs et la puissance, mêlées d'inquiétudes et de soucis.

Le lendemain Urbain aurait voulu conter son bonheur à tout le monde, mais il se rappela qu'une des premières conditions de son mariage avec Blanche était le secret qu'il garderait sur cette affaire; il se contenta donc de regarder toutes les personnes près desquelles il passait avec cet air de satisfaction, de triomphe, qui annonce une âme au-dessus des coups du sort.

Le soir, sa voisine vint, comme à l'ordinaire, lui proposer de l'aider à se déguiser; mais Urbain la remercia : il n'avait plus besoin de ses services; et la grosse fille parut fâchée que les travestissements fussent terminés.

Urbain voulait plaire en homme encore plus qu'en villageoise; il mit son collet et son chapeau avec plus de soin qu'il n'en prenait ordinairement. Il regarda si ses cheveux retombaient sans désordre sur son front; il soupira en se disant : — Si je n'allais pas lui plaire! Cependant les souvenirs de la veille lui donnèrent du courage, et il se rendit à la maison du barbier.

Il tremblait en frappant à la porte, et pourtant ce n'était plus avec la crainte d'être chassé qu'il se présentait. Le son du marteau retentit aussi jusqu'au cœur de Blanche, qui fit un bond sur sa chaise en s'écriant :

— C'est lui !... et elle se levait déjà pour courir à la porte de la rue. Marguerite l'arrête en lui disant :

— Eh bien! mon enfant, qu'allez-vous faire?... il ne serait pas décent que ce fût vous qui allassiez ouvrir à ce jeune homme... — Ah! tu crois, ma bonne?... Eh bien! va donc, Marguerite... va donc vite!...

Marguerite se hâte comme elle peut, il lui tarde de voir le jeune homme. Elle ouvre à Urbain, et le regarde attentivement. Son air doux et timide prévient la vieille en sa faveur, et elle s'écrie :

— C'est singulier !... il a l'air plus embarrassé en garçon qu'en fille! Allons! venez, beau damoiseau!... venez... Ah! nous verrons si vous savez encore des histoires arrivées à vos tantes et à vos cousines!...

— Oui, ma bonne Marguerite, dit Urbain, je vous en raconterai toujours, si cela vous fait plaisir. — Il veut me faire plaisir, se dit Marguerite en le conduisant; vraiment, Blanche a raison, et ce jeune homme est tout à fait gentil.

C'était une chose singulière que l'embarras de ces deux jeunes amants, qui, après la première entrevue où ils s'étaient tant parlé d'amour, se revoyaient déjà fiancés et certains d'être époux. Blanche, qui d'abord avait voulu courir à la porte, n'osait plus lever les yeux et se tenait immobile sur sa chaise en entendant les pas d'Urbain.

Celui-ci, en entrant dans cette chambre où il vient tous les soirs depuis quinze jours, éprouve un trouble, un embarras nouveaux, et s'arrête contre la porte en tenant son chapeau à la main et jetant sur Blanche de timides regards.

Aussitôt le porteur vide sur le corps de Chaudoreille le seau qui lui restait.

— Eh bien! dit Marguerite, le voilà qui n'ose plus avancer à présent!... Allons! monsieur le garçon, quand vous étiez en fille, vous ne restiez pas ainsi debout et muet contre la porte; et ma pauvre Blanche, qui craint de lever les yeux, qui est toute tremblante... Ma chère amie, il ne faut pas rougir quand on n'a pas fait de mal... Vous verrez qu'il faudra que ce soit moi qui les encourage!...

Cependant Urbain s'est doucement approché de Blanche; il met un genou en terre en balbutiant :

— Si vous n'avez plus d'amitié pour moi... si ce costume me fait perdre votre confiance... eh bien! je reprendrai celui d'Ursule...

L'aimable enfant lève timidement la tête, jette sur Urbain un regard plein de douceur et de tendresse, et répond en rougissant encore plus :

— Ah! ce n'est pas cela.... Excusez-moi... Je ne sais pas ce que j'ai...

Et elle détourne la tête pour cacher son visage dans le sein de Marguerite, à laquelle elle dit tout bas :

— Ma bonne, est-ce l'amour qui me rend honteuse comme cela ?

— Je ne me souviens plus guère de l'effet qu'il produit, répond la vieille en branlant la tête. Cependant... oui, je crois que de mon temps cela s'annonçait à peu près de cette façon.

Blanche se retourne vers Urbain et lui dit avec un charmant sourire :

— Ne soyez point fâché... si je suis gauche et embarrassée, il paraît que c'est parce que je vous aime.

Enchanté de la candeur de la jeune fille, Urbain lui prend la main, qu'il presse contre son cœur, puis, s'asseyant auprès d'elle, lui renouvelle les serments que lui inspire sa tendresse. Bientôt la confiance est rétablie : lorsque les cœurs s'entendent, la contrainte est bientôt bannie. Blanche redevient gaie, expansive ; elle laisse connaître à son amant tous les sentiments de son âme, et celui-ci voit qu'il possédera un trésor d'innocence et de bonté.

Marguerie se mêle à la conversation des jeunes gens ; Urbain, par sa douceur et sa déférence aux avis de la vieille servante, s'est concilié son amitié. On fait de charmants projets pour l'avenir. Le jeune bachelier vante la situation de sa petite propriété, qui, au milieu d'un pays charmant, leur offrira des promenades délicieuses et tous les agréments de la campagne. On promet à la vieille bonne de lui donner une chambre à l'épreuve contre les enchantements, et de lui conter dans les longues soirées d'hiver de ces histoires épouvantables qui lui font tant de peur et de plaisir.

Tout en parlant à Marguerite, les deux amants se regardent, ou se tiennent la main, et un doux sourire, une tendre pression établissent déjà entre eux cette intelligence du cœur qui fait goûter les premiers et souvent les plus doux plaisirs de l'amour.

Le temps a passé rapidement. Neuf heures sonnent ; c'est l'instant que le barbier a fixé pour la retraite d'Urbain, et l'on sait qu'il faut obéir à ses ordres si l'on veut qu'il tienne ses promesses.

— Déjà se quitter ! dit Urbain. — C'est bien dommage ! répond Blanche en laissant échapper un tendre soupir. — Vous vous reverrez demain, mes enfants, dit Marguerite, puis on dira qu'on ne vous quitterez plus. Monsieur Dorgeville, avez-vous commencé les démarches nécessaires pour votre mariage ? — Ah, mon Dieu ! dit Urbain, j'ai été si troublé aujourd'hui, que je n'ai songé qu'au bonheur que je goûterais ce soir, et je n'ai rien fait encore. — Si vous êtes aussi étourdi tous les jours, dit Marguerite, votre mariage ne se fera jamais... — Oh ! dès demain je vais commencer les démarches nécessaires... Il me tarde tant de ne plus quitter Blanche !... mais je n'ai pas vu M. Touquet ce soir, ne dois-je pas aller lui dire bonsoir ?

— Non, c'est inutile ; mon maître n'est point un homme comme un autre, il ne tient pas aux politesses. Il m'a dit positivement : — Le jeune homme viendra à sept heures, vous le conduirez chez Blanche, où vous resterez avec eux, et à neuf heures il s'en ira. Quand je voudrai lui parler, j'irai le trouver, mais il est inutile qu'il cherche à me voir.

— Quel homme singulier !... dit Urbain ; mais je dois le bénir, car il fait mon bonheur, lorsque je l'accusais, moi-même je le soupçonnais de vouloir garder pour lui le trésor qu'il dérobait à tous les regards !... — Pour lui ! s'écrie Blanche, ah !... mon Dieu !... est-ce que c'était possible ?... — Pardonnez-moi, chère Blanche, l'amour rend jaloux ; j'étais injuste, je le vois bien... — Oui, oui, dit Marguerite. Mais hâtez-vous toujours d'avoir vos papiers... et d'épouser cette jeune enfant.

Le bachelier s'éloigne enfin, mais les regards de Blanche le suivent, et il ne peut plus douter de son bonheur ; il possède le cœur de l'aimable fille, qui ne cherche pas à lui cacher le sentiment qu'il a su lui inspirer. Le lendemain, Urbain commence les démarches pour hâter son hymen ; il veut aussi vendre le peu de meubles qu'il possède ; car il faut bien se faire de l'argent pour le voyage ; et, de ce côté, le bachelier s'est aperçu que maître Touquet ne montre aucune disposition généreuse. Mais un amant qui se croit assez riche se trouve toujours assez riche, et d'ailleurs Blanche, élevée dans la retraite, n'a point le goût de la dépense, de la parure et de la coquetterie ; elle sera économe et simple dans ses goûts : ces qualités valent souvent mieux que la dot qui accompagne la main d'une mariée.

Le soir ramène Urbain près de son amie ; cette fois l'embarras a disparu, et on se livre sans réserve au plaisir que l'on goûte à se revoir. Les instants que l'on passe ensemble s'écoulent toujours avec la même rapidité ; mais on se console en pensant que bientôt le jour viendra où l'on sera réuni à jamais. Pendant la quatrième soirée qu'Urbain passe près de Blanche et de Marguerite, la porte de la chambre s'ouvre, et le barbier paraît au milieu d'eux.

Il fait à Urbain une légère inclination de tête, et lui dit du ton bref qui lui est ordinaire :

— Faites-vous les démarches pour votre mariage ?... — Oui, monsieur, répond Urbain en se levant et allant au-devant de Touquet, mais vous savez que les employés ne partagent pas notre impatience. Cependant, sous dix jours, au plus tard, je dois avoir tous mes papiers. J'ai vu le ministre des autels qui doit nous unir, et j'aurai fait mes dispositions pour partir. — C'est bien.

Le barbier n'en dit pas davantage et quitte les jeunes gens, qui un moment étonnés de sa conduite ; mais qui, dans le fond, ne sont pas fâchés de pouvoir se livrer au plaisir de s'aimer et de se le dire sans avoir d'autre témoin que la vieille Marguerite, qui quelquefois s'endort pendant qu'Urbain et Blanche se serrent silencieusement la main.

Le temps marche bien rapidement lorsque l'on est heureux ; et si les journées étaient longues pour les deux amants, en revanche chaque soirée leur paraissait bien courte. Plus ils se voyaient, et plus l'amour jetait de profondes racines dans ces deux cœurs qui semblaient formés pour s'adorer, et maintenant ils ne concevaient plus la possibilité de vivre l'un sans l'autre.

Mais le jour de leur hymen approche ; Urbain a pressé les commis, les marchands ; car il a fait aussi quelques emplettes pour sa jeune future. Le prêtre est prévenu. Encore cinq jours, et l'autel recevra leurs serments ; puis ils partiront de la grande ville pour aller goûter dans une retraite paisible un bonheur pur et sans orage... C'est du moins ce que l'avenir leur fait espérer. Et Chaudoreille, poussé par le désir de recevoir la récompense que le barbier lui a promise, s'est déjà présenté trois fois chez celui-ci en disant :

— Lé mariage est-il fait ? — Pas encore, répond Touquet. Alors Chaudoreille s'éloigne en murmurant : — Qu'ils sé hâtent donc !... Qué diantre !... j'ai besoin d'argent !... Eh ! cadédis ! depuis douze jours j'aurais épousé *douzé femmes* !...

CHAPITRE XIX.

Une journée de Chaudoreille.

Chaudoreille, qui n'avait pas encore touché les deux pièces d'or que lc barbier lui avait promises, se trouvait sans le son, comme à son ordinaire, et descendait un matin la rue des Petits-Carreaux ; il venait de la foire Saint-Germain, où il n'avait trouvé personne qui parût disposé à recevoir une leçon de quilles, et se dirigeait vers la foire Saint-Laurent, où il espérait être plus heureux.

Suivant sa coutume, Chaudoreille marchait le nez en l'air, lorgnant de côté et d'autre, la main gauche sur sa hanche, et de la droite caressant ses moustaches. Comme il approchait des boulevards, il se sent tirer doucement par son manteau : un mouvement de frayeur lui échappe, et, en tournant la tête, il aperçoit une vieille servante. Portant alors la main sur son épée, il s'écrie : — Sandis ! j'ai cru qué c'était un homme... et j'allais lui demander raison... Mais qué mé voulez-vous, la mère ?... Ne tirez pas si fort mon manteau, il est un peu mûr.

La vieille met un doigt sur sa bouche, et d'un air mystérieux lui dit : — Ma maîtresse désire vous parler...

— Votré maîtresse ! s'écrie Chaudoreille, dont les traits s'épanouissent et qui ne doute point qu'il n'ait fait une conquête. Oh, oh ! ma mie ! jé vous comprends... Votré maîtresse ! est-elle riche ?.... est-elle... Au reste, c'est égal, conduisez-moi toujours... — Non, elle ne peut pas vous recevoir aujourd'hui ; mais trouvez-vous ici demain à la brune, je viendrai vous chercher et je vous introduirai... — Il suffit... j'y serai ; je n'y manquerai pas... quand il tomberait uné pluie de feu... Ah ! un mot, s'il vous plaît, messagère des amours : né pourriez-vous mé dire où votre maîtresse m'a vu ?... — Dans la rue, je présume, puisqu'elle était à sa fenêtre... A demain soir, monsieur ; je ne puis m'arrêter davantage.

— Allez, Flore ! allez retrouver Cythérée ! dit Chaudoreille pendant que la vieille s'éloigne ; puis il continue son chemin en se disant : — C'est uné aventure amoureuse, jé m'y connais... Cé mystère, cé rendez-vous à la brune.... Ellé m'a vu par sa croisée. Sandis ! qué jé fais bien de regarder en l'air !... Un joli homme doit toujours se tenir à portée dé tous les regards.

Il marche alors en regardant tellement en l'air, qu'il va se cogner contre un porteur d'eau qui avançait tranquillement avec ses deux seaux pleins, et se jette si lourdement sur lui, qu'un des seaux s'échappe de la main qui le tenait.

— Maudit imbécile ! s'écrie l'Auvergnat. — Tiens ! voilà pour t'apprendre à regarder devant toi.

En disant ces mots, le porteur d'eau vide sur le corps de Chaudoreille le seau qui lui restait. Le chevalier est inondé. Dans sa fureur, il tire Rolande hors du fourreau, et s'avance sur l'Auvergnat ; mais le porteur d'eau, sans paraître effrayé par la flamberge que son adversaire fait briller en se démenant comme un possédé, prend un de ses seaux de chaque main, et l'attend tranquillement en disant :

— Avance donc, pomme cuite ! ton tournebroche ne me fait pas peur ! Chaudoreille remet Rolande dans le fourreau, et se sauve par les boulevards en criant : — A la garde ! et suivi par tous les polissons du quartier.

Le chevalier ne s'arrête que lorsqu'il n'entend plus personne derrière lui. Il est alors près des *Fossés jaunes*, creusés sous le règne de Charles IX, et qui s'étendaient depuis la porte Saint-Denis jusqu'à la porte Saint-Honoré. On venait d'agrandir encore Paris : une nouvelle enceinte s'élevait le long des *Fossés jaunes*; deux nouvelles portes avaient été bâties : l'une, rue Montmartre, contre la rue des Jeûneurs, remplaçait l'ancienne porte Montmartre, démolie en 1633; l'autre, rue Saint-Honoré, entre le boulevard et la rue Royale, remplaçait celle située entre la rue Richelieu et la rue Saint-Honoré, qui fut abattue an 1631. Sur le terrain qui se trouvait dans cette nouvelle enceinte, on bâtit bientôt les rues de Cléry, du Mail, des Fossés-Montmartre, des Victoires, des Petits-Champs, etc. Cependant, au milieu de ces nouvelles constructions, la butte Saint-Roch conservait encore sa forme pittoresque et ses moulins à vent.

Chaudoreille est trempé, et il fait très-froid; il ne va pas changer chez lui pour une raison qu'il est facile de deviner. Heureusement le temps était au beau; et le soleil, quoique jetant peu de chaleur, embellissait la promenade établie alors le long de l'enceinte de Paris. Le chevalier ne voit d'autre moyen pour se sécher que de courir pendant deux ou trois heures au soleil, et il se livre aussitôt à cet exercice en regardant beaucoup moins en l'air qu'auparavant; et ne répondant à quelques-unes de ses connaissances, qui, en passant près de lui, s'informent où il court si vite, que par ces mots : — C'est uné gageure... né m'arrêtez pas. J'ai parié cent pistoles qué jé suerais à grosses gouttes.

Au bout de trois heures passées à courir au soleil, les vêtements du chevalier commencent à avoir plus de consistance, et il s'arrête pour reprendre haleine.

— Tu as manqué ta vocation, mon ami, tu aurais dû te mettre coureur de quelque prince, dit alors un homme arrêté avec deux autres, et paraissant prendre beaucoup de plaisir à regarder Chaudoreille, tandis que l'un de ses compagnons, d'une structure et d'une grosseur extraordinaires, riait à gorge déployée, et que le troisième, en faisant des gestes bouffons et des grimaces bizarres, semblait s'attacher à copier les traits et la tournure du coureur.

— Qu'est-ce que dites, messieurs ! dit l'enfant de la Garonne aux trois individus arrêtés devant lui. Est-ce qu'on n'est plus le maître dé courir, capédébious !

— Oh ! oh ! l'accent le rend encore plus drôle, dit le gros homme.

— Camarade, regarde-le bien, il faut ce soir nous donner cette figure-là, elle vaut son pesant d'or; — Je le tiens, répond le troisième. Que la peste m'étouffe si je ne vous le rends pas ce soir trait pour trait !...

— M'avez-vous assez vu, messieurs ? dit Chaudoreille en lorgnant les trois individus en dessous parce qu'il ne se sent pas le courage de les regarder en face. Pour qui me prenez-vous, s'il vous plaît ?

— Oh ! parbleu, dit tout bas *Turlupin*, car c'était lui qui se promenait avec ses deux compagnons de gloire, *Gros-Guillaume* et *Gautier-Garguille*, il faut tâcher de mettre le petit homme en colère, cela ne peut manquer d'être plaisant.

S'approchant alors de Chaudoreille, qui réfléchissait sur la mine qu'il devait faire, il commence par donner quelques coups d'une baguette qu'il tenait à la main sur le fourreau de Rolande en disant :

— A quoi diable vous sert cela, seigneur cavalier ?

Le chevalier devient, dans la même minute, pâle, rouge et jaune, et ses yeux se portent autour de lui pour s'assurer s'il pourra faire retraite; mais déjà plusieurs passants s'étaient arrêtés et formaient un cercle, car, ayant reconnu les trois bouffons qui attiraient alors la foule à l'hôtel de Bourgogne, on ne doutait point qu'ils ne voulussent jouer quelque farce au personnage qu'ils entouraient.

La vue de tout ce monde calme un peu la frayeur de Chaudoreille.

— Il n'est pas présumable, se dit-il, qu'on laissera ces trois hommes-là m'assommer sans mé secourir, il s'agit donc dé faire bonne contenance.

En promenant ses regards sur la foule et tâchant de se donner un air d'assurance, il s'écrie :

— Jé né comprends pas pourquoi ces messieurs mé provoquent, jé prends tout le monde à témoin qué jé né les ai point insultés.

Un rire général est la seule réponse que reçoit Chaudoreille ; cette gaieté redouble sa mauvaise humeur ; il enfonce avec colère son petit chapeau de manière que la rosette aurore touche presque le bout de son nez, et cherche à écarter la foule pour se faire un passage; mais, s'avance-t-il d'un côté, il se trouve devant Turlupin, qui se met en garde avec sa baguette; se retourne-t-il d'un autre, il est arrêté par Gautier-Garguille, qui a posé son chapeau exactement comme Chaudoreille, et qui, en se plaçant devant lui, imite les mines piteuses du chevalier ; enfin, Gros-Guillaume, avec son énorme corpulence, lui barre encore le passage.

Chaudoreille est exaspéré, il n'y tient plus, il tire *Rolande*; Turlupin se présente pour combattre avec sa badine, et le chevalier, après avoir considéré le coin de l'œil l'arme de son adversaire, se met en garde en lui criant :

— Vous lé voulez, tenez-vous bien, jé suis uné forte lame !

A la troisième botte, Turlupin, feignant d'être blessé, se laisse tomber en poussant un énorme gémissement et en faisant une contor-

sion épouvantable; Gros-Guillaume se jette à côté de lui en s'é.riant : — Il est mort !

Chaudoreille ne sait où il en est... Il tient encore son épée à la main, et regarde tout le monde d'un air effaré. Gautier-Garguille le prend par le bras, et l'entraîne en lui criant dans l'oreille :

— Sauvez-vous, vous avez tué le fils du roi de la Cochinchine !...

Chaudoreille n'en écoute pas davantage; il prend sa course, sort de Paris, se lance à travers les champs et les marais; les trois heures pendant lesquelles il a couru au soleil n'ont point affaibli ses jarrets; il ne sent point la fatigue, la peur lui donne des ailes, et il ne s'arrête que lorsqu'il se croit enfin échappé aux poursuites qu'il est persuadé qu'on va diriger contre lui. On s'étonnera peut-être que le chevalier n'ait point reconnu dans les trois hommes qui l'avaient arrêté sur les boulevards les trois bouffons dont jouissait alors d'une si grande vogue et se permettaient mille licences que les Parisiens autorisaient et que les grands seigneurs mêmes prenaient plaisir à voir. Mais, quand Chaudoreille avait de l'argent, il passait la plus grande partie de son temps dans les tripots, et n'avait été que fort rarement au théâtre appelé l'hôtel de Bourgogne; d'ailleurs Turlupin et Gautier-Garguille savaient si bien changer leurs physionomies qu'il était difficile de les reconnaître, à moins d'avoir assisté souvent à leurs bouffonneries.

Le fuyard, s'étant arrêté pour respirer un moment, regarde timidement autour de lui; il se reconnaît : il est au bout du faubourg Saint-Antoine, près de la vallée de Fécamp, et il aperçoit à trois cents pas de lui la petite maison du marquis de Villebelle.

Chaudoreille est à jeun depuis la veille, il est accablé de fatigue, il se croit menacé des plus grands périls. Dans une telle circonstance, il oublie la défense du barbier, et se décide à aller sonner à la petite maison pour y chercher un refuge.

Rassemblant ses forces, il se dirige vers l'habitation; il se pend à la sonnette, et Marcel ne tarde pas à venir lui ouvrir.

— Comment ! c'est toi, dit le valet avec étonnement ; est-ce M. le marquis ou M. Touquet qui t'envoie ?

Avant de répondre, Chaudoreille entre précipitamment dans le jardin et referme la porte sur lui.

— Mais que diable as-tu donc? dit Marcel ; comme te voilà fait !... et ta figure toute renversée !... en sueur, par le froid qu'il fait !... On croirait, ma foi, que tu as tous les serpents de Paris sur les talons !

— Et l'on né sé tromperait point, dit Chaudoreille d'une voix presque éteinte. — Comment !... que veux-tu dire ? — Qué jé suis pour suivi... ou du moins qué jé vais l'être !... Qué les plus grands périls mé ménacent !... — Ah ! mon Dieu ! Et qu'as-tu donc fait ? — J'ai tué lé fils du roi dé la Cochinchine !... — Le fils de la Cochinchine !... — Eh ! oui, tout à l'heure... il n'y a qu'un moment... contre les *Fossés jaunes*... près de la porte Saint-Denis... mais avec honneur !... en duel !... à armes égales !... et Rolande l'a étendu à mes pieds... Ah ! Dieu ! quel cri il a poussé en tombant! jé l'ai encore dans les oreilles... Il est mort comme un taureau !...

Marcel écoutait avec sa bonhomie habituelle; cependant le récit de Chaudoreille lui semble tellement extraordinaire qu'il ne peut s'empêcher de s'écrier :

— Mais, en vérité, tout cela est-il bien possible?... — Comment, sandis ! si céla est possible !... Ah ! mon cher Marcel, cé n'est qué trop vrai... Tu mé connais, tu sais qué jé suis uné mauvaise tête, un raffiné d'honneur !... C'est un péli prix, qué veux-tu ! jé né puis pas mé réfondre !... Mais cetté fois pourtant il n'y a point dé ma faute... Je mé promenais tranquillement lé long de l'enceinte de Paris... Tout à coup trois hommes sé présentent dévant moi, ils sé permettent des plaisanteries qui m'offusquent; je les engage poliment à passer leur chémin, ils veulent mé rétenir encore ! Aussitôt jé dégaine !... la foule nous entoure, un dé mes adversaires sé met en garde... jé fonds sur lui... la foule dévient terrible... Mon ennemi sé bat en désespéré, mais bientôt il tombe à mes pieds... en faisant des grimaces hor ribles... et l'un de ses compagnons m'apprend qué jé viens dé tuer l'héritier du trône cochinchinois...

— Et que diable le prince de la Cochinchine faisait-il sur les boulevards avec ces deux imbéciles que tu le laisses se battre avec toi ? — Ah ! ma foi, jé n'ai pas eu le temps dé m'en informer; il était sans doute venu à Paris pour prendre de l'exercice... le pauvre garçon ! Mais tu sens bien qué cette aventure va faire un bruit épouvantable !... on va donner mon signalement... on va mettre toutes les escouades dé Paris à ma poursuite; mon cher Marcel, il faut qué tu mé caches pendant quelques jours !

— J'en suis bien fâché, mais cela ne se peut pas; je croyais que tu étais envoyé ici par mon maître pour me transmettre quelques ordres; puisqu'il n'en est pas ainsi, tu vas t'en aller; il m'est expressément défendu de recevoir ici personne, hors celles qui me sont envoyées. M. de Villebelle me chasserait, si, en arrivant tout à coup avec quelque belle ou quelques amis, il trouvait en ces lieux un étranger. — Eh ! cadédis ! jé né suis pas un étranger, puisque j'ai déjà servi les amours dé ton maître... Mon cher Marcel!... né mé veux point me mort? — Non, mais je ne veux pas perdre ma place... — Tu es seul ici? — Sans doute; mon monseigneur arrive au moment où on ne l'attend le moins... — Il né viendra pas aujourd'hui... — Tu n'en sais rien... — Si fait, jé sais qu'il est mandé à la cour... Jé né té démande qué jusqu'à demain... Mais... Marcel, mes jours sont entre tes mains. — Allons, tu t'effraies mal à propos... — Tous les Cochinchinois vont sé liguer contré moi... — Laisse-les faire... — Jé n'ai pas mangé dépuis hier... — Ce n'est point ma faute... — Marcel, tu es ému... Veux-tu qué jé mé jette à tes pieds? Tiens, m'y voilà. — Ne fais donc pas de bêtises comme cela!... — Tu es attendri... Tu cèdes... jé vois uné perle dans tes yeux... — Allons, pour jusqu'à demain seulement... mais, morbleu! si monseigneur arrive ce soir... — Je té promets dé sauter par-dessus les murs.

Chaudoreille respire plus librement; et on se dirige vers la maison.

— O lieux charmants! qué ma destinée est changée dépuis qué jé vous ai quittés! dit le chevalier en tirant son petit mouchoir de soie pour s'essuyer les yeux. Mais, arrivé dans la salle à manger, qu'il reconnaît, sa douleur semble se dissiper un peu. Il est le premier à mettre la table; il engage Marcel à aller à la cave, et ne lui laisse pas un moment de repos que le souper ne soit servi: car il était près de cinq heures du soir, et alors on dînait à midi.

— Je n'ai pas encore faim, dit Marcel en se mettant à table, je ne soupe ordinairement qu'à huit heures. — Eh bien! je mangerai pour toi et pour moi; céla né nous empêchera point dé souper ensuite à huit heures... car jé né veux rien changer à tes habitudes... Ah! mon ami! quelle journée!... Si tu savais tout cé qui m'est arrivé! D'abord céla commençait bien : un rendez-vous galant avec uné dame qui est dévénue amoureuse dé moi par la fenêtre... — Bah!... Donné-moi une aile dé cé chapon... Oui, mon ami, uné passion qué j'ai faite en regardant voler les hirondelles... mais j'y suis tellement habitué?... Versé-moi à boire... Je suis sûr qué c'est uné femme dé haut rang... Elle m'a envoyé uné dé ses esclaves, je crois même qué c'était uné mulâtre... Ou bien il faut qu'ellé prenne diablement dé tabac, car elle avait le nez terré d'Egypte... — Et pour quand ton rendez-vous? — Pour démain soir... Mais à présent puis-je encore y penser?... il faut qué cé malheureux duel vienne renverser tous mes projets!... On va peut-être me mettre pour cinq ou six ans à la Bastille!... — Allons, tu es fou!... — Oh! tu crois, toi, qu'on tue un prince dé la Cochinchine comme un petit bourgeois du Marais!... Ma situation est effrayante... car jé né veux point me battre!... Ah! mon Dieu! mon Dieu! — Donne-moi du pâté, jé t'en prie... — Qui t'assure que ton homme soit mort? — Si tu avais entendu lé cri qu'il a poussé en tombant, tu n'en douterais plus... Journée maudite!... c'est cé coquin dé porteur d'eau qui m'a porté malheur. — Un porteur d'eau?... — Eh! oui, avec qui jé mé suis battu cé matin... — Encore? — Eh! sandis! est-cé qué jé puis faire vingt pas sans mé battre! lé gouvernement dévrait mé donner uné pension pour mé faire rester chez moi... Encore un coup... Ah! mon Dieu! Marcel, il me semble qué j'entends beaucoup de bruit au déhors... — Que nous importe! ce sont des pages, des laquais, des étudiants, qui s'amusent ou se battent; oh! je suis accoutumé à cela... — C'est bien plutôt moi qué l'on vient arrêter... — Eh! non, je dis-je... — Ah! Marcel, qué tu es heureux dé né pas être un homme d'épée!... — Je me sers aussi bien d'un bâton pour me défendre; mais je ne cherche jamais querelle à personne... — Et tu as bien raison... qué l'envie cetté douce urbanité!... Mais jé crois qué jé n'entends plus rien... Donne-moi à boire... Jé mé sens plus calme. — As-tu assez mangé? — Oui, je puis maintenant attendre le souper. Marcel, c'est ici qué nous avons joué aux mouches volantes... — Je m'en souviens... — Veux-tu faire une partie pour passer le temps? — Jé suis obligé, cé jeu-là ne me plaît pas. — Oh! cé n'est pas célui-là qué jé té propose!... Mais jé crois qué j'ai par hasard un jeu de cartes dans ma poche... Allons, quelques cents de piquet... — Non, je n'aime plus le jeu... — Eh! sandis! c'est seulement pour passer quelques heures!... nous né nous ruinerons pas, jé n'ai qué deux pièces d'or sur moi; et quand jé les aurai perdues, du diable si je continue!

Marcel cède aux sollicitations de Chaudoreille, qui sur-le-champ dresse une table et tire de sa poche un jeu de cartes, sur lequel il jette un regard de tendresse, puis se place vis-à-vis de Marcel en lui disant: — Nous jouons un écu la partie. — C'est beaucoup!... Ah! bah! l'un perd, l'autre gagne... Cela restera toujours entre nous... — Oui, mais si l'un gagne tout... — Laissé donc!... Nous sommes d'égale force, mets au jeu... — Mais tu n'y as pas mis, toi... — Jé t'ai dit qué jé n'avais qué dé l'or... Jé changerai quand j'aurai perdu quelques cents.

La partie s'engage; la figure de Chaudoreille s'anime, ses yeux brillent et semblent vouloir sortir de leur orbite pour regarder le jeu de son adversaire.

— Voilà des cartes qui ne sont pas neuves, dit Marcel; elles sont presque toutes tachées ou marquées. — C'est qu'elles ont beaucoup servi apparemment!... Jé t'en laisse, dit Chaudoreille en regardant attentivement le dessus des cartes qui sont au talon. — Parbleu! tu m'as fait là un joli cadeau!... ce sont des sept et des huit!...

Chaudoreille gagne une partie, puis une seconde, puis une troisième, parce que, grâce aux remarques qu'il a faites sur le dos de chaque carte, il les connaît aussi bien à l'envers qu'à l'endroit.

— C'est singulier! s'écrie Marcel, il ne me rentre jamais rien... tu gardes toujours les bonnes... — Qué veux-tu? c'est lé hasard, la veine; mais il est probable qu'ellé va tourner.

La veine ne tournait pas, et les écus de Marcel passaient dans la

poche de Chaudoreille, qui était écarlate, tremblait, et avait toutes les veines du front gonflées par le travail que lui nécessitait sa partie, lorsque tout à coup le sonnette de la petite porte du jardin est tirée avec violence.

— Ah! mon Dieu! voilà du monde! dit Marcel. — Jé suis perdu! s'écrie Chaudoreille en sautant sur sa chaise, c'est moi qué l'on vient arrêter!...

Aussitôt il se lève, court dans la chambre comme un fou, puis enfile la première porte qu'il aperçoit et disparaît sans écouter Marcel, qui lui crie:

— C'est monseigneur... c'est M. de Villebelle; tiens-toi tranquille, je te ferai partir sans qu'il te voie...

Mais Chaudoreille a disparu, et la sonnette continue à se faire entendre; Marcel est obligé d'aller ouvrir sans savoir ce que son hôte est devenu.

CHAPITRE XX.

Le Petit Souper.

— Tu nous fais bien attendre, drôle! dit le marquis à Marcel en entrant dans les jardins avec trois hommes dont deux étaient enveloppés dans leur manteau tandis que le troisième n'avait plus de chapeau et rien pour couvrir son pourpoint de velours, qui était en plusieurs endroits taché de boue; ce qui n'empêchait pas celui qui le portait de rire aux éclats en le regardant.

— Suivez-moi, mes amis! dit le marquis passant devant ses compagnons... — Oh! moi, je connais le chemin, dit l'un, ce n'est pas la première fois que je viens ici... — Ni moi. — Eh bien! moi, messieurs, j'y fais aujourd'hui mon entrée... et dans un costume brillant, j'espère!... Ah! ah! du diable si l'on devinerait que je devais assister ce soir au petit coucher.

— Allons, Marcel, éclaire-nous donc, dit le marquis en poussant devant lui le valet, qui, inquiet et troublé, portait sans cesse ses regards autour de lui. — Tu dormais donc déjà, coquin? car tu as l'air tout hébété. — Oui, monseigneur... c'est vrai, je m'étais endormi... — Il mène ici une vie de chanoine, il ne fait que dormir et manger.

Tout en parlant, on est parvenu devant la maison. Heureusement pour Marcel le marquis n'entre jamais dans la salle basse, où la table de jeu est encore dressée. On se rend dans les appartements du premier. Marcel allume sur-le-champ plusieurs bougies; pendant ce temps les trois amis du marquis se sont jetés sur des fauteuils, et Villebelle se débarrasse de son manteau en disant à Marcel:

— Allons, hâte-toi, sers-nous à souper tout ce que tu pourras réunir, d'ailleurs il y a toujours des provisions ici... Tu as une basse-cour... un pigeonnier; mets vite quelques volailles à la broche, nous jouerons en attendant qu'elles soient servies... prépare la table de jeu... ouvre ce tiroir, il y a dedans des cartes, des dés... Messieurs, vous ferez peut-être maigre chère; je ne m'attendais pas au plaisir de vous traiter ce soir, mais au moins vous aurez de bons vins, la cave est bien garnie, et le champagne ne nous manquera pas.

— Pardieu! c'est le principal, dit un grand jeune homme pâle, dont les traits sont assez réguliers, mais qui est défiguré par la marque d'un coup d'épée qui lui a traversé la joue gauche. — Je suis de l'avis du vicomte, dit son voisin, qui paraît avoir quelques années de plus, et dont l'embonpoint et le teint coloré contrastent avec le physique du premier. — Le champagne avant tout!...

— Oh! je reconnais là cet ivrogne de Montgéran, dit le jeune homme au costume en désordre. Quant à moi, je ne suis pas fâché lorsque la chère répond aux vins... Mais jouons, messieurs, jouons; il faut que je regagne un chapeau et un manteau. — Tu pourrais même ajouter un pourpoint; car je ne pense pas que tu puisses te présenter quelque part avec celui-là. — Ces maudits bourgeois! comme ils se sont regardés ce soir!... C'est égal, j'en ai rossé trois! — Oui, mais sans le marquis et moi tu étais dans une mauvaise position!... — Ah ça! qui diable a amené cette querelle? car je ne sais pas encore pourquoi je me suis battu, moi... — Une misère!... une bagatelle!... Parce que j'emmenais avec moi la femme d'un petit commis des finances : cet impertinent mari se permet de crier, l'imbécile! Je lui aurais renvoyé sa femme au bout de deux jours; je n'avais pardieu pas envie de la garder!... Mais il étoit pour cela qu'il s'est fâché!... — Je dirai deux mots pour lui au surintendant; avant peu notre commis sera destitué. — C'est cela! il faut apprendre à vivre à ces petits roturiers qui se persuadent qu'ils n'ont pris une femme pour eux! — A ta place, moi, je solliciterais une lettre de cachet. — Nous verrons... cela pourra se faire.

Pendant cette conversation, Marcel a tout préparé; il descend au rez-de-chaussée, et, en faisant les dispositions pour le souper, appelle dans tous les coins de la chambre, mais à voix basse, son convive, qui a disparu

— Où diable s'est-il fourré? se dit Marcel, qui visite toutes les chambres, et descend à la cave, où il appelle de nouveau Chaudoreille sans recevoir de réponse. Il se sera apparemment sauvé dans le jardin, et de là il aura sauté par-dessus les murs, comme il avait dit qu'il le ferait... Cependant cela m'étonne, car il ne se souciait guère de sortir de la maison.

Le marquis et ses compagnons se sont mis à jouer, et, en attendant que le souper soit prêt, ils font déjà sauter quelques bouchons de champagne pour se mettre en train. C'est à qui dira le plus de folies : les gageures les plus extravagantes sont proposées et tenues; et, tout en jouant, en buvant, en chantant, chacun conte ses bonnes fortunes, ses aventures galantes, fait le portrait de sa maîtresse, et passe en revue les femmes à la mode, n'épargnant pas plus la femme honnête que la courtisane.

Enfin Marcel vient annoncer que le souper est servi dans la pièce voisine, et ces messieurs suspendent leur jeu pour aller se mettre à table.

La salle dans laquelle on a servi le souper répond, par son élégance, aux autres pièces de ce délicieux séjour; quoiqu'elle serve habituellement pour les banquets, la beauté et le goût des peintures à fresque, les statues qui la décorent, les sofas dont elle est garnie, les lustres qui l'éclairent, rappellent ces salons de l'antique Rome où Horace, Properce et Tibulle, entourés de leurs amis, de leurs émules, chantaient l'amour et les charmes de leurs maîtresses en se passant des amphores remplies de falerne, en portant à leurs lèvres des coupes où pétillaient le massique et le cécube; et, tout en se couronnant de myrte et d'acanthe pour ressembler à leurs dieux, ne prouvaient que trop qu'ils avaient toutes les faiblesses des mortels.

Nouveaux Sybarites, les jeunes seigneurs rassemblés chez Villebelle boivent à longs traits les vins généreux dont la table est garnie. Le marquis leur donne l'exemple en vidant les flacons. La bienséance, l'étiquette sont bannies de ces repas où la liberté dégénère souvent jusqu'à la licence. Les convives ont approché les sofas de la table, et chacun, couché à demi comme un pacha, tient, au lieu d'une longue pipe, un verre de champagne qu'il vide en riant aux éclats des folies qu'il entend et de celles qu'il débite lui-même.

Le jeune homme arrivé sans chapeau, et que l'on nommait le chevalier de Chavagnac, se trouvait assis en face d'une belle statue représentant Psyché. Tout à coup il interrompt le gros Montgéran, qui chantait, en s'écriant :

— Que le tonnerre m'écrase si cette Psyché n'a point fait encore un mouvement !

— Que diable dis-tu là? répond le marquis. — Je dis... je dis que ta Psyché s'anime... ou que je deviens aveugle!... — Oh! pardieu! cela serait délicieux si cette jolie femme pouvait venir prendre place au milieu de nous!... — Messieurs, c'est sans doute la voix de Montgéran qui opère ce prodige.... Nouveau Pygmalion, il amollit le marbre. — Ne vous moquez pas de ma voix, messieurs, elle a bien son prix. Ce sont plutôt vos discours cyniques qui font rougir cette pauvre Psyché... Mais laissez-moi chanter, au lieu d'écouter les sottises de Chavagnac, qui ne voit plus clair à force d'avoir bu!...

— Oui, certes, j'ai bu, mais j'y vois encore; voilà longtemps que je regarde cette statue, et déjà plusieurs fois il m'a semblé qu'elle remuait... — Marquis, est-ce qu'il y a des revenants dans ta petite maison? — Je n'en ai jamais aperçu aucun; mais ce serait bien aimable à eux de venir nous rendre visite pendant que nous sommes à table... nous les ferions trinquer avec nous.

— Allons, chante, Montgéran, nous t'écoutons... mais que ça ne soit pas gazé, j'aime la nature, moi.

— Oui, messieurs, je vais donc : Le berger, de sa bergère pour admirer les appas, prit d'abord ...— Oh! pour le coup, je saurai ce que c'est, dit Chavagnac en se levant brusquement et courant vers la statue. Arrivé tout près, la Psyché fit un mouvement si vif qu'elle serait tombée de son piédestal sur le parquet si le jeune homme ne l'eût reçue dans ses bras et posée à terre. Tous les convives avaient les yeux fixés sur Chavagnac, qui, après avoir placé la Psyché en sûreté, se rapproche du piédestal, qui était haut de trois pieds et pouvait en avoir un et demi de circonférence. — Il y a quelqu'un là-dedans, s'écrie le jeune homme, qui s'aperçoit que le piédestal est creux et a une ouverture dans le côté qui est tourné contre le mur.

— Quelqu'un là-dedans ! répètent tous les assistants en se levant à demi; au même instant une voix aigre et tremblante, qui semble sortir de dessous terre, fait entendre ces mots:

— Point de violence, messieurs, je me rends à discrétion!... Et au bout d'un moment la petite tête de Chaudoreille sort de derrière le piédestal et se montre aux convives, qui partent d'un éclat de rire en s'écriant :

— Oh ! la bonne figure!

Cependant Chavagnac, qui est resté près de la niche de la statue, prend Chaudoreille par la moustache, et le force à sortir entièrement de sa cachette; puis, après avoir examiné le personnage, que sa mine piteuse rend encore plus comique, va en riant prendre sa place, tandis que le pauvre diable qu'on vient de dénicher se jette à genoux devant la table, et, sans oser encore lever les yeux, marmotte en joignant les mains :

— Messieurs, si j'ai tué le prince de la Cochinchine, c'est bien

malgré moi, et parce qu'il m'a provoqué!... mais je vous jure que je né mé battrai plus... je né porterai même plus Rolande si on l'exige.

— Que diable dit-il là?... — Y comprends-tu quelque chose, marquis ? — Ma foi ! non.... il parle du prince de la Cochinchine!.... — Il est fou... — Pardieu ! nous allons nous amuser! — Un moment, il faut avant tout que je sache comment ce drôle est parvenu jusqu'ici... Holà! Marcel... Marcel!...

Pendant que Marcel monte, la terreur de Chaudoreille s'est un peu calmée; tant qu'il était dans le piédestal, un murmure sourd parvenait seul à ses oreilles et il croyait la salle remplie d'hommes d'armes qui le cherchaient; maintenant les mots qu'il vient de saisir et le nom du marquis qu'on a prononcé lui apprennent la vérité; rassuré sur sa vie, il commence à promener des regards patelins sur les personnes qui entourent la table et, ne rencontrant que des visages qui rient en le voyant, il reprend entièrement ses esprits.

Marcel est monté et, à la vue de Chaudoreille, il reste interdit et confus devant son maître.

— Quel est cet homme, Marcel? dit le marquis. Le connais-tu? est-ce un voleur? est-ce lui ou toi que nous devons pendre?... Allons, parle, drôle, et dis la vérité, ou tu seras châtié de la bonne façon.

Marcel est tremblant, il ne sait comment s'excuser d'avoir reçu quelqu'un malgré la défense expresse du marquis, et balbutie :

— Monseigneur... c'est malgré moi... je ne le voulais pas... je lui avais refusé d'abord!...

— Monseigneur! s'écrie Chaudoreille en se relevant et en montant sur ses pointes, si vous voulez le permettre, je contérai à Votre Excellence et à Leurs Seigneuries comment tout cela est arrivé, car je vois que Marcel en viendra difficilement à bout.

— Oh! oh! le trembleur a recouvré la parole, à ce qu'il paraît, dit le gros Montgéran, qui ne se lasse point de regarder Chaudoreille.

— Allons, marquis, laisse-le parler...

— Oui, oui, il nous fera rire, s'écrient les autres convives.

— Eh bien! messieurs, puisque vous le désirez, j'y consens. — Parle donc, petit roquet et toi, Marcel, reste là pour le démentir s'il en impose.

Quoique le nom de petit roquet ait fait froncer le sourcil à Chaudoreille, la permission de parler devant des seigneurs de haut rang lui cause tant de plaisir qu'il donne aussitôt à sa physionomie l'expression la plus riante et commence son discours :

— Messeigneurs! Vos Excellences voient en moi Loustic-Goliath dé Chaudoreille, chevalier de la Tablé-Ronde, descendant par les hommes du fameux Milon de Crotone, et remontant par les femmes jusqu'à la célèbre Dalila, qui, se sacrifiant pour sa patrie, eut le courage de couper à Samson, son amant, ce qui faisait sa force...

Ici les éclats de rire interrompent un moment l'orateur.

— C'est délicieux! c'est charmant! disent les convives, il vaut son pesant d'or.

— Peste ! se dit Chaudoreille, voilà mon éloquence qui fait son effet, j'étais bien sûr que je n'aurais qu'à parler.

— Au fait, descendant de Dalila, dit le marquis, quel est ton état? Chaudoreille paraît un instant embarrassé, puis il s'écrie avec volubilité :

— Défenseur dé la beauté, protecteur des belles... et des académies dé jeu; enseignant à faire des armes et à jouer au piquet, montrant la musique et la manière dé faire sauter la coupe, secourant les jeunes gens dé famille et les filles séduites; porteur dé billets doux ; maître dé stance, duelliste et coureur... le tout à un prix très-modéré.

— Eh! mais c'est un trésor que cet homme-là! — Enfin qui t'a conduit ici? — Vos Excellences ont dû entendre parler dé mon duel! dé cé matin... j'ai tué lé prince dé la Cochinchine... près dé la porte Saint-Dénis. — Le prince de la Cochinchine!... où diable as-tu trouvé ce prince-là?

— Lé long des Fossés-Jaunes... Jé mé promenais tranquillement... il est vénu m'insulter, jé mé suis battu... N'est-il pas vrai, Marcel?

— Oui, c'est très-vrai qu'il m'a conté tout cela, monseigneur, dit Marcel... — Il est arrivé ici comme un effaré, et, ne pouvant plus se soutenir, il m'a dit qu'il était poursuivi... et, quoique je n'aie pas compris grand'chose à son histoire du prince, je l'ai vu si tremblant... que j'ai consenti à le laisser entrer un moment. Nous soupons, quand vous avez sonné, monseigneur, et sur-le-champ il s'est sauvé sans vouloir m'écouter. Voilà la vérité.

— Oui, monseigneur, dit Chaudoreille, j'ai cru qué les archers, lés sergents vénaient m'arrêter, et jé mé suis caché dans le premier endroit qu'j'ai aperçu.

— Penses-tu, drôle, que je donne dans l'histoire que tu as débitée à Marcel pour attraper un souper?... — Monseigneur, jé vous juré!... — Paix ! — Lé duel a des témoins... — Silence! te dis-je. Pour venir dans cette maison y chercher Marcel, il fallait savoir qu'il l'habitait. Qui a pu t'enseigner le chemin de cette demeure? savais-tu qu'elle m'appartenait? et si tu le savais, qui t'a donné l'audace de t'y présenter ?

Chaudoreille, qui s'aperçoit que le marquis ne plaisante plus, répond avec moins d'assurance : — Monseigneur... j'ai déjà eu l'honneur dé venir en ces lieux... pour le service dé Votre Seigneurie... — l'our-

moi, coquin ? — Oui, monseigneur, jé vous ai même servi... indirectement dans certaine affaire... avec certaine jeune Italienne... un enlèvement... sur le pont dé la Tournelle... c'est moi qué Touquet avait chargé dé faire lé guet.

— Oh! oh! marquis, disent les trois convives en souriant, voilà qui devient assez clair... Le chevalier de la Table-Ronde a servi tes amours.

— J'ai eu cet honneur, messeigneurs! répond Chaudoreille en saluant et relevant ses moustaches.

— Pardieu! je n'en reviens pas! s'écrie le marquis en considérant Chaudoreille.

— Quoi! Touquet, si fin, si inventif, se serait servi d'une telle marionnette!... Allons, cela n'est pas possible!...

— Monseigneur! dit Chaudoreille en se pinçant les lèvres, si vous connaissiez les talents de célui qué vous appélez marionnette... vous en parleriez peut-être différemment : Touquet même n'est qu'un écolier près de moi.

— Oh! pour le coup, mon drôle, il faut que tu justifies ta jactance ou que tu périsses sous le bâton. Depuis quelques jours l'ennui me gagne ; je ne trouve plus à la cour et à la ville rien qui mérite mes hommages... Mon Italienne même commence à me lasser... Je veux... je ne sais... je donnerais tout au monde pour pouvoir être véritablement amoureux; trouve-moi une femme capable de m'inspirer ce sentiment. Je te donne vingt-quatre heures pour me découvrir ce trésor. Cent pistoles pour toi, si tu satisfais mes vœux; cent coups de bâton, si tu ne réussis point.

— C'est cela! c'est cela!... disent les convives de Villebelle; s'il a réussi tu nous le diras, et nous l'emploierons à notre tour...

— Ah! capédébious! se dit Chaudoreille, cent pistoles si jé lé rends amoureux!... Cadédis, ma fortune serait faite... mais cent coups de bâton si jé né réussis pas... Comment rendre amoureux un homme qui est blasé sur tout? et en vingt-quatre heures!... O mon génie! inspirémoi!... Ah! si ma portière ressemblait à cette Psyché!...

— Tiens, bois cela, dit Montgéran en présentant à Chaudoreille un grand verre plein de madère, cela t'aidera peut-être à trouver ce qu'il faut à Villebelle.

Chaudoreille vide le verre d'un trait, après avoir humblement salué la société, puis, se frappant vivement le front, fait un saut en arrière en s'écriant :

— Jé l'ai trouvé!...

— Le vin a déjà opéré, dit Chavagnac. — Allons, parle, s'écrie le marquis, qu'as-tu trouvé?...

— Monseigneur, dit Chaudoreille en s'inclinant avec respect, daignez mé permettre de vous dire quelques mots sans témoins.

— Le drôle a raison, dit le marquis en se levant de table; s'il parlait devant vous, messieurs, chacun voudrait s'assurer de la vérité de son récit, et nous deviendrions rivaux. Marcel porte une lumière dans la pièce voisine... — Allons, mons Chaudoreille, venez, que je vous donne audience. Prenez patience, messieurs, cela ne sera pas long.

En disant ces mots le marquis passe dans une autre pièce, et Chaudoreille le suit d'un air à la fois important et mystérieux qui amuse beaucoup les trois personnes restées à table.

Lorsque Chaudoreille se voit seul avec le marquis, il examine si les portes sont bien fermées, et se baisse pour regarder sous une table : mais le marquis le tire par l'oreille en lui disant : — Que signifient toutes ces cérémonies?... — Monseigneur, c'est qu'il s'agit d'un mystère... d'un secret, et jé né voudrais pas qu'un autre qué vous le connût... — Au fait, parle... — Jé m'expose beaucoup en parlant... il y a peutêtre dé ma vie... — Tu t'exposeras beaucoup plus en ne parlant pas, dit le marquis avec impatience et en portant la main sur une pelle à feu. — M'y voici, monseigneur. Jé gage qué vous n'avez jamais vu la fille dé Touquet?... — La fille de Touquet!... Quoi! il aurait une fille?... — Non pas précisément, monseigneur, c'est seulement un enfant qu'il a adopté il y a environ dix ans... — Touquet a adopté un enfant!... Pardieu! voilà qui me surprend! — Oh! j'étais bien sûr, monseigneur, qué vous ignoriez cette circonstance!... car il y a là-dedans un mystère... fort extraordinaire!... on né cache pas si bien une fille quand cé n'est pas pour soi qu'on la garde... — Enfin cette fille? — C'est un ange, monseigneur, uné beauté divine, enchantéresse!... à peine seize ans!... uné taille de nymphe!... Et Touquet faisait répandre qu'elle était laide, mal faite,... qu'elle n'avait rien pour plaire. Il m'avait même ordonné de lé dire partout. Si j'ai vu la jeune Blanche, c'est qué, voulant lui faire apprendre la musique, il a bien fallu qué le barbier sé décidât à m'introduire chez la pétite, qui du reste né sort jamais dé sa chambre...

— Voilà qui est vraiment singulier, dit le marquis, et tu piques beaucoup ma curiosité!...

— Bon! j'aurai les cent pistoles! se disait Chaudoreille, céla vaut mieux qué les deux écus d'or qué lé barbier m'avait promis... sans compter l'honneur d'être l'homme d'affaires du marquis de Villebelle.

— Et tu dis que ce n'est pas parce que c'est lui-même amoureux qu'il cache ainsi cette jeune fille? reprend le marquis au bout d'un moment. — Non, monseigneur, car d'ici à quelques jours il doit la marier... — La marier!... — Oui, monseigneur, à un petit jeune

homme qué la belle Blanche né connaissait pas; j'en suis sûr, car personne né pénétrait près d'elle, qué votre serviteur... Jé gage qué Touquet la sacrifie!... et qué la pauvre pétite déteste son futur...

Ici Chaudoreille ne disait pas ce qu'il pensait; mais il jugeait convenable de présenter les choses sous cet aspect.

Le marquis réfléchit quelques moments, puis il dit : — Apprendsmoi vite tout ce que tu sais sur l'adoption de cette jeune fille. — Oui, monseigneur. Il y a dix ans environ, Touquet, qui n'avait pas lé sou alors, était logeur en même temps qué barbier étuviste. Un soir, un gentilhomme sé présenta chez lui avec uné pétite fille de cinq à six ans, démandant à coucher. Touquet lé reçut. Lé voyageur sortit lé même soir, laissant sa fille chez Touquet, et lé même soir il fut assassiné dans la rue Saint-Honoré près dé la barrière des Sergents.

— Découvrit-on les assassins? dit le marquis en regardant attentivement Chaudoreille. — Oh! non, monseigneur, répond celui-ci en laissant échapper un sourire presque imperceptible; mais... quelque temps après, Touquet sé trouva assez riche pour acheter la maison qu'il louait...

Le marquis fait un mouvement subit, comme un homme qui vient dé marcher sur un serpent. Puis un assez long silence succède, pendant lequel Chaudoreille tient ses regards baissés vers la terre, n'osant chercher à lire dans ceux du marquis.

— Et c'est la fille de cet homme qu'il a adoptée? dit enfin Villebelle en rompant le silence. — Oui, monseigneur, c'est elle. — Comment se nommait son père? — Moranval... à cé qué jé crois; du reste on né trouva sur lui qu'une lettre insignifiante, qui né pouvait donner aucun renseignement sur sa famille. — Et sa fille est belle?... — Làdéssus dé cé qué j'en pourrais dire, monseigneur... et si vous la voyiez... — Oui, je la verrai. — Monseigneur, j'aurai l'honneur dé vous faire observer qué Touquet m'avait expressément défendu dé parler dé la jeune Blanche... et dé son futur mariage ; pour être agréable à Votre Seigneurie, jé mé suis sacrifié : mais le barbier est méchant... très-méchant! Jé vous supplie, monseigneur, dé né point lui dire qué c'est moi qui vous ai appris tout céci. — Sois tranquille!... — En tout cas jé mé permettrai de réclamer la protection dé monseigneur... dé même qué pour mon duel avec lé prince cochinchinois, qui n'est pas une mentérie comme monseigneur paraît lé croire.

Le marquis s'est plongé dans ses réflexions; enfin il se lève en disant à Chaudoreille : — Suis-moi, et plus un mot sur tout ceci!... Dans vingt-quatre heures tu reviendras en ces lieux, et, si tu ne m'as point trompé, tu recevras la récompense que je t'ai promise.

Chaudoreille s'incline jusqu'à terre et suit le marquis. On retourne dans la salle du festin, où les convives attendaient avec impatience le retour de Villebelle. Eh bien! lui dit Chavagnac en le voyant paraître, cela valait-il la peine de quitter la table ?

— Je le crois, répond le marquis. Au reste, après-demain je vous le dirai mieux... Chaudoreille, descends avec Marcel et fais-toi servir à souper avant de partir.

Celui-ci ne se fait pas répéter cet ordre; il descend trouver Marcel, et, prenant déjà avec lui un air de protection, se fait servir ce qu'il trouve de meilleur dans son ancien ami : — Jé suis en grandé faveur auprès dé ton maître... conduis-toi bien avec moi, et jé pourrai lui dire deux mots pour toi... Surtout né mé refuse jamais dé faire ma partie dé piquet, ou jé té perds dans l'esprit de monseigneur.

Le pauvre Marcel, qui ne comprend rien à tout cela, se laisse encore gagner six parties par son intime ami. Enfin le jour paraît, et Chaudoreille quitte la maison en disant : — Jé réviendrai cé soir à dix heures, lé marquis m'a donné rendez-vous. Puis il se hasarde dans le faubourg, s'arrêtant lorsqu'il aperçoit de loin deux hommes ensemble, et demandant d'un air mystérieux à quelques marchands s'ils ont entendu parler de la mort du prince de la Cochinchine. Comme personne ne sait ce qu'il veut dire, il finit par se persuader que son prince est mort en conservant l'incognito ; et, plus tranquille sur les suites de cette affaire, il se hasarde enfin à rentrer dans Paris.

Après l'entretien secret du marquis et de Chaudoreille, les quatre roués sont retournés jouer ; mais la partie n'est plus aussi gaie. Villebelle est préoccupé, et prend peu de part à la conversation; le vicomte s'endort, le gros Montgéran ne trouve plus de chanson, et Chavagnac s'ennuie de ne pouvoir gagner. Enfin, sur les six heures du matin, ces messieurs se séparent; chacun se rend à sa demeure de la ville, et le marquis rentre dans son hôtel en réfléchissant à ce que Chaudoreille lui a appris.

CHAPITRE XXI.

On ose tout avec de l'or et de la puissance.

— Encore deux jours, et je serai votre époux, ma chère Blanche! dit Urbain en pressant tendrement les mains de la jeune fille. — O mon ami, que nous serons heureux quand nous ne nous quitterons plus!

répond Blanche en souriant à son amant. Combien le séjour de la campagne me plaira ! j'y respirerai plus à mon aise que dans cette chambre. Nous irons jouer, courir sur l'herbe, n'est-ce pas, mon ami ? — Oui, nous cultiverons nous-mêmes notre jardin. — Ah ! quel plaisir !... Nous aurons des fleurs, je les aime tant !...

— Nous aurons aussi des vaches, j'espère ? dit Marguerite. — Oh ! oui, ma bonne... et des pigeons, des lapins, des poules... tout cela doit être si amusant !... Il me semble que, lorsque j'étais toute petite, j'habitais à la campagne dans une maison où il y avait de tout cela. — Pauvre Blanche ! Et c'est là tout ce dont vous vous souvenez de votre enfance ? — Ah ! je me souviens encore d'une dame qui était toujours avec moi, qui m'embrassait bien souvent !... C'était sans doute ma mère !...

— Pauvre femme ! dit Marguerite, elle existe peut-être encore ; et dire qu'on ne peut pas savoir... Mais éloignons ces tristes pensées !...
— Ainsi, chère Blanche, vous ne regretterez pas Paris ? dit Urbain. — Et que voulez-vous donc que j'y regrette, mon ami... puisque vous serez avec moi ?...

— Ces chers enfants ! dit la vieille servante en se levant de dessus sa chaise, c'est la Providence qui les a réunis ; car ils sont faits l'un pour l'autre. Mais il est neuf heures, monsieur Urbain, il faut partir.
— Déjà neuf heures !... Le moment approche où nous ne devons plus nous quitter... mais les journées que je passe loin de vous me paraissent bien longues ! — C'est comme moi, mon ami ; il me semble que la soirée n'arrive jamais !... — Je n'ai pas vu M. Touquet depuis quelques jours ? — Oh ! vous ne le verrez pas ce soir, dit Marguerite ; il a reçu une lettre après le dîner. C'était sans doute pour affaire pressée, car il est sorti sur-le-champ et n'est pas encore rentré.
— Adieu donc, Blanche... — Au revoir, mon ami... — Plus que deux jours !... C'est encore bien long !
— Vous en avez bien passé quinze, dit Marguerite. — Oui, mais je ne sais pourquoi ceux-ci me paraissent devoir être éternels !...

Urbain ne peut se décider à s'éloigner de Blanche ; son cœur est oppressé ; les yeux des deux amants se remplissent de larmes, la jeune fille tend sa main à son amant, qui la presse contre son cœur.
— Je ne sais ce que j'ai, dit Blanche, mais cela me rend plus triste qu'à l'ordinaire de vous voir partir. — Quel enfantillage ! dit Marguerite ; ne dirait-on pas que vous allez être deux jours sans vous revoir !... Est-ce que M. Urbain ne viendra pas demain soir ?... Allons, allons, il est temps de se retirer.

Les amants se disent encore adieu en poussant de gros soupirs ; et Urbain suit enfin Marguerite, qui referme sur lui la porte de la rue, puis remonte près de Blanche, qu'elle gronde de sa tristesse. Mais elle ne parvient pas à la rendre plus gaie : car les efforts de la raison peuvent persuader l'esprit, mais non pas calmer les craintes du cœur.
— Il n'y a qu'un quart d'heure que le jeune bachelier est parti, lorsqu'on frappe fortement à la porte de la rue.
— Ah ! c'est sans doute Urbain, dit Blanche ; il m'a vue triste, il veut me consoler... — Oh ! ce n'est pas probable, dit Marguerite ; c'est bien plutôt M. Touquet, qui rentre... Cependant je suis étonnée qu'il frappe, car je crois qu'il a pris son passe-partout. — Va voir, ma bonne. — Oui, oui, mademoiselle... mais si ce n'était pas monsieur ?... Il est tard... nous sommes seules dans la maison, et je ne sais si je dois ouvrir... — Va voir, je te regarde par la fenêtre, ma bonne ? je verrai tout de suite si c'est Urbain. — Je le veux bien, cela me semble même plus prudent.

Blanche a déjà ouvert la fenêtre et elle regarde dans la rue : la nuit est noire ; mais l'amour rend clairvoyant, et la jeune fille voit bientôt que ce n'est pas Urbain.
— Qui est là ? demande Marguerite en avançant la tête. Une voix forte répond : — Je viens de la part de maître Touquet : il m'a chargé d'une commission près de sa fille adoptive... mademoiselle Blanche.
— Oh ! voilà qui est singulier, dit Marguerite à Blanche ; comment ! monsieur, qui vous cachait à tous les regards, nous envoie un étranger, et à cette heure !... — Mais, ma bonne, puisque c'est lui qui nous l'envoie, il faut ouvrir à cet monsieur... Il est peut-être arrivé quelque chose à mon protecteur !... — Cet homme est-il seul, mon enfant ? — Oui, ma bonne, je ne vois que lui...
— Ouvrez donc, crie-t-on de la rue, mon message est pressé... — Un moment !... on y va... Restez là, mon enfant.

Marguerite descend tenant sa lampe à la main, elle n'est pas rassurée, elle ouvre cependant, et un homme enveloppé dans un large manteau et la tête couverte d'un chapeau à plumes paraît devant elle :
— Vous avez bien tardé, ma bonne, lui dit-il en souriant, mais je veux cependant vous dédommager de la peine que je vous cause.
En achevant ces mots, il glisse plusieurs pièces d'or dans la main de Marguerite, qui ne sait si elle doit les accepter, mais qui se dit tout bas :
— Ces manières ne sont pas celles d'un voleur.

L'étranger est entré lestement ; il s'avance dans l'allée, et la vieille, tout en le regardant, se dit :
— Ce n'est pas la première fois que je vois cette tournure-là... et sa voix me rappelle... Oui, je crois bien que c'est l'ami que mon maître attendait si tard il y a quelque temps.

Marguerite ne se trompait pas, et c'était en effet le marquis qui venait de s'introduire dans la maison après avoir eu soin d'envoyer au

barbier une lettre dans laquelle il lui donnait un rendez-vous dehors et lui ordonnait de l'y attendre jusqu'à dix heures du soir.
— Monsieur est déjà venu ici, je crois ? dit Marguerite rassurée en reconnaissant celui qu'elle croit être un ami de son maître. — Oui, ma vieille mère, j'y suis venu souvent. Mais hâtez-vous de me conduire près de votre jeune maîtresse... il faut absolument que je la voie... — Est-ce que mon maître serait malade ?... se serait-il trouvé dans quelque dispute !... Il arrive tant d'accidents dans cette ville !... — Rassurez-vous... il n'y a rien de tout cela.

Le marquis suit Marguerite, qui le conduit à la chambre de Blanche, dont elle ouvre la porte en disant :
— Mademoiselle, voilà ce monsieur qui désire vous parler... de la part de M. Touquet.

Blanche fait quelques pas pour aller au-devant de l'étranger ; le marquis est entré brusquement ; mais en apercevant la jeune fille il s'arrête et reste plusieurs minutes immobile, occupé à la contempler.

L'aspect du marquis a quelque chose qui impose le respect ; et quoique alors sa physionomie ne fût point sévère, cependant l'étonnement, l'admiration qui se peignaient dans ses traits ajoutaient au feu de ses regards naturellement nobles et fiers. Blanche a involontairement baissé ses paupières, ne pouvant soutenir l'examen que le marquis semblait faire de sa personne, et Marguerite n'ose souffler mot, parce que l'étranger l'intimide aussi.
— C'est vraiment au-dessus de tout ce que je pensais !... dit enfin le marquis comme s'il se parlait à lui-même.
— Monsieur, dit Blanche, ma bonne prétend que vous avez quelque chose à me dire... de la part de mon bienfaiteur... il ne lui est rien arrivé, monsieur ?... — Non, aimable Blanche... Non, votre bienfaiteur, puisque vous daignez le nommer ainsi, ne court aucun danger ; mais je voudrais en braver mille pour que vous me portassiez le même intérêt.

Blanche regarde timidement le marquis comme si elle attendait qu'il s'expliquât mieux, et celui-ci, en s'empressant de la conduire à une chaise, laisse échapper un des coins de son manteau ; alors ses riches vêtements ne sont plus cachés, et Marguerite dit tout bas à la jeune fille :
— Ah ! mon Dieu ! mon enfant, regardez donc ces pierres précieuses... ces dentelles... C'est au moins un grand seigneur.
— Oh ! oui, répond tout bas Blanche, c'est superbe !... mais j'aime mieux le costume d'Urbain.

Villebelle, qui n'ôte pas ses yeux de dessus Blanche, garde de nouveau le silence. — Pourquoi donc êtes-vous venu, monsieur ? lui dit-elle voyant qu'il se contente de la regarder. — Oui, dit Marguerite, qui cherche à reprendre son assurance ordinaire, car enfin vous êtes venu pour quelque chose ?
— Et j'ai trouvé bien plus que je ne croyais, dit le marquis en souriant. Puis, sans paraître remarquer l'embarras que sa présence fait naître, il s'approche de Blanche, lui prend la main, et s'écrie : Vous ! dans cette retraite !... vous cachée à tous les yeux ! lorsque vous devez faire l'ornement du monde et recevoir les hommages de tout l'univers !...
— Pardon, monsieur, dit Blanche, mais je ne vous comprends pas...
— Je ne comprends pas non plus, marmotte Marguerite en attachant ses petits yeux sur le marquis.
— Tant mieux, fille adorable ! répond le marquis à Blanche et sans faire aucune attention à Marguerite. On ne m'a pas trompé !... C'est l'innocence même, la candeur la plus parfaite, unies à tout ce que la beauté, les grâces ont de plus séduisant...
— Mais, monsieur, est-ce cela que M. Touquet vous a chargé de me dire ?... — Non, aimable enfant, pas tout à fait !... dit le marquis en riant et retenant toujours la main de Blanche, quoiqu'elle cherche à se dégager.
— Il faut cependant vous expliquer, monsieur ! dit Marguerite d'un ton sec ; voilà un quart d'heure que vous êtes là, et vous n'avez pas encore dit pourquoi vous êtes venu... Il est fort tard, et nous n'avons pas pour habitude de veiller ainsi.
— Eh bien ! la vieille, allez vous coucher ; moi je tiendrai compagnie à cette aimable enfant... jusqu'au retour de maître Touquet.
— Que je vous laisse seul avec ma chère Blanche ! s'écrie Marguerite, que le mot la vieille achève d'indisposer ; non, monsieur, non, je m'en garderai bien... vos dentelles, vos pierreries, et toute votre belle parure ne m'inspirent aucune confiance... Tenez, reprenez vos pièces d'or, je n'en veux pas, car je commence à croire que vos intentions ne sont pas bonnes, et jamais Marguerite ne secondera les projets d'un séducteur, fût-il duc ou prince, quand même il lui offrirait les mines du Pérou !

Le marquis se contente de hausser les épaules sans se tourner vers Marguerite, puis s'assied près de Blanche, et ôte son chapeau et son manteau, s'établissant dans l'appartement comme quelqu'un qui n'est pas disposé à s'en aller.

Blanche est tremblante, interdite ; elle regarde Marguerite, pour l'engager à ne point l'abandonner, et la vieille, à qui la conduite de l'étranger inspire de nouvelles craintes, s'efforce de paraître rassurée en disant d'une voix dont les chevrotements trahissent sa frayeur :
— Soyez tranquille, mon enfant, je suis là... je ne vous quitterai pas ; et

quoique monsieur n'ait point l'air de m'écouter, il faudra pourtant bien qu'il nous dise ce qu'il compte faire ici...

— Je vous l'ai dit, bonne femme, j'attends Touquet. Il faut que je lui parle ce soir, cela est très important.

— Et tout à l'heure vous disiez que c'était lui qui vous avait envoyé... Vous nous trompiez donc alors?... — Peut-être! dit le marquis en riant.

— Eh bien! monsieur, si vous voulez absolument attendre mon maître, venez dans la salle basse, je vais vous y donner de la lumière, et vous y trouverez du feu. — Non pas, ma bonne, j'aime beaucoup mieux être ici que dans votre salle basse, et la société de cette charmante enfant m'y fera trouver le temps bien court. N'est-il pas vrai, adorable Blanche, que vous ne serez pas assez cruelle pour refuser de me tenir compagnie?...

Marcel.

— Mon Dieu, monsieur, si vous le désirez... si cela vous amuse... il faut bien que je le veuille aussi.

— Oui, dit Marguerite, il paraît qu'il faut que nous fassions les volontés de monsieur, mais, patience... bientôt, j'espère...

Dans ce moment on referme avec violence la porte de la rue... Blanche fait un mouvement de joie, et Marguerite s'écrie d'un air triomphant : — Ah! ah! voici mon maître!... nous allons voir maintenant si l'on doit s'établir ici malgré nous.

Le marquis se lève sans répondre, prend son manteau, met son chapeau sur sa tête, baise la main de Blanche en lui disant : — Au revoir, fille charmante! puis sort de la chambre en disant à Marguerite : — Éclairez-moi.

Tout cela a été si prompt que Blanche, étonnée, n'a pas eu le temps de s'opposer à l'action du marquis, et la vieille servante, qui ne revient pas de ce qu'elle voit, suit le grand seigneur en s'écriant :

— Ah! mon Dieu! quel homme!

Le barbier venait de rentrer et se débarrassait à peine de son manteau, quand le marquis, suivi de Marguerite, parut dans la salle basse; à l'aspect de Villebelle, Touquet fait un mouvement de surprise en disant :

— Quoi! vous ici, monsei...

Il s'arrête, et Marguerite s'écrie :

— Oui, mon cher maître, voilà plus de trois quarts d'heure que monsieur est ici... qu'il s'est présenté comme venant de votre part... qu'il s'est installé chez mademoiselle Blanche.

— Chez Blanche! dit le barbier en laissant paraître un trouble violent. — Oui, monsieur, chez mademoiselle, et...

— C'est assez, bonne femme, laissez-nous, dit le marquis d'un ton impérieux. — Que je vous laisse! répond Marguerite, oh! il faut avant tout..... — Il faut obéir! dit le barbier d'une voix sombre : — sortez.

Marguerite est confondue; mais elle n'ose plus répliquer, et sort en disant :

— Je n'y comprends plus rien!... Cet homme-là fait tout ce qu'il veut ici!... Cela me passe. — Eh bien! ma bonne, dit Blanche à la vieille, et l'étranger? — Oh!... je ne sais pas ce que c'est que cet homme-là! mais devant lui M. Touquet est soumis comme un enfant!... Je les ai laissés ensemble... Ce beau monsieur m'a dit : Sortez!... et il a fallu obéir. — C'est bien étonnant, ma bonne... — Comment trouvez-vous cet homme-là, mon enfant? — Mais..... pas mal, ma bonne... Et si je n'en avais pas eu un peu peur, je crois que je lui aurais trouvé l'air fort agréable... — Ah! mon Dieu!... je le trouve affreux, moi; il a quelque chose de satanique dans le regard... — Ah! ma bonne, tu l'as donc mal vu! il a une figure fort belle... des traits qui inspirent le respect... et pourtant qui sont doux en même temps. — Fi! fi! mon enfant, trouver bien un tel impertinent!.... — Ah! si votre Urbain vous entendait!... — Mais, ma bonne, je dirais la même chose devant Urbain : est-ce qu'il ne faut pas dire tout ce qu'on pense? cela ne le fâcherait pas, car il sait combien je l'aime. — Allons, mon enfant, il est tard, couchez-vous, je vais en faire autant : à demain.

Marguerite monte à sa chambre en se disant :

— Les jeunes filles seront toujours des jeunes filles!... la plus sage se laissera prévenir favorablement par de beaux compliments, une jolie figure et de riches habits!... Ce sont de terribles talismans près des femmes!...

Lorsque Marguerite a quitté la salle basse, le barbier va en fermer la porte. Tout dans sa personne décèle un trouble violent; cependant il attend que le marquis s'explique, et celui-ci l'examine et paraît jouir de son inquiétude.

— Sauvez-vous! vous avez tué le fils du roi de la Cochinchine.

— Puis-je savoir, monseigneur, dit enfin Touquet, comment il se fait que vous soyez chez moi lorsque vous m'indiquiez un rendez-vous ailleurs?

— Comment! Touquet, tu ne comprends pas!... C'est que je voulais tout bonnement t'éloigner de chez toi, afin de m'introduire comme venant de ta part chez la jeune fille que tu me cachais et que tu me brûlais de voir... Ce sont de ces petites ruses que toi-même m'as apprises jadis, mais cela réussit presque toujours.

Le barbier se mord les lèvres et ne répond rien.

— Eh quoi! reprend le marquis, tu possèdes ici un trésor, un ange de beauté, de grâce... et tu me le caches, à moi ton ancien maître, à moi, dont tu connais le penchant pour ce sexe qui m'a fait faire tant de folies !

— C'est justement pour cela, monsieur le marquis, que j'ai cru devoir dérober Blanche à vos regards ; je m'intéresse à cette jeune fille, à laquelle je tiens lieu de parents... Je connais vos passions impétueuses... et je ne pense pas que l'honneur d'être quinze jours votre maîtresse puisse assurer le bonheur de cette enfant.

— Et depuis quand, drôle ! fais-tu de semblables réflexions ? dit le marquis en lançant au barbier un regard foudroyant. — Est-ce après avoir servi toutes mes intrigues, après m'avoir entraîné à commettre des actions... dont sans toi je n'aurais jamais eu la pensée, que je dois te permettre de censurer mes passions et de faire le paladin des beautés que je distingue ?

— Monseigneur !...

— Songe que ton hypocrisie et tes mensonges peuvent te servir ailleurs, mais ne me tromperont jamais. Ce n'est pas à moi seulement que tu cachais cette jeune fille, car tu la tenais prisonnière dans sa chambre, tu ne lui permettais point d'en sortir !... Ce n'est pas toi qui es amoureux de Blanche, puisque tu dois la marier bientôt ; d'ailleurs, l'amour est un sentiment que tu ne peux connaître : ton cœur n'est possédé que de la soif de l'or. Il y a donc dans tout ceci un mystère que je parviendrai à découvrir.

Touquet devient pâle et tremblant, et balbutie en baissant les yeux :

— Je vous jure, monsieur le marquis...

— Finissons ! dit Villebelle en l'interrompant. Ecoute-moi. J'aime, dis-je ! j'adore cette jeune fille que je viens de voir il n'y a qu'un moment ; depuis bien longtemps je n'avais éprouvé de sentiments semblables à ceux que j'ai ressentis en sa présence... Ce n'est point un caprice passager... ce ne sont point de ces désirs auxquels le cœur est étranger... Non, en voyant Blanche, je me suis senti ému, troublé, attendri !... Je ne puis bien définir tout ce qui s'est passé en moi... Il me semblait que déjà je connaissais cette aimable enfant... que depuis longtemps mon amour lui était dû !... D'après cela, tu dois deviner qu'il m'est impossible désormais de vivre sans elle. Il faut que Blanche soit à moi ; il n'est point de sacrifices dont je ne sois capable pour arriver à ce but.

— Ah ! monseigneur, voilà ce que je craignais... dit Touquet, qui paraît être véritablement affligé de ce qu'il vient d'entendre. Vous voulez faire de Blanche votre maîtresse !...

— Je veux faire son bonheur, car je sens que je l'aimerai toute ma vie !...

— Cela est impossible, monseigneur. Blanche va se marier ; elle va épouser un jeune bachelier qu'elle aime... Vous voyez bien que votre amour ne ferait point son bonheur.

Le marquis se promène quelques instants dans la salle, puis s'écrie avec emportement :

— Je te le répète, il faut que Blanche soit à moi... il le faut ! Il n'est aucun moyen que je n'emploie pour en venir à ce but. Elle ne peut aimer encore celui que tu lui destines... il n'y a que quelques jours qu'elle le connaît.

— Monseigneur, qui a pu vous dire ?...

— Que t'importe ! Cet amour n'est donc qu'un sentiment passager que je saurai lui faire oublier en la comblant de présents, de bijoux, en cherchant chaque jour à inventer de nouveaux plaisirs pour lui plaire.

— Monseigneur, Blanche est habituée à la retraite ; elle n'est point coquette : vos parures, vos présents ne la séduiront pas...

— C'en est trop ! dit le marquis, tes objections me fatiguent ; ce sont maintenant des ordres que je vais te donner. Je veux que tu me livres Blanche, à laquelle je jure d'assurer une fortune indépendante. Un tel trésor doit être payé cher, je le sens... Tiens... voici des billets, de l'or pour six mille écus. Tu en recevras autant quand tu m'auras obéi.

Le barbier porte des regards avides sur la somme que le marquis vient d'étaler sur la table ; puis il détourne les yeux en disant d'une voix sombre :

— De l'or !... Oui... c'est toujours cela qui m'a entraîné... Mais cette fois... non, je ne puis... Songez, monseigneur, que c'est dans deux jours que Blanche doit être à son amant...

— Et c'est aujourd'hui... c'est cette nuit même qu'il faut qu'elle soit remise entre mes mains.

Le barbier semble balancer ; il regarde de temps à autre la somme qui est sur la table, puis prononce enfin avec effort :

— Cela ne se peut pas, monseigneur ; je suis désolé de vous désobéir, mais les choses sont trop avancées.

Le marquis se rapproche de Touquet, et, lui serrant fortement le bras, lui dit à demi-voix :

— Il faut donc que je prie mon oncle le grand-prévôt de faire faire une nouvelle enquête sur l'assassinat du père de Blanche... Crois-tu, misérable, que je ne devine pas en partie la cause qui te faisait dérober si soigneusement cette jeune fille à tous les regards ? Sa beauté devait la faire remarquer et lui attirer de nombreux adorateurs ; on aurait beaucoup parlé de Blanche, et, en cherchant à savoir ce qu'elle est, ce qu'était sa famille, on aurait pu prendre de nouvelles informations sur ce malheureux voyageur qui a été assassiné le soir même de son arrivée à Paris... On aurait fait des réflexions sur cette fortune qui t'est survenue, on ne sait comment, quelque temps après cet événement...

— Monseigneur, dit le barbier, dont le front est devenu livide tandis qu'un tremblement convulsif s'empare de tous ses membres ; monseigneur... que dites-vous ?.... Pourriez-vous croire ?...

— Je ne crois rien encore... Mais je vais dès demain engager les magistrats à faire leurs efforts pour percer ce mystère...

— Monseigneur... Blanche est à vous !... dit Touquet en se laissant tomber comme anéanti sur une chaise.

Le marquis laisse échapper un sourire de triomphe, et ne semble plus songer qu'à son amour, tandis que Touquet, abattu, consterné, est encore quelques minutes sans oser lever les yeux et sans pouvoir reprendre sa contenance ordinaire. Enfin il se lève et murmure d'une voix entrecoupée :

— Croyez bien, monsieur le marquis, que ce ne sont point les soupçons que vous avez pu concevoir qui me déterminent à vous obéir... mais que mon dévouement seul...

— Il suffit, dit le marquis en l'interrompant ; plus un mot sur cela... Je veux bien croire que l'apparence est trompeuse... Ne nous occupons que de mon amour... Je ne veux point perdre un seul instant pour m'assurer la possession de Blanche... et, puisque tu dis que dans deux jours elle doit se marier, il faut dès cette nuit même qu'elle quitte cette maison.

— En effet, dit Touquet, puisqu'elle doit en partir, je crois qu'il faut se hâter... Mais comment cette nuit même ?...

— Je ne te reconnais plus, Touquet, tu vois partout des obstacles ; moi, je n'en connais pas. Il n'est pas encore minuit, nous avons du temps de reste. Je cours à mon hôtel, j'envoie Germain, mon valet de chambre, me chercher une voiture... et pour aller jusqu'à ma petite maison... — Monseigneur, ce n'est pas là que vous voulez con-

Le marquis de Villebelle.

duire Blanche ; elle n'y serait point en sûreté : cet endroit est trop près de Paris. Urbain Dorgeville... celui qu'elle devait épouser, fera tous ses efforts pour la retrouver. Ce jeune homme l'adore ; il est entreprenant... vous devez tout craindre de son désespoir... — Je ne crains personne, tu le sais. Cependant je crois que ton avis est sage... Blanche est si jolie !... Je suis déjà jaloux d'un regard qu'elle jetterait sur un autre, et trop d'étourdis connaissent ma petite maison... Mais attends... attends... j'ai ce qu'il me faut : parmi tous les biens que m'a laissés ma mère se trouve un château situé dans les environs de Grandvilliers, à environ vingt-deux lieues d'ici, et assez loin du bourg et de la grande route pour ne point être remarqué par les voyageurs... — Fort bien, monseigneur, cela conviendra parfaitement. — Je n'ai encore visité qu'une fois ce château que l'on nomme Sarcus ; mais, quoique je n'y aie fait qu'un court séjour, j'ai été frappé de l'élégance de ce beau domaine. Ce château, construit en 1522, fut donné par François Ier à mademoiselle de Sarcus ; on le cite dans les environs comme une merveille pour la sculpture, pour la beauté de la façade, dans laquelle l'artiste a surpassé tout ce que l'on avait fait jusqu'alors. C'est donc là que je conduirai... ou plutôt que je ferai conduire Blanche... Vingt-deux lieues... deux hommes sûrs... elle sera au château en dix heures au plus... Et moi, dès demain, après avoir arrangé mes affaires..... prétexté à la cour un voyage indispensable en Angleterre, je pars et je me rends secrètement à Sarcus, auprès de celle que je ne veux plus quitter... Tu le vois, Touquet, mon plan est parfaitement conçu, et personne ne se doutera que c'est moi qui t'ai enlevé ta jeune orpheline. — Oui, monseigneur, personne parmi vos brillantes connaissances ; mais ici comment faire pour décider Blanche à vous suivre... pour éviter le bruit... Et moi, dès demain, après un heureux hasard, attirerait l'attention des voisins ?... — Eh ! parbleu, il faut d'abord la tromper, cela te regarde... Ton esprit est-il devenu si stérile que tu ne puisses plus rien imaginer pour abuser une enfant ?... Tu lui feras accroire qu'elle va retrouver son futur époux !... — Attendez, monseigneur... je conçois en effet un moyen... mais il ne faut pas que Blanche vous aperçoive... elle aurait des soupçons, et ma ruse serait manquée... Je te répète qu'elle partira seule ; un postillon et deux hommes bien armés derrière la voiture me répondront de sa personne. — Il suffit... Il est minuit... Je vais tout disposer... Mon valet de chambre va partir en avant à franc étrier, afin d'arriver au château, d'y donner mes ordres, et d'y être pour recevoir notre belle enfant... À deux heures du matin, je serai devant la porte avec la voiture... Tu m'entends... à deux heures !...

— Oui, monsieur le marquis, dit le barbier, je n'oublierai pas cette heure-là. — Toi, fais en sorte que pour ce moment Blanche soit prête à monter en voiture... Je te laisse... Ne cherche point à manquer à la promesse, ou ma vengeance serait terrible. — Monseigneur, vous pouvez compter sur moi...

Le marquis s'entortille dans son manteau, et sort à la hâte de chez le barbier.

Touquet, resté seul, est longtemps pensif et abattu ; enfin il se lève brusquement en disant :

— Que m'importe, après tout, que Blanche soit à Urbain ou au marquis ?... Serais-je donc assez faible pour m'attendrir sur l'amour de deux enfants ?... En gardant près de moi cette jeune fille, j'ai cru éloigner tous les soupçons !... Mais enfin je vais être débarrassé de ce fardeau qui me pesait. Allons serrer cet or... Le marquis m'a promis encore autant, et j'aurais pu le refuser... Non !... Il faut que ma destinée s'accomplisse : ce métal me servira toujours de boussole. Je n'avais que seize ans lorsqu'il me fit commettre ces actions qui me valurent la malédiction de mon père !... Arrivé dans ce Paris, que je brûlais de connaître, je me vis bientôt enlever tout ce que je possédais par des gens plus adroits que moi ; j'avais été dupe, je voulus rendre aux autres ce qu'ils m'avaient fait. Je donnai carrière à mon génie !... Jusque-là il n'y avait pas encore grand mal !... mais cette maudite soif de l'or !... Après dix ans, je puis effacer de ma mémoire le souvenir de cette horrible nuit où... Depuis ce temps, impossible de goûter aucun repos !... Je veux retourner dans mon pays, et, si mon père existe encore, tâcher d'obtenir mon pardon ; peut-être alors serai-je plus calme. Mais s'il savait comment je me suis enrichi !...

Le barbier retombe de nouveau dans ses pensées. Bientôt l'horloge de Saint-Eustache sonne une heure. Touquet s'avance lentement vers la table, prend l'or qui est dessus et monte le serrer dans sa chambre ; puis il se dirige vers l'appartement de Blanche, et frappe à la porte de la jeune fille.

La pauvre petite ne dormait pas ; les événements de la soirée l'avaient trop vivement agitée pour qu'elle pût trouver le repos. Elle croyait voir encore l'étranger assis auprès d'elle, lui tenant la main et la regardant avec une expression qu'elle ne pouvait définir. Elle se sentait oppressée, il lui semblait qu'elle ne reverrait plus Urbain ; l'image du marquis venait sans cesse se placer entre elle et son amant, et la tristesse que ce dernier avait montrée en la quittant redoublait encore la sienne. Livrée à ces inquiétudes vagues, souvent plus cruelles qu'un chagrin réel, Blanche ne pouvait trouver le sommeil, et, en entendant frapper à sa porte au milieu de la nuit, elle éprouve un nouveau sentiment de terreur.

— Qui est là ? s'écrie-t-elle d'une voix altérée.

— C'est moi, Blanche, répond le barbier ; ouvrez, j'ai des choses importantes à vous apprendre.

La jeune fille, qui a reconnu la voix de Touquet, se lève, passe à la hâte une robe et ouvre sa porte. Le barbier tient sa lampe à la main, et ne porte point ses regards sur Blanche, qui au contraire voudrait interroger les siens en lui disant :

— Ô mon Dieu ! mon bon ami, qu'est-il donc arrivé ?..,

Ces mots, mon bon ami, prononcés par la voix si douce de Blanche, font toujours mal à Touquet ; il s'efforce pourtant de cacher son émotion.

— Calmez-vous, Blanche, lui dit-il, et écoutez-moi : Urbain a eu cette nuit une querelle... un duel. — Ô ciel ! il est blessé ! — Non, non, il n'a rien ; mais sa sûreté exigeait qu'il quittât Paris sur-le-champ, sans quoi on l'aurait arrêté ; il est donc parti pour sa campagne. — Il est parti sans me voir !... — Laissez-moi donc achever : vous deviez vous marier ici ; au lieu de cela vous vous marierez à sa maison ; mais, pour calmer la crainte d'Urbain, il m'a fait promettre que cette nuit même vous iriez le rejoindre. — Oh ! tout de suite, mon ami, quand vous voudrez ; mais pourquoi ne suis-je pas partie avec lui ? — Cela ne se pouvait pas ; Urbain n'avait pas un instant à perdre ; par un heureux hasard, un de mes amis envoie dans ce pays son valet pour y chercher son épouse. La voiture doit venir vous prendre dans une heure... Tenez-vous prête... Ne vous chargez de rien, vous trouverez là-bas tout ce qu'il vous faudra... vous m'avez entendu... — Oh ! je serai prête dans un moment... Et Marguerite ? — Elle ne peut encore vous suivre. J'ai besoin d'elle pour divers arrangements... Dans quelques jours je vous l'enverrai... Je vous laisse ; faites vos préparatifs, je viendrai vous chercher quand la voiture sera en bas.

Le barbier s'éloigne, et Blanche, qui n'a pas le moindre soupçon qu'on veuille la tromper, procède à sa toilette tout en se disant :

— Pauvre Urbain !... J'étais bien sûre qu'il lui arriverait quelque chose... Il en aurait aussi le pressentiment... Quel bonheur qu'il ait pu se sauver !... mais je vais le rejoindre et je ne le quitterai plus.

Pendant ce temps, Touquet retourne dans sa chambre en se disant :

— Tout va bien... la petite partira sans faire la moindre difficulté... Mais si Marguerite ne dormait pas... si elle avait entendu quelques mots de ma conversation avec le marquis, et qu'elle voulût suivre Blanche... Il est important que cette vieille femme ne sache rien... il m'est facile de m'assurer si elle dort, puisqu'elle couche maintenant dans la chambre où a couché le père de Blanche. Allons, point de faiblesse... Montons...

Le barbier prend sa lumière et se dirige vers un cabinet qui est au fond de son appartement. Arrivé là, il hésite encore ; puis, faisant un effort sur lui-même, il touche un bouton caché par la tapisserie, et une petite porte s'ouvrant laisse voir un escalier fort étroit qui conduit à un étage supérieur. Touquet détourne les yeux en murmurant :

— Depuis cette nuit fatale... je n'ai point été dans ce passage !...

Il monte cependant, et ses yeux hagards semblent craindre de rencontrer un objet effrayant, tandis que sa main tremblante dirige sa lampe en avant, et que de l'autre il se retient au mur pour ne point chanceler.

Parvenu au haut de l'escalier, une porte fermée par deux verrous se trouve devant lui. Il pousse les verrous en faisant le moins de bruit possible, et se trouve dans le petit cabinet qui est au fond de l'alcôve de la chambre de Marguerite, et que la vieille bonne et Blanche ont visité sans apercevoir la porte de l'escalier, parce qu'elle est artistement cachée dans la boiserie.

Le barbier pose sa lampe à terre, puis place son oreille contre la porte qui donne dans l'alcôve, et il entend bientôt un ronflement prolongé qui annonce que Marguerite dort d'un profond sommeil. Cependant Touquet ouvre doucement la porte de l'alcôve pour s'assurer que c'est bien Marguerite qui est endormie ; puis il rentre dans le petit cabinet, et en sort par la porte secrète, pousse les verrous et redescend en se disant :

— Il n'y a rien à craindre d'elle.

Tout à coup le barbier fait un faux pas, il baisse sa lampe vers la terre, et aperçoit des taches rougeâtres sur les marches de l'escalier. Quoiqu'il fût difficile de distinguer ce qui avait pu produire ces taches, Touquet recule avec horreur... ses cheveux se dressent sur sa tête, ses pieds n'osent plus se porter sur les marches empreintes de ces marques qui l'épouvantent ; dans son désordre, il laisse sa lampe s'échapper de ses mains ; elle roule et s'éteint : le barbier se trouve alors dans le passage secret au milieu de la plus profonde obscurité.

Donnant tous les signes de la plus effroyable terreur, il descend quatre à quatre, heurtant sa tête contre la muraille, tombant et rampant sur les marches de l'escalier en prononçant d'une voix étouffée :

— Grâce !... grâce !... ne me poursuis pas !... Est-ce parce que je vais livrer ta fille que tu viens de nouveau m'épouvanter ?... Eh bien ! je ne la donnerai point au marquis... Non... mais laisse-moi... ne mets pas sur moi tes mains ensanglantées !...

Enfin il parvient au bas de l'escalier ; il repousse avec force la porte masquée par la tapisserie, et, sans s'arrêter dans sa chambre, où il n'y a point de lumière, redescend dans la salle basse, qui est éclairée par une lampe et par le feu qui brûle encore dans la cheminée.

Arrivé là, il se jette sur un siège, puis porte ses yeux égarés autour de lui ; il semble petit à petit se rassurer, enfin il passe une de ses mains sur son front en disant : — C'était un songe !...

Dans ce moment on entend le bruit d'une voiture qui s'arrête devant la maison, et le barbier, qui a repris tout à fait ses esprits, court ouvrir la porte de la rue.

— Me voici, dit le marquis en descendant de la berline, tu vois que j'arrive même avant l'heure. Mon valet de chambre est déjà sur la route de Grandvilliers, le postillon est en selle, ces deux hommes bien armés suivront la voiture, tout est prêt : et Blanche ? — Je vais la chercher, elle croit qu'elle va rejoindre son futur époux qui s'est battu cette nuit en duel ; elle n'a aucun soupçon, et par cette ruse se livre d'elle-même. — Fort bien. — Mais, cachez-vous, monseigneur, qu'elle ne vous aperçoive pas ou tout serait perdu !... — Ne crains rien, je vais me tenir dans l'encoignure de cette porte... je veux seulement la voir monter en voiture... demain je serai à Sarcus et je sécherai ses pleurs. — Je vais la chercher.

Le barbier monte appeler Blanche ; la jeune fille avait entendu la voiture s'arrêter à la porte, elle était prête.

— Me voici, mon bon ami, dit-elle en sortant à la hâte de sa chambre, j'ai bien deviné qu'on était arrivé.

Touquet marche devant, Blanche le suit ; son cœur bat avec force, et, quoiqu'elle pense aller rejoindre Urbain, ce départ au milieu de la nuit a quelque chose de mystérieux, de singulier, qui lui cause presque de l'effroi. Arrivée dans la salle basse, l'aimable enfant jette les yeux autour d'elle en disant : — Quoi !... Marguerite n'est pas venue me dire adieu... m'embrasser ?..

— Non... non, nous n'avons pas le temps, dit Touquet en lui prenant la main et l'entraînant dans le corridor. Arrivé à la porte de la rue, le barbier avance la tête pour s'assurer que le marquis ne peut être aperçu, puis il ouvre la portière de la voiture en disant à Blanche : — Venez vite... montez... ne perdons pas de temps.

Blanche s'élance dans la rue et monte dans la berline, où, en se voyant seule au milieu de la nuit, elle sent son cœur se serrer. Mais déjà Touquet referme la portière. — Adieu, mon bon ami, lui dit Blanche en lui tendant la main, je vais rejoindre Urbain ; mais je ne vous oublierai jamais... Tout ce que vous avez fait pour moi est gravé dans mon cœur par la reconnaissance.

— Partez, partez, postillon !... crie le barbier d'une voix altérée par tous les sentiments qu'il éprouve. Dans ce moment deux heures sonnent, le postillon fait claquer son fouet, la voiture emmène Blanche.

— Elle est à moi ! s'écrie le marquis et le barbier rentre précipitamment dans sa demeure.

CHAPITRE XXII.

Le Rendez-vous. — Coups de la Fortune. — L'Hôtel de Bourgogne. — La Chaise à Porteurs.

Chaudoreille, en quittant au point du jour la petite maison du faubourg Saint-Antoine, n'était pas encore rassuré sur les suites de son duel avec Turlupin, qu'il croyait un grand personnage ; cependant l'idée qu'il est maintenant homme d'affaires du puissant marquis de Villebelle, et qu'il pourrait au besoin réclamer sa protection, lui donne le courage de rentrer dans Paris, où il récapitule les événements de la nuit précédente.

Le marquis lui a promis cent pistoles si Blanche lui plaît : Chaudoreille est persuadé qu'il aura la somme ; mais, si Touquet apprenait que c'est par lui que le marquis a été instruit de l'existence de Blanche, il aurait tout à craindre de sa colère, et la frayeur qu'il éprouve tempère beaucoup sa joie. Cependant il n'a pas oublié son rendez-vous pour le soir. S'efforçant d'éloigner le souvenir du marquis, et faisant sonner les écus qu'il a gagnés à Marcel, il entre dans un cabaret, où il passe une partie de la journée à tâcher de calmer du cœur en vidant plusieurs pots de vin. Vers le soir, se sentant plus entreprenant, il se rend à son logement, fait donner un coup de fer à sa fraise, renouvelle ses couleurs, repeint ses moustaches et sa royale, époussette ses bottines, brosse son chapeau, et se met en route pour son rendez-vous en se disant :

— Quelles que soient les grâces de la princesse, n'oublions pas que je dois retourner ce soir au faubourg Saint-Antoine pour y recevoir cent pistoles du marquis. Cadédis ! pour cent pistoles j'ai quitterais la sultane favorite et toutes les odalisques du Grand-Turc !

Le jour commence à tomber ; et, depuis une demi-heure, Chaudoreille se promène à l'endroit où la vieille l'a accosté, levant le nez pour regarder à toutes les fenêtres, mais ayant soin auparavant de s'assurer qu'il ne voit pas de porteur d'eau. Enfin la domestique qui lui a parlé la veille sort d'une maison d'assez belle apparence, passe près de lui et lui dit tout bas :

— Suivez-moi... mais n'ayez pas l'air d'être avec moi. — Il suffit, Marton ! répond Chaudoreille ; et il marche sur les talons de la vieille pour ne point la perdre de vue.

Ils entrent dans la maison. La domestique monte l'escalier, met un doigt sur sa bouche, et fait signe à Chaudoreille de monter aussi ; le chevalier la suit. Mais tout à coup il saisit la vieille par sa jupe et l'arrête en disant :

— Votre maîtresse serait-elle mariée ? — Pourquoi ? répond la vieille en le regardant d'un air moqueur. — Pourquoi... sandis !... parce qu'il y a des maris fort peu endurants sur l'article de la galanterie... Peste ! un coup de poignard est bientôt donné !... et je ne puis pas me jeter ainsi à la gueule du loup. — N'êtes-vous pas armé, monsieur ! et si l'on vous attaquait, ne sauriez-vous pas vous défendre ? — Oui, certainement que je saurais me défendre ! dit Chaudoreille en redescendant quelques marches, mais je respecte infiniment les nœuds du mariage... et, toute réflexion faite, j'aime mieux m'en aller...

— Venez donc, monsieur, dit la domestique en courant après lui, ma maîtresse n'est point mariée, et vous n'avez rien à craindre... — Eh, sandis ! expliquez-vous donc, ma mie ; ma vie est trop précieuse pour que je l'expose témérairement... Allons ! Lisette, montez... je vous suis. Mais si vous m'avez menti, tremblez !...

La vieille s'arrête au second étage ; elle ouvre une porte, fait entrer Chaudoreille dans une jolie salle à manger, et de là dans un petit salon bien meublé, où elle le laisse en lui disant : — Attendez ici, je vais avertir madame. — Ne soyez point longtemps, car je n'aime pas attendre ! lui crie-t-il en regardant autour de lui avec inquiétude.

Quand il se voit seul, il examine avec curiosité l'appartement en se disant :

— C'est assez joli... cela est même fort propre : c'est une femme distinguée. Allons, Chaudoreille tu es en bonne fortune, ne fais point le novice, présenté-toi avec fermeté. Tout m'arrive à la fois ! fortune... argent... amour... J'étais sûr que je finirais par percer... Ah ! diantre !... j'ai là un trou à mon pourpoint... mais je tiendrai mon chapeau devant... Il me tarde de voir ma princesse... je sens que je l'adore d'avance !... Mais voici la nuit, et on me laisse sans lumière... c'est bien singulier !... Le cœur me bat... c'est d'amour certainement !...

Ici Chaudoreille élève la voix en disant : — D'ailleurs, si l'on osait se frotter à moi, Rolande a le fil... et quatre hommes ne me feraient pas peur !...

Dans ce moment une porte crie en s'ouvrant derrière Chaudoreille, qui se jette sur un guéridon et renverse plusieurs tasses de porcelaine en criant :

— Qui va là ?...

— C'est moi, monsieur, répond la domestique, je viens vous chercher pour vous conduire près de madame. — Ah ! c'est juste... mais vous me laissez sans lumière, je vous ai prise pour un rat, et je les ai en horreur !... C'est au point que j'aimerais mieux me battre avec un lion que de voir seulement la queue d'un de ces petits animaux ! Que voulez-vous ! tous les grands hommes ont eu leur bête d'aversion !... Mais conduisez-moi, ma mie.

La domestique lui fait traverser une autre pièce, puis ouvre une porte, et l'introduit dans un boudoir élégant, éclairé par plusieurs bougies, et au fond duquel une jeune femme est assise sur un sofa. La vieille s'est retirée : Chaudoreille, fort troublé par le tête-à-tête auquel il devait cependant s'attendre, n'a encore osé regarder la personne avec laquelle il se trouve, et se creuse l'imagination pour faire un compliment de circonstance ; mais son Phébus est rétif, rien ne lui vient, lorsqu'il entend ces mots :

— Est-ce que monsieur Chaudoreille ne parle pas à ses anciennes connaissances ?

Frappé par cette voix, le petit homme lève les yeux, et pousse un cri de surprise en reconnaissant Julia, la jeune Italienne, qui le regarde en souriant.

— Se pourrait-il ? est-ce bien vous que je vois ?... dit Chaudoreille.

— Et qu'y a-t-il donc là de si extraordinaire, monsieur le chevalier ?... aviez-vous pensé que le marquis me laisserait toujours dans sa petite maison ? — Non... sans doute... belle dame... je ne dis pas... mais j'étais si loin de m'attendre !...

Et il lui lance un tendre regard en se disant : — J'avais toujours pensé qu'elle m'aimait... me voilà maintenant le rival du marquis, c'est furieusement chatouilleux !

— Asseyez-vous, monsieur Chaudoreille, dit Julia, qui paraît s'amuser pendant quelques minutes de l'embarras et des œillades que lui lance le petit homme. Celui-ci, rappelant son audace, va pour s'asseoir sur le sofa auprès de Julia ; mais, d'un geste, la jeune femme lui montre un pliant et lui faisant signe de se placer en face d'elle.

— Elle me craint, se dit Chaudoreille en s'asseyant sur le pliant, elle sent qu'elle ne pourrait me résister... et veut retarder sa défaite... Ne brusquons rien... mes yeux agiront assez pour moi.

— Devinez-vous pourquoi je vous ai fait venir ? dit la jeune Italienne en le regardant avec malice. — Mais, belle dame... je me flatte, je présume... ce sont de ces choses qu'on devine en venant au monde !

— Et moi, je pense que vous pourriez vous tromper, dit Julia en prenant un ton sérieux ; aussi vais-je m'expliquer.

— Ah! mon Dieu! se dit Chaudoreille effrayé du changement qui s'est opéré dans le ton de Julia, est-ce qu'elle voudrait se tuer pour moi!...

— Je suis la maîtresse du marquis, vous ne l'ignorez pas. — Sans doute, puisque j'ai moi-même été le messager des... — Silence! ne m'interrompez point. Si je ne cherche pas à cacher ma faiblesse, c'est que, loin d'avoir cédé à l'intérêt... à l'ambition, l'amour seul a causé ma défaite, et, aux yeux d'une femme, l'amour fait excuser bien des fautes!... Oui, j'aimais le marquis longtemps, je l'avais souvent aperçu dans les promenades... et, malgré tout ce que j'entendais dire sur son compte, je n'avais pu résister au sentiment qu'il m'inspirait. Mon cœur volait au-devant du sien... Ne soyez donc étonné si j'ai cédé si facilement à vos propositions; je me flattais que le marquis partagerait le feu dévorant qui me consume!... J'espérais avoir assez de force pour le lui montrer mon amour qu'après être certaine du sien... Hélas! je comptais trop sur moi-même! il lui a été si facile de me persuader qu'il m'aimait!... L'ingrat!... cet amour qu'il me jurait a déjà fait place à la froideur... à l'indifférence peut-être!... et moi!... moi!... je sens que je l'aime plus que jamais!...

Julia s'est animée en parlant du marquis; son regard est plein de feu, tout dans sa personne indique la passion violente à laquelle elle est en proie, tandis que Chaudoreille, fort surpris de ce qu'il entend, et presque effrayé de l'état de Julia, recule son pliant à mesure qu'il la voit s'échauffer.

— Oui, dit la jeune femme qui ne semble plus s'apercevoir que Chaudoreille est là, et se livre à tout ce qu'elle éprouve; oui, je t'aime toujours, trop séduisant Villebelle!... Ce cœur brûlant ne respire que pour toi!... Mais je ne puis supporter ton indifférence... et si tu en aimais une autre... alors ma fureur ne connaîtrait plus de bornes... et c'est dans ton sang, dans celui de ma rivale, que je vengerais mon outrage!...

— Ah! mon Dieu! elle veut que je poignarde le marquis, se dit Chaudoreille, et il essaie encore de reculer son pliant; mais, comme il est arrivé contre le mur, il lui est impossible d'aller plus loin, et il ne peut plus que regarder la porte du coin de l'œil en murmurant : Le beau chien de rendez-vous!... C'est un diable que cette femme... j'aimé beaucoup mieux ma portière...

Julia a cessé de parler; peu à peu elle se calme, reprend son maintien ordinaire, et, jetant les yeux sur Chaudoreille, ne peut s'empêcher de sourire en le voyant collé contre la tapisserie.

— Approchez... approchez donc, lui dit-elle, voici ce que je désire de vous : vous êtes, m'avez-vous dit, fort lié avec le barbier Touquet?... — Oui... mais... mademois... signora... — Le barbier est l'homme dont se sert habituellement le marquis dans ses intrigues galantes; je pense donc que par lui il vous sera facile de savoir si Villebelle a quelque nouvelle conquête en vue... M'entendez-vous? — Oui... oui... je vous entends parfaitement... — Consentez-vous à me servir?... à m'instruire de tout ce que vous pourriez apprendre de Touquet qui ait rapport au marquis? et si vous-même étiez encore employé dans des intrigues amoureuses, à venir me faire part sur-le-champ des plans que l'on aurait formés? — Oui... certainement... je consens de tout mon cœur!... Ah! caddis!... ajoute-t-il en lui-même, si elle savait ce que j'ai dit hier à son amant!... je ne sortirais pas vivant d'ici. — Pourquoi donc tremblez-vous?... — Ah! ce n'est rien... ce sont les nerfs... cela m'arrive souvent... — Tenez, prenez cette bourse; si vous me servez avec zèle, avec fidélité... vous verrez que Julia est reconnaissante...

La vue d'une bourse bien garnie rend un peu de fermeté à Chaudoreille; il prend l'argent en s'inclinant jusqu'à terre, et s'écrie :

— Dès ce moment je vous suis tout dévoué : disposez de mon bras, de mon épée, de...

— Il n'est question ni de votre bras, ni de votre épée; ce sont vos yeux et vos oreilles qui seuls doivent agir. Soyez aux aguets, faites jaser le barbier, soyez au fait des moindres actions du marquis, et venez m'en rendre compte. On ne se méfiera pas de vous, et c'est ce qu'il nous faut. Allez et songez à m'instruire de la plus légère circonstance, si elle peut intéresser mon amant...

— Vous serez obéie, répond Chaudoreille en saluant avec humilité. Julia sonne, la vieille arrive, et, sur un signe de sa maîtresse, reconduit le chevalier jusqu'à la porte sans lui dire un mot.

Quand Chaudoreille se voit dans la rue, il respire plus librement.

— Caddis! se dit-il, me voilà dans les intrigues jusqu'au cou... Agent de Julia, homme de confiance du marquis, confident du barbier... et ce qu'il y a de plus joli, recevant de l'argent de tous les trois... Cela ne va pas mal... Peste! la bourse est bien garnie... Demain je me fais habiller entièrement à neuf; j'ai en vue un haut-dechausses couleur de chair. Cela m'ira comme un ange!... Mais n'oublions pas l'article le plus intéressant, les cent pistoles que le marquis doit me donner si Blanche lui plaît, et courons à la petite maison... O fortune! tu me traites en enfant gâté... Mais il faut avouer que tu t'adresses à un gaillard bien adroit.

Tout en faisant ces réflexions, Chaudoreille a pris sa course vers le faubourg Saint-Antoine; il arrive sur les huit heures du soir à la pe-

tite maison. Il sonne presque aussi fort que le marquis, et Marcel, en lui ouvrant, lui dit :

— Tu fais autant de bruit que monseigneur. — C'est que j'en ai le droit apparemment, répond le Gascon en entrant d'un air impertinent; puis, traversant le jardin à grands pas, il se rend sur-le-champ dans la salle à manger, et se jette sur un siège en disant :

— Mon ami le marquis est-il venu depuis hier?...

— Ton ami le marquis!... répond Marcel en ouvrant de grands yeux. — Eh! oui, bélître... ou le marquis mon ami, si tu aimes mieux. — Il n'est venu personne. — Et il n'a rien envoyé pour moi? — Rien. — Nous allons donc l'attendre. Sers-moi vite à souper ce que tu as de meilleur... des vins les plus vieux... de la liqueur... Allons, va donc, au lieu de rester là à me regarder comme une statue. — Mais que diable as-tu donc ce soir?... — Marcel, point de réflexions, je t'en prie, et si tu tiens à ta place, rends-toi digne de ma protection.

Marcel se contente de sourire, puis il dresse le couvert et sert le souper; Chaudoreille se met à table, Marcel en fait autant.

— Ta conduite est un peu familière, lui dit le chevalier; mais comme nous sommes seuls, et quand bien té permettre de t'asseoir à table près de moi... — C'est bien heureux! — A condition que je me servirai toujours le premier.

Tout en soupant, Chaudoreille fait sonner sa bourse, compte ses écus, calcule ce qui lui restait, et ce qu'il espère avoir. Marcel le regarde avec surprise en disant :

— Est-ce que tu as hérité?... — Oui... j'hérite comme cela très-souvent... Eh! oui, bélître... ou le marquis mé tient parole... quel train je vais mener!

Le souper se prolonge : Chaudoreille est tellement préoccupé de ses affaires qu'il ne songe pas à jouer; cependant minuit a sonné et on ne reçoit aucun message du marquis. Les espérances du chevalier commencent à s'évanouir. Il soupire, écoute, et s'écrie :

— On ne vient pas!... Ne l'aurait-il pas trouvée charmante?... il serait bien difficile... Caddis! au lieu de cent pistoles, si j'allais recevoir cent coups de bâton!...

A mesure que ses espérances de fortune diminuent, son ton impertinent s'adoucit, et il choque son verre contre celui de Marcel en lui disant :

— A ta santé, mon cher et véritable ami!... car tu es mon ami, toi!... Né me parle pas des seigneurs de la cour! on ne peut pas compter sur eux!... ce bon Marcel!... comme il fait bien la cuisine!... que j'ai de plaisir à trinquer avec toi!... — Tu ne trouves donc pas mauvais, maintenant, que je m'asseye à ta table?... — Comment! est-ce que j'aurais eu le malheur de te dire cela?... — Certainement. — Moi!... j'ai pu dire une telle bêtise?... — Oui, sans doute. — J'étais donc gris,... j'avais donc perdu la tête?... — Je ne sais pas ce que tu avais perdu... mais tu l'as dit. — Ecoute, Marcel, quand je te dirai des choses semblables, je te permets de me donner ta malédiction. — C'est bien, ne parlons plus de cela.

Dans ce moment la sonnette de la rue se fait entendre. Chaudoreille pousse un cri, veut se lever, et retombe sur sa chaise.

— Serait-ce monseigneur? dit Marcel en prenant une lumière. Il court ouvrir, laissant son convive entre la crainte et l'espérance.

Marcel revient bientôt; il est seul, mais il tient un petit rouleau, qu'il place sur la table devant Chaudoreille, et lui présente un papier sur lequel on a tracé quelques lignes au crayon en lui disant : — Voilà ce que monseigneur t'envoie, lis.

Chaudoreille ne sait plus où il en est, il regarde tour à tour le rouleau, le papier et Marcel. — Lis donc, lui dit ce dernier. Enfin, il prend le papier d'une main tremblante et lit : Je viens de la voir; tu as surpassé mes espérances, je double la récompense promise.

— Ah, mon Dieu, Marcel, il double les cent pistoles!... — Alors cela fait deux cents, c'est-à-dire qu'il y a dans ce rouleau deux mille livres tournois en or. — Deux mille livres!... — Eh bien! qu'est-ce que tu as donc?... — Marcel... donne-moi un peu de vinaigre... je t'en prie... je vais me trouver mal!... — Il me semble qu'un cadeau comme celui-là ne doit faire que du bien... Tiens, bois un petit verre d'eau-de-vie, ça te remettra.

Chaudoreille, un peu remis par la liqueur, ouvre le rouleau, et la vue des pièces d'or qu'il renferme lui ôte encore pendant quelques instants la faculté de s'exprimer. Enfin, il balbutie d'une voix éteinte par l'émotion :

— Marcel, tout ceci est à moi... — Je le sais bien! — Et puis encore cette bourse... et puis ces six écus qui me restaient. — Oui, de la partie du piquet d'hier. — Me voilà riche... Ouf!... cela fait un terrible effet, mon pauvre garçon, de passer tout d'un coup de la misère à l'opulence... Aïe!... je crois que je vais étouffer!... — Bois encore un coup... Ma foi, si la fortune cause un tel effet, j'aime mieux rester sans le sou et respirer à mon aise!... — Ah! Marcel!... tu es bien bête, mon garçon!... — Je ne sais pas trop, deux de ce moment, qui est-ce qui l'est le plus de nous deux... — Deux mille livres!... qui croirait qu'on peut tenir ainsi sa fortune dans le creux de sa main... — Ah! parbleu! on en tiendrait bien davantage... — Marcel, connais-tu quelque propriété à vendre dans les environs?... — Non... pourquoi cela? — Il faut bien que je place mes fonds!... que diantre vais-je faire de tout cela? Allons, dès demain, je monte ma maison.

D'abord jé quitte mon logement dé la rue Brise-Miche, et j'en prends un auprès du Palais-Cardinal; jé veux avoir un jockey... Marcel... veux-tu être mon jockey?... Non, au fait, tu es trop gros... Ah! s'il n'était pas si tard! j'irais faire un tour à l'académie; mais jé né puis pas m'exposer la nuit dans cé quartier avec autant d'or sur moi. Quellé figure jé vais faire dans lés brélans!... et au pharaon!... Jé place d'abord un louis sur la carte... jé gagne; jé fais paroli, jé gagne encore... jé laisse toujours;.. jé gagne dix fois de suite!... et j'emporte un monceau d'or!... Comment ferai-je pour manger tout céla?... Ah! quelle idée excellente! jé dînerai et jé souperai deux fois par jour... cé sera pour mé dédommager dé ceux où jé suis resté à jeun.

Marcel, que la fortune n'a pas comblé de ses faveurs, s'endort pendant que Chaudoreille fait des projets et compte ses pièces d'or, et le jour renaît sans que ce dernier ait pu fermer les yeux; car au moindre bruit il tressaille et porte la main à son trésor, qu'il a roulé dans sa ceinture.

Chaudoreille réveille Marcel en lui ordonnant d'aller lui chercher une chaise à porteurs; mais Marcel ne veut point quitter la maison, et prétend ne devoir obéir qu'aux ordres du marquis. Chaudoreille fait de nouveau l'insolent : il crie et menace; mais, voyant que cela n'émeut point Marcel, il prend son parti, et se décide à rentrer à pied dans Paris.

Le petit homme se croit grandi de six pouces depuis qu'il a beaucoup d'or à sa disposition. Il regarde. à peine les passants; son nez semble menacer le ciel, et il s'étonne de ce que la sentinelle de garde à la barrière ne lui présente pas les armes. Après avoir déjeuné aussi copieusement que possible, il se promène pendant quelques heures au palais que Richelieu venait de faire construire, et dans lequel on avait prodigué tout ce que le luxe et la magnificence du temps avaient pu imaginer pour frapper les yeux, et laisser à la postérité un monument digne de celui qui le faisait élever.

Chaudoreille entre dans plusieurs boutiques, il ne trouve rien d'assez beau, d'assez frais, d'assez brillant pour lui. Il commande un pourpoint de velours rose, avec des crevés de satin blanc; un haut-de-chausse pareil; un manteau cerise, brodé en argent, et une ceinture à crépines et à glands d'or. Tous ces objets doivent emporter une partie de sa fortune; mais, comme il est certain de faire sauter la banque du pharaon, il ne se refuse rien, et doit dans deux jours être habillé comme les plus élégants seigneurs de la cour.

Après avoir commandé son costume, il se rend dans un des meilleurs cabarets de la ville, se fait servir un dîner succulent, des vins exquis, et s'étant aperçu qu'il n'est pas aussi facile qu'on le croit de dîner deux fois, ce qui serait d'une bien grande ressource pour les gens riches qui ne savent que faire de leur temps, il tâche de faire durer son repas deux fois plus longtemps qu'à l'ordinaire.

A cinq heures du soir il quitte enfin la table; le visage enluminé, les yeux brillants, les jambes un peu chancelantes, il sort du cabaret. Il est encore trop tôt pour aller au tripot, où les gros joueurs ne se rendent que vers les neuf heures; et, pour passer son temps jusque-là, Chaudoreille se décide à aller au spectacle, où depuis fort longtemps il ne s'est pas rendu. Il prend donc le chemin de l'hôtel de Bourgogne, qu'il préfère au théâtre des Italiens, parce que Turlupin, Gros-Guillaume et Gautier-Garguille, fameux par les farces qu'ils avaient exécutées sur leur petit théâtre de l'Estrapade, venaient d'obtenir de Richelieu la permission de jouer à l'hôtel de Bourgogne, où ils attiraient nombreuse compagnie.

Le théâtre de l'hôtel de Bourgogne était situé rue Mauconseil; l'entrée en était étroite et les avenues fort incommodes; la salle se composait d'un parterre et de quelques rangs de loges. Lorsque la cour s'y rendait, on y faisait porter des sièges. On y représentait, suivant le privilége, accordé aux comédiens en janvier 1613, *tous mystères, jeux honnêtes et récréatifs*; bientôt des comédies d'un genre plus relevé que les bouffonneries ordinaires y furent jouées; on donnait aussi des ouvrages où l'on voyait figurer les divinités de la mythologie, les poètes d'alors mêlant souvent le sacré au profane; mais les *turlupinades* étaient ce qui captivait et attirait surtout le public.

Chaudoreille est entré dans la salle et se glisse dans le parterre, où l'on est debout et où le flux et le reflux de la foule vous portent souvent d'un coin à un autre. Le chevalier, qui se trouve derrière un homme d'une taille très-élevée, ne peut apercevoir la scène; en vain il se démène et monte sur ses pointes, il ne voit toujours que le bas de la perruque de ses voisins; il veut crier, mais on lui impose silence, car Gautier-Garguille s'avance, et vient débiter le prologue qui précède la pièce. Écoutons le bouffon pour avoir une idée du style des prologues en usage sous Louis XIII.

— Messieurs et dames, une chose que je dois vous dire, c'est de ne pas pencher tellement l'oreille à la symphonie de ce passe-temps, que quelques opérateurs manuels ne coopèrent avec le galimatias, et ne s'en servent comme d'une musique ou d'une voix achéloïse, plutôt pour le ravissement et prise formelle de vos bourses que pour l'applaudissement de vos oreilles; le champ de mes inventions étant si stérile, que, s'il n'est arrosé des douces liqueurs de votre bienvenue, il est difficile qu'il puisse produire des fleurs dignes de l'être offertes. Philippot viendra incontinent, qui se promet, sous l'assurance de votre supplément, de vous faire rire et pleurer tout ensemble, afin

que la modération de l'un tempère la violence de l'autre... Messieurs et dames, je désirerais, souhaiterais, voudrais, demanderais et requerrais, désidérativement, souhaitativement, volontativement, commandativement, avec mes désidératoires, souhaitatoires, etc., vous remercier de votre bonne assistance et audience, en une petite farce, réjouie et gaillarde, que vous vous allons représenter, avant laquelle je veux faire une grande, petite, large, étroite et spacieuse remontrance, qui vous fera rire [1].

Pendant que Gautier-Garguille débitait ces balivernes, Chaudoreille était au supplice, pressé, poussé de tous côtés, recevant dans la figure les coups de coude de ses voisins, et au milieu de cela tremblant pour ses poches. Le petit homme a beau supplier qu'on le laisse sortir, on ne l'écoute pas ou on le fait taire. Dans son désespoir, et voulant absolument se donner un peu d'air, il prend le parti de s'accrocher aux perruques de deux de ses voisins pour se hisser à leur hauteur; mais les perruques cèdent, et les chefs des deux respectables bourgeois de Paris paraissent à nu devant l'assemblée. Les deux spectateurs qui se sentent enlever leurs perruques crient : Au voleur! A la garde!... et Chaudoreille mêle sa voix à la leur en criant : Au secours! Le spectacle est interrompu : on parvient enfin à retrouver Chaudoreille se débattant dans les jambes des spectateurs et se roulant sous le parterre avec les deux perruques qu'il n'a pas lâchées.

Les deux têtes chauves le traitent de filou; il rend les perruques en expliquant comme il peut sa conduite; on le met à la porte du parterre, c'était tout ce qu'il voulait. Il monte aux loges, parvient à trouver une place sur le devant, et de là jette de temps à autre des regards colères sur le public.

Cependant la pièce est commencée. Turlupin et Gros-Guillaume sont en scène, et Chaudoreille se frotte les yeux en se disant :

— Eh! sandis!.. si jé n'avais pas tué, jé croirais que c'est lé prince dé la Cochinchine!

Bientôt Gautier-Garguille reparaît; il contrefait à merveille le Gascon, son costume est exactement le même que celui de Chaudoreille, dont il copie si bien les manières et les grimaces, que celui-ci s'écrie :

— En voilà bien d'une autre!... est-ce qué jé suis double!...

Le bouffon, ayant vu son modèle dans une loge, le salue en lui faisant des mines; les yeux des spectateurs se portent sur Chaudoreille; on reconnaît le petit homme qu'on a chassé du parterre celui que Gautier-Garguille copie, et les éclats de rire redoublent. Le chevalier s'aperçoit qu'on se moque de lui; il est furieux; il tire son épée et menace le parterre, parce qu'en défiant tout le monde en masse, c'est comme si on ne défiait personne. Les spectateurs rient plus fort, et Chaudoreille sort de sa loge en jurant qu'il ne reviendra plus à l'hôtel de Bourgogne.

Arrivé dans la rue, où quelques personnes l'ont suivi, il exhale de nouveau sa colère en s'écriant qu'il fera punir le bouffon qui a osé le copier, qu'on ne se moquera pas impunément d'un homme comme lui, et qu'il dépensera, s'il le faut, cent pistoles pour se venger.

Tout en parlant ainsi, il tire sa bourse, fait sonner son or, en ôte et en remet dans toutes ses poches, et s'écrie enfin :

— Qu'on m'aille chercher uné chaise à porteurs...

Deux hommes partent aussitôt pour sa commission. En attendant qu'ils reviennent, Chaudoreille se promène devant le théâtre en se dandinant de la manière qu'il juge la plus noble, en frappant toutes les minutes sur sa ceinture pour faire sonner ses espèces.

Les deux hommes reviennent bientôt, ils ont été chercher une chaise, et auront eux-mêmes l'honneur de porter Chaudoreille, c'est ce qu'ils lui disent en arrivant et en lui criant :

— Voici, mon maître! entrez, mon maître! vous serez content de nous!

Chaudoreille, qu'on n'a jamais appelé *mon maître*, ne se sent pas de joie, il va pour faire un profond salut aux porteurs; mais il se contient, et s'élance dans la chaise, s'étalant avec délices sur le coussin qui est au fond.

— Où allons-nous, mon maître? lui dit-on.

— Rue Bertrand-qui-Dort, vous verrez une lanterne à la porte dé la maison où jé m'arrête.

— Suffit, mon bourgeois.

On ferme la porte de la chaise, et Chaudoreille se sent enlevé et balancé agréablement dans les rues de Paris. C'était la première fois qu'il allait en chaise. Le plaisir qu'il éprouve à être porté lui fait oublier les scènes désagréables du spectacle; il songe à sa situation brillante, au plaisir qu'il va goûter en jouant gros jeu, et fait de nouveau des projets.

Cependant il y a déjà fort longtemps qu'il est dans la chaise, dont les porteurs marchent toujours. Chaudoreille veut savoir s'il est près d'arriver. Il y a un petit carreau fort étroit de chaque côté du siége sur lequel il est assis, mais ces carreaux ne se baissent point. Il est tard; on ne voit pas clair dans les rues, et Chaudoreille ne distingue rien. — Sommes-nous bientôt arrivés, crie-t-il en s'avançant sur le devant; on ne lui répond pas, et on continue de l'emporter. Il commence à ne plus trouver le mouvement de sa voiture aussi doux; il essaie d'ouvrir la porte de devant, la seule issue par laquelle on

[1] Voyez Dulaure, *Histoire de Paris*.

puisse sortir d'une chaise à porteurs, mais cette porte ne s'ouvre qu'en dehors.

Une sueur froide inonde le front du petit homme. Il conçoit mille soupçons, se rappelle diverses aventures arrivées en chaises à porteurs, et se repent amèrement d'en avoir pris une, lorsqu'enfin il sent que l'on s'arrête. Il respire, et s'apprête à descendre; mais, après avoir été posée à terre, la chaise est renversée en arrière, de manière que, lorsqu'on ouvre la portière, il est au-dessus de la tête de Chaudoreille.

— Comment voulez-vous que je sorte comme cela? crie-t-il en essayant de grimper. — Avant de sortir, il y a une petite cérémonie à remplir, mon bourgeois, disent les porteurs d'un ton goguenard. — Une cérémonie... Parlez, mes enfants. — C'est de nous donner tout l'argent et l'or que vous avez sur vous... cela vous débarrassera!... — Qu'est-ce à dire?... scélérats!..... coquins!... — Allons! exécutez-vous, et pas de bruit, ou cela ira mal pour vous.

Deux lames de poignard accompagnent cet ordre. En les voyant briller, Chaudoreille retombe au fond de la chaise, incapable de se soutenir. Les deux porteurs sont obligés de l'en faire sortir eux-mêmes. Il jette les yeux autour de lui; mais il est dans un endroit désert, environné de marais, ou personne ne se hasarde aussi tard. Les voleurs le fouillent, le dépouillent de tout ce qu'il possède, puis se sauvent avec leur chaise à porteurs, le laissant étendu contre une grosse pierre à demi mort de frayeur.

CHAPITRE XXIII.

Pauvre Urbain!

Le lendemain de la nuit où Blanche a quitté la maison du barbier, Marguerite descend de sa chambre à son heure ordinaire. La bonne femme n'a rien entendu; elle a dormi parfaitement, car depuis longtemps les peines, les plaisirs de l'amour ne lui causent plus d'insomnies. Elle se rend, suivant son usage, chez Blanche, qu'elle embrasse chaque matin. Elle trouve la porte de la chambre entr'ouverte; mais Blanche n'y est pas, et le désordre qui règne dans l'appartement, un lit défait, des vêtements épars sur des meubles, tout semble annoncer quelque événement extraordinaire.

Jamais Blanche ne sortait sans Marguerite. Celle-ci l'appelle, et, ne recevant point de réponse, descend la chercher près de son maître. Mais le barbier est seul dans la salle basse, et Marguerite pousse un cri d'effroi en disant:

— Ah! mon Dieu!... où est donc cette chère enfant?
— Qu'avez-vous, Marguerite? dit Touquet, qui s'est préparé à cette scène. — Blanche, monsieur, Blanche n'est point chez elle!... Je la cherche en vain depuis longtemps.... On nous a enlevé cette chère enfant?....

— Enlevée! s'écrie le barbier en feignant d'être frappé d'étonnement. Aussitôt il se rend à l'appartement de Blanche, suivi de la vieille servante, qui va aussi vite que ses jambes le lui permettent. Après des perquisitions que Touquet savait bien devoir être inutiles, il se jette sur un siège en s'écriant:

— Le misérable a effectué ses menaces!... — Qui donc, monsieur? — Cet homme que vous avez vu hier au soir... — En effet, monsieur, vous avez raison... ce ne peut être que lui... — Il était épris de Blanche. Il a osé me demander sa main, je l'ai refusé, et voilà comment il s'est vengé!..... — Mais, monsieur, vous connaissez sans doute la demeure de cet homme? Il avait la tournure d'un grand seigneur. Vous pourrez retrouver notre chère enfant. — J'ai bien peu d'espérance!... Ce misérable avait pris un costume brillant dans l'espoir de séduire Blanche; mais c'est un intrigant sans nom, sans asile, sans état... — Un intrigant! dit Marguerite en regardant son maître avec étonnement; mais, monsieur, il m'a semblé que c'était cet ami... que vous avez attendu si tard il y a quelque temps?...

Le barbier est un instant troublé par la remarque de Marguerite; mais, se remettant bientôt, il reprend:

— Vous vous êtes trompée... ce n'était pas lui. Je vous défends de parler à personne de cet événement..... — Et Urbain, monsieur, ce pauvre Urbain!... quand il va venir ce soir... — Urbain joindra ses efforts aux miens pour retrouver celle qu'il allait épouser.

Le barbier s'éloigne. Marguerite donne alors un libre cours à ses larmes: la bonne femme aimait Blanche avec la tendresse d'une mère; elle ne peut se faire à l'idée d'être privée de sa présence. Elle attend avec impatience l'arrivée d'Urbain; car il lui semble qu'il saura mieux que tout autre retrouver sa chère enfant.

Touquet est absent une partie de la journée. A son retour, Marguerite va s'informer du résultat de ses démarches; mais il lui répond froidement:

— Il n'y a plus d'espoir. — Ces mots ont glacé le cœur de la pau-

vre vieille, qui ne conçoit pas que l'on puisse se consoler de la perte de Blanche.

L'heure est venue où Urbain peut se dédommager d'une journée d'absence: — Plus qu'un jour, se dit-il en approchant de la maison du barbier, et elle sera à moi! Il s'avance le cœur palpitant d'amour; mais en regardant la croisée de Blanche, il ne voit point de lumière, et cette légère circonstance l'étonne et l'inquiète déjà, ou plutôt un secret pressentiment l'avertit de son malheur: car en amour les pressentiments ne sont pas des chimères.

Urbain frappe, Marguerite paraît, mais le chagrin qui se peint dans ses traits, ses yeux pleins de larmes, tout annonce quelque malheur.

— Où est Blanche? s'écrie Urbain en regardant Marguerite avec effroi. La vieille ne peut que pousser un profond gémissement. Déjà le jeune bachelier est loin d'elle; il court, il vole à la chambre de sa bien-aimée. Mais cette chambre est déserte; Blanche n'est plus là pour l'embellir.

Marguerite a suivi de loin le jeune homme.

— Par pitié! s'écrie Urbain en courant à elle, où est-elle? Ne me cachez rien!

— Mon pauvre garçon..... rassemblez tout votre courage..... Cette nuit..... on nous a enlevé cette chère enfant!

Urbain reste immobile, atterré; et Marguerite lui fait le récit de tout ce qu'elle sait. Il l'écoute sans l'interrompre et semble douter encore de son malheur; mais bientôt, se laissant tomber sur le siège que Blanche occupait de préférence, il se livre au plus violent désespoir. Cependant ses larmes coulent, elles inondent son visage... A dix-neuf ans on en répand encore dans les peines de la vie... on n'a point alors cette force d'âme qui s'acquiert à l'école du malheur.

Marguerite tâche de calmer Urbain en lui disant:

— Vous la retrouverez, cette chère enfant! car vous n'êtes point capable de l'oublier, de vous consoler froidement de sa perte!...

— Moi l'oublier!..... dit Urbain en serrant les mains de la bonne vieille. Ah! Marguerite! mon existence n'est-elle pas attachée à celle de Blanche?... Je ne prendrai aucun repos qu'elle ne me soit rendue!.... — Bien, bien! mon cher enfant!... cela me rend l'espérance, de vous entendre parler ainsi. D'ailleurs, notre pauvre petite avait sur elle un talisman, et cela me tranquillise un peu. — Racontez-moi encore toutes les circonstances... Un homme est venu, dites-vous?... —Oui, se disant envoyé par mon maître, et ayant à parler à Blanche...... — Le misérable! et que lui a-t-il dit? — Des compliments!... il parlait comme un grand seigneur, et il en avait le costume et la mine, quoique M. Touquet prétende que ce soit un misérable sans état et sans asile... — Il le connaît donc?... — Sans doute. Je vous avoue que je n'en avais peur, quoiqu'il n'eût pas l'air fort méchant; mais un regard hier!... un ton impérieux!... J'étais si désolée de lui avoir ouvert! — Et Blanche? — La pauvre petite tremblait!... tout cela ne dura pas longtemps. Nous entendîmes rentrer M. Touquet, aussitôt l'étranger prit son manteau, salua Blanche et se rendit près de monsieur. Je l'avais suivi, mais on me renvoya, et je n'en sais pas davantage.

Urbain quitte Marguerite, il s'élance hors de la chambre; en un instant il est devant le barbier, dont l'air froid et sombre contraste avec les transports qu'Urbain laisse éclater.

— Eh bien! monsieur, qu'avez-vous appris, qu'avez-vous fait pour retrouver mon épouse, s'écrie-t-il, parlez, que savez-vous?

Le barbier, un peu troublé par la vivacité des questions d'Urbain, répond en hésitant:

— J'ai fait mille démarches, et je n'ai rien découvert. — Et ce misérable s'est-il présenté hier chez vous, quel est-il? — Je le connais à peine; il venait quelquefois dans ma boutique; ce que je ne conçois pas, et je puis vous le jurer, c'est qu'il ait eu connaissance de la beauté de Blanche qu'il n'avait jamais vue, et qu'il ait eu l'idée de s'introduire près d'elle...

Le barbier paraît tellement sincère en prononçant ces mots, qu'Urbain se repent de l'avoir soupçonné.

— Pardon, monsieur, lui dit-il, j'osais penser!... Mais vous ne voudriez pas faire notre malheur. Vous m'aviez donné Blanche, vous lui aviez servi de père... Ah! vous vous joindrez à moi pour découvrir ses ravisseurs?

— Oui, répond Touquet à demi-voix, oui, je vous seconderai, je vous le promets...

— Et le nom de cet homme, vous devez le savoir? — Je n'ai jamais songé à le lui demander. Hier, lui ayant fait sentir sur-le-champ que son amour pour Blanche était une folie, il s'est retiré en proférant des menaces, auxquelles je fis peu d'attention. — Aucun renseignement ne pourra donc nous mettre sur la voie?..... Mais comment a-t-il pu pénétrer jusqu'à Blanche? — Il suffit de quelques fausses clefs!.... et dans cette ville vous savez qu'on n'est plus en sûreté chez soi!

Urbain est quelques minutes sans proférer une parole, le barbier évite toujours ses regards; enfin, le bachelier s'écrie:

— Adieu, monsieur; je vais à la recherche de celle que vous m'aviez donnée pour épouse.

— Puissiez-vous réussir! répond le barbier d'une voix sombre tandis qu'Urbain s'éloigne brusquement, tout occupé de Blanche, mais ne sachant de quel côté porter ses pas.

Urbain se rend d'abord à différentes portes de Paris : là il demande si, dans la nuit dernière, on a vu passer la jeune femme dont il fait le portrait; il est persuadé que tout le monde doit remarquer Blanche, et que ses traits charmants fixèrent partout l'attention. Mais il n'obtient aucun renseignement; on lui répond à peine; son costume est trop simple pour qu'on se montre obligeant envers lui; car dans le bon vieux temps, comme aujourd'hui, il fallait semer l'or pour aller vite en affaires.

— Si tous ces gens-là connaissaient Blanche, se dit Urbain, ils ne montreraient pas une telle indifférence!

N'osant sortir de Paris sans avoir quelque indice sur la route qu'il doit prendre, Urbain continue de marcher au hasard dans la capitale, dont depuis longtemps les habitants sont livrés au sommeil. Les voleurs, les amants et les soldats du guet se montrent seuls alors dans les rues sombres de Paris. Le jeune bachelier en traverse souvent plusieurs sans rencontrer personne, mais il marche toujours en se disant :

— Pourquoi rentrerais-je?..... Je ne puis plus goûter de repos..... Qu'irais-je faire dans ma demeure?.....

Cependant l'amour et le désespoir ne rendent pas infatigable; Urbain marche depuis huit heures du soir, et il est près de trois heures du matin, ses jambes commencent à fléchir, il sent que bientôt il lui sera impossible d'aller plus loin. Il porte alors ses regards autour de lui; la lune, qui se montre par intervalles, lui permet de distinguer un carrefour désert, auquel aboutissent quelques ruelles donnant dans des marais. Urbain se dirige vers une grosse pierre qu'il aperçoit à quelques pas de lui, c'est là qu'il veut s'asseoir et attendre le jour; mais au moment où il approche de la pierre ses pieds heurtent quelque chose qu'il n'avait pas aperçu, et une voix s'écrie aussitôt :

— Ah! sandis! né mé tuez point... jé n'ai plus le sou!...

CHAPITRE XXIV.

Le Château de Sarcus.

La berline qui renfermait Blanche roulait avec célérité depuis plusieurs heures, et l'aimable enfant était à peine revenue du trouble, de la surprise où la jetait sa nouvelle situation. Après avoir vécu dans la retraite la plus absolue, se trouver seule dans une voiture, au milieu de la nuit, lui semblait un rêve; pour se persuader de la réalité de sa situation il ne fallait rien moins que le bruit des roues et des pas des chevaux mêlé au claquement du fouet du postillon cherchant à redoubler l'ardeur de ses coursiers, qui cependant allaient comme le vent.

— Je vais voir Urbain, se disait à chaque instant la tremblante voyageuse, je vais le retrouver... je ne dois pas avoir peur... nous allons être heureux. Pourquoi donc ne suis-je pas aussi contente lorsque nous faisions des vœux pour hâter ce moment? Mais alors j'espérais partir avec Urbain, et tout cela s'est arrangé autrement. Pauvre Urbain! ce n'est pas sa faute; mais pourquoi s'est-il battu? Ah! qu'il me tarde d'être auprès de lui!... Et Marguerite qui ne m'a pas seulement dit adieu!... il semblerait que tout le monde m'abandonne!...

L'aimable enfant essayait quelques larmes qui humectaient ses yeux, puis regardait aux carreaux des portières, mais l'obscurité l'empêchait encore de rien apercevoir; elle soupirait en se laissant aller dans le fond de la voiture, et se disait :

— Où sommes-nous?... Je ne sais... mais il me semble que nous allons bien vite... Ah! tant mieux! je serai plus tôt près d'Urbain.

Enfin le jour commence à poindre. Blanche, qui met à chaque instant la tête contre la portière, distingue confusément des arbres, des champs, des maisons. Bientôt le brouillard se dissipe entièrement, et la jeune voyageuse ne peut se lasser d'admirer le tableau riant du jour, et les sites variés qui semblent fuir devant elle. Tantôt la berline court sur une route bordée seulement d'arbres et de haies; les branches de quelques vieux chênes caressent parfois le haut de la voiture, et ce bruissement inattendu fait tressaillir la jeune voyageuse; tout à coup la vue s'étend fort loin; la route est bordée de prairies, de champs nourriciers; déjà le laboureur vient s'y livrer au travail; déjà la charrue trace ses sillons, et la bêche va donner à la terre une face nouvelle. Les arbres sont encore privés de feuillage, mais leur cime rougit et annonce le retour du printemps. Plus loin, on traverse un village dont les habitants matinaux se montrent sur leur porte ou à leur fenêtre, empressés de regarder la voiture qui passe devant chez eux. L'image de la paix, de la santé, se lisent sur la figure de chaque paysan; c'est leur seule parure, car la propreté n'est pas la vertu des villageois, dont les enfants se jouent sur des tas de fumier, pêle-mêle avec les oies et les canards. Mais la nature n'est pas toujours gracieuse, et ce n'est point dans les environs de Paris qu'il faut chercher les bergers de Flo-

rian, les pâtres de Bertin, les séduisantes villageoises de nos opéras-comiques.

Des tableaux champêtres plaisent toujours à une âme simple et pure, et Blanche, en voyant passer devant ses yeux des villages, des fermes, des hameaux, s'écrie :

— Quel plaisir de demeurer là... de se promener, de courir dans ces champs, dans ces bois! que je serai heureux avec Urbain!

En effet, les champs et les bois étaient plus riants que la rue des Bourdonnais et la triste maison du barbier.

La voiture ne s'arrête pas : le postillon a l'ordre de courir jusqu'au château, dussent les chevaux crever en y arrivant. Blanche ignore à quelle distance de Paris se trouve la maison de campagne d'Urbain; et d'ailleurs, ne se souvenant pas d'avoir jamais été en voiture, il lui semble qu'en roulant aussi vite on doit faire beaucoup de chemin. Vers une heure après-midi, on traverse le joli bourg de Grandvilliers, où un grand nombre de fabriques donnent aux habitants du travail et quelque aisance, mais on ne s'y arrête point; et la voiture, tournant à droite, traverse une grande plaine, puis se dirige vers un bâtiment que l'on aperçoit à peu de distance, et qui est nommé à juste titre la merveille de la contrée : c'est le château de Sarcus, dont la façade élégante se dessine dans l'éloignement.

Blanche aperçoit le château, mais elle est bien loin de penser que c'est là le terme de son voyage. Cependant elle contemple cette magnifique habitation, et plus la voiture roule, plus il lui est facile de distinguer les sculptures, et d'admirer le travail des artistes, qui se sont surpassés afin de mériter l'approbation du monarque galant qui protégeait les arts autant qu'il aimait les belles.

On avance encore, on est devant le château, et la voiture, au lieu de passer outre, entre dans l'intérieur de cette somptueuse demeure.

— Eh bien!... eh bien!... qu'est-ce qu'il fait donc! dit Blanche en essayant d'ouvrir la portière, ce n'est pas ici!... ça ne peut pas être ici!... Urbain n'a pas une grande maison comme celle-ci.... le cocher s'est trompé!...

Cependant la voiture s'est arrêtée dans une vaste cour; un valet à riche livrée ouvre la portière, et, d'un air fort respectueux, offre la main à Blanche pour descendre.

— Oh! non, je ne veux pas descendre, dit l'aimable enfant en regardant le valet avec étonnement, ce n'est pas ici que je vais; certainement on se trompe. C'est un château ici!... ça ne peut pas être la maison d'Urbain; d'ailleurs il viendrait bien vite au-devant de moi.

— Non, madame, on ne s'est pas trompé, répond Germain, le valet du marquis, qui était arrivé deux heures avant la voiture, afin de donner des ordres au concierge et de faire préparer un appartement pour Blanche.

— C'est bien ici le terme de votre voyage, et tout est disposé pour vous y recevoir.

— Ici! dit Blanche, et elle saute légèrement hors de la voiture, puis jette des regards surpris autour d'elle. — Mais où donc est-il? reprend-elle avec inquiétude.

— Il n'est pas encore arrivé, madame, répond Germain, qui a reçu de son maître l'ordre de ne nommer personne et de maintenir la jeune fille dans l'idée qu'elle se sera formée de ce voyage.

— Comment! il n'est pas arrivé!... Je le croyais parti avant moi. Il n'est donc pas venu ici directement?... Ah! je comprends!... Craignant d'être poursuivi, il aura été obligé de se cacher, de prendre des détours...

— C'est cela même, répond le valet en souriant, et je ne pense pas qu'il puisse arriver avant ce soir. — Pauvre Urbain! quel ennui!... Attendre encore jusqu'à ce soir... — Si madame veut bien me suivre, je vais la conduire dans l'appartement qu'on a préparé à la hâte pour elle. — Je ne suis pas madame, je me nomme Blanche. Nous ne sommes pas encore mariés... mais dès qu'il arrivera, j'espère bien être sa femme!... Conduisez-moi, monsieur, je vous suis.

Le valet entre dans un grand vestibule, monte un escalier de marbre, puis fait traverser à Blanche de superbes galeries fermées d'un côté par des fenêtres à vitraux de diverses couleurs, tandis que l'autre les murailles sont garnies de tableaux représentant les sujets les plus gracieux de la mythologie.

Blanche ne peut se lasser de contempler ce qui s'offre à sa vue; ne pouvant revenir de son étonnement, elle s'arrête, et dit à Germain d'une voix qu'elle tâche de rendre encore plus touchante :

— Monsieur, je vous en prie, dites-moi la vérité... est-ce à lui cette superbe demeure? — Oui, mademoiselle, c'est bien à lui ce château. — Ah! je me doutais bien que c'était un château!... et il disait n'avoir qu'une petite maison! celle-ci me paraît immense... mais il faut être bien riche pour avoir un château comme celui-ci, et Urbain regrettait quelquefois de n'avoir pas une grande fortune à partager avec moi. — C'est qu'il voulait vous surprendre, mademoiselle. — Le méchant!... riche ou pauvre, est-ce que je ne l'aimerai pas toujours autant? Mon Dieu!... que c'est grand, ces galeries, ces belles salles! nous nous perdrons ici!... et Marguerite, comme elle sera surprise!... Monsieur, y a-t-il des vaches, des lapins ici? — Il y aura tout ce que vous désirerez, mademoiselle. — Urbain m'a promis une belle vache, et c'est moi qui veux traire son lait, la battre pour faire du beurre et du fromage, c'est ça qui est amusant!...

Germain se retourne pour cacher un sourire, parce que les goûts champêtres de la jeune fille paraissent singuliers au valet du grand seigneur ; mais bientôt il ouvre une porte en disant :

— Voici l'appartement qu'on vous a préparé, mademoiselle ; s'il ne vous plaît pas , vous choisirez dans le château, on s'empressera d'exécuter vos ordres.

— Oh! mon Dieu ! je suis bien partout, dit Blanche en entrant dans une pièce richement meublée et ornée de glaces qui permettent de se voir entièrement. C'est trop beau ici, dit-elle en considérant les tentures, les draperies et les candélabres qui ornent l'appartement ; puis elle passe dans une seconde pièce décorée avec la même somptuosité , dans laquelle est un lit entouré de rideaux de soie à franges d'argent.

— S'il était ici, dit Blanche en laissant échapper un soupir, tout cela me plairait davantage !... et ces fenêtres, où donnent-elles ?

Chavagnac prend Chaudoreille par la moustache et le force à sortir de sa cachette.

Germain s'empresse d'ouvrir les fenêtres , qui sont toutes pourvues de vastes balcons. Blanche s'avance, et ne peut retenir un cri de plaisir en apercevant un lac baigner les murailles de la partie du château dans laquelle se trouve son appartement. Le lac s'étend au milieu d'une vaste prairie, et finit par se perdre dans des rochers, d'où l'eau retombe en cascade dans un immense bassin. Sur la droite de la prairie on aperçoit des bois, des bocages ; de l'autre côté, des collines se croisent, et la vue se prolonge sur un paysage qui s'étend fort loin et offre un tableau charmant.

— Ah ! que c'est joli ! s'écrie Blanche, la belle vue ! — Mademoiselle ne peut encore s'en faire une idée, c'est lorsque ces champs auront recouvré leur verdure que ce site vous charmera.—Mais je voudrais bien me promener dans tous ces endroits que j'aperçois , courir dans cette prairie, et aller sur ce lac, dont l'eau baigne ces murs et me semble si pure !... — Cela est très-facile , mademoiselle , tout ce que vous voyez est le parc du château. Quand vous désirerez visiter les jardins, parcourir le parc, vous promener en bateau sur le lac , je m'empresserai de vous conduire. — Eh quoi ! tout ce que je vois appartient à Urbain ? — Oui, mademoiselle , tout cela dépend du château.

Chaque mot de Germain augmente la surprise de Blanche, qui ne conçoit pas que son doux ami ait pu la tromper ce n'est point, et qui cependant n'a aucun soupçon de la trahison dont elle est victime. Le valet tire une sonnette, et une jeune villageoise entre dans l'appartement et salue gauchement Blanche, qui lui rend son salut avec bonté.

— Mademoiselle , dit Germain , cette jeune fille est à vos ordres ;

elle vous servira de femme de chambre, si vous voulez accepter ses services. — Oh! je me sers bien moi-même, et je n'ai besoin de personne ; je vous remercie. — En tout cas, Marie viendra dès que vous la sonnerez. Mademoiselle doit avoir besoin de se reposer des fatigues du voyage ; nous allons nous retirer. — Oui... puisqu'il ne doit arriver que ce soir, je vais tâcher de dormir un peu, le temps me paraîtra moins long.

Germain fait un signe à Marie, qui, après avoir fait deux autres révérences, sort suivie du valet du marquis.

Lorsque Blanche se voit seule dans son nouvel appartement, elle promène de nouveau des regards surpris autour d'elle ; tout ce qui lui est arrivé depuis la veille lui semble un songe ; elle s'arrête devant les meubles, les glaces, et murmure en soupirant :

— A lui tout cela !... Pourquoi donc ce mystère ?... Il craignait peut-être de n'être aimé que pour sa fortune !... Ah ! cher Urbain ! c'est toi seul que j'aime, et je quitterais bien vite ce beau château s'il me fallait l'habiter sans toi ! mais ensemble nous y serons heureux , quoique ce soit bien grand pour nous deux !...

Fatiguée par le voyage, Blanche se jette sur le lit; bientôt le sommeil ferme ses paupières, elle s'endort tranquillement, se croyant sous le toit d'Urbain.

Il est quatre heures lorsque la jeune fille s'éveille ; son premier soin , en sautant à bas du lit , est d'aller regarder l'heure à une pendule placée sur la cheminée...

— Que nous sommes encore loin du soir ! dit-elle en soupirant, et que ferai-je jusque-là ?... Il me semble que je suis perdue dans ce beau château !... Si du moins Marguerite était avec moi, nous parlerions de lui, et le temps passerait plus vite !

En jetant les yeux dans la chambre, elle aperçoit une petite porte qu'elle n'avait pas encore remarquée ; elle l'ouvre, et se trouve dans un cabinet de toilette , où l'on a réuni tout ce qui peut être agréable à une petite-maîtresse ; mais Blanche regarde avec indifférence un beau nécessaire garni d'objets de la plus rare beauté. Dans ses plans de bonheur pour l'avenir , elle n'avait vu qu'une petite ferme , une étable, un pigeonnier et un jardin ; son esprit ne peut s'accoutumer à remplacer la ferme par le château.

Elle sort du cabinet de toilette et se rend dans la première pièce de son appartement, où elle voit une table couverte de tout ce qui peut flatter l'appétit.

Que de prévenances ! se dit Blanche. En vérité on me traite comme une reine. C'est Urbain qui leur aura recommandé d'avoir pour moi tous ces soins !...

Blanche sonne, et Marie arrive ; mais elle est suivie de Germain, qui ne veut pas perdre la paysanne de vue jusqu'à l'arrivée de son maître , de crainte qu'elle n'apprenne à Blanche ce que l'on veut encore lui cacher.

Est-ce pour moi que l'on a mis ce couvert ? dit Blanche. — Oui , mademoiselle, répond Germain ; j'ai pensé que vous deviez avoir besoin de déjeuner. Excusez si l'on ne vous offre que cela ; mais n'étant pas prévenu... — Que cela !... vous riez, sans doute !... Il y a de quoi régaler dix personnes, et chez M. Touquet nous n'avions jamais que deux plats pour notre dîner.

Blanche se met à table, Germain se tient à quelque distance, et Marie la sert sans ouvrir la bouche , mais en lui faisant une révérence toutes les fois qu'elle lui donne une assiette. Tant de cérémonies ennuient la jeune fille, habituée à une vie simple et frugale. Elle quitte bientôt la table et témoigne le désir de se promener dans le parc. Aussitôt Germain la conduit par la galerie et différents passages à un escalier, au bas duquel on se trouve devant l'entrée des jardins. Blanche respire plus à son aise dans la prairie que sous les plafonds sculptés du château. Elle quitte les bords du lac, traverse un petit bois et se trouve bientôt dans une partie du parc dessinée à l'anglaise , et dont les allées se croisent en formant mille détours ; mais lorsque Blanche se retourne elle aperçoit toujours dans l'éloignement Germain, qui ne la perd pas de vue. — Il craint sans doute que je ne m'égare, se dit-elle ; tout cela est si grand... on pourrait bien ne plus retrouver son chemin.

Après une promenade assez longue, Blanche retourne au château ; Germain la reconduit jusqu'à son appartement, puis lui demande à quelle heure elle désire dîner.

— Oh ! je n'ai pas faim , répond-elle, j'aime mieux attendre son retour, et souper avec lui... car il viendra ce soir... n'est-ce pas, monsieur ? — Je le pense, répond le valet en s'inclinant ; et il s'éloigne laissant l'aimable enfant triste et pensive, car ces mots : Je le pense, ne lui semblent pas assez positifs.

Elle se place sur un des balcons qui dominent le lac, et là, les yeux fixés vers l'horizon, elle se livre à ses pensées et appelle la nuit, qui doit la réunir à l'objet de son amour.

Enfin ses yeux ne distinguent plus aussi loin dans la campagne, un léger brouillard semble se placer entre les objets que l'œil cherche encore ; bientôt la perspective diminue, l'horizon se rapproche ; enfin l'on ne voit plus qu'à quelques pas de soi ; alors Blanche éprouve une douce joie et quitte le balcon en se disant : — Voilà la nuit... il va venir !...

Germain entre dans l'appartement et allume plusieurs bougies. —

Dès qu'il arrivera, lui dit Blanche, ne manquez pas de lui dire que je suis ici... que je l'attends.

— Son premier soin sera de se rendre près de vous, mademoiselle, répond le valet en souriant; puis il s'éloigne en engageant Blanche à sonner dès qu'elle désirera quelque chose.

Si l'image d'Urbain n'avait pas été sans cesse présente à l'esprit de la jeune fille, peut-être eût-elle éprouvé quelque frayeur en se voyant seule la nuit, dans un séjour qu'elle connaissait à peine, au milieu d'un appartement qui lui semblait immense en comparaison de la petite chambre qu'elle occupait chez le barbier. Mais l'amour

Visite du chevalier Chaudoreille à la belle Julia.

est le meilleur remède contre la peur; et la jeune fille qui ne serait descendue qu'en tremblant dans une cave, quoique en ayant une lumière à la main, s'y rendra bien volontiers sans chandelle, lorsqu'elle est sûre d'y trouver son amant.

Blanche compte les heures; la pendule en a sonné neuf.

— Il ne peut plus tarder, se dit l'aimable enfant, pourvu que rien n'ait arrêté sa marche, et M. Touquet qui me disait qu'il serait arrivé avant moi!...

Elle soupire et fait quelques pas dans son appartement, puis ouvre une fenêtre, se met au balcon, contemple le reflet de la lune dans l'eau tranquille du lac, et s'étonne du silence qui règne dans le château, où tout semble dormir comme dans le tableau que la lune offre à ses yeux. Cette paix profonde n'annonce pas l'arrivée d'Urbain, et dans ce moment Blanche voudrait que quelque bruit vînt au moins troubler parfois le calme de la nuit; mais pour se consoler elle se dit :
— Je suis peut-être logée loin de l'entrée du château, cette demeure est si grande!... je puis ne pas entendre ce qui se passe dans les autres corps de logis.

Une heure s'écoule encore, et l'inquiétude, la tristesse, s'emparent de la jeune amante, qui se rend alternativement de sa chambre sur le balcon, puis va ouvrir la porte de son appartement, et fait quelques pas dans la galerie.

La joie et l'espérance n'animent plus ses beaux yeux, et ce n'est qu'avec peine qu'elle retient ses larmes prêtes à couler; elle se laisse aller dans un vaste fauteuil en prononçant d'une voix entrecoupée :
— Quel malheur nouveau lui est-il donc arrivé?

Mais tout à coup un bruit violent succède au silence qui régnait dans le Château. Blanche se lève, prête l'oreille, et croit distinguer le roulement d'une voiture, les pas des chevaux, les aboiements des chiens. Bientôt plusieurs portes roulent sur leurs gonds, d'autres se ferment avec violence.

— Le voilà! c'est lui!... s'écrie la jeune fille; et elle va pour courir dans la galerie, afin d'aller au-devant de son amant; mais cette

galerie n'est pas éclairée; Blanche ne connaît pas le chemin, elle pourrait se perdre dans ces vastes appartements, il vaut donc mieux attendre dans le sien.

Elle écoute toujours; le bruit de la voiture a cessé; mais on entend encore, par moments, des pas, des voix, des portes qui sont ouvertes avec fracas. — A coup sûr quelqu'un est arrivé, se dit Blanche, et ce ne peut être que lui, pourquoi donc ne pas accourir près de moi?...

Elle court à la sonnette, en tire le cordon à plusieurs reprises; personne ne paraît. Etonnée d'être ainsi abandonnée, elle va prendre une bougie et se hasarder dans la galerie, lorsque des pas précipités y retentissent. — Le voilà enfin! s'écrie-t-elle. Elle court aussitôt à la porte, et demeure immobile de surprise, d'effroi, en voyant devant elle l'étranger qui, la nuit précédente, s'est introduit chez le barbier.

Le marquis s'arrête sur le seuil de la porte; il salue Blanche en lui adressant un regard à la fois tendre et respectueux. Celle-ci, à peine revenue de sa surprise, regarde avec inquiétude dans la galerie et dit au marquis d'une voix touchante : — Est-ce qu'Urbain n'est pas avec vous?

Les accents de Blanche sont si doux, sa voix peint si bien l'inquiétude de son âme, que Villebelle se sent profondément ému, et, pour la première fois peut-être, éprouve des remords de la peine qu'il va causer à la jeune fille. Blanche répète sa question d'un ton suppliant, et le marquis répond en détournant les yeux :
— Je suis venu seul...

— Ah! monsieur, de grâce! que lui est-il arrivé? s'écrie Blanche en s'approchant du marquis et tendant ses bras vers lui avec anxiété. Villebelle la regarde, et dans ce moment les divers sentiments qui agitent la jeune fille semblent la rendre encore plus séduisante : ses

Urbain est accompagné par la vieille Marguerite, qui referme sur lui la porte de la rue.

yeux sont pleins de feu; sa bouche, à demi entr'ouverte pour questionner encore, laisse voir deux rangées de perles, et ses cheveux, qui retombent sans ordre sur son front, donnent des attraits nouveaux à sa figure angélique. Le marquis sent s'évanouir ses remords à l'aspect de tant de charmes. Habitué d'ailleurs à traiter la vertu de chimère et la constance de folie, il se flatte de calmer bientôt la douleur de Blanche et, ne voulant pas prolonger davantage son erreur, tombe à ses genoux en disant :
— Daignez me pardonner, fille charmante, ce château m'appartient, vous n'êtes pas chez Urbain, mais chez un homme qui vous adore et mettra tout en usage pour faire votre bonheur.

Blanche semble ne pas comprendre; elle regarde le marquis avec effroi en répétant :

— Je ne suis pas chez Urbain !... mais, monsieur, où donc est-il ?... — Je m'en inquiète fort peu, et ne lui conseille pas de venir vous chercher ici. — Monsieur, c'est avec Urbain que je dois aller; en m'amenant ici, on s'est trompé, je le disais bien, Urbain ne pouvait pas avoir une si grande maison !... vous allez me faire reconduire tout de suite, n'est-ce pas, monsieur? — Non, belle enfant !... c'est moi qui vous ai fait enlever, et je ne veux vous céder à personne. — Enlever !... que dites-vous ?... Urbain s'est battu, il s'est sauvé... voilà pourquoi je suis partie au milieu de la nuit... — Il a bien fallu vous dire tout cela pour vous faire partir de bonne volonté..., — O mon Dieu ! il se pourrait !... Mais non, c'est mon protecteur, c'est M. Touquet lui-même qui m'a fait monter en voiture... — Oui, adorable Blanche, c'est votre protecteur, l'honnête Touquet, qui a servi mes projets et vous a livrée à mon amour.

La jeune fille vient de concevoir enfin l'affreuse vérité : ses genoux faiblissent, les roses de son teint disparaissent, et, sans avoir jeté un seul cri, elle va tomber sur le parquet... Heureusement le marquis la reçoit dans ses bras. Il la porte sur le lit et sonne avec violence. Aussitôt Germain paraît.

— Quelqu'un... du secours !.. , dit le marquis vivement agité. Elle est sans connaissance !... Est-ce qu'il n'y a point de femme dans ce château ?... — Pardonnez-moi, monseigneur.

Germain appelle Marie, la grosse paysanne accourt.

— Donnez tous vos soins à cette jeune femme, lui dit le marquis, et ne la quittez pas l'instant. Si elle tardait à reprendre ses sens, accourez me le dire. — Ça suffit, monsieur, répond Marie en faisant la révérence, et Villebelle sort de l'appartement avec Germain.

Le marquis, fatigué par la rapidité avec laquelle il a fait la route depuis Paris, se rend dans son appartement et se jette sur un lit de repos. Pendant que Germain le débarrasse de ses habits de voyage, il s'informe de ce que Blanche a fait et dit depuis son arrivée.

— Monseigneur, répond Germain, elle s'est crue chez un M. Urbain, et, suivant votre ordre, je ne l'ai point détrompée. — Elle paraît l'aimer plus que je ne croyais, dit Villebelle en soupirant. — Oh ! monseigneur, amour de jeune fille !... un grand feu qui s'éteint de lui-même !... — Puisses-tu dire vrai !... Mais Blanche ne ressemble pas à toutes les femmes que j'ai vues jusqu'à ce jour. Il y a en elle une candeur... une franchise... enfin, je ne sais quoi qui commande le respect. Je ne puis te dire tout ce qu'elle m'inspire !... Ses larmes retomberaient sur mon cœur !... C'est à force de soins, de prévenances, d'amour, que je veux triompher d'elle. Il faudra beaucoup de temps peut-être ! n'importe, je me sens capable de tout mettre en passion, de me soumettre à tout ce qu'elle exigera de moi. Tu le vois, Germain, je suis véritablement amoureux; car je ne me reconnais plus, et près de Blanche je crois que je serai timide comme un enfant... — Il faudra voir de que cela durera, monseigneur. — Ah ! tu ne comprends pas ce que j'éprouve !... Germain, tu partiras demain matin pour Paris; je te donnerai tout l'argent qui te sera nécessaire, et tu rapporteras ce que tu trouveras de plus joli, de plus frais en parures, en étoffes, en bijoux. N'épargne rien, pourvu que cela plaise à Blanche.

— Comptez sur moi, monseigneur. — Qu'y a-t-il en domestiques dans ce château ? — Le vieux concierge, qui ne s'éloigne jamais de sa porte. — Il se croit gardien d'une citadelle !... Sa fille, Marie, que monseigneur a vue tout à l'heure, c'est la seule femme que j'aie trouvée au château. — Est-elle en état de servir Blanche ? — Oh ! oui, monseigneur; elle est un peu lourde, un peu gauche, mais fidèle et obéissante... Son père m'en a répondu; d'ailleurs, mademoiselle Blanche semble préférer se passer de femme de chambre. — Ensuite? — Le jardinier, vieil imbécile qui ne connaît que ses plantes. Quant aux villageois qu'il emploie, ils ne viennent jamais dans l'intérieur du château... Ah ! j'oubliais, un vieux sommelier-cuisinier, très-ivrogne à ce que j'ai pu voir, mais qui ne s'est jamais permis de sortir de sa cuisine, et qui, en l'absence de ses maîtres, s'enferme dans les caves. — C'est bien. Mais il me faut des gens qui surveillent Blanche, sans qu'elle s'en doute, de manière qu'elle ne puisse s'échapper, si parfois elle en formait le projet; et j'ai amené de Paris deux laquais qui s'acquitteront parfaitement de cet emploi. — Ah ! Germain ! si je parviens à me faire aimer de Blanche, quel sera mon bonheur !... Mais il me tarde d'avoir de ses nouvelles... Va... descends... appelle Marie... je ne puis rester dans cette inquiétude.

Germain sort; mais il rentre bientôt avec la jeune paysanne, qui avait déjà quitté Blanche. — Eh bien, comment se trouve-t-elle maintenant? dit le marquis.

— C'te jeune dame, monseigneur? — Eh ! sans doute. — Oh ! gnia déjà queuque temps qu'alle est revenue z'en vie, monseigneur. — Et alors, qu'a-t-elle dit? — C'qu'alle a dit?... Ah ! ma fine, monseigneur, tout plein d'choses que j'nons pas ben comprises... Ah ! attendez, je me rappelle : alle m'a demandé si c'était vrai q'vous étiez l'bourgeois du château; sus'c' que j'lui ai dit oui, alle s'est mise à pleurer... — Elle pleure?... — Oh ! oui, monseigneur, alle ne fait que ça !... et puis alle m'a demandé vot'nom. — Qu'avez-vous répondu? — Dame, j'ai dit qu'vous vous nommiez monseigneur le marquis. — Elle ne vous a point fait d'autres questions? — Non, monseigneur. — Et pourquoi

l'avez-vous quittée? — Monseigneur, c'est qu'alle m'a dit que je lui ferais plaisir si je m'en allais.

Le marquis fait signe qu'on le laisse seul. Il veut se livrer sans témoin à tout ce qu'il éprouve : il est satisfait de posséder Blanche dans son château; mais la peine qu'elle éprouve trouble son bonheur. Il n'ose déjà retourner chez elle, et juge plus convenable de laisser passer le premier moment de sa douleur. Il se jette sur son lit et y cherche le repos, mais le repos fuit ses paupières : l'image de Blanche est sans cesse devant ses yeux, et avec elle se reproduit le souvenir de plusieurs erreurs de sa jeunesse qu'il veut en vain chasser de sa pensée.

Pendant que Villebelle s'efforce de n'attribuer qu'à l'amour son insomnie et son agitation, Blanche passe dans les larmes cette nuit qu'elle attendait avec tant d'impatience. Convaincue enfin qu'elle est au pouvoir d'un homme auquel le barbier l'a livrée, elle sent toute l'horreur de sa situation; mais habituée par Marguerite à mettre sa confiance dans l'Être suprême, à ne point douter de sa puissance, elle adresse au ciel ses prières, et le supplie de la réunir à Urbain. C'est à genoux, les mains levées vers les cieux et les yeux baignés de pleurs, qu'elle passe une partie de la nuit, et que l'aurore la retrouve encore.

Marie vient prendre ses ordres : Blanche ne veut rien, ne désire rien que la liberté, et pour toute réponse Marie lui apporte à déjeuner. Au bout d'une heure, le marquis entre dans l'appartement. Blanche ne l'a pas vu; elle est assise la tête appuyée sur une de ses mains, et paraît absorbée dans sa douleur.

Villebelle fait signe à Marie de sortir : il contemple en silence cette jeune fille qui depuis la veille est réduite au désespoir parce qu'elle est jolie et qu'elle a eu le malheur de plaire à un homme riche et puissant, qui pense qu'on doit être trop heureux de satisfaire ses passions.

Cependant le changement qui s'est opéré depuis la veille dans les traits de Blanche, ses yeux rouges et encore pleins de larmes, font sur le grand seigneur une impression pénible; il préfère endurer des reproches à voir cette douleur muette, et fait quelques pas pour que sa victime s'aperçoive de sa présence.

Blanche lève les yeux, regarde le marquis, ne montre qu'un léger trouble, et laisse retomber sa tête sur sa main. Villebelle s'attendait à des plaintes, à des cris; surpris de ce silence, il prend un siége, et va s'asseoir près de Blanche, qui se tait et continue de pleurer.

— Vous vous trouvez donc bien malheureuse? dit enfin le marquis avec émotion; et Blanche répond en sanglotant, mais avec ce ton doux qui ne la quitte jamais : — Oui, monsieur. — Pouvez-vous regretter la triste maison du barbier, où vous n'aviez aucun plaisir ?... — Ce n'est pas la maison que je regrette, monsieur ! — Ici, il se tiendra qu'à vous d'être la femme la plus heureuse : tous vos désirs y seront des lois, vous aurez les plus belles parures, les plus riches bijoux... — Je n'en veux pas, monsieur. — Vous ne penserez pas toujours ainsi, aimable enfant; formée pour plaire, pour captiver les hommages, je veux qu'un jour, par vos attraits et votre toilette, vous éclipsiez ce que Paris renferme de plus séduisant. — Je ne vous comprends pas, monsieur. — Oubliez donc les années passées dans la retraite, pour commencer une vie nouvelle... Ce séjour deviendra un lieu de délices : les fêtes, les plaisirs s'y succéderont sans interruption dans que vos beaux yeux payeront mes efforts d'un sourire. Le barbier ne méritait pas votre amitié : ce misérable ne vous avait élevée que dans son propre intérêt; vous pouvez dégager votre cœur de toute reconnaissance. Quant à ce jeune homme auquel il voulait vous marier afin de se débarrasser de vous, c'était un enfant, m'a-t-on dit, il vous oubliera bientôt !...

— Urbain m'oublier ! s'écrie Blanche en faisant un mouvement convulsif; puis elle retombe sur son siége en disant d'un ton plus calme : — Non, monsieur, Urbain ne m'oubliera pas, car je sens bien, moi, que je l'aimerai toujours, et nos deux cœurs n'avaient qu'une même pensée.

Le marquis se lève avec dépit, fait quelques pas dans l'appartement, et dit au bout d'un moment : — Il est cependant inutile, mademoiselle, de nourrir un sentiment qui est désormais sans espoir; car vous ne reverrez jamais cet Urbain, que je déteste sans le connaître.

Blanche lève sur le marquis des regards suppliants, s'approche de lui, et se jette à ses genoux en disant d'une voix entrecoupée par ses sanglots :

— Monsieur, que vous ai-je donc fait pour que vous me punissiez ainsi ?... Si, sans m'en douter, je suis coupable de quelque faute, pardonnez-moi, je vous en prie, mais ne me séparez pas d'Urbain. — Relevez-vous ! dit Villebelle, qui cède malgré lui à l'émotion qu'il éprouve. Non, vous n'êtes pas coupable, fille charmante; c'est moi... moi seul !... Oui, je suis un monstre de faire couler vos larmes... Ah ! pourquoi vous ai-je vue !... mais vous êtes si jolie !... — Monsieur, est-ce qu'on a le droit d'enfermer une fille parce qu'elle est jolie?... On vous punira de me garder prisonnière dans votre château, cela doit être défendu... je suis si malheureuse ! est-ce qu'il est permis de tourmenter à son gré les pauvres gens ?... O mon Dieu !... et le talisman de Marguerite qui devait me préserver de tout danger !... Pauvre Marguerite ! ah ! si tu savais combien je suis malheureuse !

Le marquis ne se sent plus la force de résister aux larmes de la jeune fille.

— Eh bien, dit-il en se penchant vers Blanche, puisqu'il est vrai que vous me haissez... que je ne suis pour vous qu'un objet d'horreur... — Moi, vous hair! dit la naïve enfant en levant sur lui ses doux regards; oh! non, monsieur, ne croyez pas cela!... Malgré tout le chagrin que vous me causez, je ne sais comment cela se fait, mais je sens que j'aurais du plaisir à vous pardonner... je crois même que je vous aimerais...

— Vous m'aimeriez, fille céleste! s'écrie le marquis que ces mots jettent dans l'ivresse : O ciel!... il se pourrait!... et moi qui allais consentir... Ah! jamais! Plutôt mourir que de vous perdre, de vous céder à un autre!... Vous m'avez fait entrevoir un bonheur dont la seule idée me transporte! Blanche, Blanche!... je ferai tout pour mériter cet amour dont vous me donnez l'espérance... Mais renoncer à vous!... ah! cela est désormais impossible... et je m'éloigne pour ne plus voir ces larmes qui me font détester mon amour!

Villebelle sort précipitamment; Blanche le regarde s'éloigner avec surprise, ne concevant rien au transport qu'il vient de montrer. Elle est loin de se douter qu'elle vient de river ses chaînes en avouant au marquis qu'elle pourrait éprouver pour lui quelque amitié. Son cœur pur ne sait pas feindre; et le sentiment qu'elle voudrait accorder au marquis est si différent de l'amour qu'elle a pour Urbain, qu'elle ne voit aucun mal à le laisser paraître. Mais Villebelle ne sait pas lire dans ce cœur ingénu; il se figure que l'aimable enfant n'est pas éloignée de répondre à son amour, et ne doute plus qu'il pourra parvenir à lui faire oublier Urbain.

La journée s'écoule sans que le marquis se présente de nouveau chez Blanche; celle-ci s'efforce de rappeler son courage, et se persuader que le marquis ait l'intention de la garder prisonnière, et se recommande à son talisman pour qu'il abrège son séjour au château.

Dans l'après-midi, Blanche demande à Marie le chemin pour aller dans le parc; et la grosse paysanne s'empresse de la conduire jusqu'à l'entrée, où elle la quitte en lui faisant la révérence. Malgré son air niais, la villageoise comprend que son seigneur est amoureux de la jeune demoiselle; Marie a remarqué les yeux rouges et entendu les gros soupirs de Blanche, et, tout en la quittant, elle se dit :

— Jarni! si monseigneur était amoureux d'moi, ça ne me ferait pas pleurer!... ben du contraire!

Seule dans le parc, Blanche ne conçoit pas l'idée de chercher à recouvrer sa liberté; ne connaissant pas les chemins, ignorant dans quel pays et à quelle distance de Paris elle se trouve, elle sent qu'il lui serait impossible de s'éloigner sans retomber bientôt au pouvoir du marquis; elle est résignée à attendre qu'il la rende à son amant; elle ne suppose pas le marquis capable de la garder toujours prisonnière, et ne devine pas encore tous les dangers qu'elle court dans le château.

Villebelle imagine que Blanche est dans le parc, ne tarde pas à l'y joindre, c'est presque avec un sourire que la jeune fille le reçoit; et, quoique la tristesse soit toujours empreinte sur ses traits, elle cause avec lui sur les objets qui les entourent, et lui répond avec sa douceur, sa grâce accoutumées. Cette conduite paraît si extraordinaire au marquis, qu'il considère Blanche avec autant d'étonnement que d'amour. Cependant, loin que sa douleur l'enhardisse, il se sent pour elle un respect plus profond, il n'ose l'entretenir de sa tendresse; et, ne comprenant pas par quel pouvoir un enfant lui impose, il reste parfois muet et pensif en se promenant à ses côtés.

Le lendemain, Marie apporte dans l'appartement de Blanche ce dont Germain a fait emplette à Paris : une infinité de ces riens charmants inventés pour que les gens riches puissent plus facilement dépenser leur argent. La grosse paysanne reste en extase devant chaque objet, tandis que Blanche jette à peine un regard sur les présents.

Le marquis va voir la jeune captive, et s'aperçoit que l'on n'a point touché à ses cadeaux.

— Vous dédaignez donc ce que je suis si heureux de vous offrir? dit-il à Blanche. — Je ne veux rien de tout cela, répond-elle en soupirant. Pour plaire à Urbain je n'avais pas besoin de toutes ces parures, que dirait-il s'il me les voyait? — Toujours Urbain!... Ne vous ai-je pas dit, mademoiselle, que vous ne le verriez plus?... — Oui... mais je ne vous crois pas si méchant que vous voulez le paraître; à quoi vous servirait de me faire toujours du chagrin? — Blanche, vous m'avez avoué que vous n'étiez pas éloignée de m'aimer... — En effet, et je le sens encore... Près d'Urbain et de vous, je me trouverais bien heureuse... Ne puis-je donc pas espérer qu'à force de soins, de tendresse, je parviendrai à vous faire oublier un premier penchant, et que seul j'occuperai votre cœur? — Vous ne me comprenez pas, monsieur, j'aime Urbain comme mon amant, mon époux; et vous... je voudrais... je ne sais... Il me semble que je vous appellerais avec plaisir mon frère... mon père...

Cet aveu ne satisfait pas entièrement Villebelle; mais il espère tout du temps et de la constance de ses soins. Vers le soir Blanche se rend de nouveau dans le parc, et, comme la veille, le marquis l'y rejoint. Il se promène auprès d'elle, sentant à chaque instant augmenter son amour pour cette fille charmante. Le marquis ne se reconnaît plus; ce roué, ce séducteur qui a triomphé des beautés les plus rebelles, est devenu

timide et craintif près d'une enfant qui n'a pour sauvegarde que son innocence et sa vertu.

Douze jours se sont écoulés depuis que Blanche est au château de Sarcus, et ils n'ont apporté aucun changement dans sa situation. Chaque matin le marquis va lui rendre visite; mais, cédant au chagrin qu'elle éprouve d'être séparée de celui qu'elle aime, l'aimable enfant laisse-t-elle couler ses larmes, aussitôt le marquis la quitte brusquement. Le soir ils se promènent ensemble dans le parc, mais souvent en silence ou n'échangeant que quelques mots. Blanche rêve à Urbain; et Villebelle, satisfait d'être auprès d'elle, n'a pas conçu encore de coupables desseins.

Au bout de ce temps, un message de Paris apporte au marquis la nouvelle que son oncle est très-mal et désire le voir avant de mourir. Villebelle, seul héritier de ce parent, qui est fort riche, ne peut se dispenser de se rendre auprès de lui, et se décide, quoiqu'à regret, à quitter Blanche pour quelques jours. Il emmène Germain; mais les valets qu'il laisse au château ont reçu leurs instructions, et il ne craint pas que sa captive lui échappe : rien n'annonce d'ailleurs dans la triste Blanche le dessein de se sauver. Le marquis ne juge pas convenable de prévenir la jeune fille de son départ; et, plus amoureux que jamais, il quitte le château en se promettant de presser son retour.

CHAPITRE XXV.

La Rencontre. — Plan de vengeance.

Nous avons laissé Urbain prêt à s'asseoir sur une pierre, et arrêté par les cris d'un homme qui était étendu en cet endroit et que le jeune bachelier n'avait pas aperçu. Aux paroles qu'a prononcées cet individu on a déjà reconnu Chaudoreille, qui était resté à la place où les voleurs l'avaient abandonné.

Urbain est un mouvement de surprise; mais, incapable d'éprouver un sentiment de frayeur, il s'assied sur la pierre en disant :

— Pardon, monsieur, je ne vous avais pas aperçu.

Chaudoreille se soulève à demi, considère Urbain, et commence à se rassurer. D'ailleurs que pouvait-il craindre encore? Son costume n'avait pas tenté les voleurs; ils avaient en lui avait laissé Rolande, mais on s'était aperçu que dans ses mains elle n'était pas dangereuse.

— Ah! caddis!... vous m'avez réveillé, mon camarade! et je faisais un rêve délicieux!... J'avais encore dans ma poche les deux mille livres en or, et le réveil me rappelle la triste réalité!... Ah! mille millions de moustaches!... les coquins! les scélérats! ils m'ont tout pris... J'ai beau me tâter... je ne possède plus une obole!... O mort!... ô fureur!... ô désespoir!...

Chaudoreille se jette de nouveau par terre et s'arrache deux ou trois poils de la moustache. Enfin, trouvant que cela ne lui rend pas ses écus, il se calme et examine de nouveau Urbain, qui pousse de profonds soupirs sans paraître faire attention au désespoir du pauvre volé.

— Qué diantre! voilà un personnage bien taciturne, se dit le Gascon; et il s'adresse vers Urbain. Je gage que l'on vous a volé aussi, mon camarade? Cette ville est un vrai réceptacle de filous et de bandits. Un honnête homme né peut plus sé promener en sûreté qu'au milieu d'uné patrouille, et encore jé né m'fierais pas au guet!... Ah! c'est cé maudit théâtre qui m'a porté malheur! Dé misérables histrions de l'hôtel dé Bourgogne osent sé moquer d'un gentilhomme dé ma race!... Ah! Turlupin, mon ami, jé te retrouverai. Dès demain jé porte plainte au lieutenant-criminel, et jé fais mettre dans les Gautier-Garguille dans uné basse-fosse. Mais, hélas! qui mé rendra mes deux cents pistoles? Jé gage bien qué vous n'en aviez pas autant sur vous, camarade... hein?... Sandis! vous soupirez comme si on vous avait volé les tours de Notre-Dame!... Est-ce en chaise à porteurs qué vous avez été dépouillé?

Pour toute réponse, Urbain pousse un long soupir en murmurant :

— Hélas!... l'ai-je donc perdue pour toujours!...

— J'en étais sûr, se dit Chaudoreille, c'est sa bourse qu'il a perdue... ou plutôt qu'on lui aura prise. Camarade, est-ce dans cé quartier qué vous l'avez perdue?

Urbain le regarde avec surprise, puis répond enfin :

— Je ne sais où elle peut être... depuis huit heures je cours dans Paris... je ne suis pas plus avancé.

— Si du moins vous aviez uné lanterne.., cela vous aiderait... Était-elle bien grosse?... Si nous la retrouvons pleine, camarade, part à nous deux... C'est convenu.

Il se lève, saisit Chaudoreille à la gorge, et le tient fixé contre terre en s'écriant :

— Misérable! osez-vous bien insulter à ma douleur!... Si je n'écoutais que ma colère...

— Ah! dé grâce!... né l'écoutez pas... jé vous en prie... Oui lui jé n'en puis plus... Quel diablé d'homme êtes-vous? Est-cé qué vous sortez du château dé Vauvert? Parcé qué jé vous offre dé chercher votre bourse qué vous avez perdue, vous voulez m'étrangler?... — Ma bourse?... Quoi!... vous me parliez d'argent?... — Est-cé qué jé puis parler d'autre chose... après en avoir eu gros commé moi!... — Ah! pardon, monsieur, nous ne nous entendions pas... — C'est cé qué jé commence à voir... Mais, sandis! nous nous serrions dé près... c'est-à-dire, vous mé serriez!... Quellé poigne vous avez!... c'est commé moi' quand jé tiens Rolande... Il paraît qué cé n'est pas dé l'argent qué vous avez perdu? — Ah! monsieur, plût au ciel!... Je donnerais tout ce que je possède pour retrouver celle que j'adore!... celle qui allait être mon épouse!...

— Pauvre innocent! se dit Chaudoreille, c'est pour uné femme qu'il sé lamente ainsi!... Il né sait pas cé qué c'est qué dé perdre deux cents pistoles... sans compter la monnaie!... Mais puisqu'il n'est pas volé, tâchons dé lui être utile... si jé pouvais mé réfaire un peu en lui aidant à rétrouver sa jouvencelle...

Le chevalier se relève entièrement, puis va s'asseoir sur la pierre près d'Urbain, et lui dit en prenant un ton sensible :

— Contez-moi vos peines, jeune homme, jé suis lé protecteur dé tout cé qui souffre dans la nature... moyennant une légère rétribution; mais jé né taxe jamais, jé m'en rapporte à la générosité de ceux qué j'oblige.

— Que pourriez-vous pour moi, monsieur!... je n'ai aucun indice sur les ravisseurs, sur la route qu'ils ont tenue... Ah! je sens que le courage m'abandonne!... — Qu'est-ce à dire, jeune homme! jamais lé courage né doit vous abandonner. Fi donc!... dans toutes les phases dé la vie, c'est lé courage qui nous égale aux dieux!... lesquels, à la vérité, né doivent pas craindre la mort puisqu'ils sont immortels. Mais révenons à vous. Si vous avez de l'argent, il y a toujours de la ressource. Jé vous férai rétrouver votré belle; j'ai deux dé mes amis qui sont mouchards... c'est-à-dire qui exercent en amateurs pour le bien dé l'humanité. Parlez, dans quel quartier démeurait la pétite? — Chez dés Bourdonnais, chez le barbier Touquet, qui l'avait élevée. — Chez lé barbier... rue des Bourdonnais!... et votré belle sé nomme Blanche?.. — Oui, monsieur. La connaîtriez-vous?... Ah! daignez me dire... — Un instant, un instant, mon jeune ami. Pardieu! voilà un événement auquel jé né... Touchez là!... Ah! capédébious! qué vous êtes heureux dé m'avoir rencontré!... — Quoi! vous pourriez me faire retrouver Blanche?... Ah! monsieur, quelle reconnaissance!...

Et Urbain se jette au cou de Chaudoreille, qui se dit, tout en se débarrassant de lui :

— Cé jeune homme est célui qué Blanche allait épouser. Il paraît qué lé marquis a déjà enlevé la pétite; mais lé marquis m'a payé, jé n'ai plus rien maintenant à espérer dé lui : donc, il nous faut rétourner du côté du pétit amant. Cependant, dé la prudence! né laissons pas savoir qui jé suis, et surtout cé qué j'ai déjà fait dans cette intrigue.

Urbain presse Chaudoreille de s'expliquer, et celui-ci répond enfin d'un ton mystérieux :

— Jé né connais ni Blanche ni lé barbier... mais un dé mes amis allait souvent à la boutique dé Touquet... Jé mé souviens maintenant qu'il m'a en effet parlé dé votre prochain mariage. — C'est singulier! M. Touquet m'avait recommandé lé plus grand secret; et, lui-même... — Enfin vous voyez bien qu'il en a parlé, puisque jé lé savais. Mais un homme... dé haute volée... un grand seigneur, était amoureux dé votre future... — Un grand seigneur!... Son nom?... — Jé né lé sais pas encore... mais jé lé saurai... — Et vous êtes certain?... — Oh! très-certain! Et c'est cé grand seigneur qui aura enlevé votré belle. — Ah! que jé sache son nom, je vous en supplie!... — Démain... c'est-à-dire cé soir, j'espère vous lé l'apprendre. Mais dé la prudence! jeune homme! et n'allez pas mé compromettre!... Jé m'expose pour vous servir. — Ah! monsieur, comptez sur ma reconnaissance!... — J'y compte aussi. — Et ce n'est que cé soir... — Oui. Trouvez-vous à neuf heures près dé la porte Montmartre... Ayez soin dé prendre sur vous tout l'argent qué vous pourrez réunir, et je vous dirai tout cé qué jé saurai... — Il suffit. Ah! que ne sommes-nous à cé soir!... — En attendant, j'aurais besoin dé quelques écus pour donner aux amis dont jé vous ai parlé, et jé mé trouve à sec, puisqu'on m'a volé cetté nuit...

— Voilà tout ce que j'ai sur moi, monsieur, prenez je vous en prie. — Bien volontiers, mon jeune ami. Mais voici le jour, il faut nous séparer. A cé soir, à la porte Montmartre... — Ah! je n'y manquerai pas, monsieur... — Et n'oubliez rien dé cé qué jé vous ai dit. Adieu! Jé vais travailler pour vous.

Chaudoreille s'éloigne, et Urbain, un peu ranimé par l'espérance qu'on lui donne, regagne lentement sa demeure pour y attendre le soir.

Tout en se dirigeant du côté du Pont-Neuf, le Gascon se dit :

— Il mé paraît que M. lé marquis a été vite en bésogne : la pétite est enlevée; cé coquin dé Touquet est dé connivence, j'en suis certain. Il faut ici dé l'audace! Lé marquis est incapable d'avoir parlé dé moi; rendons-nous chez Touquet, sans avoir l'air dé rien, et voyons cé qu'il mé dira; d'ailleurs, par prudence, jé réstérai dans la boutique;

et au prémier mouvément dé colère qué jé lui vois faire jé saute... sur la porte, et j'amasse cent personnes autour dé moi.

Ce plan arrêté, Chaudoreille commence par entrer dans le premier cabaret qu'il aperçoit, et, de crainte d'être encore volé, il boit et mange tout l'argent qu'Urbain lui a donné. Lorsqu'il quitte la table, il est près de dix heures; c'est le moment où il y a le plus de monde chez le barbier, et c'est l'instant que Chaudoreille choisit pour s'y rendre. Avant d'entrer dans la boutique, il s'assure que Touquet n'est pas seul; alors il se présente, et lui souhaite le bonjour d'un air patelin. Le barbier lui répond avec son ton ordinaire. Rien n'annonce qu'il ait conçu des soupçons, et Chaudoreille se rassure; cependant, quand ils sont seuls, il ne perd point la porte de vue, en demandant d'un air indifférent s'il y a du nouveau.

— Tout est terminé, dit le barbier; ils sont mariés, ils sont partis, et j'espère n'en plus entendre parler. — Ah! ils sont mariés! répond Chaudoreille en se pinçant les lèvres; la pétite a épousé... son pétit?... — Eh! sans doute, répond Touquet d'un ton brusque : qu'y a-t-il de si surprenant? — Moi! sandis, il né suis pas plus surpris qué cetté mouche. — Tiens, voilà ce que je t'ai promis. Je compte bientôt vendre cette maison, et me retirer des affaires. Je n'ai plus besoin de tes visites, tu n'as plus de leçons de musique à donner ici... Ainsi dispense-toi d'y revenir. Adieu, je te fais cadeau de toutes les barbes que tu me dois.

— Bien obligé, mon cher ami, puissé-jé té prouver un jour touté ma réconnaissance. En disant cela, Chaudoreille enfile la porte et s'éloigne de la maison du barbier.

— Il m'engage à né plus rétourner chez lui, se dit-il, c'est poli!... Lé coquin a peur qué jé n'y rencontre lé marquis, léquel lui aura peut-être ordonné dé partager avec moi cé dont il l'aura gratifié en récevant dé ses mains la jolie pétite fiancée... Mais patience, qu'il né suis un fripon, mon cher Touquet, jé mé flatte d'être aussi... un gaillard assez adroit. Jé n'ai garde dé rétourner dans ton guêpier... mais d'autres pourront s'y présenter. Allons, Chaudoreille, il faut ici du génie, mon ami. Il s'agit dé réparer les pertés de la nuit dernière, et dé réfaire fortune. Du diable alors si jé réprends dés chaises à porteurs! Courons d'abord à la pétite maison du faubourg, et sachons dé Marcel si c'est là qué lé marquis a conduit Blanche; ensuite jé rédescends dans Paris, et jé mé rends chez notré jalouse Italienne; là jé lui en conte!... jé lui en conte!... jusqu'à cé qu'elle en ait des convulsions; enfin jé vais au rendez-vous qué j'ai assigné au jeune amant, et lé faisant bien payer, jé lui apprends tout cé qué jé sais. Qué chacun s'en tire ensuite comme il pourra; mais, dès qué mes poches séront pleines, jé vais m'installer dans un pharaon, et j'y bravé les événements au milieu des pontes et des banquiers... Ah! cadédis! qué c'est gentil!

En faisant ces projets, il a pris sa course vers le faubourg Saint-Antoine. Il arrive tout essoufflé à la petite maison, et en lui ouvrant Marcel lui demande si par hasard il vient encore de tuer un prince étranger.

— Pas aujourd'hui, répond Chaudoreille en serrant affectueusement la main de son ami, ce qui fait présumer à celui-ci que la grande fortune est déjà dissipée.

— Est-ce que tu viens d'acheter une maison dans ce quartier? dit Marcel. — Il n'est plus question dé céla!... J'ai été volé, mon ami, volé complètement!... Jé prends uné chaise à porteurs, et les misérables qui mé portent mé conduisent dans uné caverne et sé mettent douze ou quinze après moi!.. La valeur né peut rien contre lé nombre; jé crois pourtant qué j'en tue lé trois ou quatre en mé défendant. Mais laissons cela : dis-moi, mon cher Marcel, le marquis a améné ici une nouvelle conquête. — Je n'ai vu ni monseigneur, ni personne de sa part. — Marcel, tu mens!... — Je te dis la vérité, il n'y a que moi dans la maison. — Diable! voilà qui dérange un peu mes idées... Tu es bien sûr qué tu né mens pas?... — Eh, morbleu! s'il y avait du monde ici je t'aurais déjà renvoyé. — Sais-tu si ton maître possède d'autres pétites propriétés aux environs de Paris? — Je ne sais que suivre les ordres qu'on me donne, dormir et manger; du reste, je ne suis ni curieux ni bavard... — Tu as grand tort, tu né té pousseras jamais. Adieu, Marcel.

Chaudoreille reprend sa course vers Paris, assez mécontent de ne point avoir découvert en quel lieu est Blanche : ne voulant pas aller chez Julia sans être plus instruit, il se décide à se rendre à l'hôtel du marquis.

L'hôtel du brillant Villebelle était digne de son maître, et situé à peu de distance du Louvre. Chaudoreille se glisse dans une immense cour, et salue profondément le concierge en demandant si monseigneur est à Paris.

— M. le marquis est en Angleterre, répond le concierge en regardant Chaudoreille du haut de sa grandeur; et celui-ci, voyant qu'il n'y a pas moyen d'entrer en conversation avec le fier gardien, quitte l'hôtel en se disant :

— En Angleterre! Est-ce qu'il veut séduire la pétite avec du plumb-pudding?... Ma foi! j'ai fait cé qué j'ai pu!... Allons maintenant conter à la belle Julia tout cé qué jé sais; il n'est qué cinq heures, j'ai lé temps avant d'aller à mon rendez-vous.

Chaudoreille court chez la jeune Italienne. La vieille domestique lui ouvre.

— Votre maîtresse y est-elle? lui dit-il. — Oui, monsieur. — Est-elle seule? — Oui, monsieur. — Allez lui annoncer qué lé chevalier Chaudoreille a les choses les plus importantes à lui communiquer.

La domestique revient bientôt, et introduit sur-le-champ Chaudoreille près de sa maîtresse. Julia se promenait dans sa chambre et paraissait fort agitée.

— Je vous attendais, dit-elle au chevalier en lui faisant signe de s'asseoir. — Vous m'attendiez, signora? — Oui, car je n'ai pas vu le marquis depuis que je vous ai parlé; jamais encore il n'a été si longtemps sans venir, et je ne doute point que quelque nouvelle intrigue ne soit la cause de son abandon!

— Hélas! signora! vous n'avez qué trop bien déviné! — Ainsi donc je suis trahie! s'écrie Julia en faisant un mouvement de fureur, tandis que Chaudoreille va s'asseoir à une distance respectueuse, mettant Rolande en travers sur ses genoux.

— Qué voulez-vous, signora! les hommes sont... des hommes... lé marquis ne sait point apprécier vos grâces, vos charmes, vos attraits, vos... — Taisez-vous!.... et apprenez-moi sur-le-champ tout ce que vous savez...

— Qué jé mé taise et qué jé parle! répond Chaudoreille en roulant des yeux effarés. — Le nom de ma rivale?... répondrez-vous, malheureux?... — M'y voici, signora... mais, je vous en prie, laissez-moi vous conter cela par ordre... — Le nom de ma rivale! te dis-je... reprend Julia en s'approchant avec fureur de Chaudoreille, qui tremble de tous ses membres, et balbutie :

— Blanche... l'orpheline... la jeune fille dont lé barbier prenait soin.
— Le scélérat! j'aurais dû le deviner!... — Blanche dévait sé marier aujourd'hui à un jeune bachelier qu'elle aimait, et qui l'adore... Lé barbier y avait consenti : jé né sais par quel hasard monsieur lé marquis a vu la jeune fille, il en sera dévénu amoureux et l'aura enlevée, car l'avant-dernière nuit elle a disparu, et jé soupçonne fort mon ami Touquet d'avoir servi les projets dé monseigneur; du reste la pétite n'est point au faubourg Saint-Antoine : j'en viens, et monsieur lé marquis n'est pas à Paris, puisqué jé sors dé son hôtel, et qu'on lé dit être en Angleterre.

Chaudoreille a débité tout cela sans reprendre haleine, craignant que Julia ne lui fît un mauvais parti s'il ne se hâtait de l'instruire.

— Ce voyage en Angleterre est un mensonge, s'écrie Julia. — C'est cé qué j'ai pensé aussi... — Le marquis a conduit la jeune fille dans l'un de ses châteaux. — Cela est probable! — Mais lequel? c'est ce qu'il faut découvrir. — Jé suis de votre avis, c'est cé qu'il faut découvrir. — Peut-être même cette jeune fille est-elle encore dans Paris. — Cela sé pourrait fort bien... Cetté ville est un gouffre! uné jeuné fille s'y perd comme une pièce de six liards!

Julia est quelques instants à réfléchir, et Chaudoreille se tait, attendant qu'elle parle pour faire l'écho. La jeune femme se promène dans la chambre; ses mains sont fermées; on s'aperçoit, au tremblement qui l'agite, que ses nerfs sont en contraction, et que ce n'est qu'avec effort qu'elle renferme sa fureur. Enfin elle s'arrête devant Chaudoreille et lui dit :

— Vous pensez donc que cette Blanche n'aime pas Villebelle? — Jé pense qué du moins elle né l'aimait pas encore, puisqu'elle né l'avait jamais vu... — Comment êtes-vous certain de cela? — Au fait... vous avez raison, jé n'en suis pas certain du tout... — Dites-moi tout ce que vous savez au sujet de cette jeune fille; depuis combien de temps elle habite chez le barbier, les motifs de son adoption.

Chaudoreille fait à Julia le même récit qu'il a fait au marquis, et celle-ci l'écoute avec la plus grande attention. Lorsqu'il a fini, elle réfléchit à ce qu'elle vient d'entendre, et le narrateur n'ose se permettre de la troubler.

— Touquet est un misérable, dit enfin Julia, il y a longtemps que je le sais; mais je veux maintenant acquérir des preuves de son crime, et si en effet c'est lui qui a livré Blanche au marquis, qu'il tremble!...
— C'est juste, il faut punir lé crime!... et Chaudoreille ajoute tout bas : — Si ellé pouvait lé faire pendre, alors jé né lé craindrais plus.
— Est-ce bien là tout ce que vous savez? dit Julia. — Ah! pardon, signora; dans lé feu dé mon zèle, j'ai oublié dé vous dire qué, par lé plus grand des hasards, j'ai rencontré cetté nuit lé jeune amant dé Blanche; lé pauvre diable était assis sur uné pierre.... et moi j'étais assis par terre; jé vénais d'être dépouillé par des bandits, qui, par parenthèse, m'ont enlevé lé fruit de trois ans d'économies et dé privations qué j'allais porter à uné caisse d'épargne!,.. Les infortunés aiment à parler dé leurs chagrins; nous avons causé, et lé pauvre diable m'a appris qu'il courait après sa future. C'est très-juste, au fait : on se réunissant on s'entend mieux, et l'on est plus fort. Jé cours donc au rendez-vous, et jé vous amène lé jeune Urbain.... Ah! sandis!... jé n'ai encore rien pris de la journée, et jé crois qué jé n'ai plus d'argent sur moi....

— Tenez... tenez, prenez ceci, dit Julia en lui donnant une bourse; servez-moi avec fidélité, et n'épargnez point cet or... — Pour la fidélité, jé suis un véritable caniche, dit Chaudoreille en mettant la bourse dans sa ceinture. Jé cours au cabaret; lé temps dé manger uné bouchée, dé prendre un pétit verre, puis jé vais à la porte Montmartre, où jé prends notre amoureux qué jé vous amène aussitôt.

Chaudoreille sort précipitamment. Quand il est dans la rue, il compte ce que renferme la bourse et se dit :

— Pour peu qué lé jeune amant m'en donne autant, jé mé rétrouverai à la tête d'un assez joli capital, sans compter lé courant, car cetté Julia est uné mine d'or à exploiter.

A neuf heures, il est à l'endroit qu'il a indiqué à Urbain; mais il n'y trouve pas le jeune bachelier, ce qui le surprend, d'après le désir que celui-ci avait témoigné de le revoir promptement. Chaudoreille se promène, en ayant soin de tenir toujours la main sur sa bourse, et de s'éloigner des porteurs de chaises. Cependant dix heures ont sonné, et Urbain ne vient pas; le chevalier frappe du pied avec impatience en murmurant :

— Qué la peste étouffe les amoureux! ils sont toujours à démi fous! Celui-là aura entendu dé travers, et m'attend peut-être à la porte Saint-Honoré, pendant qué jé fais sentinelle ici!... Si du moins jé savais son adresse!... Voilà encore un bénéfice à tous les diables!

Le pauvre Urbain avait fort bien entendu, et en rentrant chez lui au point du jour, son seul désir était de voir arriver l'instant du rendez-vous... Mais pouvons-nous prévoir les événements? Nous sommes de chétives créatures, et nous formons de grands projets pour l'avenir!

Aujourd'hui nous appartient,
Et demain n'est à personne.

Aujourd'hui même ne nous appartient pas toujours en entier. A peine rentré chez lui, Urbain avait senti un frisson parcourir tout son corps; attribuant ce malaise à la fatigue de la nuit, il s'était mis au lit dans l'espoir que quelques heures de tranquillité lui rendraient ses forces; mais la nature ne l'avait pas ordonné ainsi : une fièvre violente s'était déclarée, le délire s'était emparé du jeune amant, qui depuis la veille se livrait au désespoir; et la voisine qui l'avait aidé dans ses travestissements était venue s'établir au chevet de son lit et lui servait de garde, parce qu'elle avait de l'amitié pour Urbain, et que les femmes sont toujours prêtes à en donner des preuves, dans le plaisir comme dans la peine.

Voilà pourquoi Chaudoreille se promenait inutilement devant la porte Montmartre. Enfin, à dix heures et demie, ne jugeant pas prudent d'attendre davantage, il retourne de fort mauvaise humeur chez la jeune Italienne, qui, en le voyant seul, s'écrie :

— Pourquoi ne m'amenez-vous pas?
— Eh sandis! parcé qué jé né l'ai point aperçu. — Qu'est-ce à dire? — C'est-à-dire, signora, qué dépuis neuf heures jé fais en vain sentinelle; Urbain n'est point vénu au rendez-vous. — Fâcheux contretemps!... et vous ne savez pas son adresse? — Hélas! non... sans cela jé sérais allé chez lui. Qui diantre a pu l'empêcher dé vénir? — Peut-être a-t-il découvert la retraite de Blanche; n'importe, nous retrouverons ce jeune homme. Chaudoreille, dès demain au point du jour placez-vous en embuscade près de la maison du barbier; épiez toutes ses démarches, suivez-le quand il sortira, et si le marquis se rend chez lui, accourez m'en instruire. Moi, de mon côté, je vais observer près de l'hôtel de Villebelle; il est impossible qu'il n'y réparaisse pas bientôt. C'est en épiant les démarches du marquis et du barbier que nous découvrirons la retraite de Blanche, et alors je sais ce que je dois faire.

— Tous vos ordres séront exécutés, dit Chaudoreille en saluant Julia, et il sort en se disant :

— Jé veux bien observer la maison du barbier; mais, quant à lui, du diable si je m'avise de lé suivre; dès qu'il mettra seulement lé nez déhors, jé m'esquivérai si vite, qu'il né mé verra pas plus gros qu'un lièvre.

CHAPITRE XXVI.

Encore le Petit Cabinet.

Huit jours se sont écoulés, pendant lesquels Julia a constamment rôdé autour de l'hôtel du marquis; mais tout ce dont elle est certaine, c'est que Villebelle n'y est point. De son côté, Chaudoreille n'est pas plus avancé; il est bien sûr que le marquis n'est pas venu chez le barbier; mais celui-ci ne s'absente que fort rarement et pour se rendre chez ses pratiques; ce qui surprend beaucoup Chaudoreille, c'est que, depuis qu'il est en vedette, il n'a pas aperçu une seule fois Urbain venir chez le barbier; il ignore que le jeune bachelier est toujours retenu dans son lit par la fièvre, et que l'impatience et le chagrin qui le dévorent sont loin de hâter sa convalescence.

Julia ne peut supporter sa situation; elle veut se venger de l'amant qui l'abandonne. Villebelle étant toujours absent, elle charge Chaudoreille de le remplacer dans les environs de l'hôtel, et va prendre sa place dans la rue des Bourdonnais; Chaudoreille accepte ce changement avec grand plaisir, charmé de s'éloigner de la maison du barbier.

Julia ne compte pas se borner à regarder la demeure de Touquet; elle veut s'y introduire, elle veut parler à Marguerite, et savoir de la bonne vieille tous les détails concernant la disparition de Blanche. Julia est courageuse et entreprenante; elle est Italienne, et veut se venger : c'est trois fois plus qu'il n'en faut pour parvenir à son but.

Julia ne craint pas Touquet, mais elle sent bien que ce n'est qu'en son absence qu'elle peut espérer de faire parler Marguerite, et elle a formé son plan d'après les renseignements qu'elle a pris dans le quartier sur la vieille servante.

Vers le soir, Julia voit le barbier sortir de sa demeure; dès qu'il est éloigné, elle va frapper à la porte de la maison.

Marguerite se désolait de n'avoir aucune nouvelle de sa chère Blanche, et ce qui achevait de désespérer la bonne vieille, c'est qu'elle n'entendait plus parler d'Urbain. Lorsqu'elle se permettait devant son maître de prononcer le nom de Blanche, le barbier lui imposait silence d'un ton sévère; ce n'était que dans la solitude que Marguerite osait se livrer sans contrainte à sa douleur.

— Qui est là? demande Marguerite, suivant son habitude. — Quelqu'un qui veut vous donner des nouvelles de Blanche, répond Julia.

Au nom de sa chère enfant, Marguerite n'hésite pas à ouvrir; d'ailleurs elle a reconnu la voix d'une femme, et le chagrin a rendu la vieille fille moins peureuse.

Julia entre; elle est couverte d'une mantille noire, plus grande que celles que portent les Espagnoles; une toque de la même couleur est placée sur sa tête, et deux plumes noires aussi retombent avec grâce de la toque sur l'épaule gauche de Julia. Ce costume, sa démarche décidée et le feu qui brille dans les yeux noirs de la jeune Italienne donnent à toute sa personne quelque chose de bizarre et d'étonné; mais Marguerite n'a pas remarqué tout cela, et elle s'écrie en la voyant :

— Me ramèneriez-vous ma chère Blanche !

— Pas encore... mais je ferai tous mes efforts pour que vous la revoyiez bientôt. Il faut pour cela que je cause avec vous, conduisez-moi dans votre chambre.

— Mais mon maître m'a défendu de recevoir personne! dit Marguerite, qui commence à considérer Julia avec attention. — Votre maître est sorti. — Il peut rentrer d'un moment à l'autre... — Je saurai éviter ses regards. La crainte qu'il vous inspire est donc bien grande? — Il est tellement sévère!... — Allons, bonne Marguerite, que l'effroi que vous cause le barbier ne vous fasse pas oublier votre chère Blanche; de l'entretien que nous aurons ensemble, des renseignements que vous me donnerez, dépend peut-être le succès de mon entreprise. — Ah! pour revoir ma fille chérie, je sens que je braverais tout... Venez, madame, suivez-moi.

Marguerite monte à sa chambre, suivie de Julia, qui porte des regards scrutateurs sur tous les objets qui s'offrent à sa vue. Pendant que la vieille pose sa lampe sur la table et avance des chaises, Julia se débarrasse de sa mantille; elle porte dessous une robe rouge, et, dans une ceinture noire qui lui entoure la taille, est passé un petit stylet à manche d'ébène.

Cette alliance du rouge et du noir, qui, suivant les vieilles chroniques, a toujours été le costume favori des magiciens, cette arme qui brille à la ceinture de Julia, tout se réunit pour inspirer à Marguerite une secrète terreur; elle considère la jeune femme avec inquiétude, et balbutie en lui offrant un siège :

— Puis-je savoir, madame, qui vous êtes et d'où vous connaissez ma pauvre Blanche?

— Qui je suis! répond Julia en laissant échapper un sourire amer; cela n'a aucun rapport avec le motif qui m'amène. Qu'importe, en effet, qui je sois, pourvu que je veuille vous faire retrouver celle que vous pleurez, et que j'en aie la puissance.

— La puissance, répète Marguerite, qui commence à craindre d'être en tête-à-tête avec une habituée du sabbat. Ah! vous avez la puissance!... — Quant à votre chère Blanche, je ne la connais pas, je ne l'ai même jamais vue...

Ces mots redoublent la terreur de Marguerite, mais Julia continue sans y faire attention :

— Écoutez-moi, bonne femme, mon intérêt personnel me porte à chercher Blanche : celui qui l'a enlevée était tout pour moi... je l'adorais!... je lui aurais sacrifié ma vie, et l'ingrat m'oublie!... Comprenez-vous maintenant le motif qui me fait agir?

— Ah! je respire!... dit Marguerite; oui, madame, oui, je comprends : ce seigneur qui est venu ici est peut-être votre époux... Hélas! cela ne m'étonnerait pas! les hommes ne sont vraiment plus reconnaissables! — Dites-moi ce que vous savez, bonne Marguerite; il est important que je sache tout.

Marguerite lui fait le récit de la visite du marquis et de ce qu'il a dit à Blanche.

— Il ne l'avait jamais vue avant ce jour? — Jamais, je vous le certifie. — Et vous avez laissé le marquis avec le barbier... le marquis?... C'est donc un marquis?... Eh bien! je m'en doutais!... — De grâce, répondez-moi. — Oui, madame; mon maître m'a ordonné de sortir, et je l'ai laissé avec ce..... ce marquis. — Ensuite? — Je me suis couchée, madame, et je pense que ma chère Blanche en a fait autant. — Misérable Touquet! il était d'accord avec le marquis; c'est lui qui lui a livré cette jeune fille... — Que dites-vous là, madame! vous pensez que mon maître?.... — Est un scélérat.... — Ah! parlez plus bas, je vous en prie... S'il rentrait... s'il vous entendait... Mais vous vous trompez, madame; mon maître avait consenti au mariage de Blanche avec Urbain. — Pour mieux cacher ses projets. — Pauvre Urbain!... je ne le vois plus!... Sans doute il cherche toujours notre chère petite!...

— Où était la chambre de Blanche? dit Julia en regardant avec curiosité autour d'elle. — Au premier, sur la rue, madame; depuis qu'elle était entrée dans cette maison, elle n'en avait pas occupé d'autre. — C'est donc dans cette maison qu'elle est venue avec son père qui a été assassiné? — Oui, madame. — Étiez-vous alors au service du barbier? — Non, madame, je n'y suis entrée que deux ans après. — Où couche votre maître? — Ici dessous, positivement; voilà pourquoi, s'il rentrait, je craindrais qu'il n'entendît parler... — Et vous avez toujours habité cette pièce? — Non, madame, je logeais autrefois au-dessus de Blanche; je m'y trouvais bien mieux que dans cette triste chambre, où personne n'habitait depuis longtemps, et qui, je crois, a été jadis la demeure d'un magicien nommé Odoart...

Julia se lève, et, pendant quelques instants, se promène silencieusement dans la chambre. Tout à coup elle s'écrie :

— Ah! si ces murs pouvaient parler !

— En effet, dit Marguerite en secouant la tête, je crois que nous apprendrions de terribles choses!.... Un noueur d'aiguillettes!... un sorcier!...

Julia paraît méditer profondément, lorsqu'on entend fermer la porte de la rue.

— Ah! mon Dieu! voici mon maître! je vous suis perdue! s'écrie Marguerite. Il m'a expressément défendu de recevoir personne. — Taisez-vous!... Il ne saura pas que je suis ici. Est-ce qu'il monte quelquefois à votre chambre? — Non... mais... Bonne sainte Marguerite, s'il allait découvrir!...

Julia met un doigt sur sa bouche pour engager la vieille fille à se taire. Bientôt la voix du barbier se fait entendre; il appelle Marguerite. Celle-ci est si tremblante qu'elle ne sait plus que résoudre.

— Répondez donc que vous descendez, lui dit Julia.

Marguerite s'approche de la porte; mais alors elle croit entendre son maître monter l'escalier.

— Le voilà !... il va vous voir! dit-elle à Julia. — Il faut me cacher. — Ah! attendez... je l'avais oublié... Vite, vite dans ce cabinet...

Marguerite court à son alcôve, passe derrière le lit, ouvre la petite porte cachée par la tapisserie, et Julia, aussi prompte que l'éclair, est déjà dans le cabinet. La vieille servante en ferme la porte sur elle, prend sa lampe et se hâte de descendre l'escalier. Son maître était dans la salle basse.

— Vous êtes bien lente à descendre, dit le barbier en regardant Marguerite. — Monsieur... c'est que... à mon âge, on n'est pas leste... — Est-ce qu'il est venu quelqu'un en mon absence? — Non, monsieur, personne. — Urbain peut-être? — Je vous jure que je ne l'ai pas vu. — Chaudoreille? — Pas davantage.

Le barbier se fait servir, puis fait signe à Marguerite de se retirer. — Est-ce que monsieur compte veiller tard? dit-elle. — Que vous importe? répond Touquet en lui jetant un regard sévère. Je vous ai déjà dit que je haïssais autant les curieux que les bavards. — C'est vrai... Aussi monsieur voit bien... Je vais me coucher, monsieur.

La vieille fille regagne sa chambre; arrivée là, elle en ferme la porte avec soin, puis va délivrer Julia, qui est restée sans lumière dans le petit cabinet.

— Venez, madame, venez, vous pouvez sortir de là.

— Un moment! dit Julia en prenant la lampe des mains de Marguerite; je veux examiner cet endroit... O mon Dieu!... vous n'y trouverez rien de curieux... nous sommes entrées une fois, Blanche et moi, et...

— Il y a ici une porte, dit Julia en approchant la lumière au mur du fond. — Une porte!... vous croyez?... Nous ne l'avons pas vue; il est vrai que nous ne sommes restées qu'un instant et sans lumière.

Julia essaie d'ouvrir le passage qui conduit à l'escalier, mais elle ne peut y réussir.

— Cette porte est fermée de l'autre côté, dit-elle; elle doit communiquer à quelque passage secret. — Que vous importe, madame? Venez, je vous en prie... — Il m'importe beaucoup au contraire!... Ah! si je pouvais acquérir quelque preuve pour le perdre!... — Une preuve de quoi, madame? — Impossible de forcer cette porte!...

Julia baisse sa lampe vers la terre en examinant si elle ne découvrira pas une trappe, tandis que Marguerite se tient toujours à l'entrée de l'alcôve, écoutant si son maître ne monte pas.

— Quel est ce grand coffre? dit Julia. — Il est vide comme vous voyez... Je ne sais trop ce qu'il fait là; je le brûlerai quelque jour.

Julia se baisse et soulève le coffre pour mieux l'examiner. Alors elle croit apercevoir un objet placé sur le parquet; elle y porte sa lumière, et reconnaît que c'est un vieux portefeuille de cuir brun, qui semble avoir été caché derrière le coffre, où il paraît être depuis plusieurs années, car la poussière amassée autour n'a respecté que la place qu'il occupait.

Julia pousse un cri de joie en saisissant le portefeuille.

— Qu'est-ce donc? dit Marguerite en s'avançant, que tenez-vous là?... — Quelque chose me dit que dans ce portefeuille je trouverai enfin ce que je cherche!... — Ce portefeuille! eh, mon Dieu! où était-il donc?... — Silence!... Venez, refermons cette porte.

Julia sort du cabinet, dont elle ferme la porte, et, replaçant la lampe sur la table, se hâte d'ouvrir le portefeuille et d'examiner les papiers qu'il renferme. Pendant ce temps, Marguerite, toujours inquiète, se tient aux écoutes près de la porte; mais tout en écoutant elle regarde Julia, dont les traits expriment la plus vive agitation. Tout à coup une joie cruelle se peint dans les yeux de la jeune Italienne, qui se laisse aller sur un siége près de la table en s'écriant :

— Je serai vengée!...

— Mais à qui donc appartenait ce portefeuille? dit Marguerite. — Au malheureux que votre maître a assassiné!... — Assassiné!.. Ah! madame, que dites-vous là!... — Oui, tout me le prouve... c'est dans cette chambre qu'il l'aura logé, parce que le passage secret établi dans cet endroit devait favoriser son crime!... L'infortuné avait sans doute visité ce cabinet, et, sans deviner le malheur qui l'attendait, avait jugé convenable de cacher sous le coffre ce portefeuille qui renferme les preuves d'un secret important... — Ah! vous me faites frémir, madame!...

Julia continue d'examiner les papiers. La joie, la surprise, l'espoir de la vengeance se peignent tour à tour dans ses yeux.

— Enfin son sort est entre mes mains! s'écrie-t-elle. Perfide, qui m'as trahie!... tremble que je ne te garde des tourments plus cruels encore que ceux que tu m'as fait éprouver! Et toi, son odieux complice!... je veux que le marquis connaisse le monstre qui a servi ses amours.

Marguerite écoute Julia en tremblant. Celle-ci remet les papiers dans le portefeuille, qu'elle cache soigneusement dans son sein; puis, reprenant sa mantille, se dispose à partir. — Et Blanche? dit la bonne vieille; vous ne me parlez plus de Blanche, madame?

— Rassurez-vous, répond Julia d'un ton solennel; le sort de Blanche ne doit plus être le même... Vous la reverrez... Adieu, bonne femme. Gardez le plus profond silence sur ce portefeuille! le sort de Blanche en dépend... — Ah! madame, ne craignez rien... — Je vais descendre sans lumière. Touquet doit être rentré dans sa chambre... — S'il vous rencontrait?... — Je ne ferai aucun bruit... — Mais il faut bien que je vous conduise pour ouvrir la porte... — Ne pourrais-je l'ouvrir moi-même?... — Il y a un secret... Ah! mon Dieu! pour un rien je m'en irais avec vous de cette maison... Tout ce que vous m'avez dit de mon maître me fait trembler; et, depuis que ma chère enfant n'y est plus, je trouve cette demeure si triste! — Il vaut mieux y rester pour m'instruire, ainsi qu'Urbain, de tout ce que fera le barbier. Avant peu, bonne Marguerite, vous serez plus heureuse, et réunie à votre chère Blanche. — Ah! puissiez-vous dire vrai! — Ouvrez votre porte... je n'entends aucun bruit dans l'escalier... Hâtons-nous.

La vieille descend à tâtons; Julia la suit. Elles arrivent au bas de l'escalier et vont entrer dans l'allée, lorsque le barbier, sortant brusquement du corridor qui conduit à la salle basse, paraît avec une lumière à la main.

Marguerite jette un cri d'effroi; le barbier porte vivement la lumière contre le visage de Julia, qui lui dit d'un ton impérieux :

— Eh bien! me reconnais-tu?

Touquet fait un mouvement de surprise, mais répond en s'efforçant de réprimer sa colère :

— Vous chez moi, madame! et qu'y venez-vous donc chercher?... — Des nouvelles de Blanche. — De Blanche!... — Oui... cela t'étonne! Tu ne pensais pas que je connaîtrais cette jeune fille... tu croyais que le marquis de Villebelle pourrait se livrer à sa nouvelle passion sans que j'en connusse l'objet... sans que j'apprisse que tu étais encore le confident de ses amours!...

La fureur se peint dans les yeux de Touquet pendant qu'il répond à Julia :

— La jalousie vous trouble la raison, madame; si votre amant vous quitte, est-ce à moi que vous devez vous en prendre?... Où allez-vous supposer que le marquis est le ravisseur d'une jeune fille qu'il n'a jamais vue? — Tes mensonges sont inutiles... j'en sais bien plus que tu ne crois. Si tu vois le marquis avant moi, dis-lui qu'il se hâte de réunir Blanche à Urbain. Si par tes perfides conseils il devenait coupable... il serait le premier à se punir de ton crime. Quant à toi... tu me reverras; j'ai aussi un secret à te dévoiler.

En disant ces mots Julia marche vers la porte, le barbier fait un mouvement comme pour l'arrêter; mais elle se retourne, et sa main tient déjà son poignard.... Lançant à Touquet un regard terrible, elle sort rapidement de chez lui.

CHAPITRE XXVII.

L'orage se forme.

Pendant la nuit, Julia relit plusieurs fois les papiers contenus dans le portefeuille; elle paraît se livrer à de nouveaux plans et méditer d'autres projets de vengeance. Le sommeil n'approche pas de ses yeux, et le jour la retrouve assise devant une petite table sur laquelle est placé le portefeuille, examinant encore une lettre qu'il renfermait, et dont le contenu semble l'intéresser si vivement qu'elle ne peut se lasser de la relire.

Dans ce moment on sonne à triple carillon chez elle. Julia se hâte de serrer les papiers et le portefeuille, et bientôt Chaudoreille entre dans son appartement.

— Grâce à mes soins, je vous apporte enfin des nouvelles, s'écrie le Gascon d'un air satisfait. Depuis quarante-huit heures je n'avais point bougé d'auprès de l'hôtel... examinant jusqu'au plus petit animal qui s'y introduisait... — Eh bien? — Eh bien! le marquis est de retour. — Il est ici!... — Oui, signora; à son hôtel... je l'ai vu arriver ce matin, dans une voiture de voyage... — Fort bien; je le verrai, j'espère. — Qu'ordonnez-vous maintenant... où faut-il voler?... je suis prêt. — Vous n'avez toujours pas revu ce jeune Urbain? — Hélas! non. J'ai dans l'idée que le pauvre garçon sera mort d'amour!... il était déjà maigre comme un coucou... Je ne vois que cette raison qui ait pu l'empêcher de se trouver à notre rendez-vous. — Retournez près de l'hôtel, je tremble que le marquis n'en sorte sans que vous le sachiez, et pour retrouver Blanche il est important que je connaisse les moindres démarches de Villebelle. — C'est très-juste, je retourne donc à mon poste... Prenez cet or... mais redoublez de zèle, hâtez-vous... si vous êtes trop fatigué, prenez une chaise pour faire le chemin... Moi, prendre une chaise à porteurs! j'aimerais mieux faire la route sur le ventre. Mais soyez tranquille, signora, j'ai toujours mes jambes à mon service.

Chaudoreille est parti, Julia s'assied devant son secrétaire et se dispose à écrire; mais tout à coup jetant la plume loin d'elle elle se lève en s'écriant : — Il vaut mieux que je le voie, que je lui parle; allons à son hôtel.

Aussitôt elle sonne sa domestique, et se met à sa toilette. Malgré le trouble qui l'agite, son miroir est souvent consulté, et elle ne néglige rien de ce qui peut ajouter à ses charmes. Enfin cette occupation importante est terminée, Julia fait chercher une chaise à porteurs et se fait conduire à la demeure du marquis.

En entrant dans l'immense cour de ce brillant hôtel, la jeune Italienne a peine à maîtriser son agitation. — Que demande madame? lui dit le concierge.

— Le marquis de Villebelle... — Monseigneur n'est revenu d'Angleterre que ce matin, et ne reçoit encore personne. — Il faut absolument que je lui parle. — C'est impossible. — Allez au moins lui dire que la signora Julia désire le voir sur-le-champ.

Le concierge envoie un laquais faire cette commission, et le laquais revient bientôt dire à Julia d'un air impertinent :

— Monseigneur ne veut pas vous recevoir, et vous prie de sortir de son hôtel.

Julia ne peut dévorer cet affront, elle jette un regard furieux sur les valets et sort brusquement de l'hôtel.

Arrivée chez elle, elle se met à son secrétaire et écrit ce billet au marquis :

« Vous refusez de me voir, il dépend cependant de moi de vous rendre le plus heureux ou le plus malheureux des hommes. Je sais que vous êtes le ravisseur de Blanche, respectez cette jeune fille. Hâtez-vous de m'entendre; je veux bien encore vous pardonner... mais dans quelques instants je n'écouterai plus que ma fureur. »

Cette lettre terminée, elle en charge un homme fidèle et attend avec la plus vive impatience son retour. Le messager revient enfin, et apporte une réponse du marquis. Julia s'en saisit, et lit avidement ce qui suit :

« Ma petite Julia, votre billet doux m'a beaucoup fait rire : je ne trouve rien de si plaisant que ces femmes qui nous menacent de leur fureur; vous n'avez qu'une vengeance à votre service, elle consiste à nous tromper... et de celle-là, Dieu sait si vous en usez! mais encore faut-il, pour qu'elle ait du charme, que ce soit pendant que nous vous aimons, sans quoi votre but est manqué. Votre règne est fini, ma chère amie; vous n'avez pas pensé sans doute captiver long-temps le marquis de Villebelle. J'ignore qui a pu vous dire que j'avais enlevé une certaine Blanche; que vous importe encore une fois! ne suis-je point le maître d'enlever dix femmes si cela me plaît! Croyez-moi, ne vous inquiétez pas de mes actions, et ne vous donnez plus la peine de m'écrire, car vos billets vous seraient renvoyés tout cachetés. Adieu, mauvaise tête. Je vous souhaite un amant fidèle, puisque vous tenez tant à la fidélité. »

Julia reste immobile ; l'écrit est encore dans ses mains, mais elle ne le voit plus ; une seule pensée l'occupe, c'est celle de la vengeance ; elle paraît s'y livrer avec délices.

— Tu l'auras voulu, dit-elle, je ne balance plus.

Cependant le marquis est très-surpris que la jeune Italienne sache qu'il a enlevé Blanche, et dès que la nuit est venue il s'enveloppe de son manteau et se rend chez le barbier.

Touquet ouvre lui-même au marquis ; car les événements de la veille et la frayeur qu'elle a éprouvée semblent avoir paralysé la vieille Marguerite, qui n'est plus en état de quitter sa chambre.

— Un tel trésor doit être payé cher, frère Touquet; voici des billets, de l'or pour six mille écus.

—Vous ici, monseigneur! dit le marquis avec surprise, je vous croyais à votre château, tout entier à votre nouvel amour. Blanche serait-elle déjà oubliée? — Oubliée! ah! je l'aime plus que jamais!... Mais j'ai été forcé de venir à Paris pour quelques jours; bientôt j'espère retourner à Sarcus. Chaque instant que je passe loin de Blanche me semble un siècle. Cependant je n'ai point encore triomphé... et le souvenir de son Urbain... Mais venons au motif qui m'amène : comment se fait-il que Julia sache que j'ai enlevé Blanche?... d'où peut-elle connaître cette aimable enfant, que tu gardais avec tant de soins?

— Vous m'en voyez aussi surpris que vous, monseigneur : cette jeune Italienne a eu l'audace de s'introduire hier au soir chez moi... elle s'est présentée, à ce que m'a dit ma vieille gouvernante, comme venant lui donner des nouvelles de Blanche, mais dans le fait pour recueillir des détails sur sa disparition.

— Elle est venue aussi à mon hôtel, j'ai refusé de la voir, elle m'a écrit, elle me menace!... Mon sort est, dit-elle, entre ses mains. Tu penses bien que je ne fais que rire de ces grands mots que la jalousie, le dépit inspirent à une femme; pourtant je trouve dans tout ceci quelque chose de singulier.

— Attendez, monseigneur, je crois entrevoir... Qui vous a appris à vous-même qu'il y avait dans ma maison une jeune fille charmante? — Pardieu, tu m'y fais songer!... c'est un original, un petit homme que j'ai trouvé à ta maison du faubourg, caché sous une statue, et qui a prétendu t'avoir aidé dans l'enlèvement de Julia. — Chaudoreille? — C'est cela même! — J'aurais dû le deviner : il n'y a pas à douter que ce soit lui qui ait dit à Julia que vous aviez enlevé Blanche; s'il connaissait Urbain, je ne serais pas étonné qu'il l'en instruisît aussi.

— Ah! le petit drôle! je l'ai pourtant assez bien payé! — Après

avoir été cause de l'enlèvement, il va faire son possible pour qu'on retrouve Blanche. — Vraiment! ce n'est pas si maladroit!... Voilà un garçon qui va sur tes brisées... Mais, si tu le rencontres je te le recommande; fais-lui donner une bastonnade... — Soyez tranquille, monseigneur. — Au reste, ils auront beau faire!... ils ne pourront arracher Blanche de mes mains. Cette jeune fille a plus de puissance qu'eux tous!... une seule de ses larmes pourrait, je le sens, changer toutes mes résolutions. Quand je vois ses beaux yeux se tourner vers moi d'un air suppliant... je suis souvent au moment de sacrifier mon amour et de la rendre à celui qu'elle regrette, afin d'obtenir au moins un sourire! — Ah! monseigneur, quelle folie! quoi! Blanche est en votre puissance, et vous iriez... — Non, non, il faut qu'elle m'appartienne, m'en séparer désormais est impossible... et d'ailleurs ne m'a-t-elle pas dit qu'elle était disposée à m'aimer! — Allons, monseigneur, redevenez vous-même, on dirait que vous cédez aux menaces de cette petite Julia.

— Mon oncle est très-mal, peut-être ne passera-t-il pas la nuit; je repartirai bientôt pour Sarcus, alors je ne veux plus m'éloigner de Blanche, je n'écouterai plus que mon amour... — Avec les femmes, monseigneur, cela fait tout pardonner.

Depuis que le barbier sait que le marquis soupçonne d'où lui vient sa fortune, il pense qu'il est de son intérêt de perdre Blanche; si Villebelle songeait à rentrer dans la route de l'honneur, Touquet ne serait plus tranquille pour lui-même.

Le marquis a regagné son hôtel. Ainsi qu'il l'avait prévu, son oncle expire dans la nuit, en lui laissant d'immenses richesses, ce qui ferait penser que ce n'est pas vers ceux qui font un bon usage de ses faveurs que la fortune va de préférence; mais on répondra à cela que la fortune ne fait pas le bonheur : il faut bien consoler un peu les malheureux.

L'enlèvement.

Huit jours suffisent au marquis pour terminer ses affaires; au bout de ce temps il se prépare à retourner près de Blanche, à laquelle il porte des présents de toute espèce, que l'on emballe avec soin dans la voiture de voyage.

Chaudoreille, qui est continuellement aux aguets autour de l'hôtel, s'aperçoit de ces préparatifs de départ, et court en prévenir Julia.

— Il suffit, dit la jeune Italienne, je suis prête aussi depuis longtemps, j'ai acheté deux bons chevaux. Tu viendras avec moi.... — Au bout du monde; je vous suis dévoué. — Je ne pense pas que nous allions bien loin. Nous ne ferons que suivre la voiture du marquis. — Je vous comprends. — Tu sais monter à cheval? — Parfaitement... cependant j'aimerais mieux un âne... ils ont le trot moins dur. — Imbécile!... est-ce sur un âne qu'on peut suivre une chaise de poste!... Fais tous tes préparatifs. — Ils sont faits... J'ai ma garde-robe sur moi. Quant à ma bourse... hier au soir.... uné maudite véine... pendant qué vous m'aviez rélayé près de l'hôtel.... Jé né suis resté qué cinq minutes au passé-dix, j'avais pourtant bien calculé ma martingale.... aussi jé puis dire comme François Iᵉʳ : J'ai tout perdu fors l'honneur !

Pendant que Chaudoreille babille, Julia a mis un large manteau sur ses épaules, et prit sur elle tout l'argent qui lui reste. Puis elle renvoie le Gascon à son poste tandis que, de son côté, elle va prendre les chevaux. Vers les sept heures du soir, le marquis monte en berline avec Germain, et part pour le château de Sarcus, sans se douter que Julia et Chaudoreille suivent de loin sa voiture.

Laissons les voyageurs faire leur route, et revenons à ce pauvre Urbain qui languit depuis longtemps dans son lit, où le retiennent la maladie et le chagrin. Il se désole d'être sans force pour courir après sa chère Blanche; et la bonne fille qui lui donne des soins lui répète sans cesse :

— Plus vous vous faites de peine, et plus vous éloignez l'instant de votre guérison.

On lui a dit qu'un grand seigneur était le ravisseur de Blanche; il est désespéré de n'avoir pu aller à ce rendez-vous où l'on devait lui apprendre son nom; mais enfin il se sent mieux et peut sortir. Le premier usage qu'il fait du retour de ses forces est de se rendre à la maison du barbier. Cette maison est fermée de tous côtés; les volets sont mis à la boutique, quoiqu'on soit au commencement de la journée; Urbain frappe, on ne lui ouvre pas.

— Vous frappez inutilement, lui dit une voisine. La maison n'est plus habitée, elle est en vente. Il faut s'adresser au procureur... rue des Mauvaises-Paroles.

— Et le barbier?

— Le barbier l'a quittée, puisque je vous dis qu'il n'y a personne.

— Et Marguerite?...

— Elle est morte il y a huit jours !

— Marguerite est morte!.. se pourrait-il?...

— Tiens, qu'est ce qu'il y a donc là d'extraordinaire? elle n'était plus jeune, la pauvre femme !...

— Où donc trouverai-je maintenant M. Touquet?

— Je ne puis vous l'enseigner. Cet homme-là était un ours, il ne parlait à personne.

Urbain s'éloigne désolé de ce nouvel événement. Il regrette la bonne Marguerite, qui avait été témoin de son amour et de son bonheur; il n'entrevoit plus aucun moyen pour avoir des renseignements sur le sort de Blanche; et va à la porte Montmartre, y reste trois heures dans l'espoir que celui qui lui avait donné rendez-vous y viendra; mais il attend en vain, et s'en retourne désespéré à son logis.

La grosse fille, à laquelle il conte ses pleurs, tâche de le consoler en lui disant :

— Si c'est un seigneur qui vous a enlevé votre maîtresse, faut aller la demander chez tous les grands seigneurs.

Tout à coup Urbain pousse un cri de joie, un léger sourire vient ranimer ses traits flétris par la douleur.

— Il me reste encore un espoir, dit-il. — Qu'est-ce donc, monsieur? — Au milieu de tous ces événements j'avais oublié cette aventure!... et cependant il m'a offert de me servir! — Quelle aventure, monsieur? — Écoutez-moi. Vous devez vous rappeler que, pour voir Blanche, je fus pendant quelque temps obligé de me déguiser en femme? — Oh! oui, monsieur, je m'en souviens ben.... puisque c'est moi qui vous habilliais... et que... je vous aidais à mettre vos épingles.

La grosse fille sourit, Urbain n'y fait pas attention et continue :

— Un soir.... c'était, je crois, la première fois que je portais mon déguisement, ayant été accosté par plusieurs hommes, je me sauvais à

travers les rues de Paris. Il était fort tard lorsque je me trouvai dans le grand Pré-aux-Clercs. Au moment où j'allais regagner ma demeure, je fus arrêté par quatre hommes qu'à leur langage je reconnus pour des seigneurs de la cour. Je leur avouai que j'étais un homme, espérant par là leur échapper plus tôt; mais l'un d'eux veut que je lui raconte le motif de mon déguisement. Je refuse, il persiste; je me fâche, le menace; bref, un de ses compagnons me prête son épée; nous nous battons, et je blesse mon adversaire, mais légèrement, à ce que je crois. Mon ami, me dit-il alors en me tendant la main, tu es un brave; je suis bien aise d'avoir fait ta connaissance; si quelque jour tu avais besoin d'un protecteur, viens à mon hôtel, demande le marquis de Villebelle, et tu me trouveras tout disposé à t'obliger. Voilà ses propres paroles!...

— Le marquis de Villebelle! oh! j'en ai entendu parler quelquefois par mon maître!.... On dit que c'est un grand seigneur fort généreux et fort mauvais sujet. — N'importe! il m'a offert sa protection, j'y aurai recours...

— Pardine, monsieur, vous ferez bien; et qui sait s'il ne connaît pas le coquin qui vous a enlevé votre petite amie?

— Oui, j'ai l'espoir que le marquis m'aidera à retrouver Blanche. Entre grands seigneurs, ils se content leurs aventures, leurs bonnes fortunes. Un homme si brave aura pitié de mes tourments!.... Que ne puis-je déjà lui parler!.... mais son hôtel?...

— Oh! il est bien connu, monsieur, et il vous sera facile de vous le faire indiquer.

Le lendemain, dès qu'il est jour, Urbain sort pour aller trouver celui en qui il place ses dernières espérances. On lui enseigne l'hôtel du marquis : il y arrive bientôt.

— M. le marquis de Villebelle? dit-il en entrant dans la cour et s'adressant timidement au concierge.

— C'est bien ici son hôtel, mais M. le marquis n'est pas à Paris.

— Il n'est pas à Paris! s'écrie Urbain le cœur serré.

— Non, il est en voyage.

— En voyage... et... reviendra-t-il bientôt?

— Mais il reviendra quand ça lui plaira!.... Est-ce que monseigneur a besoin de votre permission pour voyager?

— Ce n'est pas cela que je veux dire, monsieur, mais c'est que je suis si pressé de voir M. le marquis... de lui parler... — Vous le verrez quand il reviendra... si toutefois monseigneur veut bien vous recevoir.

Et l'insolent concierge se retourne, reprend son verre et sa fourchette, et continue gravement un copieux déjeuner, sans faire attention au jeune étudiant qui est resté dans la cour, où il pousse de gros soupirs en se disant :

— Il n'est pas à Paris!... que je suis malheureux!...

Au bout de dix minutes, Urbain se rapproche doucement de la loge du concierge et lui dit d'un ton suppliant :

— Monsieur... est-ce que vous ne pourriez pas me dire dans quel pays est M. le marquis?

— Comment! vous êtes encore là!.... répond le concierge sans se retourner, on ne me laissera donc pas déjeuner tranquillement!... Je vous dis que monseigneur est en voyage... Il y a des gens qui sont d'un entêtement!... ils disent tous la même chose : Je veux voir monseigneur! et ils me cassent la tête du matin au soir!...

Urbain ne se rebute pas; il connaît les usages de Paris; il tire sa bourse, dans laquelle il a mis plusieurs gros écus, et les fait sonner dans sa main; alors le concierge daigne se retourner, et lui dit d'un ton plus poli :

— Je suis vraiment fâché... mais, d'honneur, monseigneur est absent... et, entre nous, je crois même qu'il le sera longtemps!...

Le marquis est devenu timide et craintif près d'une enfant qui n'a pour sauvegarde que son innocence et sa vertu.

— O ciel!... dit Urbain; et je n'ai plus d'espoir qu'en lui!... Ah! monsieur, si vous savez où est monseigneur, je vous en supplie, veuillez me l'indiquer.

Le jeune amant tendait sa bourse en s'avançant :

— Entrez donc un instant, dit le concierge en ouvrant la petite porte de son logement. Oui, sans doute, je sais où est monseigneur; il faut bien que nous sachions cela, nous autres, pour lui envoyer les missives importantes qu'on pourrait lui adresser. C'est un secret; cependant, si vous promettiez d'être discret.... de ne point faire savoir que c'est de moi que vous savez cela.... — Ah! je vous le jure.... — Alors, je vous dirai que M. le marquis est à son château de Sarcus, situé dans les environs de Grandvilliers... On prend la route de Beauvais et...

Urbain n'en écoute pas davantage; il jette sa bourse sur la table du concierge, sort brusquement de l'hôtel, court à son logement, prend tout l'argent qui lui reste, et le jour même se met en route pour aller trouver le marquis à son château.

CHAPITRE XXVIII

Retour au château.

Pendant l'absence du marquis, Blanche a passé au château de Sarcus des journées tristes et monotones. Le lendemain du départ de Villebelle, étonnée de ne point recevoir sa visite accoutumée, la jeune amante d'Urbain croit que son ravisseur se dispose à la ramener à Paris; mais le soir, ne le rencontrant pas dans le parc, Blanche demande à Marie des nouvelles du marquis.

— Monseigneur est parti, répond la villageoise. — Parti sans moi! s'écrie Blanche en levant au ciel ses beaux yeux pleins de larmes. Il veut donc me garder toujours dans ce château? — Consolez-vous, mam'zelle, monseigneur a dit qu'il ne serait pas longtemps absent.

Blanche ne répond rien, elle retourne dans son appartement. Elle y passe ses journées dans la douleur et l'abattement; elle regrette la présence du marquis; car l'aimable enfant se flatte toujours qu'il cédera à ses prières; elle a vu plusieurs fois l'émotion que lui causaient ses larmes, elle espère encore qu'il la réunira à Urbain; mais, seule, elle n'a plus d'espérance, et les jours s'écoulent bien lentement pour la jeune prisonnière.

Cependant le retour du printemps embellit la nature, les arbres reprennent leur feuillage, les gazons reverdissent, les prairies s'émaillent de fleurs, et les oiseaux reviennent dans les bocages chanter la saison des amours. Mais, indifférente aux tableaux qui sont sous ses yeux, Blanche considère sans plaisir ces perspectives charmantes, dont en tout autre temps elle serait émerveillée : les peines du cœur jettent un voile sombre sur tous les objets qui nous entourent.

Quelquefois, en se promenant dans le parc, Blanche conçoit l'idée de s'évader; mais de quel côté dirigerait-elle ses pas? D'ailleurs le parc est clos de murs très-élevés, et les portes qui communiquent à la campagne sont toujours exactement fermées. La jeune fille ignore qu'en l'absence du marquis deux valets observent toujours ses pas.

Une mélancolie profonde s'est emparée de Blanche, la servante Marie essaie en vain de la distraire; des soupirs, des larmes sont la seule réponse qu'elle en obtient. Huit jours se sont écoulés depuis le départ du marquis, lorsque Marie accourt un matin annoncer à Blanche que son maître vient d'arriver.

Cette nouvelle semble ranimer la jeune prisonnière, et elle attend avec impatience que le marquis vienne lui parler.

Villebelle, qui brûle du désir de revoir sa captive, ne tarde pas à se rendre près d'elle; il est frappé du changement qui s'est opéré dans toute sa personne.

— Vous m'aviez donc oubliée dans ce château? lui dit Blanche en soupirant. — Moi, vous oublier!... — Pourquoi donc ne m'avez-vous pas emmenée à Paris?.... me garderez-vous encore longtemps ici?... — Du moins, Blanche, je ne vous quitterai plus. — Faites venir Urbain avec nous, et je ne demanderai plus à m'en aller.

Le marquis fronce le sourcil, et cherche à distraire Blanche en lui offrant plusieurs jolies bagatelles qu'il apporte de Paris; mais ces présents ne sont pas mieux reçus que les premiers, et n'obtiennent pas même un sourire de la jeune fille.

Le soir réunit encore Blanche et le marquis dans le parc. Villebelle, plus amoureux que jamais, et se rappelant les conseils du barbier, se promet de triompher de la captive; mais, lorsqu'il est près de Blanche, il sent s'évanouir toute sa résolution; un regard de l'aimable enfant met un frein à ses désirs, tout en pénétrant jusqu'à son cœur, et Villebelle se dit :

— Par quelle magie cette jeune fille m'imposerait-elle un respect plus fort que mon amour?...

Blanche, que l'innocence rend confiante, s'est assise à l'entrée d'une grotte qu'entoure un épais feuillage. Le marquis se place auprès d'elle;

longtemps il garde le silence en la regardant avec tendresse, puis il entoure Blanche de ses bras, et veut cueillir un baiser sur sa bouche charmante; mais Blanche tourne vers lui ses yeux suppliants en lui disant :

— Par pitié, monseigneur, laissez-moi!... Sans savoir comment cela s'est fait, le marquis a laissé l'aimable enfant s'échapper de ses bras; il reste seul dans la grotte; Blanche a fui, éprouvant près du marquis une frayeur nouvelle; et celui-ci maudit de ne plus trembler devant un enfant.

Julia et son compagnon sont arrivés à Sarcus, et ont vu le marquis entrer dans le château. Chaudoreille ne s'est laissé tomber que trois fois en route, mais il assure que c'est parce que son cheval a eu peur; cependant il se plaint beaucoup de la fatigue, tandis que sa compagne y paraît insensible, et considère avec attention le château dans lequel le marquis vient d'entrer et dont le soleil éclaire les hautes tourelles.

— C'est donc là qu'il se rendait! dit la jeune amazone en dirigeant son cheval tout près des murs.

— Oui, signora, il n'y a point de doute qu'il allait là, puisque nous l'y avons vu entrer, répond Chaudoreille, qui est descendu de cheval, où il n'était pas à son aise, et se tâte en faisant la grimace. — C'est le château de Sarcus, à ce que vient de me dire un paysan. — C'est, ma foi, un fort beau castel... mon aïeul en avait dix ou douze commé cela... mais il en jouait un tous les soirs au piquet, et vous comprenez qué la veine n'était pas toujours favorable!... Ouf!... j'ai des douleurs le long des côtes... aïe! cé palefroi a lé trot si dur!... — C'est dans ces murs qu'est renfermée Blanche!... — C'est très-probable. Sandis!... jé mé suis écorché le croupion! Mais aussi nous allions d'un train!... jé défie à Sarcus, le meilleur écuyer de France!... — Comment savoir de quel côté est cette jeune fille? — Jé crois qu'il faudrait d'abord savoir où l'on peut déjeuner... Vous dévez être terriblement fatigué, signora? — Je ne sens pas la fatigue... l'espoir de la vengeance double mes forces... — Moi, qui n'ai rien pour doubler les miennes, jé suis moulu... harassé... et j'ai une faim... aïe le coccyx!...

Julia descend de cheval et amène son coursier à Chaudoreille en lui disant :

— Tiens, monte-le, et prends l'autre par la bride. Va au village que tu vois là-bas... entre à l'auberge, et attends-moi; je veux examiner le château. — Il suffit. Jé vais faire préparer à déjeuner... Ah! sous quel titre nous présenterons-nous!... J'ai pensé que vous voulez garder l'incognito dans cé pays... — Dis ce que tu voudras... — Jé dirai qué nous sommes des Maures d'Espagne qui arrivons de Grénade pour donner des leçons de castagnettes; cela écartera tous les soupçons, et notré teint un peu foncé sé prêtera à la supposition.

Julia n'écoute plus Chaudoreille, et marche vers le château, tandis que le chevalier, ne se souciant pas de remonter à cheval, prend les deux coursiers en laisse, et se dirige clopin-clopant vers le village.

Chaudoreille demande où est la meilleure auberge; il n'y en a qu'une dans le village, et il s'y rend en tirant ses deux chevaux après lui. Le maître de l'auberge vient le recevoir, et Chaudoreille lui dit en tâchant de se redresser :

— Jé suis Malek-al-Chiras dé Grénade, professeur dé castagnettes dans les deux Espagnes; jé suis vénu en France, avec ma sœur Salamalech, pour danser lé boléro devant lé cardinal dé Richelieu. Nous réstérons peut-être quelque temps dans cé village, mais nous voulons garder lé plus strict incognito. Vous comprenez? — Je ne comprends pas très-bien, dit l'aubergiste en le regardant d'un air hébété. — En cé cas, faites-moi tout dé suite une omelette au lard; donnez-moi uné chambre, et ayez soin dé mes chévaux, qui sont arabes.

L'aubergiste comprend mieux cela, et il conduit son hôte à une chambre du premier, où Chaudoreille monte avec peine et en se tenant aux murs, parce que le cheval a totalement changé sa démarche ordinaire. Après s'être reposé quelques heures, il se met à table, et il y est depuis longtemps lorsque Julia vient le retrouver.

— Jé vous attendais avec impatience, madame, dit Chaudoreille en découpant son troisième pigeon. — Eh bien! qu'as-tu appris? — Ma foi, j'ai appris qué nous n'aurions pas dé poisson à dîner... — Imbécile! c'est dé la marquis. — Il me semble qué jé vous ai laissée près du château, vous dévez en savoir plus qué moi. — J'en ai fait le tour, mais je n'ai aperçu personne. Tu aurais pu demander à ces paysans ce qu'ils savent du château. — Ils ont l'air bête comme des oies... Est-ce qué ces gens-là savent quelque chose? A propos, vous êtes ma sœur, et vous nous nommez Salamalech. — Chaudoreille, penses-tu que je t'ai amené pour écouter tes sottises? Hâte-toi de te reposer, et nous irons visiter les environs du château; nous verrons s'il y a moyen de s'introduire dans le parc... — Jé vous conduirai demain, pardon, mais aujourd'hui il mé serait difficile de rémuer... jé suis cloué devant cette table.

Voyant qu'il lui est impossible de remettre son compagnon sur pied, Julia le laisse à l'auberge, et, après avoir pris un peu de nourriture, va de nouveau rôder auprès des murs du château.

— C'est un diable qué cetté femme-là! se dit Chaudoreille en se mettant au lit; elle sérait digne de porter Rolande à son côté... A propos dé Rolande, monsieur l'hôte, mettez-la sous mon traversin... C'est cela... Afin qu'à la première alerte jé puisse dégainer... Mainténant veuillez fermer ma porte, et quand ma sœur Salamalech reviendra, dites-lui qué jé la prie dé né point mé réveiller avant démain midi... Mon coccyx né séra pas cicatrisé avant cé temps-là.

Pendant que Chaudoreille dort, Julia fait le tour du parc, et remarque un endroit où le mur fait brèche, et par lequel il est possible de s'introduire dans l'intérieur des jardins; mais, ne voulant pas encore se hasarder, elle retourne à son auberge, et tâche d'obtenir quelques renseignements sur les habitants du château. Les paysans ne savent qu'une chose : c'est que pour l'instant leur seigneur est à Sarcus.—Mais on a dû amener une jeune fille au château il y a quelques jours? demande Julia. — Quand monseigneur est ici, il y vient tout plein de dames et de messieurs, répond l'hôte, qui croit que le frère et la sœur veulent jouer des castagnettes devant le marquis.

Julia se décide à prendre un peu de repos. Mais le lendemain, dès qu'il fait jour, elle se rend à la chambre de Chaudoreille. — Monsieur votre frère dort encore, lui dit l'hôte qui la rencontre; et M. Malek... Al... de Grenade a bien défendu qu'on l'éveillât avant midi.

Julia, sans écouter l'hôte, entre dans la chambre du chevalier, qui dort profondément, et le tire rudement par une oreille en lui disant :

— Est-ce pour dormir que je t'ai emmené avec moi? — Ah! sandis! qué vous êtes cruelle!... j'étais dans mon premier sommeil! — Allons, debout!... — Debout! debout!... jé respecte trop la décence pour mé léver devant vous... — Debout, te dis-je... — Puisqué vous lé voulez...

Et Chaudoreille sort du lit ses petites jambes grêles en disant :

— Il paraît qué jé né la fais pas fuir!

— Tu vas te rendre au château; tu entreras dans les premières cours, sous prétexte d'admirer l'architecture, et tu feras jaser le concierge... — Et si j'étais reconnu? — Par qui? — Par monseigneur. — Crois-tu qu'il s'amuse à se promener dans les cours? Il est auprès de sa jeune captive. — C'est présumable... — Nous nous retrouverons ici tantôt, et tu me diras ce que tu auras appris. Moi, de mon côté, je verrai à m'introduire dans le parc.

Après avoir pris déjeuné, Chaudoreille se met en route, s'enveloppant dans un manteau que Julia lui a donné, et qui est beaucoup trop grand pour lui, de façon que la moitié traîne à terre; mais il se trouve fort bien ainsi, et se figure que cela le grandit de six pouces.

En approchant du château, son premier soin est de regarder s'il n'y a pas de sentinelle sur les murs; n'apercevant rien qui annonce que le castel soit sur un pied de guerre, il se décide à s'avancer. Arrivé devant la principale porte, il se promène pendant une heure en long et en large avant de savoir s'il entrera ou non dans le château. Le vieux concierge, en fumant sa pipe devant sa porte, aperçoit ce petit corps traînant un manteau, qui va et vient depuis si longtemps dans le même cercle. Impatienté de ce manège, le concierge sort du château, et se dirige vers Chaudoreille pour lui demander ce qu'il fait là. Celui-ci, en voyant un homme marcher à grands pas vers lui, se figure qu'on le trouve suspect et qu'on veut l'arrêter. Aussitôt il se met à courir dans la plaine, mais bientôt ses pieds s'entortillent dans la queue de son manteau, et il roule sur le gazon.

Le concierge, s'entendant appeler dans le château, n'a pas continué sa marche. En se relevant, Chaudoreille ne voit plus personne; il se hâte alors de reprendre le chemin du village.

— En voilà bien assez pour aujourd'hui, se dit-il; une autré fois jé né sérai pas si imprudent, jé mé cachérai dans ces taillis qui sont à une portée de canon du château. Et il retourne à son auberge, où, en attendant le dîner, il joue aux petits palets avec son hôte, et veut absolument apprendre le boléro à madame son épouse.

Julia revient à la brune, et trouve Chaudoreille dans la cour de l'auberge, au milieu des poules et du fumier, faisant faire des révérences à une petite femme de quarante ans, et battant la mesure avec Rolande en disant :

— A Grenade on né danse qué l'épée à la main... Ah! voilà ma sœur Salamalech... C'est elle qui fait des révérences sans poser les talons!...

Julia pousse le maître de danse dans sa chambre en lui disant :

— Que faisais-tu dans cette cour? — Qué diantre! c'est pour mieux garder l'incognito... c'est par prudence!... — Qu'as-tu appris ce matin? — Beaucoup dé choses... Je crois qu'il y a garnison au château, j'en ai vu sortir un homme armé... Quant à la petite fille, jé soupçonne qu'on la garde au fond d'un souterrain... — Tu es un sot. J'ai parlé à une jeune fille qui habite au château; je l'ai fait jaser. Blanche est dans une des tourelles ayant vue sur le lac... — Alors c'est qué lé soldat qué j'ai interrogé m'a menti... Jé lui avais cependant mis l'épée sur la gorge!... — Personne n'est arrivé au château? — Oh! personne... pour cela j'en suis sûr... jé né l'ai pas perdu de vue... — Ce soir je m'introduirai dans le parc, et j'espère... — J'espère qué jé né m'y introduirai pas, moi. — Tu veilleras dehors... — Dehors, c'est mon fort... D'ailleurs j'ai des yeux dé chat, je vois clair la nuit.

Le marquis s'est rendu chez Blanche, suivant sa coutume, le lendemain de la scène de la grotte. Mais l'aimable enfant éprouve à son aspect une crainte nouvelle; elle se rappelle avec quel emportement le marquis s'est élancé vers elle, et, malgré sa candeur, ce n'est plus qu'avec effroi qu'elle le voit s'approcher et s'asseoir à ses côtés.

Le marquis connaît trop les femmes pour ne point s'apercevoir du changement qui s'est opéré dans les manières de Blanche; il cherche

à lire dans les yeux de la jeune fille; il voudrait y retrouver cette expression de douceur qui le charmait, mais Blanche tient ses regards baissés; elle tremble de rencontrer ceux du marquis.

Après une visite plus courte que de coutume, Villebelle quitte Blanche et va rêver aux moyens qu'il doit employer pour vaincre sa résistance. Il attend le soir avec impatience; il se flatte d'être plus heureux dans les jardins, et de faire sa paix avec sa jeune prisonnière; mais Blanche entend une voix secrète qui lui dit qu'elle n'est pas en sûreté dans le parc avec le marquis, et elle s'est promis de ne plus s'y rendre.

Il est nuit depuis longtemps, et c'est en vain que Villebelle parcourt les allées où la jeune fille se promenait chaque soir, il ne la rencontre pas.

— Elle me craint, se dit-il, et cependant elle ne me hait point,... elle-même me l'a dit...

En passant devant la grotte où la veille ils se sont arrêtés, le marquis croit apercevoir une ombre fuir devant lui. Persuadé que c'est Blanche, il court pour la saisir; la personne qu'il poursuit s'arrête, se retourne, et, à la clarté de la lune, le marquis reconnaît Julia.

— Vous en ces lieux!... dans mon parc!... dit Villebelle avec le plus grand étonnement. — Oui, monsieur le marquis, répond Julia en laissant échapper un sourire amer; cela vous étonne!... Monsieur de Villebelle devrait cependant comprendre tout le plaisir que j'ai à être près de lui. — Encore une fois, que venez-vous faire ici?... — Il fut un temps, monsieur le marquis, où ma présence ne vous causait aucun ennui... où vous me disiez avec les plus tendres serments que vous m'aimeriez sans cesse... Rappelez-vous combien il fallut me répéter ce serment pour me faire céder à vos vœux!...

Le marquis fait un mouvement d'impatience en s'écriant :

— Et c'est pour me dire cela que vous vous introduisez la nuit dans mon château?...

— Non, dit Julia en se laissant aller à toute sa fureur; un autre motif me conduit en ces lieux... c'est l'espoir de la vengeance... Vous vous riez de mon amour, de ma douleur... je m'abreuverai de vos souffrances... vous verserez des larmes de sang... mais il sera trop tard !...

— C'en est trop!... vos menaces me fatiguent et me font pitié!... Si vous en avez le pouvoir, qu'attendez-vous donc pour vous venger?...

— La présence d'un témoin indispensable... de votre digne confident le barbier Touquet.

En disant ces mots, Julia se glisse à travers les arbres et disparaît sans que le marquis puisse l'atteindre. Fort surpris de cette singulière rencontre, il a soin, en rentrant au château, d'en prévenir Germain, et lui ordonne de redoubler de surveillance pour que personne ne puisse parvenir près de Blanche.

CHAPITRE XXIX.

Tentative nocturne.

Le marquis est rentré fort agité dans son appartement. Les menaces de Julia ne l'effraient point, il les attribue au dépit et à la jalousie; cependant il y avait dans la voix de la jeune Italienne quelque chose qui annonçait la conviction, et déjà ses yeux semblaient animés d'une joie barbare en se fixant sur ceux du marquis.

Fâché de n'avoir point forcé Julia à s'expliquer, Villebelle appelle son valet de chambre et lui ordonne de battre le parc avec quelques-uns de ses gens; et, s'il rencontre une jeune femme, de l'amener sur-le-champ au château. Germain, le jardinier et trois valets s'empressent de parcourir le parc et les jardins; mais ils rentrent au château sans avoir rencontré personne, et le marquis passe la nuit à réfléchir sur cet événement. La présence de Julia trouble sa tranquillité; il craint qu'elle ne fasse parvenir à Blanche des nouvelles de son amant. Au point du jour il écrit au barbier, et lui ordonne de se rendre au château.

Marguerite venait de mourir : la vieille servante n'avait pu supporter la perte de Blanche et la fureur de son maître après la visite de Julia. Le barbier, qui depuis longtemps désirait vendre sa maison, allait se rendre chez un notaire, lorsque le messager du marquis lui apporta la lettre de son maître.

— Il veut que j'aille à Sarcus, se dit Touquet après avoir lu le billet. Le marquis a encore besoin de moi... Il a parfois des retours de vertu qui me font trembler, mais il me paye généreusement; d'ailleurs, je ne puis lui rien refuser... Il a deviné une partie de ma conduite, et si quelque jour il lui prenait l'envie de me faire pendre, en expiation de toutes ses sottises... ce serait assez comme cela que les grands réparent leurs erreurs!... mais non... le marquis fera des folies tant qu'il vivra. Il faut surtout qu'il triomphe de Blanche, cela importe à ma sûreté!...

Touquet fait ses préparatifs de départ; et le surlendemain il arrive au château et pénètre près du marquis, qui l'attendait dans son appartement.

— Vous voyez, monseigneur, avec quel empressement je me rends à vos ordres, dit le barbier en s'inclinant.

— C'est bien ; ta présence ici peut m'être utile... Je sens que j'ai besoin de quelqu'un qui me fasse honte de ma faiblesse... Croirais-tu que je ne suis pas plus avancé près de Blanche ?... — Il faut que vous me le disiez, monseigneur, pour que je puisse le croire : — Il est certain que je n'en reviens pas moi-même !... Il y a déjà plus de trois semaines qu'elle est dans ce château, et à peine si je lui ai baisé la main. Il y a quelques jours, nous étions dans le parc, j'ai voulu être plus entreprenant, mais elle m'a supplié de la laisser avec une voix si touchante ! je ne sais comment cela s'est fait... mais j'ai presque été désolé de lui avoir fait de la peine !... Depuis ce temps elle ne quitte plus son appartement ; elle est près de moi craintive, embarrassée... et des larmes !... toujours des larmes !...

— Tout cela finira quand vous le voudrez bien, monseigneur. — As-tu revu son amant ?... cet Urbain dont elle parle sans cesse, qu'elle appelle à chaque instant du jour ! — Non, monseigneur, et je présume que le jeune Urbain, beaucoup plus raisonnable que Blanche, a déjà oublié cette amourette. — Tu crois !... la pauvre petite pense toujours à lui... Si je pouvais lui persuader qu'il ne l'aime plus... mais elle ne me croirait pas... En te parlant de Blanche, j'oublie le motif pour lequel je t'ai mandé ; tu ne devinerais jamais qui j'ai rencontré avant-hier au soir dans mon parc ?... Julia.

— Julia ! s'écrie le barbier en faisant un mouvement de surprise. Oui, elle a pénétré en ces lieux !... Mais comment a-t-elle découvrir que j'étais ici ? — Je m'y perds, monseigneur. — Elle a eu l'audace de me menacer ; la jalousie, la fureur brillaient dans ses yeux !... elle m'a aussi parlé de toi... je n'ai pas trop compris ce qu'elle voulait dire ; elle a disparu lorsque je voulais la forcer à s'expliquer davantage. — Monseigneur, cette jeune fille a quelque mauvais dessein... Je le pense aussi ; cependant elle n'a pas reparu depuis, et chaque soir mes gens font dans le parc une battue générale. — N'importe, Julia fera son possible pour vous ravir Blanche. — Comment veux-tu qu'elle y parvienne ?... Au reste, tu visiteras les environs, et si tu découvres Julia, dis-lui bien que je lui défends de se représenter en ces lieux... Si elle osait encore y venir, j'obtiendrais facilement une lettre de cachet qui me débarrasserait de ses importunités. — C'est que vous pourriez faire de mieux, monseigneur. Dès demain je vais commencer mes recherches... — Pendant tout le temps que tu seras au château, évite de passer dans le parc du côté du lac, car tu pourrais être aperçu de Blanche, et je ne veux pas qu'elle te sache ici ; je ne pense pas que la vue lui fasse plaisir, et je désire lui épargner tout ce qui pourrait ajouter à son chagrin. — Jamais je n'ai vu monseigneur aussi amoureux !... — Non, jamais aucune femme ne m'a inspiré ce que je ressens pour Blanche !... Je vais prendre quelque repos ; demain au point du jour je me mets en course... je parcours les environs, je visite les moindres chaumières ; Julia ne pourra se soustraire à mes regards ; et, dès que je la connaîtrai son asile... je vous réponds, monseigneur, que vous ne la reverrez plus...

Le barbier s'éloignait en disant ces mots ; mais il y avait dans ses traits une expression qui n'échappa point au marquis. Villebelle court à lui, et l'arrête en lui disant d'un ton sévère :

— Touquet, m'auriez-vous mal compris ?... Songez que je ne veux point qu'il arrive de mal à Julia... Cette jeune fille a la tête exaltée, mais l'amour est son excuse !... On doit toujours pardonner les fautes dont on est la première cause ; j'aurais dû peut-être ménager davantage sa sensibilité, et je l'ai traitée avec trop de mépris. Si elle consent à devenir raisonnable, promettez-lui tout ce qu'elle demandera ; répandez l'or... qu'elle soit heureuse... Au surplus, je veux moi-même lui parler encore, et c'est à elle que j'explique ce qui se fit dans sa lettre... — En ce cas, monseigneur, dès que j'aurai découvert son asile, je me hâterai de vous en prévenir... En disant ces mots, le barbier salue profondément le marquis, et sort de son appartement.

— Cet homme est un profond coquin, se dit Villebelle en regardant Touquet s'éloigner ; j'ai longtemps fini qu'il n'était qu'intrigant et fripon... Pourquoi faut-il qu'il me soit encore nécessaire !... Mais je ne pouvais charger Germain de parler à Julia... Julia !... j'ai cru l'aimer un instant ! Ah ! qu'il y a loin de cette femme emportée, vindicative, à cette douce et charmante Blanche !... Pourquoi faut-il que ce soit Julia qui m'aime avec fureur ! Ne pourrai-je donc jamais faire passer dans le cœur de cette timide enfant une étincelle du feu qui me dévore !

Pendant que le marquis rêve à Blanche, qui, triste et solitaire au fond de son appartement, passe ses journées à prier le ciel et à pleurer son amant, Julia, depuis sa rencontre nocturne avec Villebelle, cherche à parler à la jeune prisonnière. La surveillance des gens du marquis ne l'empêchait pas de se glisser dans le parc ; mais, arrivée près du lac, il était impossible d'approcher de la tourelle, on avait enlevé tous les batelets avec lesquels on se promenait sur l'eau, de crainte qu'on ne s'en servit pour approcher des fenêtres de Blanche. Quant à Chaudoreille, chargé de surveiller tous ceux qui entraient ou sortaient du château, il se bornait à se blottir dans un épais buisson, qui était à deux portées de canon de l'entrée du castel, et là, ayant par précaution Rolande nue à son côté et une bouteille de vin de l'autre, il

passait sa faction à étudier avec un jeu de cartes une nouvelle manière de faire sauter la coupe et de retourner les as, au moindre bruit se cachant entièrement sous son immense manteau.

Le lendemain de son arrivée au château, le barbier a commencé ses perquisitions. Ne présumant pas que ce soit à Sarcus même que Julia s'est cachée, il visite Damerancourt, Grandvilliers, et revient vers le soir à Sarcus. En approchant du village, il aperçoit devant lui un petit homme enveloppé dans un manteau brun, dont lequel il est difficile d'apercevoir son corps ; mais une longue épée, dont le fourreau retrousse un côté du manteau, trahit celui qui en est chargé. C'est Chaudoreille, se dit le barbier ; et il double le pas pour l'atteindre. Le petit homme, qui l'entend marcher derrière lui et se sent déjà saisi de terreur, veut aussi aller plus vite ; mais le malheureux manteau s'entortille à chaque instant dans ses jambes, et bientôt il se sent tirer par le fourreau de son épée. Il se retourne, et demeure pétrifié en reconnaissant Touquet.

— Où donc allez-vous si vite, chevalier Chaudoreille ? dit le barbier d'un ton goguenard. — Où je vais, sandis !... Comment té portes-tu, mon bon ami ?... — Ah, drôle !... j'en ai appris de belles sur ton compte ! — Il né faut pas croire tout ce qu'on dit, mon cher Touquet !... — Et M. le marquis, penses-tu que je doive le croire ?... C'est toi qui lui as parlé de Blanche malgré ton serment !... — Tu sais bien qu'entre nous un serment n'engage à rien. Dé quoi té plains-tu ? Jé t'ai fait gagner dé l'argent gros comme toi... — Et tu sers donc Julia maintenant ? — Moi, jé sers Julia !... jé sers tout le monde ! j'ai toujours été très-obligeant !... — Où est Julia ? — Elle... elle veut garder l'incognito.... — Réponds, misérable ! et point de mensonges... — Aïe ! lâché donc mon oreille !... tu mé blesses !... Nous logeons dans cé village, à l'auberge... il n'y en a qu'une ; Julia passe pour ma sœur, et moi pour un Mauro dé Grénade, professeur dé castagnettes... — Quels sont les projets de Julia ? — Lé diable m'emporte si jé m'en doute ! Ellé passe ses journées et une partie des nuits à rôder autour du château, comme un rénard qui guette une poule. Entré nous, jé la crois un peu timbrée. Et toi, dans quel dessein t'a-t-elle amené ? — Tout bonnement pour qué jé lui tienne compagnie... ellé aime beaucoup ma société... jé lui chante des villanelles. — Ecoute, je devrais te rompre les reins pour te punir de ce que tu as fait !... — Ah ! mon cher Touquet, c'était uné plaisanterie... — Va ! je te méprise trop pour te frapper. — C'est bien honnête dé ta part. — M'as-tu dit la vérité ? — Si tu en doutes, viens avec moi à l'auberge, Julia ne tardera pas à rentrer. — Non, je n'irai pas ce soir ; mais je te défends de lui dire un mot de notre rencontre. — Dès que tu mé lé défends, c'est commé si tu m'avais coupé la langue. — Si demain je ne retrouvais plus Julia à l'endroit que tu m'as indiqué, c'est M. le marquis lui-même qui se chargerait de ta punition, et cette fois il n'y aurait plus de quartier pour toi. — J'en suis bien persuadé. — Adieu, je retourne au château. — Et moi au village... où jé n'attendrai pas ta visite, se dit Chaudoreille en prenant son manteau sur ses bras afin de s'éloigner plus vite.

Touquet retourne au château et se rend chez le marquis. Il était nuit, et Villebelle était assis devant une table aussi somptueusement servie que cela était possible au château ; mais le marquis, présumant qu'il y ferait un long séjour, avait fait envoyer de quoi garnir la cave, et si la chère était moins délicate qu'à Paris, les vins n'étaient pas moins exquis.

Le marquis paraissait plus gai que de coutume ; il avait déjà vidé quelques flacons, et près de lui étaient plusieurs lettres qu'il lisait tout en soupant.

— Quelles nouvelles ? dit-il en apercevant le barbier.

— Mes recherches n'ont point été vaines, monseigneur ; Julia est au village, elle habite à l'auberge sous un nom emprunté. J'ai vu Chaudoreille, qui est maintenant son confident. — Ah ! le petit Gascon... tu as roué de coups ? — Pas encore, monseigneur ; j'ai voulu d'abord prendre vos ordres, je n'ai pas vu Julia. — Tu as bien fait, je lui parlerai moi-même. Demain nous irons ensemble au village, je ferai entendre raison à cette étourdie... et nous connaîtrons ce grand secret qu'elle prétend avoir à me communiquer. — Un secret ?... — Oui, et il faut, dit-elle, que je le sois présent à cette confidence. — Vous, monseigneur ?... — Demain elle sera satisfaite... vois-tu ces lettres ?... tout cela m'a été envoyé de Paris... ce sont des missives que m'adressent de grandes dames qui me regrettent... Il y a des reproches, des promesses, des serments... il y a un peu de tout !... tiens, jette tout cela au feu. — Quoi ! monsieur le marquis, même celles qui ne sont pas décachetées ? — Eh sans doute ! n'est-ce pas toujours la même chose ?... Un seul sourire de Blanche vaut tous les doux propos de ces dames ! Que n'est-elle là... auprès de moi !... — Si monseigneur l'exigeait... — Pour qu'elle vienne les yeux gros de larmes !... non !

Le marquis se verse un grand verre de vin, qu'il boit d'un trait, puis il s'écrie :

— Je commence cependant à mé lasser de soupirer en vain ; Blanche est près de moi... presque en mon pouvoir... et je n'ose !... mais employer la violence, je ne puis m'y résoudre !

— Sans employer la violence, monseigneur, n'est-il pas mille moyens !... Elle dort sans défiance... et vous avez les doubles clefs de tous les appartements...

— Ah ! quelle perfidie !... — Pas plus grande, monseigneur, que de l'avoir mise dans une voiture en lui disant qu'elle allait retrouver son Urbain. — Tais-toi, tu es un monstre !... et tes horribles conseils me rendraient aussi criminel que toi !... — Ce n'est pas moi, monseigneur, qui vous ai conseillé d'être amoureux de Blanche. Mais, puisque enfin elle est en votre puissance, il me semble que vos scrupules sont un peu tardifs.

Le marquis garde le silence pendant quelques instants, puis il reprend :

— Ce matin elle m'a parlé avec moins de froideur, je suis resté plusieurs heures auprès d'elle... elle m'a semblé moins craintive. Je lui ai pris la main... elle l'a laissée longtemps dans la mienne.

— Que voulez-vous de plus, monseigneur ?... Blanche vous aime en secret; mais pensez-vous qu'une jeune fille aussi timide avouera sa défaite qu'elle bannira toute contrainte. Non, ce n'est qu'après sa défaite qu'elle bannira toute contrainte.

— Blanche m'aime ! dis-tu : ah ! s'il était vrai !... mais il est tard... va prendre du repos. Demain nous irons trouver Julia.

Touquet salue le marquis en jetant à la dérobée sur lui un regard scrutateur, puis prend un flambeau et s'éloigne en silence.

Le marquis reste encore longtemps à table, plongé par moments dans ses rêveries, ou se versant coup sur coup plusieurs verres de vin; il semble vouloir noyer dans la liqueur les pensées qui le poursuivent. Cependant son agitation ne fait qu'augmenter, enfin il sonne Germain et lui dit d'une voix sombre :

— Qui a les doubles clefs du château ? — Mais ce doit être le concierge, monseigneur.

— Qu'il vienne, je veux lui parler.

Le vieux concierge se hâte de se rendre aux ordres de son maître.

— Y a-t-il des doubles clefs de ces appartements ? dit le marquis. — Oui, monseigneur, il y en a même de triples... C'est un ancien usage; cela date de... — Allez me chercher celles de la tourelle qui donne sur le lac...

Le concierge s'éloigne et revient bientôt avec un paquet de clefs en disant :

— Si monseigneur veut que j'aie l'honneur de le conduire... — Donnez-moi cela et sortez, dit le marquis en lui arrachant les clefs des mains.

Le vieillard interdit s'incline et s'éloigne sans oser lever les yeux sur son maître. Le marquis renvoie ses domestiques en disant qu'il a besoin de repos, et bientôt le calme le plus profond règne dans le château.

Villebelle se promène à grands pas dans son appartement, tenant toujours à sa main le trousseau de clefs. Il semble encore indécis, et balbutie de temps à autre :

— Non... je ne ferai point usage de ces clefs... elle semble me rendre sa confiance, et j'oserais en abuser !... Mais faut-il donc passer ainsi sa vie ! être près d'elle... l'avoir en vain fait enlever !... Que diraient de moi tous les roués, tous les gens à la mode, s'ils connaissaient ma conduite !... mais s'ils voyaient Blanche !... Maudit Touquet! pourquoi m'a-t-il parlé de ces clefs !... Ah ! j'aurais dû deviner qu'en entrant dans ce château cet homme me conseillerait quelque méchante action...

Quelques moments s'écoulent encore, enfin le marquis s'empare d'un flambeau et s'écriant :

— C'en est fait ! je n'écoute plus que la passion qui m'entraîne !...

Il sort de son appartement, qui est séparé de la tourelle qu'habite Blanche par une longue galerie ornée de portraits représentant les aïeux du marquis. Villebelle marche à pas lents, s'arrêtant souvent pour écouter et tremblant de rencontrer quelqu'un, il essaie de rassembler ses forces pour soutenir les regards baissés, et semble craindre de les porter sur les portraits de ses ancêtres, dont la plupart ont honoré leur patrie par leur bravoure et leurs vertus. Dans ce moment quelque chose lui dit qu'il va commettre une action indigne du nom qu'ils lui ont transmis; et lorsque ses yeux rencontrent par hasard une de ces grandes figures dont la galerie est tapissée, il lui semble y lire l'expression de l'indignation et du mépris.

Il arrive enfin au bout de la galerie, qui jamais ne lui parut si longue à parcourir; il monte un grand escalier, traverse plusieurs salles, et entre dans la tour où habite la jeune fille. Un tremblement violent agite ses nerfs; voulant surmonter son trouble, il hâte sa marche. Toutes les portes de communication sont ouvertes, et il se trouve bientôt devant celle de l'appartement de Blanche.

Il s'arrête, et regarde les clefs qui sont dans sa main... il hésite encore. Mais, cherchant à s'étourdir sur le crime qu'il va commettre, il essaie vivement plusieurs clefs. Enfin la porte s'ouvre, et il est dans l'appartement de Blanche.

Le plus profond silence règne dans ce lieu. Le marquis fait quelques pas bien doucement, ne posant son pied qu'avec précaution. La porte de la chambre à coucher n'est point fermée. Villebelle avance doucement la tête, et, à la lueur d'une lampe placée dans le foyer, aperçoit la jeune fille endormie.

— Elle dort, dit le marquis; elle se croit en sûreté dans cet asile !...

Mais sa respiration est oppressée... quelques mots semblent vouloir s'échapper de ses lèvres... Si je pouvais entendre !...

Il s'approche du lit. Blanche rêvait à son amant. Le nom d'Urbain s'échappe péniblement de son sein. Elle étend les bras; elle semble implorer quelqu'un, et murmure encore :

— O mon Dieu !... on veut toujours nous séparer !..

Villebelle se sent ému et attendri. — Non, elle ne m'aime pas, dit-il avec douleur, dans son sommeil c'est toujours à Urbain qu'elle pense !

Un profond soupir lui échappe... il va peut-être s'éloigner. Mais ce gémissement a réveillé Blanche, qui ouvre les yeux et s'écrie avec terreur :

— O ciel !... qui est là ?...

— C'est moi... Blanche, répond le marquis d'une voix altérée. — Vous, seigneur, aussi tard dans ma chambre !... Que me voulez-vous donc ?... — Calmez-vous... je vous en prie !... — Mais, vous-même, vous tremblez, seigneur !... Qu'est-il arrivé ?... Parlez, de grâce !... — Rien... rien... Je voulais vous voir... vous parler... vous contempler encore !... — Ah ! ne me regardez pas ainsi, monsieur le marquis, vous me faites peur... — Peur !... ah ! Blanche ! est-ce donc ce sentiment que doit vous inspirer l'amant le plus épris ?... Oui, mon amour est à son comble... je ne puis plus le maîtriser !... Il faut que vous fassiez mon bonheur... il faut que vous soyez à moi !....

Le marquis entoure déjà Blanche de ses bras. La jeune fille pousse un cri perçant, et, rassemblant ses forces, parvient à se dégager en sautant légèrement hors de son lit. Mais Villebelle l'a bientôt saisie de nouveau; il veut la couvrir de baisers; il veut étouffer ses cris. Blanche se jette à ses pieds, étend vers lui ses bras suppliants, et s'écrie d'une voix déchirante :

— Grâce! grâce encore pour aujourd'hui !...

Ces accents pénètrent jusqu'au fond de l'âme du marquis... La vue de Blanche à ses pieds, ses larmes, son désespoir le rendent à la raison. Mais, craignant de n'être pas longtemps maître de sa passion, s'il s'éloigne précipitamment de la jeune fille, et fuit éperdu jusque dans son appartement.

CHAPITRE XXX.

Visite d'Urbain au marquis. — Dernière aventure de Chaudoreille.

Blanche est restée longtemps inanimée à la place où elle a imploré la pitié du marquis. Enfin d'abondantes larmes soulagent son cœur. Elle se lève, regarde avec terreur autour d'elle; elle écoute en tremblant, au plus léger bruit causé par le vent sur les eaux du lac elle frémit et croit entendre le marquis. Elle pense aussi la nuit dans la plus cruelle anxiété. — C'en est fait, se dit-elle, plus d'espoir de bonheur !... O mon cher Urbain! je ne te verrai plus !... On nous a séparés pour toujours !... Mais je mourrai plutôt que de cesser d'être digne de toi !...

Le marquis n'a pas goûté plus de repos que sa victime. Partagé entre l'amour et le remords, regrettant parfois d'avoir cédé à ce qu'il appelle sa faiblesse, et maudissant une passion qui fait le malheur de Blanche, il voit naître le jour sans avoir pris aucun parti.

Étonné de ne point recevoir d'ordres relativement à Julia, Touquet se rend près du marquis; il remarque l'abattement de ses traits, et cherche en vain à en deviner la cause. Le ton sombre et mélancolique de Villebelle ne fait pas présumer qu'il soit plus heureux; il garde le silence, et le barbier n'ose se permettre aucune question. Dans ce moment, Germain entre dans l'appartement, et annonce à son maître qu'un jeune homme vient de se présenter au château et réclame la faveur de lui parler un moment.

— Un jeune homme ! dit le marquis. Est-ce un habitant des environs ? — Non, monseigneur, sa mise est celle d'un jeune étudiant; il s'exprime bien, et paraît avoir le plus grand désir de vous voir. — Il n'a pas dit son nom ? — Il prétend que vous le connaissez sans savoir comment il se nomme. — Voilà qui est singulier ! Serait-ce un envoyé de Julia ? dit Villebelle en regardant le barbier. — Je ne le pense pas, monsieur le marquis, et le portrait que Germain fait de cet étranger n'est pas celui de Chaudoreille. — Qu'on introduise ce jeune homme, Touquet, passe dans la chambre voisine : il est possible qu'il veuille me parler sans témoin.

Le barbier s'éloigne; et Germain retourne près d'Urbain, qui, après avoir voyagé sans s'arrêter, venait d'arriver à Sarcus, et attendait avec impatience, près du concierge, la réponse du marquis.

— Mon maître consent à vous recevoir, suivez-moi, monsieur, je vais vous conduire près de lui, dit Germain à Urbain; celui-ci fait un mouvement de joie et s'empresse de suivre le valet, qui l'introduit près du marquis.

Urbain entre en tremblant; il s'approche avec embarras du grand seigneur, qui est assis sur un sofa, au fond de l'appartement, considère le jeune homme avec curiosité, ne pouvant se défendre d'un certain intérêt qu'inspire la figure douce et distinguée d'Urbain.

— Daignez excuser, seigneur, la liberté que je prends, dit le jeune bachelier en saluant profondément le marquis. — Parlez, monsieur, que désirez-vous de moi? — Je viens implorer votre protection... — Vous m'avez permis d'y avoir recours. Nous nous sommes déjà vus, seigneur, à Paris, il y a quelque temps... J'étais déguisé... Je vous rencontrai la nuit dans le grand Pré-aux-Clercs, et un combat... — Eh quoi! ce serait vous, mon brave, qui étiez habillé en fille? — Oui, seigneur... j'eus le malheur de vous blesser au bras... — Dites donc que ce fut justice, car j'avais tort, comme c'est assez ma coutume... Pardieu, je suis enchanté de vous revoir... Donnez-moi la main, jeune homme, vous êtes un brave garçon.

Le marquis se lève, va au-devant d'Urbain et lui serre cordialement la main; celui-ci, enchanté de cet accueil, ne sait comment en témoigner sa reconnaissance. — Asseyez-vous près de moi, dit Villebelle, et apprenez-moi ce qui me procure le plaisir de vous recevoir dans mon château. — Monseigneur, vous avez eu la bonté de m'offrir votre appui si j'étais malheureux... et je viens le réclamer. — Vous faites bien, mon brave; parlez sans crainte; est-ce de l'or qu'il vous faut,... j'en ai à votre service; ne l'épargnez pas! J'en fais assez souvent un mauvais usage!... qu'au moins une fois il me serve à faire des heureux! — Ce n'est pas la fortune qui peut me rendre le bonheur! C'est l'amour qui cause ma peine, monsieur le marquis. — Ah! vous êtes amoureux... C'est différent. Pardieu! je le suis aussi, moi, et dans ce moment cela ne me rend pas non plus très heureux. Mais, voyons, contez-moi vos amours...

— J'aime, j'adore une jeune fille charmante!... Ah! monseigneur, aucune ne peut lui être comparée! — Peut-être!... Mais poursuivez. — Elle ne connaît pas ses parents; mais celui qui l'a élevée m'avait accordé sa main. Encore un jour et nous étions unis! lorsqu'un misérable s'est introduit dans la maison qu'elle habitait, et m'a enlevé celle qui allait être mon épouse!...

— C'est fort singulier! dit le marquis frappé du récit d'Urbain, et savez-vous le nom du ravisseur? — Non, monsieur le marquis; mais, d'après ce que j'ai appris, c'est un grand seigneur, un homme riche et puissant... Ah! je n'ai plus d'espoir qu'en vous pour découvrir ce monstre, pour connaître le lieu qu'il habite. Monseigneur, ayez pitié de mes tourments... Aidez-moi à retrouver celle qu'on m'a ravie! Que Blanche me soit rendue, et le malheureux Urbain vous devra plus que la vie...

Au nom de Blanche, le marquis s'est levé brusquement, Urbain se jette à ses genoux, saisit une de ses mains, et lève les yeux vers lui; mais Villebelle détourne la tête, afin qu'on ne voie pas le changement qui s'est fait dans ses traits.

— Relevez-vous... relevez-vous, répond enfin le marquis en cherchant à se rendre maître de son émotion, je veux vous servir... Oui... mais je ne puis vous promettre de vous rendre celle qu'on vous a enlevée... — Parmi les seigneurs de la cour, il se trouve de ces hommes qui se font gloire de suborner l'innocence, d'arracher une jeune fille à ses parents... Ah! seigneur, si vous aviez quelque soupçon... Souvent le plus léger indice peut nous mettre sur la voie.

Le marquis paraît réfléchir profondément; Urbain, qui croit qu'il cherche à se rappeler quelque circonstance qui l'intéresse, attend avec la plus vive anxiété ce qu'il va prononcer.

Après un silence assez long, Villebelle dit enfin :

— Vous êtes bien jeune, Urbain... J'ai dix-neuf ans, seigneur... Cette... Blanche est sans doute la première femme que vous ayez aimée?... — Oui, seigneur, et ce sera aussi la dernière. — Vous vous trompez, mon ami; à votre âge, on aime avec ardeur... mais c'est un feu qui s'évapore bien vite. Ce n'est qu'au mien que, désabusé sur les illusions de la jeunesse et fatigué du changement un amour véritable est un besoin pour notre cœur... et devient alors un sentiment insurmontable. Comme vous, à dix-neuf ans j'ai cru aimer pour la vie!... Je m'abusais!... Croyez-moi, vous pouvez encore être heureux... — Sans Blanche, c'est impossible!... — Vous avez peu de fortune? — J'ai une petite campagne que m'a laissée mon père, et 1,200 livres de revenu. — Avec si peu de chose, les distractions sont moins faciles... Je veux que vous puissiez goûter des plaisirs de votre âge... et, dans leur tourbillon, vous oublierez bientôt vos premières amours. — Je vous remercie, seigneur, mais je ne puis accepter vos bienfaits. Je vous le répète, je ne goûterai aucun plaisir séparé de celle que j'adore. — Eh bien, ce que je vous offre facilitera vos recherches... Ne me refusez pas... ce n'est qu'à ce prix que je vous promets de seconder vos démarches. Attendez-moi ici, ne sortez point de cette salle.

En disant ces mots, le marquis passe dans la pièce où attend Touquet.

— Urbain est là, lui dit-il; ce jeune étranger qui me demande est l'amant de Blanche... — Je le sais, seigneur; ayant reconnu sa voix, j'ai prêté l'oreille... — Il vient implorer ma protection pour découvrir le ravisseur de celle qu'il aime... — Il ne pouvait mieux s'adresser. — Je me suis senti prêt à lui rendre son amie... — Quelle folie!... — Mais l'image de Blanche est trop profondément gravée dans mon cœur; cependant je veux tâcher de dédommager le pauvre Urbain du mal que je lui ai fait... et à force d'or... — C'est le remède à tous les maux, seigneur. — Oui, pour toi, âme vénale!... qui n'as jamais connu la douceur d'aimer!... — Mais il faut au moins, seigneur, vous débarrasser pour longtemps de ce jeune homme; qui vous empêche, avec un faux avis, de l'envoyer en Angleterre... en Turquie... au diable enfin?... — En effet, je comprends... — Les voyages le distrairont de son amour... Vous êtes encore un rival généreux; d'autres, à votre place, profitant de l'occasion, feraient enfermer ce jeune homme dans quelque cachot de ce château... — Ah! quelle horreur!... trahir la confiance de cet enfant!... — Au lieu de cela, vous lui donnerez de l'argent pour qu'il puisse vivre en grand seigneur!... — Pourrai-je jamais lui payer le trésor que je lui ai ravi?

Le marquis ouvre un secrétaire, prend soixante mille livres en billets, qu'il place dans un portefeuille, et retourne trouver Urbain.

Le jeune bachelier s'était approché d'une fenêtre et considérait l'intérieur du château en se disant :

— C'est peut-être dans un séjour semblable que Blanche gémit en ce moment.

Villebelle s'approche et examine avec inquiétude où se portent les regards d'Urbain; mais il se rassure parce que, de la fenêtre, on ne peut apercevoir l'appartement de Blanche, dont les croisées ne donnent pas sur la cour.

— En pensant à ce que vous m'avez raconté, dit Villebelle, je me suis rappelé certaines circonstances... qui pourront peut-être vous mettre sur les traces de celle que vous cherchez... — Ah! monsieur le marquis, daignez me dire... — Le marquis de Chavagnac a souvent fait parler de lui et enlevé des belles : il vient de quitter subitement Paris; on présume que c'est pour quelque aventure semblable. — Ah! c'est lui qui m'a ravi Blanche! — Songez bien que je ne vous affirme rien. — Et sait-on dans quel château il a porté ses pas? — Il n'est point resté en France, et, d'après ce que j'ai appris, c'est en Italie qu'il s'est rendu!... — En Italie! c'est donc là où je vais aller... — Prenez ce portefeuille comme une marque de mon estime, et ne ménagez pas ce qu'il renferme. — Seigneur, je ne sais si je dois... — Croyez-en mon expérience; avec de l'or on gagne les duègnes, on séduit les geôliers... on surmonte bien des obstacles... — Ce sera donc à vous que je devrai ma félicité. Ah! seigneur! je ne sais comment vous exprimer ma reconnaissance... — Allez, Urbain, parcourez l'Italie... et puissiez-vous y trouver le bonheur!

Le jeune bachelier veut encore témoigner au marquis toute sa gratitude; celui-ci se dérobe aux expressions de sa reconnaissance, en lui souhaitant de nouveau un bon voyage, et sonne Germain, pour qu'il conduise Urbain jusqu'à la porte du château.

A peine le jeune amant a-t-il quitté l'appartement du marquis, que Villebelle appelle Touquet, et lui ordonne de suivre de loin les pas d'Urbain, et de ne revenir que quand il sera certain que le bachelier est loin de Sarcus.

Urbain s'éloigne pénétré de reconnaissance pour le marquis, et pourtant, en passant sous la grande porte, il éprouve une tristesse dont il ne conçoit pas la cause; il a peine à quitter le château et se retourne pour jeter un dernier regard sur les antiques tourelles de Sarcus.

Tout entier à ses pensées, il chemine doucement dans le premier chemin qui s'offre à lui, vivement touché de l'accueil qu'il a reçu au château; il espère, grâce aux bienfaits du marquis, être bientôt en Italie, ne doutant pas que ce ne soit le seigneur de Chavagnac qui ait enlevé Blanche.

Urbain est déjà loin du château et vient d'entrer dans un sentier qui mène au village, lorsque le cri : — Garé, garé donc! lui fait lever la tête; il aperçoit devant lui une homme à cheval; mais le cavalier dirige si mal son coursier, que l'animal, au lieu de marcher en avant, se trouve en travers de la route, ayant la tête appuyée sur un buisson auquel il semble être attaché.

— Sandis! tourneras-tu!... animal orgueilleux!... Prends garde qu'au lieu de l'éperon je ne t'enfonce la pointe de Rolande dans les côtes!... garé donc, qué diantre!... mon cheval est ombrageux! c'est vous qui lui faites peur!

La voix, l'accent du cavalier frappent sur-le-champ Urbain; il reconnaît l'homme qui lui avait donné rendez-vous à la butte Montmartre. Chaudoreille, après sa rencontre avec le barbier, n'avait plus songé qu'à s'éloigner du château; et sans faire part à Julia de sa résolution, à laquelle il était bien certain qu'elle s'opposerait, il avait attendu, le lendemain, qu'elle fût sortie de l'auberge; alors, prenant la valise qui contenait les effets et l'argent de sa compagne, il avait fait seller un de leurs chevaux, et, sous prétexte de se promener dans les environs, s'était mis en route avec l'intention de se sauver en pays étranger.

Mais le fuyard ne savait pas se tenir à cheval, quoique depuis son voyage à Sarcus il se crût toujours un des meilleurs écuyers de France. Serrant toujours la bride à son coursier, de peur qu'il ne prît le mors aux dents, il avait mis une heure à faire un trajet d'un demi-quart de lieue, et il commençait à craindre de ne pas s'éloigner assez vite en voyageant de la sorte lorsque Urbain le rencontra dans le petit sentier d'où le cheval ne voulait pas sortir.

Urbain, enchanté de retrouver l'homme qui lui a promis de lui dire le nom du ravisseur de Blanche, pousse un cri de joie en courant vers Chaudoreille. Ce cri subit et l'approche si brusque du jeune homme offraient le cheval, qui, d'un saut de mouton, envoie son cavalier à six pas de là sur une épaisse charmille.

— Jé suis disloqué! crie Chaudoreille en tombant; Urbain court le relever en lui faisant ses excuses, mais le cavalier en est quitte pour la peur, et, tout en se tâtant, examine à son tour Urbain, qui se tue de lui dire :

— Je suis l'amant de Blanche, ce jeune homme que vous avez rencontré la nuit... auquel vous aviez donné un rendez-vous à la porte Montmartre... — C'est, ma foi, vrai !... jé vous réconnais à présent. Mais pourquoi diantré accourir en criant si fort !... voilà la prémière fois qué jé perds les arçons. — Ah! monsieur, daignez tenir votre promesse ; faites-moi connaître le ravisseur de Blanche, je puis maintenant vous récompenser au delà de vos souhaits !... — Chut !... dit Chaudoreille en entraînant Urbain contre la charmille qui leur dérobe la vue du château. Imprudent jeune homme !... né parlez pas si haut!... — Pourquoi donc? — Silence! vous dis-je... Quoi! vous êtes ici, à Sarcus, et vous né connaissez pas lé ravisseur dé votre belle? — Non, sans doute, je viens d'implorer la protection du marquis de Villebelle, et grâce à lui, j'espère... — Oh! pour lé coup c'est trop fort!... jeune homme... vous m'intéressez... Jé vais m'exposer encore pour vous... mais vous m'avez promis uné brillante récompense... — Tenez, prenez cet or... ces billets, et parlez enfin! — Lé ravisseur dé votre amante n'est autré qué lé marquis dé Villebelle... — Le marquis! — Eh oui! sandis! et votre pétite est mainténant au château dé Sarcus...

— Non, cela n'est pas possible! vous me trompez!... le marquis vient de me combler de bienfaits...

— Pour mieux vous ôter tout soupçon. Ah! caddis! qué vous êtes encoré jeuné! jé vous dis qué votré Blanche est au château... et qué lé barbier...

— Est devant toi! dit une voix terrible qui partait de derrière le buisson, et au même instant le feuillage est écarté, et Touquet se montre aux regards d'Urbain étonné, tandis que Chaudoreille, perdant les jambes à cette brusque apparition, tombe de nouveau sur la charmille en murmurant :

— C'est lé diable!

— Ce misérable ne vous a pas tout dit, seigneur Urbain! s'écrie le barbier, sous le prétexte de vous servir il ne vous a fait que des demi-confidences, je veux, moi, que vous connaissiez toutes les obligations que vous lui avez. Vous alliez épouser Blanche, rien ne s'opposait à votre hymen; mais Blanche n'avait jamais entendu parler de cette jeune fille, que j'avais eu soin de dérober à sa vue, prévoyant d'avance à quels excès il se porterait; mais Chaudoreille, au mépris de ses promesses, a fait au marquis le portrait le plus séduisant de votre amante, lui a appris votre prochain mariage; enfin c'est à lui que vous devez l'enlèvement de Blanche, et la perte de votre bonheur. Réponds, drôle! est-ce la vérité?...

— Jé né puis lé nier !... répond le chevalier à demi mort de peur, cependant... la circonstance...

— Misérable! s'écrie Urbain transporté de fureur, tu es la cause de toutes mes souffrances!... défends-toi !... C'est par ta mort que je veux commencer ma vengeance!

En voyage Urbain portait une épée; il tire son arme du fourreau, et s'avance sur Chaudoreille. Mais ces mots : par ta mort, et la vue de l'épée nue ont rendu les jambes au petit homme. Déjà il a sauté par-dessus la charmille, abandonnant son manteau, qui gênait sa fuite, et il court de toutes ses forces, poursuivi par Urbain, qui le menace toujours de son épée, tandis que le barbier, montant sur le cheval de Chaudoreille, retourne au grand galop au château.

Le chevalier, qui croit sentir la pointe de l'épée d'Urbain lui piquer le dos, redouble de vitesse; mais Urbain, animé par le désir de la vengeance, est bien près de l'atteindre; il n'est vive qu'à vingt pas de lui, lorsqu'ils entrent dans le village. Cet homme qui fuit, poursuivi par un autre qui à l'épée à la main, attire tous les regards.

— Garé! garé! crie Chaudoreille à la foule, tandis que Urbain crie :

— Arrêtez ce misérable! et que l'aubergiste, qui est sur sa porte, dit :

— Eh! mais, c'est monsieur Malech-Al-Chiras, le maître de castagnettes!... qu'est-ce qu'il a donc fait de son cheval arabe?

Le fuyard entre dans la première maison dont il trouve la porte ouverte; c'était celle d'une vieille douairière. Chaudoreille a monté l'escalier. Arrivé au premier, il aperçoit une clef à une porte, il entre précipitamment, en ayant soin de retirer la clef et de mettre le verrou; au même instant une voix lui crie :

— Monsieur! que faites-vous donc? on n'entre pas !... je ne suis pas visible !...

C'était la douairière qui changeait de chemise au moment où le chevalier se jetait dans sa chambre comme un désespéré.

Chaudoreille ne répond rien, il ne voit et n'entend que les pas d'Urbain.

— Monsieur! je fais ma toilette !... — Faites cé qué vous voudrez! dit-il enfin, jé né m'en inquiète guère. — Sortez d'ici, monsieur. — Moi sortir! sandis! jé m'en gardérai bien!... Vous voulez donc ma mort? Jé suis poursuivi par un homme qui veut absolument se battre

avec moi !... — Eh bien! battez-vous... Est-ce que vous ne pouvez pas vous défendre? — Jé né mé défends qué lorsque jé né suis pas attaqué. — A quoi donc vous sert votre épée, monsieur ? — Céla né vous régardé pas... Ah! caddis! jé l'entends.

En effet, Urbain a découvert la retraite de Chaudoreille; il frappe à la porte, en lui ordonnant d'ouvrir.

— Répondez qu'il n'y a personne, dit Chaudoreille à la douairière, vous sauvérez la vie au plus aimable homme dé l'Europe.

La vieille fille répond au contraire :

— Il est là, mais il m'a enfermée, et il a pris la clef!... — Eh bien! on va enfoncer la porte, dit Urbain, si ce misérable refuse d'ouvrir.

Chaudoreille cherche des yeux une cachette, mais la douairière le trahirait; enfin ses regards se portent sur la cheminée, et, ne voyant pas d'autre issue pour s'échapper, il y court et grimpe dedans avec l'agilité d'un écureuil. Dans ce moment on avait forcé la porte; Urbain entre suivi des gens du village. On ne voit plus Chaudoreille, mais la douairière indique par où il a fui; on redescend dans la cour et on aperçoit le chevalier sur le toit, se faufilant le long d'une gouttière, et tâchant de gagner la maison voisine. La route est périlleuse, mais la crainte de se battre semble avoir aveuglé Chaudoreille sur les autres périls. Déjà son pied touche le toit voisin, et il se sert de Rolande pour sonder le terrain, et va atteindre une maison par laquelle il font croire qu'il est poursuivi; il tourne la tête pour s'assurer si Urbain n'est pas derrière lui... Ce mouvement lui fait perdre l'équilibre, il glisse... disparaît... On court au lieu de sa chute. Le descendant de Dalila était tombé sur des choux, mais, n'ayant pas lâché Rolande, la longue épée lui avait traversé le milieu du corps... Ainsi finit le prudent Chaudoreille en voulant éviter le combat.

CHAPITRE XXXI.

Récit de Julia. — Cé que contenait le portefeuille.

Le barbier, en quittant Urbain, a mis son cheval au galop, afin d'apprendre sur-le-champ au marquis ce qui vient de se passer. Il arrive au château et se hâte de se rendre près de Villebelle, auquel il fait part de la rencontre d'Urbain avec Chaudoreille.

— Ainsi ce jeune homme sait que je l'ai trompé, que je suis le ravisseur de Blanche, dit le marquis, combien je dois paraître vil à ses yeux!... — Que vous importe l'opinion de cet enfant, monsieur le marquis? Le plus important est de l'empêcher de parvenir jusqu'à Blanche, et ce sera difficile. Maintenant qu'il est certain qu'elle est dans ce château, il emploiera mille ruses pour s'y introduire... L'amour la rendra capable de tout... — Non!... un enfant ne m'enlèvera pas cette femme que j'adore... — S'il vient, comme j'en suis certain, vous demander raison... à coup sûr vous ne refuserez pas le combat. Au fait, ce sera le meilleur moyen de vous débarrasser de lui. Avec votre sang-froid et votre force sa colère aveugle, vous devez triompher aisément d'un homme que la fureur aveuglera... — Malheureux !... tu veux que je me baigne dans le sang de cet enfant !... Non, je suis déjà assez coupable... Mais qui m'empêche de quitter Sarcus, d'emmener Blanche dans un pays où Urbain ne pourra la découvrir?... Oui, c'est bien même, nous partirons, nous irons sur-le-champ à l'étranger. Va sur-le-champ trouver Germain. Que les préparatifs de ce départ se fassent dans le plus grand secret. Blanche ne sera avertie qu'au moment de s'éloigner. A minuit nous quitterons le château. Par ce moyen j'espère enfin faire perdre pour jamais à Urbain les traces de Blanche. — En effet, monseigneur, cette idée est fort bonne... Mais Julia... — Ce n'est plus d'elle qu'il s'agit maintenant... D'ailleurs ce départ me débarrassera aussi de ses importunités. Va, cours, ordonne tout pour cette nuit.

Touquet s'empresse de faire exécuter les intentions du marquis. Il est déjà tard, et il ne reste que peu de temps à Villebelle pour faire ses préparatifs d'un voyage qu'il présume devoir être de longue durée. Plus il y réfléchit, plus il s'applaudit de son projet; il pense que Blanche trouvera en parcourant les pays étrangers des distractions qui lui feront oublier les personnes qu'elle laissera en France. Enfin il se flatte de voir bientôt tous ses désirs comblés.

Onze heures viennent de sonner; la nuit est belle, tout est disposé pour le départ. Des chevaux frais et ardents sont attelés à une chaise de voyage. Le marquis est encore dans son appartement, occupé à terminer quelques lettres pour ses intendants et ses amis intimes de Paris. Près de lui est le barbier, auquel il donne ses dernières instructions, le chargeant, dès qu'il aura revu Urbain, d'engager ce jeune homme à oublier une femme qu'il ne possédera jamais; et à jouir d'une fortune brillante que l'on met à sa disposition.

Le barbier écoute tranquillement le marquis, ses yeux attachés sur l'or et les lettres de change tirées sur le secrétaire à côté d'une paire de pistolets de voyage. Encore quelques minutes, et Villebelle va faire dire à Marie d'aller appeler Blanche, lorsque la porte de l'appartement s'ouvre doucement. Le marquis, surpris que l'on ose s'introduire si tard près de lui, lève les yeux et reconnaît Julia, enveloppée de son manteau noir, qui vient d'entrer dans son appartement.

— Encore cette femme ! s'écrie Villebelle tandis que Touquet se retourne et demeure frappé d'étonnement en apercevant l'Italienne.

Calmez-vous, seigneur, dit Julia en refermant la porte de l'appartement, cette visite sera la dernière que je vous ferai. — Comment

— Le marquis est en Angleterre, répond le suisse en regardant Chaudoreille
du haut de sa grandeur.

êtes-vous parvenue jusqu'ici ?... Que voulez-vous ?... Parlez... Hâtez-vous de répondre... ou craignez que je ne fasse enfin punir votre étrange conduite. — Je ne crains rien , seigneur. Peu importe comment je suis parvenue jusqu'ici ; je vous y trouve avec votre confident, c'est ce que je voulais. Daignez m'écouter avec attention. Ce que je vais vous dire changera , j'en suis certaine , toutes vos résolutions, et votre départ n'aura pas lieu.

Le ton singulier de Julia, son apparition inattendue à une heure si avancée inspirent à Villebelle une curiosité mêlée d'une secrète terreur.

Il fait signe à la jeune Italienne de parler. Celle-ci s'assied entre le marquis et le barbier , qui attendent avec impatience qu'elle s'explique ; et, après les avoir regardés quelque temps avec une expression singulière , elle commence enfin son récit.

— Il faut, avant tout, monsieur le marquis, que vous sachiez que je suis la fille d'un nommé *César Perditor*, qui passa pour sorcier aux yeux des esprits vulgaires, et dont la réputation devint telle , qu'il lui fallut enfin quitter Paris pour se soustraire à la mort, ou tout au moins à une prison perpétuelle dans les cachots de la Bastille.

— César !... je me souviens d'avoir parler de ce sorcier fameux , dit le marquis. Ne tenait-il pas ses conférences dans une carrière auprès de Gentilly ?...

— Oui , seigneur ; et ce fut là que se rendit, pour le consulter, un vieillard dont vous veniez d'enlever la fille... et que vous aviez blessé de votre épée... l'infortuné Delmar. — Le père d'Estrelle ?... — Précisément, monseigneur. Le vieux Delmar conta ses peines à mon père, le suppliant de lui donner les moyens de se venger de vous ; mais, malgré toute sa science, César eût difficilement satisfait le vieillard , si , en recevant les confidences d'une grande partie des seigneurs et des dames à la mode, il n'eût appris où était située votre petite maison et en quel endroit vous aviez conduit la jeune Estrelle. Il le dit au vieillard, et celui-ci parvint à arracher sa fille de vos mains... — Quoi ! ce fut son père qui l'enleva de l'asile où je la retenais ? dit le

marquis avec surprise et paraissant à chaque instant prendre plus d'intérêt au récit de Julia. Et que devint-elle ?...

— Un moment, seigneur... vous l'apprendrez en me laissant continuer. Le vieux Delmar avait retrouvé sa fille; mais vous l'aviez déshonorée, et cette aventure avait fait trop de bruit pour qu'il pût rester dans la ville que vous habitiez. Il possédait quelque fortune; il vendit tout, réalisa son bien, récompensa mon père pour le service qu'il lui avait rendu, et emmena Estrelle au fond de la Lorraine. Ce fut là qu'elle donna le jour à l'enfant qu'elle portait dans son sein.

— Grand Dieu !... elle était mère !... Il se pourrait !... Estrelle m'aurait rendu père !... Ah ! Julia , de grâce... achevez !...

Julia semble jouir quelques instants de l'anxiété du marquis, puis reprend enfin son récit :

— Ce fut à cette époque que mon père fut obligé de se sauver de Paris pour ne point être arrêté, et l'on fit courir le bruit qu'il avait péri dans un cachot de la Bastille ; mais il avait amassé de quoi subsister , et , las du métier dangereux qu'il avait fait, il ne songea plus qu'à vivre en repos. J'étais alors en Italie, lieu de ma naissance. Mon père alla m'y chercher et me ramena en France, dont le climat lui plaisait.

— Ne pouvant revenir à Paris, où il aurait été reconnu, mon père s'arrêta dans les environs de Nancy. Là , il revit le vieux Delmar et sa triste fille élevant avec mystère un enfant dont elle n'osait qu'en rougissant se nommer la mère. Là , il fit connaissance avec un pauvre cultivateur réduit à la misère par l'inconduite de son fils; misérable qui, après avoir commis une bassesse dans le pays où il était né, avait fui en emportant à ses parents tout ce qu'ils possédaient, les laissant dans la dernière misère...

— L'histoire de cet homme ne peut avoir de rapport avec l'enfant d'Estrelle, dit le marquis avec impatience. — Par pitié, Julia, achevez de m'instruire...

— Pardonnez-moi, monsieur le marquis, ceci est plus important que vous ne pensez... Cela intéresse beaucoup votre digne confident... Il a déjà reconnu son père dans le pauvre cultivateur dont je viens de vous parler...,

Le vieux concierge de Sarcus.

Le barbier, qui avait prêté beaucoup d'attention aux dernières paroles de Julia, s'écrie aussitôt :

— Quoi !... c'était mon père !... Je fus coupable envers lui, je l'avoue. L'amour de l'or me fit commettre bien des fautes... mais j'ai toujours eu l'intention de réparer mes torts.... et, s'il en est temps encore...

— Non, il est trop tard ! dit Julia en jetant sur le barbier un regard terrible.

— Serait-il mort ?...

Julia garde le silence. Le marquis se lève brusquement en s'écriant :

— Eh bien ! femme cruelle ! avez-vous assez joui de mes tourments ? Quand donc les ferez-vous cesser?...

— Vous êtes bien impatients tous deux ! dit la jeune Italienne en laissant errer sur ses lèvres un sourire amer; mais je n'ai plus que peu de choses à vous apprendre. Le vieux Touquet demanda à mon père s'il avait, dans ses voyages, entendu parler de son fils... Mon père ne put lui en apprendre rien de satisfaisant. Bientôt nous allâmes nous établir dans un village près d'Amiens; ce fut là que je vécus jusqu'à l'âge de quinze ans. Alors mon père mourut; et moi je vins à Paris, où j'entrai dans un magasin comme simple ouvrière. Mon père ne m'avait laissé pour tout héritage qu'un manuscrit sur lequel il s'était amusé à écrire les aventures les plus curieuses de sa vie et les histoires secrètes des personnes qui l'avaient consulté. Voilà, monsieur le marquis, comment j'appris l'enlèvement de la pauvre Estrelle; et c'est aussi en parcourant les notes de mon père que je vis de quelle manière le barbier Touquet avait agi avec ses parents.

— Est-ce là tout ce que vous savez? dit le marquis, n'avez-vous rien appris de plus sur Estrelle et son enfant?

La vue de Blanche à ses pieds, ses larmes, son désespoir rendent le marquis à la raison, il s'enfuit...

— Il y a peu de temps encore je n'en savais pas davantage, seigneur; mais le hasard m'a mise au fait de tout ce que vous désirez savoir, et j'en dois rendre grâce à la visite que j'ai rendue au barbier... car c'est chez lui que j'ai eu la clef de ce mystère.

— Chez moi ! dit Touquet en regardant Julia avec surprise. — Oui, chez toi... dans le cabinet caché au fond de l'alcôve de la chambre de Marguerite...

Le barbier devient pâle et tremblant et balbutie :

— Vous avez été dans ce cabinet !... Mais il n'y avait rien... Non... j'en suis bien certain... — Tu te trompes; car, en dérangeant, par hasard, un coffre, placé à terre, j'ai trouvé ce portefeuille, qui, probablement, avait été caché là par la personne que tu as logée, laquelle, ne sachant où déposer des papiers si importants, avait jugé convenable de les placer dans cet endroit secret pendant le temps qu'elle habiterait ta maison.

Le barbier regarde avec terreur le portefeuille que Julia a tiré de dessous son manteau, tandis que le marquis s'écrie :

— Ces papiers viendraient-ils du père de Blanche?...

— Ils viennent, en effet, de la personne qui amena cette jeune fille chez le barbier. Seigneur, lisez d'abord celui-ci.

Julia donne un papier à Villebelle, qui pousse un cri de surprise en lisant :

« ... Acte de naissance de Blanche, fille d'Estrelle Delmar. »

— O mon Dieu ! dit le marquis respirant à peine, se pourrait-il?...

— Tenez, seigneur, connaissez-vous l'écriture d'Estrelle?...

— Oui... la voilà !... je la reconnais...

Comment le prudent Chaudoreille se tua pour ne point se battre.

— Lisez ce billet...

Le marquis prend la lettre, et lit avidement :

Mort du barbier.

« Je sens que je vais mourir, mais, du moins, mon père m'a pardonnée. Il m'avait défendu de faire connaître l'existence de Blanche à son père, et tant qu'il a vécu j'ai respecté ses ordres; mais il n'est plus, et moi-même je vais le suivre au tombeau. Villebelle! Blanche est votre fille, le fruit de nos amours. Adieu! Aimez-la plus que vous n'avez aimé sa mère. Je vous pardonne.

» ESTRELLE DELMAR. »

— O Blanche! ô ma fille!... s'écrie le marquis s'abandonnant tour à tour à sa joie et à ses remords, je suis ton père, et j'ai fait ton malheur!...

— Achevez cette lettre, seigneur, dit Julia, il y a encore quelque chose, et cela concerne votre confident.

Le marquis voit quelques lignes ajoutées par la main d'Estrelle, et lit :

« Je n'ai plus de parents; ma fille vous sera présentée par un digne ami, en qui j'ai toute confiance, et qui se rend à Paris sous un nom supposé pour tâcher d'y avoir quelques renseignements sur un fils qui l'a déshonoré. Je lui confie la fortune que je laisse à Blanche, ma fille n'a besoin que de l'amitié de son père; mais, s'il la repousse, le vieux Touquet saura lui en tenir lieu. »

— Touquet!... s'écrie le marquis en regardant le barbier. Celui-ci semble frappé par la foudre : il regarde la lettre, une sueur froide découle de son front : il ne peut prononcer une parole.

— Oui, dit Julia, oui, malheureux! c'est ton père qui vint chez toi avec Blanche, qu'il conduisait au marquis; il avait pris le nom de Moranval, sans doute pour être plus à même d'avoir à Paris des nouvelles de son fils..... Peut-être même savait-il, en logeant chez toi, chez qui il se trouvait..... Réponds, misérable, comment as-tu traité ce voyageur!

— Ne m'interrogez pas!... dit le barbier en marchant avec égarement dans l'appartement :

— Je suis un monstre!... pour avoir son or... j'ai osé... Ah! fuyez-moi! j'ai assassiné mon père!...

— Et depuis dix ans tu m'as privé de ma fille! s'écrie le marquis en s'éloignant avec horreur de Touquet; tu allais me rendre le plus coupable des hommes... tes horribles conseils me poussaient au crime... Tiens, misérable, reçois le prix de tous tes forfaits.

Le marquis saisit un des pistolets placés sur le secrétaire, le dirige sur Touquet : le coup part... et Julia regarde froidement le barbier tomber à ses pieds.

— Cette mort est encore trop douce pour toi!... dit le marquis; mais, grâce au ciel, je n'ai point commis le dernier des attentats. O ma chère Blanche, tu es ma fille! Voilà donc la cause du sentiment secret qui me parlait pour toi!... Ah! c'est en faisant ton bonheur que je te ferai oublier mon indigne amour... Désormais ce n'est plus qu'un père qui te pressera dans ses bras.

Le marquis éperdu sort de son appartement, suivi par Julia; il ne marche pas, il vole vers la tourelle où habite Blanche. En approchant, sa voix fait retentir les échos, il appelle Blanche à grands cris.

On arrive devant la porte de l'appartement, mais elle est fermée en dedans; le marquis n'a pas pris ses clefs, il frappe à coups redoublés en appelant Blanche et la suppliant d'ouvrir. On ne répond pas! mais

bientôt un bruit assez fort retentit jusqu'aux oreilles du marquis, et semble causé par la chute d'un objet dans les eaux du lac.

Villebelle éprouve un sentiment qu'il ne peut définir; il court, appelle Germain, se fait donner les clefs, et pénètre enfin dans l'appartement de Blanche; il est vide, et tout semble annoncer que la jeune fille ne s'est point couchée; mais une des fenêtres donnant sur le lac est ouverte. Poussé par un secret pressentiment, le marquis court au balcon; ses yeux se portent sur le lac, il appelle de nouveau :

— Blanche! ma fille!... on ne répond pas, mais un objet se montre par intervalles sur la surface des eaux et semble s'agiter encore.

— C'est elle! s'écrie Villebelle, et aussitôt il se précipite dans le lac.

C'était en effet l'infortunée Blanche qui, depuis la scène de la nuit précédente, redoutant à chaque moment une nouvelle entreprise du marquis, n'avait pas goûté un instant de repos. Elle ne s'était pas mise au lit, craignant d'être surprise par le sommeil, et veillait en tremblant, croyant, au moindre bruit, que son ravisseur allait de nouveau s'introduire près d'elle. Blanche était décidée à mourir plutôt que de cesser d'être digne d'Urbain. En entendant des pas précipités qui s'approchaient de son appartement, en reconnaissant la voix de Villebelle qui l'appelait à grands cris, la terreur la plus violente s'était emparée d'elle, et, ne doutant pas qu'il ne vînt pour accomplir ses infâmes projets, elle s'était précipitée dans le lac en prononçant encore le nom d'Urbain.

Le marquis nage vers l'objet qu'il a aperçu sur les eaux; mais une autre personne qui était dans le parc s'est aussi jetée dans le lac. C'est Urbain, qui, certain que son amante est dans le château, a profité de la nuit pour s'introduire dans les jardins.

Le jeune bachelier a entendu la voix chérie de Blanche, qui prononçait son nom; puis un bruit subit qui a fait courber ses regards vers le lac, et il a volé au secours de l'infortunée, avec laquelle il parvient enfin à gagner le rivage, où bientôt il est rejoint par le marquis, Julia et les gens du château attirés par les cris de leur maître.

Blanche est étendue sur le gazon, Urbain à genoux près d'elle l'appelle à grands cris, lorsque le marquis accourt livré au plus violent désespoir, et se précipite sur la terre en suppliant le ciel de lui rendre sa fille.

— Sa fille! s'écrient tous ceux qui l'entourent.

— Oui, dit Villebelle en portant sur les traits décolorés de Blanche des regards désespérés. — Oui, c'est ma fille!... C'est mon enfant, dont j'ai fait le malheur... dont j'ai causé la mort... Ah! j'aurais donné toute ma fortune pour embrasser la fille d'Estrelle, pour l'entendre me nommer son père... et mes passions... mes vices... je me suis privé du plus grand des biens!... O ma chère Blanche, reviens à la vie... Qu'avant de mourir ta bouche me dise au moins que tu m'as pardonné... Mais, non... je n'aurai pas même cette dernière consolation; elle mourra sans m'avoir nommé son père!...

Le marquis se jette sur le corps de sa fille, qu'Urbain arrose de ses larmes; il prend les mains de Blanche, les porte contre son cœur, cherche à les réchauffer, à la ranimer encore, mais tous les secours sont sans effet... Blanche ne pouvait plus entendre ni les cris de son père ni les sanglots de son amant.

FIN DU BARBIER DE PARIS.

UNE MAISON OU L'ON A PEUR,

ESQUISSE CHAMPÊTRE EN QUATRE JOURNÉES,

PAR

CH. PAUL DE KOCK.

PERSONNAGES.

M. GROSEILLON.
MADAME GROSEILLON.
BENJAMIN GROSEILLON, leur fils.
JOSÉPHINE, domestique chez M. Groseillon.

M. POTARD.
M. CROTONET.
ROSE, jeune servante de M. Potard.
MARIE-JEANNE, paysanne.

PREMIÈRE JOURNÉE.

SCÈNE PREMIÈRE.

Une chambre d'une petite maison au bois de Romainville.

M. GROSEILLON, *regardant à une fenêtre ; madame* GROSEIL-
LON, *rangeant dans la chambre.*

M. GROSEILLON. Vue superbe !... admirable !... Vincennes en face de
nous... Bagnolet en avant; dans le fond... là-bas Montreuil-aux-Pê-
ches... Ah ! que c'est joli, la campagne ! Comment peut-on ne pas
aimer la campagne ?

MADAME GROSEILLON. C'est singulier, je ne trouve que quatre panta-
lons. Il me semble que tu m'en as donné cinq à emporter quand on a
fait les paquets.

M. GROSEILLON. Quatre... cinq... je ne sais plus au juste... Mais
laisse donc un moment tout cela... tu as le temps de ranger, puisque
nous ne sommes qu'en juin, et que nous resterons à la campagne
toute la belle saison, jusqu'au mois d'octobre, et même jusqu'en novembre si octobre est beau. Quant à moi, je suis si content d'être à
la campagne!... ah! comme on respire bien ici... comme l'air est pur!...
il n'y a pas de fuite de gaz comme à Paris.

MADAME GROSEILLON. Enfin, tu en sais le compte... et je regarderai le
livre de la blanchisseuse.

M. GROSEILLON. Mon Dieu! ma femme, que tu es peu champêtre !...
Tu ne veux donc pas venir admirer les bois, les prairies ?... Est-ce
que tu n'es pas contente que j'aie acheté cette petite maison au bois
de Romainville ?

MADAME GROSEILLON. Si fait; tu sais bien que j'aime la campagne autant que toi... Je vivrais dans un désert pourvu que j'y aie des poules,
des lapins, des pigeons... Oh! j'aime les bêtes!

M. GROSEILLON. Plus tard, je tâcherai de te donner une basse-cour.
Mais cette maison est gentille : devant nous, la route ; derrière, le
bois qui n'est pas grand, mais qui est fort gai... et j'aime les bois gais,
moi, cela inspire... cela fait rêver aux amours... Nous irons souvent
promener dans le bois... Cette maison ne m'a coûté que huit mille
francs, je ne la donnerais pas pour dix.

MADAME GROSEILLON. Pourvu que j'engraisse ici ! ah ! j'ai bien besoin
d'engraisser... J'ai beau prendre du racahout!... je sens toutes mes
côtes ! moi qui étais si ronde autrefois...

M. GROSEILLON. Tu engraisseras; notre fils Benjamin engraissera;
nous engraisserons tous... Ce pays me plaît, parce que c'est vraiment
la campagne... Il ne faut pas ici de toilette comme à Passy, à Sceaux...
On peut se promener en casquette, en pantoufles ; on n'y rencontre
guère dans la semaine que des paysans... et j'aime les paysans... ce
sont de braves gens, des hommes de la nature... Vive la nature...
vive la verdure... Vive le laitage !... et j'aime le laitage, comme il doit
être bon ici : Romainville est un pays de laitières.

MARIE-JEANNE, *passant sur la route avec son âne et criant à la porte
de la maison.* Voulez-vous queuque chose?

M. GROSEILLON. Tiens, ma femme, voilà à la porte une paysanne
avec son âne qui vient t'offrir des provisions... c'est très-commode; il
paraît qu'on n'a pas besoin de se déranger ici... Joséphine, allez donc
voir à la porte ce que vend cette paysanne.

JOSÉPHINE, *en dehors.* Monsieur, elle n'a plus que des œufs...

M. GROSEILLON. As-tu besoin d'œufs, ma femme ?...

MADAME GROSEILLON. Eh non !... mais demain qu'elle apporte des légumes...

JOSÉPHINE, *arrivant.* Elle dit qu'elle passe tous les jours devant la
porte.

M. GROSEILLON. C'est agréable; vivent les champs !... on a tout sous
la main.

SCÈNE II.

LES PRÉCÉDENTS, BENJAMIN.

BENJAMIN, *accourant.* Papa !... papa... je viens de compter nos abricots : nous en avons trente-huit... il y a un arbre qui en a dix-sept à
lui seul.

M. GROSEILLON. C'est déjà gentil, trente-huit abricots ! c'est un commencement. Le jardin n'est pas grand, mais je veux qu'il soit en plein
rapport !

BENJAMIN. Il y a aussi beaucoup de cerises, et sept ou huit poires...

M. GROSEILLON. C'est un grand plaisir quand on peut mettre sur sa
table des fruits de son jardin... On dit : c'est de mon jardin... j'ai
cultivé cela... Oh ! la campagne !..., source de jouissances pures... de
délassements sains et agréables !

MADAME GROSEILLON. Mon ami, si tu veux que tout pousse bien, il
faudra avoir grand soin d'arroser le jardin, car le terrain est sablonneux
et sec par ici.

M. GROSEILLON. Oh ! j'arroserai... Joséphine arrosera... nous avons
un puits; c'est très-commode. Allons donc faire un tour dans le bois,
avant la nuit... tu rangeras demain, ma femme; allons jouir de notre
voisinage... viens avec nous, Benjamin... Oh! comme tu vas t'en
donner ici !...

BENJAMIN. Puis-je prendre mon cerceau, papa?

M. GROSEILLON. Prends tout ce que tu voudras, mon ami : nous ne
sommes plus dans les rues de Paris ; ici, nous sommes libres... libres
comme l'air ! Oh! comme nous allons nous amuser! Joséphine, arrosez
un peu... le jardin est sec... les œillets ont soif. (*Ils sortent.*)

SCÈNE III.

JOSÉPHINE, *seule.*

S'il faut que je tire de l'eau au puits et que j'arrose, ça sera amusant !... Cette maison, qui leur semble si gentille, je n'y ai encore
trouvé que des araignées et des cloportes !... ça m'a l'air bien triste!...
Avec qui donc causer?... la maison à gauche est inhabitée... à droite
j'ai vu une vieille dame... un vieux monsieur; si ce sont là tous nos
voisins, je vas me périr d'ennui... Le plus souvent que j'arroserai!...
je suis déjà éreintée... ça m'est bien égal que les œillets aient soif...
Voyons c'te rue... (*Elle se met à la fenêtre.*) Oh! que c'est monotone
de ne voir que des champs!... il ne passe pas un pauvre omnibus, pas
une citadine... Peut-on, quand on demeure à Paris sur le boulevard
du Temple, où l'on jouit d'une vue gaie et vivante, que c'est comme
une lanterne magique, peut-on être assez bête pour venir s'enterrer
ici... voir des haricots et des pommes de terre... comme si on n'en
mangeait pas assez toute l'année?... Tiens! qui donc qui vient d'entrer
dans le jardin?...

SCÈNE IV.

JOSEPHINE, ROSE.

JOSÉPHINE. Qu'est-ce que vous voulez, mamzelle?

ROSE. Pardon, mamzelle..... auriez vous un peu de braise à me prêter, s'il vous plaît?

JOSÉPHINE. Un peu de braise... et pour qui donc?

ROSE. Pour chez nous. Je suis chez madame Potard... ici à côté.

JOSÉPHINE. Ah! vous êtes la bonne de nos voisins? Vous êtes fièrement jeune.

ROSE. J'ai quatorze ans et demi.

JOSÉPHINE. Y a-t-il longtemps que vous êtes chez vos maîtres?

ROSE. Bientôt un mois... mais je ne sais pas si j'y resterai... on ne me trouve pas assez forte... il y a de très-gros savonnages, et le jardin à soigner, qui est grand... madame qui a un catarrhe, qu'il faut souvent se lever la nuit pour lui donner de la tisane, et monsieur, qu'il faut que je le frotte parce qu'il a des rhumatismes...

JOSÉPHINE. Pauvre petite? Et combien vous donne-t-on pour tout cela?

ROSE. J'ai cent francs par an; mais je dois être augmentée, si j'apprends à bien faire la cuisine.

JOSÉPHINE. Ah! queu baraque!... Vous n'avez pas de cœur si vous restez là.

ROSE. Oh! dès que je trouverai ailleurs, je compte bien m'en aller; j'voudrais seulement me former un peu au service.

JOSÉPHINE. Moi, j'ai deux cent cinquante francs... et je vais au marché. M. Groseillon est rentier... très-gourmand, mais pas méchant? madame crie quelquefois..... je la laisse crier, puis ça se passe..... Je serais assez passablement, si ce n'est cette manie de campagne qui est venue à monsieur.

ROSE. Pourriez-vous me prêter un peu de braise?

JOSÉPHINE. Je n'en ai pas.

ROSE. Ou un peu de charbon.

JOSÉPHINE. Tenez, v'là du charbon...

ROSE. Merci, mamzelle... je vous rendrai ça. (Elle sort.)

JOSÉPHINE. C'est assez gêne, quoique ça, de venir emprunter tout de suite à des voisins qu'on ne connaît pas encore... Mais voilà la nuit... est-ce que monsieur et madame se sont perdus dans le bois?... ça ne m'amuserait pas du tout de rester seule ici...

M. GROSEILLON, en dehors. Joséphine... Joséphine... ouvrez-nous.

JOSÉPHINE. Mais, monsieur, la porte n'est pas fermée.

SCÈNE V.

JOSÉPHINE, M. ET MADAME GROSEILLON, BENJAMIN.

(La famille Groseillon revient pâle et troublée; le petit garçon n'a plus son cerceau.)

MADAME GROSEILLON, se jetant sur une chaise. On ne m'y prendra plus à me promener le soir dans le bois.

JOSÉPHINE. Est-ce que vous avez été attaqués?

M. GROSEILLON. Non... rien du tout!... C'est ma femme qui a toujours peur... parce que nous avons rencontré deux hommes... mal vêtus.

MADAME GROSEILLON. Ils avaient des figures atroces.

M. GROSEILLON. Tu as cru cela..... c'est le clair de lune qui t'a trompée.

JOSÉPHINE. Ecoutez-donc, monsieur, il y a ici près, du côté de Pantin, des carrières, des fours à plâtre, et les plâtriers.. hum! ce sont des gens qui vous jetteraient dans leur four ni plus ni moins qu'un moellon.

M. GROSEILLON. Ce sont des contes... il n'y a pas de voleurs par ici... (Il se met à la fenêtre.) Quel beau temps!...

BENJAMIN. J'ai perdu mon cerceau, moi!... on n'a pas voulu que je coure après.

MADAME GROSEILLON. Oui, c'est cela... du côté de ces hommes... pour qu'ils te tuent ou t'emportent.

M. GROSEILLON. Taisez-vous donc, madame Groseillon; vous rendrez cet enfant poltron... je ne veux pas cela... venez admirer le clair de lune.

BENJAMIN, à la fenêtre. Ah papa! ce grand arbre là-bas... on dirait un géant.

M. GROSEILLON. C'est vrai... la lune produit des effets fantastiques...

MADAME GROSEILLON. Mon ami... qu'est-ce que c'est donc que cette ombre-là... en face?... ça me fait l'effet d'un homme arrêté qui regarde notre maison...

M. GROSEILLON. Ah... ah!... ça... c'est un lilas!

MADAME GROSEILLON. Un lilas! mais ça remue.

M. GROSEILLON. Parbleu! le vent peut bien agiter les branches.

MADAME GROSEILLON. Ah! c'est possible. Mais comme c'est triste le soir à la campagne... ces ombres... ces grandes masses noires.

M. GROSEILLON. Il est certain que cela n'a plus le même aspect qu'au soleil.

MADAME GROSEILLON. On n'entend aucun bruit... on ne voit plus de lumière nulle part... quelle heure est-il donc, mon ami?

M. GROSEILLON. Il doit être tard... (regardant à sa montre) neuf heures cinq minutes.

MADAME GROSEILLON. Que neuf heures!... et l'on croirait ici qu'il est minuit passé. A neuf heures, dans Paris, c'est encore si bruyant.... si animé!...

M. GROSEILLON. Veux-tu venir faire un tour de jardin?

MADAME GROSEILLON. Non... non... tous les arbres me font peur... je les prends pour des hommes, je suis fatiguée; il faut se coucher. Viens, Benjamin. Toi, mon ami; tu coucheras donc ici?

M. GROSEILLON. Oui... cette chambre me plaît. D'ailleurs, je serai à côté de toi... Si tu veux quelque chose, tu n'as qu'à m'appeler... et Joséphine est de l'autre côté, à ta droite.

BENJAMIN. Bonsoir, papa.

M. GROSEILLON. Bonsoir, mon fils... je t'achèterai un autre cerceau.

MADAME GROSEILLON. Moi, je vais m'enfermer à double tour... Joséphine, fermez bien en bas, fermez bien partout.

JOSÉPHINE. Oh! oui, madame, car je ne suis pas très-rassurée non plus... avec cela que la porte de l'escalier ferme mal...

M. GROSEILLON. Il fallait donc me dire cela ce matin, je l'aurais fait arranger.

JOSÉPHINE. C'est qu'on pourrait bien venir nous assassiner ici sans que personne s'en doutât... Ces vieux voisins sont quasi impotents... l'autre maison est à louer... nous aurions beau crier...

M. GROSEILLON. Allons, taisez-vous, Joséphine; ne dites pas de ces sottises-là... nous avons beaucoup de voisins... cette maison derrière la nôtre...

JOSÉPHINE. Les personnes n'y viennent que le samedi soir, et s'en vont le lundi.

M. GROSEILLON. Cette autre, qui fait le coin de la ruelle qui conduit au bois...

JOSÉPHINE. Ah! c'est différent, là on n'y couche jamais; on y vient dîner par hasard, puis on s'en va bien vite.

M. GROSEILLON. Ça ne fait rien, le bois est sûr... il y a beaucoup de maisonnettes habitées.

JOSÉPHINE. Oui, mais ce n'est pas ceux-là qui se dérangeraient pour venir nous secourir; ils ne nous entendraient pas, d'ailleurs...

M. GROSEILLON. Joséphine, laissez-nous tranquilles avec vos histoires... Bonsoir, ma femme... bonsoir, Ben...

BENJAMIN, poussant un cri. Ah! mon Dieu, maman!

MADAME GROSEILLON, tremblante. Qu'est-ce que c'est donc, mon ami?

M. GROSEILLON, troublé. Qu'as-tu donc, Benjamin?

BENJAMIN. Je viens de voir une grosse bête marcher là contre le lit de papa... Ah! que c'est vilain!

M. GROSEILLON. Une grosse bête contre mon lit... Voyons cela... donnez-moi la chandelle, Joséphine... Eh bien, vous reculez!

JOSÉPHINE. Ah! monsieur, c'est... si c'est une araignée... je les z'haïs.

M. GROSEILLON. Quelle faiblesse! trembler devant une araignée...

M. GROSEILLON, faisant un bond en arrière, puis courant au fond de la chambre. Ah! je viens de la voir!... Quelle horreur!... c'est un crapaud.

JOSÉPHINE. Un crapaud!

BENJAMIN, pleurant. Hi... hi... hi... je veux m'en aller.

M. GROSEILLON. Allons... qu'est-ce que tout ce bruit pour un crapaud!... Je conviens que celui-ci est un peu gros...

JOSÉPHINE. Tuez-le donc, monsieur!

M. GROSEILLON. Avec quoi voulez-vous que je le tue? Joséphine, donnez-moi les pincettes.

MADAME GROSEILLON. Elles ne sont pas là, et le crapaud va se sauver... s'il entre dans ma chambre, je vous préviens que je ne me déshabille pas... je ne me couche pas de la nuit!

JOSÉPHINE. Marchez dessus, monsieur.

M. GROSEILLON. Je n'aime pas à marcher sur ces bêtes-là.... ça me répugne... passez-moi mon fusil qui est là-bas.

BENJAMIN, pleurant. Je veux m'en aller.

MADAME GROSEILLON. Comment, est-ce que tu vas tirer sur ce crapaud?

M. GROSEILLON. Non, mon fusil n'est pas chargé d'ailleurs... mais à coup de crosse je vais te défaire de cette vilaine bête... Tiens, horrible animal... tiens... tiens... tu dois en avoir assez.

JOSÉPHINE. Il a fait couic, couic...

M. GROSEILLON. Il est bien mort. (Il le pique avec sa baïonnette, et le jette par la fenêtre.) Tu ne feras plus peur à mon petit Benjamin... Va te coucher mon ami... Pourquoi pleures-tu encore?

BENJAMIN. C'est que j'ai peur de rêver du crapaud!... bi... hi!...

M. GROSEILLON. Voilà de votre faute, madame Groseillon; vous rendez cet enfant poltron comme un lièvre; vous faussez son éducation.

MADAME GROSEILLON. Joséphine, venez avec moi faire la revue dans tous les coins de ma chambre... nous assurer qu'il n'y a point de crapaud. Bonsoir, mon ami.

M. GROSEILLON. Bonsoir, et dormez bien.

SCÈNE VI.

M. GROSEILLON, seul.

Oh! ces femmes! cela s'effraie d'un rien.... je conviens que si on trouvait un crapaud dans son lit.... on ne serait pas surpris agréablement. Cette chambre est gentille... on doit bien dormir ici... (*Il range des livres sur son bureau et chante.*) *Là, retiré dans mon château, je coule des jours sans nuages.* Je ne vois pas mon tire-bottes.... où diable l'a-t-on mis? Ah! je m'en passerai pour ce soir. (*Il ôte ses bottes.*) *Jeune fille aux yeux noirs, tu régnes sur mon âme...* Qui diable bourdonne comme ça dans ma chambre?... *Tiens, voilà des bijoux, des anneaux...* Est-ce une guêpe qui fait ce train-là?... elle sera entrée par la fenêtre. Non, je crois que c'est un hanneton.. (*Il chasse le hanneton avec son mouchoir.*) Veut-tu t'en aller?.... Ah! le voilà parti... Refermons la fenêtre, sans quoi il pourrait en revenir d'autres... A la campagne, les insectes sont nombreux. (*Il ôte sa redingote et son gilet.*) *Si tu voyais Rosette, soudain tu l'aimerais...* Où diable a-t-on mis un fichu pour ma tête? (*Il crie.*) Ma femme, je n'ai pas de fichu pour me coiffer de nuit.

MADAME GROSEILLON, *en dehors.* Je n'ai pas envie de me relever.... mets un foulard pour ce soir.

M. GROSEILLON. C'est ça... un foulard; ça les déchire... On oublie toujours ce qui est pour moi, mais pour elle, je réponds bien qu'elle a tout ce qu'il lui faut! (*Il se coiffe de nuit et chante.*) *L'hymen est un lien charmant, lorsque l'on s'aime avec ivresse...* Mais c'est qu'on ne s'aime pas longtemps avec ivresse... Enfin, que voulez-vous!... puisque tout le monde y passe à peu près! M'a-t-on mis mon flacon d'eau de Cologne, au moins?... Ah! bien oui... ce serait trop beau!... on est capable de l'avoir oublié! et pourtant j'avais assez dit : N'oubliez pas mon flacon!... Allumons ma lampe... à la campagne il est bon quelquefois d'avoir de la lumière la nuit. (*Il ôte son pantalon.*) C'est la princesse de Navarre que je vous présente en ces lieux! Dieu! que c'est tranquille, ici!.... que c'est paisible! Ai-je une chemise de nuit, au moins?... au oui; c'est bien heureux, en voici une.... (*Il change de chemise.*) *Petit blanc, ô bon maître! ô petit blanc si doux!...* Ma foi, si ma femme est maigre, moi je ne le suis pas... je suis gras comme une petite caille. (*Il se couche.*) Ah! comme le lit est humide... Ah! c'est singulier... apparemment que c'est le serein du soir, la rosée qui est entrée dans ma chambre... oh! je vais réchauffer cela bien vite... je suis un vrai tison, moi. (*On entend un chien aboyer.*) Qu'est-ce que cela?... (*Il écoute, un second chien aboie.*) Ce sont des chiens... Pourquoi donc aboient-ils comme cela?... ça fait un vilain effet la nuit d'entendre japper des chiens... Ah! ils vont se taire... (*Tous les chiens des maisons de la route aboient et semblent se répondre.*) Oh! quel tintamarre! A qui donc en ont ces maudits chiens?

MADAME GROSEILLON, *de sa chambre.* Mon ami, entends-tu?

JOSÉPHINE, *de sa chambre.* Monsieur, entendez-vous?

M. GROSEILLON. Parbleu!... à moins d'être sourd!...

MADAME GROSEILLON. Qu'est-ce que cela veut dire?

M. GROSEILLON. Ça veut dire que les chiens aboient... voilà tout.

JOSÉPHINE. Oui, monsieur; mais quand les chiens aboient la nuit, c'est qu'ils sentent des malfaiteurs... des voleurs.

M. GROSEILLON. Allons, Joséphine, ne faites pas peur à votre maîtresse. (*A lui-même.*) Le fait est que ces chiens semblent y mettre de l'acharnement...

MADAME GROSEILLON. Mon ami, ton fusil est-il chargé?

M. GROSEILLON. Non... je n'ai pas de plomb, je le chargerai demain... et le fusil de chasse aussi.

MADAME GROSEILLON. C'est bien le moins d'avoir ses armes en état... Ah! que c'est triste d'entendre des chiens aboyer la nuit dans la campagne!

JOSÉPHINE. J'aime bien mieux entendre rouler les voitures à Paris.

M. GROSEILLON. Nous nous y ferons... Dors, ma chère amie; dormons tous... Que la peste étouffe les chiens!... Malgré cela, je ferais peut-être bien d'en avoir un aussi pour nous garder.... Ah! comme ce lit est humide!...

MADAME GROSEILLON, *au bout de cinq minutes, et d'une voix étouffée par la peur.* Au secours!... mon ami... Groseillon... Groseillon... levez-vous vite...

M. GROSEILLON, *se levant et passant une robe de chambre.* Qu'est-ce qu'il y a?... Me voici...

MADAME GROSEILLON, *arrivant dans le plus grand désordre.* Mon ami... il y a... du monde dessus nous.

M. GROSEILLON. Dessus nous!... c'est le grenier.

MADAME GROSEILLON. Justement dans le grenier... oh! j'ai bien entendu.

JOSÉPHINE, *arrivant armée d'une lardoire.* Qu'est-ce que c'est, madame?

MADAME GROSEILLON. Du monde dans notre grenier.... Tenez, écoutez... Joséphine... ça vient par ici...

(*On écoute; on entend un bruit, un roulement assez fort au plafond. Joséphine se cache derrière sa maîtresse, qui se met derrière son mari, qui se tient contre la porte.*)

JOSÉPHINE. Cette fois... ce n'est pas pour rire.

M. GROSEILLON. En effet... il y a quelque chose...

MADAME GROSEILLON. Je vais aller prendre mon fils dans mes bras, et nous nous sauverons tous...

M. GROSEILLON. Cependant ce grenier est si petit...., si bas.... on ne peut s'y tenir debout... Donnez-moi mon fusil... Joséphine...

JOSÉPHINE, *ouvrant la fenêtre.* J'vas appeler au secours... à la garde... On nous entendra peut-être de queuque maison... Ah! qu'est-ce que c'est que ça!...

(*Deux chats roulent du toit sur le balcon de la fenêtre, puis se sauvent en jurant; tout le monde se regarde, Joséphine se met à rire.*)

JOSÉPHINE. Ah!... ah!... c'étaient des chats!

MADAME GROSEILLON. Des chats!

M. GROSEILLON. Eh, oui!... des chats qui probablement vont faire leur sabbat dans notre grenier... Madame Groseillon, vous êtes terrible avec votre poltronnerie... Vous vous rendrez malade!

MADAME GROSEILLON. Est-ce que l'on pouvait deviner cela!... Ah! c'est égal, je voudrais bien qu'il fît jour... Allons... puisque ce sont des chats... nous pouvons nous recoucher. Bonsoir, mon ami.

(*Tout le monde se recouche; mais les chiens continuent à aboyer, et la famille Groseillon ne s'endort qu'au petit jour*).

DEUXIÈME JOURNÉE.

On est dans le jardin donnant sur la route.

SCÈNE PREMIÈRE.

M. GROSEILLON, MADAME GROSEILLON, JOSÉPHINE.

MADAME GROSEILLON, *passant sa tête à la fenêtre.* Joséphine, ayez soin que nous ayons de bon café.

JOSÉPHINE. Oui, madame... Où vais-je trouver du lait par ici?

M. GROSEILLON, *qui descend.* Eh! mon Dieu! partout. Du lait à la campagne, c'est comme du vin à Paris... Dans le bois, j'ai vu deux maisonnettes où il y a des vaches. (*Joséphine sort.*) C'est charmant le matin à la campagne... c'est bien plus gai que le soir.

SCÈNE II.

M. GROSEILLON, ROSE, *entrant dans le jardin.*

ROSE. Monsieur, voudriez-vous,·s'il vous plaît, nous prêter une poignée de persil?

M. GROSEILLON. Du persil, très-volontiers, mademoiselle... cueillez-en ce qui vous fera plaisir... C'est pour chez M. Potard?

ROSE. Oui, monsieur... c'est que monsieur veut des œufs en persillade pour son déjeuner.

M. GROSEILLON. Oui, il me faut le matin mon café; sans cela je suis lourd toute la journée.

ROSE. Merci, monsieur... j'ai pris ce qu'il me fallait. (*Elle sort.*)

M. GROSEILLON. Comment diable des gens qui ont un jardin quatre fois grand comme le nôtre n'y sèment-ils pas du persil?... ce sont de ces choses dont on a toujours besoin.

JOSÉPHINE, *revenant.* Pas de lait.

M. GROSEILLON. Qu'est-ce que tu dis!... pas de lait?...

JOSÉPHINE. Non, monsieur; les deux femmes qui en tiennent dans le bois le vendent à ceux qui y demeurent... et, comme elles n'ont chacune qu'une vache, le lait est bien vite placé, et il ne leur en reste pas du tout.

M. GROSEILLON. Voilà qui est fort désagréable; il nous faut du lait, pourtant. Va jusqu'au village de Romainville, Joséphine... c'est au bout de la route... c'est où demeurent toutes les laitières; le lait ne doit pas y manquer... Dépêche-toi, en un quart d'heure tu peux y être.

JOSÉPHINE, *en s'en allant.* C'est amusant de faire un quart de lieue pour avoir du lait!

BENJAMIN, *accourant.* Bonjour, papa; as-tu bien dormi?...

M. GROSEILLON. Bien dormi... à peu près.

BENJAMIN. Moi, j'ai rêvé du crapaud... il me pinçait le nez.

M. GROSEILLON. Ça signe que tu mangeras beaucoup de gâteaux.

MADAME GROSEILLON, *arrivant.* Mon ami, notre café est-il prêt?...

M. GROSEILLON. Pas encore; Joséphine n'a pas trouvé de lait dans le bois, mais elle est allée au village.

MADAME GROSEILLON. Ah! quel ennui d'attendre après son déjeuner!... Je me meurs de faim, moi; je ne sais pas où l'on trouve ce qu'il faut ici... Nous avons fini le pâté que nous avions apporté... Il n'y a plus que de la salade.

M. GROSEILLON. Il doit y avoir des bouchers... des fruitiers... il ne manque pas de traiteurs, au reste...

MADAME GROSEILLON. Des traiteurs de campagne!... ça fait de jolie cuisine!...

BENJAMIN. Je veux mon lait... j'ai faim, moi...

M. GROSEILLON. Dans deux minutes, mon fils!... Si tu pleures, tu n'auras pas de sucre dedans. Ah! voilà Joséphine.

SCÈNE III.

JOSÉPHINE, LES MÊMES.

JOSÉPHINE, *arrivant tout en nage.* C'est joliment loin encore... et aller pour rien!...

M. GROSEILLON. Comment, pour rien! tu n'as pas trouvé de lait à Romainville?

JOSÉPHINE. Non, monsieur; toutes les laitières le portent à Paris le matin, et il n'en reste pas une goutte dans le village.

M. GROSEILLON. Il fallait t'en faire traire... il ne manque pas de vaches là...

JOSÉPHINE. Oh! oui, les paysannes m'ont bien reçue quand je leur ai dit de me traire une vache! elles m'ont répondu : — On trait à cinq heures du soir, nous n'allons pas changer nos heures et faire du mal à nos vaches pour vous faire plaisir.

MADAME GROSEILLON. Jolie campagne!... pas de lait...

M. GROSEILLON. Sans doute, c'est fort désagréable... mais désormais cela n'arrivera plus; on le prendra toujours la veille à cinq heures... Certainement, je suis aussi contrarié que toi de ne pas prendre mon café... Il faut déjeuner pourtant...

MADAME GROSEILLON. Nous n'avons rien... que de la salade du jardin... de la romaine... de la laitue... et je n'en veux pas... le matin ça me fait mal à l'estomac...

MARIE-JEANNE, *s'arrêtant à la porte avec son âne.* Voulez-vous queuque chose?...

M. GROSEILLON. Ah! nous sommes sauvés, voilà la paysanne d'hier... prenez des œufs... des fraises... des légumes... des provisions, enfin...

JOSÉPHINE, *après avoir vu Marie-Jeanne.* Elle n'a plus que de la salade et des oignons.

M. GROSEILLON, *se jetant sur un banc avec colère.* Que le diable emporte la paysanne et son âne!... Joséphine... courez chez les traiteurs les plus voisins, faites apporter tout ce que vous trouverez.

JOSÉPHINE, *à part, en sortant.* Le plus souvent qu'on restera ici jusqu'au mois d'octobre!

MADAME GROSEILLON. Tiens, Benjamin, mange du chocolat avec du pain en attendant que Joséphine revienne.

SCÈNE IV.

LA FAMILLE GROSEILLON, M. POTARD, M. CROTONET.

M. CROTONET, *s'arrêtant à la porte du jardin.* Il est gentil, ce jardin, bien soigné...

M. POTARD. Ah! fi donc... il n'y a que des soleils... c'est mal coupé... mal dessiné...

M. GROSEILLON. Messieurs, donnez-vous la peine d'entrer...

M. POTARD. Nous admirions votre jardin...

M. GROSEILLON. Oh! je n'ai pas encore eu le temps de m'en occuper, nous sommes arrivés hier; mais j'en avais donné le dessin à un jardinier... Monsieur est mon voisin?

M. POTARD. Oui, monsieur... dont je suis bien désolé...

M. GROSEILLON. Comment?...

M. POTARD. C'est que je déteste ce pays! on manque de tout... on paye tout plus cher qu'à Paris... Il faut aller à une lieue pour trouver une côtelette!...

M. CROTONET. Et on parle beaucoup de voleurs depuis quelque temps...

M. POTARD. Beaucoup... il arrive des événements toutes les nuits... Encore avant-hier... madame Le Long, dans le bois, on lui a volé trois lapins!

M. CROTONET. Trois lapins... c'est conséquent; diable! j'ai peur qu'on ne me vole, alors.

M. GROSEILLON. Mais pourquoi donc, monsieur, habitez-vous ce pays, si vous ne l'aimez pas?

M. POTARD. C'est que ma femme qui prétend qu'elle y tousse plus facilement... mais dès qu'elle sera morte, comme je m'en irai dans ma Bretagne!... Vous n'avez pas payé cette maison cher?...

M. GROSEILLON. Huit mille francs.

M. POTARD. C'est plus qu'elle ne vaut... les propriétés perdent tous les jours dans ce pays.

M. GROSEILLON. Monsieur habite-t-il aussi cet endroit?

M. CROTONET. Oui, monsieur, dans le bois avec mes deux femmes, je veux dire avec mon épouse et ma tante, dont voilà quatorze mois qu'elle est au lit, que c'est bien inquiétant, pour un mal de talon qui lui a gagné les z'hanches...

M. GROSEILLON. A votre épouse?

M. CROTONET. Oui, monsieur, plus un enfant de trois ans, une fille qui ne parle pas encore, que c'est bien inquiétant... Votre petit garçon parle, j'en suis sûr...

MADAME GROSEILLON. Ce serait un peu fort, si à huit ans il ne parlait pas.

M. CROTONET. Il pourrait être sourd et muet...

MADAME GROSEILLON. Mais, monsieur, comme mon mari et moi n'avons aucune infirmité, je ne vois pas pourquoi notre fils serait sourd et muet.

M. CROTONET. Oh! ce n'est pas une raison... mon père était bègue, et je parle parfaitement ma langue... Votre fils pourrait très-bien être sourd ou le devenir.

MADAME GROSEILLON, *à part.* Mon Dieu, que cet homme est bête et ennuyeux!

M. POTARD. Mon voisin, nous sommes venus aussi pour vous avertir que depuis quelques jours nous faisons des patrouilles dans le bois... entre nous, les habitants du bois seulement... c'est pour en chasser les mauvais sujets... mesure de sûreté; nous pensons que vous voudrez bien vous joindre à nous quelquefois... c'est seulement depuis dix heures du soir jusqu'au jour.

M. GROSEILLON, *faisant la grimace.* Avec grand plaisir, messieurs... Est-ce que le tour vient souvent?

M. POTARD. Une fois ou deux par semaine, parce que nous ne sommes pas beaucoup d'habitants au bois. Vous avez un fusil?

M. GROSEILLON. J'en ai même deux.

M. CROTONET. Alors, vous m'en prêterez un, car je fais ma patrouille avec un râteau...

M. CROTONET. Et moi avec une bêche; mais chez les frères Matan, ils ont des armes; je leur z'y ai dit de m'en prêter.

M. POTARD. Au plaisir de vous revoir, mon voisin; enchanté d'avoir fait votre connaissance. Madame, je vous salue de tout mon cœur.

M. CROTONET. Salut, messieurs, mesdames, et votre compagnie... (*Les voisins sortent.*)

MADAME GROSEILLON. Si c'est là un échantillon de la société du pays, cela promet!

M. GROSEILLON, *soucieux.* Faire des patrouilles dans le bois, la nuit! Je n'étais pas venu à la campagne dans cette intention.

SCÈNE V.

LA FAMILLE GROSEILLON, JOSÉPHINE.

JOSÉPHINE. Voilà du veau rôti... C'est ce que j'ai trouvé de plus frais...

M. GROSEILLON. Je n'aime pas le veau, justement.

MADAME GROSEILLON. Déjeunons sous ce bosquet, ce sera plus champêtre.

(*On déjeune silencieusement; il tombe des chenilles dans l'assiette de madame Groseillon.*)

MADAME GROSEILLON. Ah! l'horreur! des chenilles dans mon assiette. Je ne veux plus manger en plein air.

JOSÉPHINE. On ne trouve rien dans les environs, je me suis informée... Il faut aller à Belleville pour faire ses provisions...

M. GROSEILLON. Comment donc dinerons-nous?... As-tu le temps d'aller à Belleville, Joséphine?

JOSÉPHINE. Par exemple! vous voulez donc me tuer, monsieur; et le lait qu'il faut que j'aille chercher à Romainville?

MADAME GROSEILLON. Pour aujourd'hui, on prendra chez le traiteur...

M. GROSEILLON. Ma femme, allons promener pendant qu'il fait jour... J'achèterai du plomb pour charger mon fusil. (*Ils sortent.*)

SCÈNE VI.

La chambre de la veille.

LA FAMILLE GROSEILLON, REVENANT DE LA PROMENADE.

BENJAMIN. J'ai faim!

MADAME GROSEILLON. Je dînerai volontiers.

M. GROSEILLON. Je mangerai comme quatre! Joséphine, le dîner... pas dans le jardin, ici. Qu'est-ce que nous avons pour dîner?

JOSÉPHINE. Du veau rôti et de la salade... et du beurre... et des radis...

M. GROSEILLON, *en colère.* Quest-ce que cela signifie, Joséphine!... C'est une mauvaise plaisanterie... toujours du veau rôti!... Vous ne me ferez pas accroire qu'il n'y avait que cela chez les traiteurs des environs.

JOSÉPHINE. Dame! c'est ce que j'ai vu de plus présentable... (*A part.*) Je t'apprendrai à avoir des idées de campagne, où je ne peux pas aller au marché.

M. GROSEILLON. Si je n'étais pas las... j'irais y voir moi-même... Vous avez du lait pour demain, j'espère?...

JOSÉPHINE. Oui, monsieur.

(*On dîne tristement; puis madame prend un livre. Monsieur charge ses deux fusils; Benjamin va jouer dans le jardin.*)

SCÈNE VII.

LES MÊMES, ROSE.

ROSE, *en bas.* Mam'zelle! pourriez-vous me prêter un peu de beurre, je n'en ai pas assez pour faire la panade de madame?

JOSÉPHINE. Sont-ils ennuyeux chez ces Potard! ils vous empruntent de tout, et je ne crois pas qu'ils rendent souvent... Faut-il en donner, madame?

MADAME GROSEILLON. Oui, oui...

JOSÉPHINE, *à Rose.* Pourquoi n'avez-vous donc pas acheté comme moi du beurre à cette marchande qui a passé tantôt?

ROSE. Je ne l'ai pas entendue, mam'zelle...

JOSÉPHINE. Tenez; vous remarquerez que je vous en donne près d'un demi-quart.

ROSE. Merci, m'am'zelle! (*Elle s'en va.*)

M. GROSEILLON. Le temps change, je crois que nous aurons de l'orage... ah! j'ai mal dans les jambes... On se fatigue, ici... on est toujours sur ses pieds... ah!... (*Il s'endort; la nuit vient.*)

MADAME GROSEILLON, *criant.* Monsieur Groseillon!

M. GROSEILLON, *s'éveillant en sursaut.* Eh bien? qu'est-ce que c'est donc? qu'est-il arrivé?

MADAME GROSEILLON. Vous êtes bien aimable, vous vous endormez à côté de moi...

M. GROSEILLON. Tu lisais...

MADAME GROSEILLON. C'est égal, monsieur, c'est bien peu galant de s'endormir ainsi... Ah! il fut un temps où vous aviez toujours quelque chose à me dire... Nous ne sommes pas encore assez vieux pour que vous l'ayez oublié... mais il paraît que la campagne ne vous inspire pas!

M. GROSEILLON. Mon Dieu! ma femme, je suis toujours le même... mais je n'ai guère dormi cette nuit... et puis, de n'avoir pas pris de café...

MADAME GROSEILLON. C'est bon... je n'ai pas besoin de toutes vos explications... vous me faites de la peine...

M. GROSEILLON. Madame Groseillon, vous me piquez... mais je ne me fâcherai pas, j'aime trop la paix de mon intérieur pour cela...

BENJAMIN, *accourant.* J'ai encore vu deux crapauds dans le jardin.

M. GROSEILLON. Tu t'y habitueras...

JOSÉPHINE, *apportant des lumières.* J'ai fermé partout le mieux possible... il faut espérer que les chats et les chiens nous laisseront tranquilles cette nuit.

M. GROSEILLON. D'ailleurs on sait ce que c'est... on n'a plus peur... Est-ce que tu vas déjà te coucher, ma femme?

MADAME GROSEILLON. Et que voulez-vous qu'on fasse ici quand la nuit est venue!..... vous-même dormiez tout à l'heure; bonsoir..... Viens, mon fils.

BENJAMIN. Bonsoir, papa.

M. GROSEILLON. Allons, bonsoir alors... et que cette nuit répare les fatigues de la veille.

SCÈNE VIII.

M. GROSEILLON, *seul.*

Mes deux fusils sont chargés... avec du plomb, mais ça blesserait encore... Il fait bien du vent, ce soir... c'est triste, le vent, (*Il se déshabille.*) Mais quand on dort on n'y pense pas... (*Il essaie de chanter.*) J'ai vu partout dans mes voyages... Je suis enroué ce soir... je ne peux pas chanter...... c'est l'humidité de ce lit..... Le fait est que MM. Potard et Crotonet ne me plaisent pas beaucoup... Allons, déjà les chiens qui se mettent en train... ces gredins-là attendent le moment où l'on se couche pour commencer leur tapage! M. Crotonet fait des cuirs d'une façon indigne! M. Potard a l'air mieux élevé, mais il se donne un ton tranchant en parlant... (*Il se couche.*) Dire que j'ai payé ma maison trop cher... Ce n'est pas l'embarras, si je tenais encore mes huit mille francs... Allons, voilà les chats à présent, on sait ce que c'est, et pourtant ça contrarie!... Ah! comme le vent s'engouffre dans les arbres...

MADAME GROSEILLON, *de sa chambre.* Mon ami, entends-tu?

M. GROSEILLON. Les chiens et les chats... Oh!... très-bien!

MADAME GROSEILLON. Oh! c'est autre chose... sur la route... des cris... on dirait quelqu'un qui se plaint, qui gémit...

M. GROSEILLON, *se levant sur son séant.* En effet, j'entends quelque chose... dans l'éloignement...

MADAME GROSEILLON. C'est quelque malheureux qu'on attaque, assurément...

M. GROSEILLON. Ma foi, tant pis... Que veux-tu que j'y fasse?...

MADAME GROSEILLON. Dormez-vous, Joséphine?

JOSÉPHINE. Non, madame, est-ce qu'on peut dormir ici? On dirait que le vent va renverser la maison...

MADAME GROSEILLON, *arrivant dans la chambre de son mari.* Oh! ça me fait mal d'entendre ces cris! Vos fusils sont-ils chargés?

M. GROSEILLON. Oui, tous les deux... (*Il ouvre sa fenêtre.*) c'est par

là... du côté du garde... je crois que ça s'éloigne... (*Ils écoutent longtemps.*) Je n'entends plus rien... que les chiens... Allez vous recoucher, ma chère amie; allez vous reposer...

MADAME GROSEILLON, *s'en allant.* Je ne peux pas m'endormir quand j'ai peur... je ne crois pas que j'engraisserai dans ce pays-ci... (*Elle s'en va.*)

M. GROSEILLON, *se recouchant.* Moi, qui suis venu à la campagne pour goûter du calme... du repos... si ça continuait ainsi... Allons, voilà un énorme papillon qui voltige après ma lumière... tant pis... je veux dormir... ah!

MADAME GROSEILLON, *de sa chambre.* Mon ami... entends-tu?

M. GROSEILLON. Quoi encore?

MADAME GROSEILLON. La porte de l'escalier qu'on remue... qu'on a essayé d'ouvrir... oh! certainement il y a des voleurs dans la maison.

M. GROSEILLON, *se levant.* Des voleurs?... (*Il écoute.*) C'est vrai... la porte remue... Joséphine, levez-vous... François, Pierre, levez-vous tous!

MADAME GROSEILLON, *accourant.* Qu'est-ce donc que Pierre et François, mon ami?...

M. GROSEILLON. Chut, tais-toi donc... s'il y a des voleurs dans la maison, c'est pour leur faire croire que nous sommes beaucoup de monde ici. (*Il ouvre sa fenêtre et crie d'une voix de Stentor.*) Y a-t-il quelqu'un là-bas?

JOSÉPHINE, *accourant.* Ne croyez-vous pas qu'on va répondre!

M. GROSEILLON. Allons, puisque tu crois que c'est le vent... je le désire... mais j'ai le cœur bien serré! Bonsoir, mon ami.

(*M. et madame Groseillon restent une demi-heure à leur fenêtre en embuscade, et Joséphine écoute dans l'escalier.*)

JOSÉPHINE. Ça commence à m'ennuyer d'être l'oreille au guet... je vas me recoucher.

M. GROSEILLON. Ma femme, je crois que c'est tout bonnement le vent qui agite la porte, parce qu'elle ferme mal. Nous serions mieux dans notre lit qu'à cette fenêtre.

MADAME GROSEILLON. Allons, puisque tu crois que c'est le vent... je le désire... mais j'ai le cœur bien serré! Bonsoir, mon ami.

(*Chacun va se coucher; mais on ne s'endort qu'au jour.*)

TROISIÈME JOURNÉE.

SCÈNE PREMIÈRE.

Le jardin.

M. ET MADAME GROSEILLON, BENJAMIN.

M. GROSEILLON, *se promenant avec humeur.* Ce lait est détestable.... la moitié d'eau dedans... moi, qui croyais manger tout crème à la campagne...

MADAME GROSEILLON. Et encore on le vend bien plus cher qu'à Paris!

ROSE, *à la porte du jardin.* Pourriez-vous nous prêter un peu de café en poudre?... celui qu'on vend par ici ne plaît pas à monsieur, et je n'ai pas le temps d'aller à Belleville.

M. GROSEILLON, *regardant sa femme.* Peux-tu prêter du café?

MADAME GROSEILLON. Ça commence à m'ennuyer de toujours prêter... ils sont par trop sans gêne, ces gens-là... (*A Rose.*) Je n'ai plus de café, mademoiselle.

ROSE. Ah! pardon, madame... (*Elle s'en va.*)

MADAME GROSEILLON. J'attends encore mon beurre et ma braise...

M. GROSEILLON, *ramassant des abricots.* Ah! mon Dieu, le vent a fait tomber presque tous mes abricots! moi qui me faisais une fête de les voir mûrir!

SCÈNE II.

LES MÊMES, JOSÉPHINE.

JOSÉPHINE, *arrivant avec deux grands paniers.* Ouf! en voilà des provisions.. viande, volaille, légumes, fruits, œufs... j'ai de tout, mais je suis éreintée! ce Belleville est d'un loin!

MADAME GROSEILLON. Et combien avez-vous dépensé?

JOSÉPHINE. Dix-sept francs douze sous, madame.

MADAME GROSEILLON. Ah! mon Dieu! que d'argent!

JOSÉPHINE. Dame! c'est que tout est ben plus cher qu'à Paris, là.

M. GROSEILLON. C'est que la campagne par économie!...

MARIE-JEANNE, *sur la route avec son âne.* Voulez-vous queuque chose?

M. GROSEILLON. Ah! voilà la fameuse marchande qui n'a que des oignons et de la salade.

MARIE-JEANNE, *à la porte.* Oh! aujourd'hui je suis joliment pourvue; j'ai des légumes... des fraises, des cerises, des œufs frais.

M. GROSEILLON. C'est ça, aujourd'hui elle a de tout, parce qu'il ne nous faut rien! Laissez-nous, paysanne, je vous dis que nous n'avons besoin de rien... (*Marie-Jeanne s'en va.*) Ça ne sait jamais venir à propos, ces paysans.

SCÈNE III.

LES MÊMES, POTARD, CROTONET.

POTARD. Bien le bonjour, mes voisins; savez-vous l'événement?

M. GROSEILLON. Quel événement?

POTARD. Ce dont tout le monde parle ici... Comment! vous ne savez pas?

CROTONET. Moi, je l'ai su un des premiers...

M. GROSEILLON. Mais quoi donc, s'il vous plait?

POTARD. Un homme s'est pendu dans le bois.

MADAME GROSEILLON. On a pendu un homme... Ah! quelle horreur!

CROTONET. Non, l'individu s'est fini lui-même, par sa volonté, on a trouvé sur lui une *messive* où il dit que ses infirmités physiques dont il jouissait le dégoûtent de la vie...

M. GROSEILLON. Comment! on se pend aussi de ces côtés!... Moi qui croyais qu'on ne venait à Romainville que pour rire, faire l'amour...

POTARD. Ah bien, oui! c'était bon autrefois... Les lumières du siècle ont changé tout cela.

CROTONET. Ce pendu était un homme déjà âgé; il avait le nez bleu, et......

MADAME GROSEILLON. Ah! monsieur, assez, de grâce! vous me feriez trouver mal avec vos détails; changeons de conversation...

POTARD. Le temps est remis, nous n'aurons pas d'eau.

CROTONET. Vous croyez?...

M. GROSEILLON. Tant mieux!

POTARD. Tant pis! la terre est trop sèche...

M. GROSEILLON. Moi, j'aime le soleil...

BENJAMIN. Papa, irons-nous promener?

M. GROSEILLON. Oui, mon ami.

CROTONET. Votre petit bonhomme parle très-bien... C'est heureux d'avoir des enfants qui parlent... Ma fille ne parle pas... c'est bien inquiétant.

POTARD. Je vais donner de la tisane à ma femme. Au revoir, mes voisins.

CROTONET. Messieurs, mesdames, la compagnie, je vous offre mes serviteurs. (*Ils sortent.*)

MADAME GROSEILLON. Ces deux hommes-là me donnent le spleen.

M. GROSEILLON. Veux-tu venir promener, ma femme?

MADAME GROSEILLON. Dans votre bois, peut-être! je n'oserai plus y aller depuis que je sais qu'on s'y est pendu; d'ailleurs je suis lasse.

M. GROSEILLON. Viens nous deux, Benjamin! nous irons dans les champs... c'est plus gai.

La chambre de M. Groseillon. — Il est nuit, tout le monde est couché. M. Groseillon commence à s'endormir, lorsque sa femme entre dans sa chambre pâle et tremblante.

MADAME GROSEILLON. Mon ami, mon ami... Ah! mon Dieu! levez-vous.....

M. GROSEILLON, *se mettant sur son séant.* Quoi donc... est-ce encore de vos terreurs paniques?

MADAME GROSEILLON. Ah! mon ami, cette fois je ne me trompe pas, je les ai vus...

M. GROSEILLON. Vous avez vu quoi?

MADAME GROSEILLON. Des voleurs... Je ne dormais pas, j'étais contre la fenêtre... il fait clair de lune; on distingue bien. J'ai vu deux ou trois hommes monter par-dessus le mur dans le jardin de M. Potard ici à côté... Venez... venez... de votre croisée nous pourrons voir... (*Ils se mettent à la fenêtre.*)

M. GROSEILLON. Je vois comme des ombres... du côté de la ruelle...

MADAME GROSEILLON. Les entendez-vous parler tout bas?

M. GROSEILLON. Oui... c'est vrai... on parle... et j'entends des pas... Que faire? j'ai envie de tirer un coup de fusil de leur côté... ça réveillera les Potard.

MADAME GROSEILLON. Oui... oui... tirez, mon ami.

(*M. Groseillon prend son fusil, et tire à travers les arbres.*)

UNE VOIX, *en dehors.* Eh ben! en v'là une bonne!

MADAME GROSEILLON. Entendez-vous courir, mon ami?... ils se sauvent, les brigands!

JOSÉPHINE, *accourant.* Ah! mon Dieu! qu'est-ce que c'est donc?

M. GROSEILLON. Une bande de voleurs que je viens de mettre en fuite... mais ils ont tourné la ruelle... on dirait qu'ils viennent de ce côté...

MADAME GROSEILLON. Oui... ils viennent devant la maison... ils vont nous attaquer.

M. GROSEILLON. Joséphine... mon... autre fusil... vite... et rechargez celui-là...

JOSÉPHINE. Ah! mon Dieu! monsieur, je ne sais pas charger ça... moi...

MADAME GROSEILLON. Je me sens mourir!

UNE VOIX, *en dehors.* Est-ce vous qu'avez tiré?

MADAME GROSEILLON. Ne réponds pas, je t'en prie... ne dis rien!

LA MÊME VOIX. Répondez donc... est-ce vous, monsieur Groseillon, qui avez tiré ce coup de fusil?

M. GROSEILLON. Tiens, mais je reconnais cette voix... Qu'est-ce qui est là, d'abord?...

CROTONET. C'est moi, Crotonet, avec trois voisins du bois... Nous faisions une patrouille... votre plomb nous a passé sur la tête... nous avons eu une fameuse venette...

M. GROSEILLON. Comment, c'est vous, monsieur Crotonet! Figurez-vous que ma femme prétendait avoir vu des voleurs pénétrer dans le jardin de M. Potard, et j'ai tiré pour donner l'alerte... Que je suis désolé! Aucun de vous n'est blessé?...

UN HOMME DE LA PATROUILLE. Non, mais j'ai perdu un sabot en courant... Une autre fois, faut pas tirer si étourdiment.

CROTONET. Bonsoir, monsieur, madame, et votre compagnie...

M. GROSEILLON. Ma femme, vous me faites tirer sur la patrouille; cela devient insupportable...

MADAME GROSEILLON. Oh! je ne reste plus ici... j'y mourrais de peur... j'y maigris... je n'y ai pas une minute de repos...

M. GROSEILLON. Et moi aussi, j'ai assez de campagne comme ça... Toujours l'oreille au guet... on y deviendrait poltron... Joséphine, demain dès le matin vous irez nous chercher une voiture... n'importe où... et nous retournons à Paris.

JOSÉPHINE. Oh! oui, monsieur! avec grand plaisir... Mon pauvre boulevard du Temple! ça me semblera le paradis...

(*Tout le monde va se recoucher.*)

QUATRIÈME JOURNÉE.

(*A huit heures du matin, Joséphine, qui est sortie au point du jour, ramène une voiture de la barrière; la famille Groseillon monte en fiacre, en y jetant pêle-mêle des paquets.*)

M. GROSEILLON. Ferme les portes, Joséphine; demain je vais chez mon notaire, et je le charge de vendre cette maison à tel prix que ce soit.

MADAME GROSEILLON. Une maison où l'on ne dort pas, c'est inhabitable.

JOSÉPHINE, *fermant la porte de la rue.* Ah! la v'là fermée... Bonsoir, la maison.

ROSE, *arrivant au moment où Joséphine monte dans la voiture.* Mam'zelle, est-ce que vous ne pourriez pas nous prêter une cuiller de farine?

M. GROSEILLON. Ma chère amie, il faudrait alors que vous vinssiez à chercher à Paris.

JOSÉPHINE. Ne lui dites pas ça, monsieur, les Potard seraient capables de nous l'envoyer... Allons, cocher, menons-nous bien vite.

(*Le cocher fouette les chevaux; la voiture part.*)

MARIE-JEANNE, *arrivant avec son âne, et cognant à la porte.* Voulez vous queuque chose?

Après avoir lu ceci, ne croyez pas, lecteur, que nous ayons voulu faire une satire sur le bois de Romainville et dégoûter les habitants de Paris de cette campagne; telle ne fut jamais notre intention. Ce qui est arrivé à la famille Groseillon arrivera partout aux gens qui sont peureux, qui ne comprennent rien à la vie des champs et se laissent gouverner par leur domestique.

Quant à Romainville, cette campagne n'en sera pas moins une promenade charmante où l'on trouve des points de vue ravissants, des bosquets de lilas, de frais ombrages et de fort bons traiteurs; où l'on a construit récemment de jolies maisons bourgeoises dont plusieurs sont habitées par des artistes, des gens de lettres, des médecins, et des négociants et de jolies femmes; où l'on viendra se promener sans avoir besoin de faire toilette, se divertir sans étiquette, rire sans crainte d'être ridicule, et danser le dimanche au bal du bois, où vont bien tous les bals champêtres des environs de Paris.

www.ingramcontent.com/pod-product-compliance
Lightning Source LLC
LaVergne TN
LVHW052110090426
835512LV00035B/1493